JAMES RICKARDS

DIE GELD APOKALYPSE

Der Kollaps des internationalen Geldsystems

Bibliografische Information der Deutschen Nationalbibliothek
Die Deutsche Nationalbibliothek verzeichnet diese Publikation in der Deutschen Nationalbibliografie;
detaillierte bibliografische Daten sind im Internet über **http://d-nb.de** abrufbar.

Für Fragen und Anregungen:
rickards@finanzbuchverlag.de

1. Auflage 2014

© 2014 by FinanzBuch Verlag
ein Imprint der Münchner Verlagsgruppe GmbH
Nymphenburger Straße 86
D-80636 München
Tel.: 089 651285-0
Fax: 089 652096

Die englische Originalausgabe erschien 2014 bei Portfolio / Penguin unter dem Titel
The death of money.

Übersetzung: Horst Fugger
Redaktion: Ulrike Kroneck
Korrektorat: Leonie Zimmermann
Umschlaggestaltung: C.J.Burton
Satz: FotoSatz Pfeifer GmbH, Gräfelfing
Druck: GGP Media GmbH, Pößneck
Printed in Germany

ISBN Print 978-3-89879-774-0
ISBN E-Book (PDF) 978-3-86248-374-7
ISBN E-Book (EPUB, Mobi) 978-3-86248-638-0

Weitere Informationen zum Verlag finden Sie unter
www.finanzbuchverlag.de
Beachten Sie auch unsere weiteren Verlage unter
www.muenchner-verlagsgruppe.de

INHALT

Für Glen, Wayne, Keith, Diane und Eric –
meine besten Freunde, seit wir auf der Welt sind.

Schreib auf, was du gesehen hast: was ist und was danach geschehen wird.

Offenbarung 1:19

Exklusives Vorwort zur deutschen Ausgabe

Die Geldapokalypse beschreibt das Zusammenspiel von Geopolitik und weltweiten Kapitalmärkten. Zwischen diesen beiden Bereichen hat es schon immer Berührungspunkte gegeben. Nie aber war die Verflechtung zwischen Geopolitik und globalem Kapital so eng wie heute und noch nie war es so wichtig, sie genau zu untersuchen.

Dafür gibt es viele Gründe. In der heutigen Geopolitik kommt ein Arsenal unterschiedlicher Werkzeuge zum Einsatz, darunter Krieg, Diplomatie, Geheimdienstarbeit, Wirtschaftssanktionen und sogenannte »weiche Einflussnahme« über Entwicklungs-, Bildungs- und Kulturinitiativen. Die globalen Kapitalmärkte wiederum sind in den vergangenen nur 30 Jahren in völlig neue Dimensionen gewachsen. Lokale Börsen, nationale Größen und individuelle Marktpflege sind fast vollständig verschwunden – an ihre Stelle traten Weltbörsen, Megabanken und High-Frequency-Handel.

Weniger offensichtlich, aber noch wichtiger ist die Interaktion zwischen den beiden Welten. Das Konzept der asymmetrischen Kriegsführung hat das strategische Denken geradezu auf den Kopf gestellt: Überlegener Feuerkraft wird inzwischen mit gänzlich anderen Mitteln begegnet, etwa mit chemischen, biologischen oder radioaktiven Waffen sowie Terroranschlägen, Cyber-Attacken und neuerdings auch Finanzangriffen. Die globalen Kapitalmärkte sind nicht mehr Bankern, Anwälten und Händlern vorbehalten, sondern werden von Regierungen regelmäßig dafür genutzt, die Kosten für strategische Rivalen zu erhöhen.

Das Problem dabei ist, dass die Entwicklung des Wissens mit dieser Revolution in geostrategischen Fragen nicht mitgehalten hat. In den Außen- und Verteidigungsministerien gibt es reichlich brillante Spezialisten für Kriegsführung und Diplomatie – doch die komplexen Derivate und statistischen Methoden, die heute die Kapitalmärkte ausmachen, verstehen die Beamten, wenn überhaupt, nur in Ansätzen. Auf ähnliche Weise sind die Handelsräume und Vorstandsetagen der großen Banken voll mit hochintelligenten Köpfen. Doch ihr Denken ist eng und sie sind immer wieder überrascht, wie scheinbar »effiziente« Märkte schnell verschwinden, nur weil es wieder einmal zum Bürgerkrieg, einer Invasion oder einem grausamen Anschlag kommt.

Die Ereignisse auf der Krim, in der Ostukraine und im Nahen Osten, die es seit der englischen Erstausgabe von *Die Geldapokalypse* gegeben hat, bestätigen die These des Buches, dass Geopolitik und Kapitalmärkte heute untrennbar miteinander verflochten sind. Und auch das Gipfeltreffen der BRICS-Staaten im Juli 2014 in Brasilien lief fast exakt so ab, wie im Kapitel über die BRICS und andere Schwellenländer beschrieben.

Nicht nur mit seiner Darstellung von Finanzkriegen und Geopolitik hat sich das Werk als vorausschauend erwiesen: Es enthält auch eine eingehende Beschäftigung mit Defiziten und Schulden sowie dem Verhältnis zwischen beidem. Wenn laufende Defizite die Schulden der USA untragbar machen, kann das Vertrauen in den Dollar verloren gehen – möglicherweise bis zu dem Punkt, an dem er seinen Status als globale Reservewährung verliert. Das Buch nennt einige einfache Formeln, mit denen sich feststellen lässt, ob Schulden noch dauerhaft tragbar sind oder nicht. Eine der wichtigsten Variablen dabei ist das BIP-Wachstum.

Bei der ursprünglichen Veröffentlichung des Buchs im April 2014 zeigten die neuesten Daten für die USA zwei Quartale mit starkem BIP-Wachstum in Folge – besser als seit Jahren. Trotzdem war für den Autor klar, dass sich die US-Wirtschaft nicht etwa in einem zyklischen Aufschwung befindet: Stattdessen steckt sie in einer strukturellen Depression und das Wachstum dürfte noch lange so hartnäckig schwach bleiben wie seit 2009.

Ungeachtet der vor der Erstveröffentlichung gemeldeten guten Wirtschaftsdaten wagte *Die Geldapokalypse* eine provokante Schlussfolgerung: »Das reale Wachstum in den USA dürfte in naher Zukunft in den negativen Bereich geraten.« Ende Juni dann wurden die endgültigen BIP-Zahlen für das erste Quartal 2014 veröffentlicht. Tatsächlich zeigten sie, dass die US-Wirtschaft in diesem Zeitraum *geschrumpft* war. Die meisten Analysten waren darüber geschockt, doch das Buch hatte es schon vorausgesagt.

Auch in vielerlei anderer Hinsicht haben spätere Ereignisse Analysen und Prognosen dieses Buches bestätigt. *Die Geldapokalypse* enthält unter anderem eine eingehende Beschäftigung mit den Versuchen der BRICS-Staaten Brasilien, Russland, Indien, China und Südafrika, neue Institutionen aufzubauen, die nicht mehr von den USA und den anderen westlichen Industrienationen sowie Japan dominiert werden. Im Juli 2014 fand im brasilianischen Fortaleza das sechste BRICS-Gipfeltreffen statt. Zum Abschluss verkündeten die Teilnehmer die Gründung neuer Institutionen, die bisherige Aufgaben der Weltbank und des Internationalen Währungsfonds (IWF) übernehmen sollen. Finanziert werden sie mit 100 Milliarden Dollar an Beiträgen aus den BRICS-Staaten selbst. Sobald die neuen Organe arbeitsfähig sind, sollen sie an die Mitglieder Kredite für Infrastruktur- und Entwicklungsprojekte vergeben und bei Währungskrisen mit Notfallfinanzierungen einspringen. Diese Kredite werden in Währungen und zu Bedingungen nach Wahl der BRICS-Staaten vergeben – also ohne besondere Beachtung der amerikanischen Präferenz für den US-Dollar.

China setzt seine Absetzbewegung vom US-Dollar nicht nur über das Engagement bei den BRICS-Staaten fort. Das Land kauft weiterhin in großem Umfang Gold und treibt so die Umstellung von kreditbasierten Werten auf physische weiter voran. Außerdem verkündete die Regierung Währungsswaps sowie Settlement- und Clearing-Vereinbarungen in Yuan unter anderem mit Argentinien, der Schweiz und Großbritannien.

Der Sinn dieser Vereinbarungen ist, zunächst die Nutzung von Yuan im internationalen Handel zu erleichtern. Später soll ein globales Zahlungssystem entstehen, das einen funktionierenden Markt für Yuan-Anleihen unterstützt – auf diese Weise könnte die chinesische Währung selbst zur Reservewährung werden. Besonders erwähnenswert ist der Währungsswap Schweizer Franken/Yuan zusammen mit den BRICS-Notkreditvereinbarungen: Durch die Kombination von beidem kann China Yuan gegen Franken tauschen und diese dann weiter in Lokalwährungen der BRICS-Staaten. Über diesen Weg können sich BRICS-Mitglieder in Krisenzeiten harte Devisen beschaffen, bei denen es sich nicht um Dollars handelt.

Derartige Distanzierung vom Dollar ist derzeit überall zu beobachten. Russland wurde von den Wirtschaftssanktionen der USA und Europas nach der Invasion auf der Krim und dem Abschuss von Flug 17 von Malaysia Airlines schwer getroffen. Diese Isolation hat das Land nur noch entschlossener gemacht, sich vom Zahlungssystem in US-Dollar zu befreien.

Am 21. Mai 2014 verkündeten Russland und China eine 400 Milliarden Dollar umfassende, über mehrere Jahrzehnte laufende Vereinbarung zur Lieferung von russischem Erdgas nach China. Die Volksrepublik will nicht nur das Gas kaufen, sie investiert auch 45 Milliarden Dollar in russische und chinesische Pipeline-Infrastruktur, um die Lieferungen zu erleichtern. Mit den fest vereinbarten Zahlungen kann Russland die Entwicklung gigantischer Erdgasfelder in Ostsibirien finanzieren. Durch das Geschäft haben sich Russland und China wirtschaftlich eng aneinander gebunden. Dies erleichtert die Ablösung des Dollar als Zahlungsmittel für die beiden Länder, wenn sie die Zeit für gekommen halten.

Auch Saudi-Arabien distanziert sich immer weiter von den USA und damit auch von ihrem Dollar, denn dort ist man nicht einverstanden mit der milderen Haltung gegenüber dem Iran und mit der möglichen Zustimmung zu den iranischen Nuklearambitionen. Bemühungen von hochrangigen US-Beamten, Saudi-Arabien in Bezug auf das Thema Iran zu beruhigen, stießen auf taube Ohren.

Die Nukleargespräche zwischen Iran und USA endeten am 20. Juli 2014 ohne Einigung – was den Verdacht der Saudis, die USA wollten den Iran gar nicht ernsthaft stoppen, nur weiter erhärtete. Zwei Tage später verkündete das Land, seine Börse zum ersten Mal auch für ausländische Anleger zu öffnen. Dadurch verschafft sich Saudi-Arabien breiteren Zugang zu den Kapitalmärkten und ist somit nicht mehr ausschließlich auf das in Dollar gehandelte Öl angewiesen; gleichzeitig wird es für China einfacher, in Saudi-Arabien zu investieren. Beide Faktoren zusammen sind ein klares Anzeichen dafür, dass Saudi-Arabien das seit den 1970er-Jahren geltende Petrodollar-System beenden will – ein weiterer Pfeil im Köcher der globalen Versuche, den Dollar als wichtigstes monetäres Mittel der Wertaufbewahrung zu kippen.

All das hat sich in der kurzen Zeit seit der Veröffentlichung der englischen Originalausgabe von *Die Geldapokalypse* ereignet – und es bedeutet, dass die deutsche Übersetzung genau zur richtigen Zeit kommt. Kriegsführung mit finanziellen Mitteln wird immer verbreiteter und häufiger. Die US-Wirtschaft schlittert weiter auf eine Staatsschuldenkrise zu. Handelspartner der USA, vor allem Russland, China und Saudi-Arabien, suchen weiter nach Alternativen zum US-Dollar und bereiten sich auf den Tag vor, an dem er als Weltreservewährung entthront wird.

Unterdessen warten auch der Euro, angeführt von Deutschland, und als eine Art Weltgeld die Sonderziehungsrechte (SZR) des IWF an der Seitenlinie darauf, den Dollar ersetzen zu können. Im Fall des Euro könnte die Ablösung Schritt für Schritt erfolgen, bei den Sonderziehungsrechten schlagartig als Reaktion auf die nächste globale Liquiditätskrise.

Was bleibt, ist letztlich Gold – die eigentliche, wenn auch verkannte Grundlage des internationalen Währungssystems und der einzige Reservewert, der stets Vertrauen genießt, wenn Fiat-Währungen scheitern. Einen Teil des für Anlagen zur Verfügung stehenden Geldes in physisches Gold zu investieren hilft dabei, Vermögen auch bei Finanzkriegen oder unerwarteten Katastrophenergebnissen zu bewahren. Gold ist nicht digital, kann nicht von Hackern gelöscht werden und ist immun gegen einbrechende Börsen und zahlungsunfähige Banken. Es ist immer gutes Geld.

Am gefährlichen Zustand der Welt können Anleger offensichtlich wenig ändern. Doch zumindest bei der Wahrung ihres Vermögens sind ihnen nicht die Hände gebunden. *Die Geldapokalypse* erklärt den kommenden Zusammenbruch des Dollar im Detail und nennt Strategien, mit denen Anleger mit diesen Turbulenzen zurechtkommen können. Das Buch war schon bei seiner Erstveröffentlichung wichtig. Heute aber wird es dringender gebraucht denn je.

James Rickards im August 2014

Einführung

Dieses Buch handelt vom Niedergang des Dollar. Im weiteren Sinne geht es auch um den möglichen Zusammenbruch des internationalen Währungssystems, denn wenn der Dollar ausfällt, gibt es keine andere Währung, die seine Rolle als globale Reservewährung einnehmen könnte. Der Dollar ist der Stützpfeiler. Wenn er scheitert, dann scheitert mit ihm das gesamte System, denn der Dollar und das System sind ein und dasselbe. So furchterregend die Aussichten auf einen solchen doppelten Kollaps auch sein mögen, sehen sie doch immer unvermeidlicher aus – aus all den Gründen, die in diesem Buch aufgeführt werden.

Zunächst erscheint eine Reise in die Vergangenheit angemessen.

Heute erinnern sich nur noch wenige Amerikaner, dass der Dollar 1978 als globale Reservewährung fast nicht mehr funktioniert hätte. In diesem Jahr fiel der Dollarindex der Federal Reserve auf ein beängstigend niedriges Niveau und das Schatzamt war gezwungen, auf Schweizer Franken lautende Staatsanleihen zu emittieren. Investoren aus dem Ausland hatten das Vertrauen in den US-Dollar als sicheren Hafen verloren. Der Dollar verlor an Kaufkraft und fiel von 1977 bis 1981 um die Hälfte; die Inflation in den USA lag in diesen fünf Jahren insgesamt bei mehr als 50 Prozent. Ab 1979 hatte der Internationale Währungsfonds (IWF) kaum eine andere Wahl, als seine Ressourcen zu mobilisieren und spezielle Bezugsrechte (SDRs) zu emittieren. Er flutete den Markt mit 12,1 Milliarden SDRs, um für Liquidität zu sorgen, weil das weltweite Vertrauen in den Dollar sank.

Wir würden gut daran tun, uns an diese finsteren Tage zu erinnern. Der Goldpreis stieg von 1977 bis 1980 um 500 Prozent. Was 1971 als kontrollierte Dollarabwertung begonnen hatte, als Präsident Richard Nixon die Konvertibilität des Goldes abschaffte, wurde bis zum Ende des Jahrzehnts zu einer wilden

Fluchtbewegung. Das Dollardebakel wirkte sich sogar auf das öffentliche kulturelle Leben aus. Im Film *Rollover* (1981) mit Jane Fonda ging es um einen geheimen Plan der ölproduzierenden Nationen, Dollars auf den Markt zu werfen und Gold zu kaufen. Dies führte zu einem Zusammenbruch der Banken, einer Panik an den Finanzmärkten und zu Unruhen auf der ganzen Welt. Das war nur Fiktion, aber sie war wirklich kraftvoll und vielleicht auch prophetisch.

Während die Dollarpanik in den späten 1970er-Jahren massiv wuchs, war ein Vertrauensverlust schon im August 1971 festzustellen, gleich nachdem Präsident Nixon die Golddeckung des Dollar abgeschafft hatte. Die Autorin Janet Tavakoli beschreibt, wie es Amerikanern im Ausland erging, als der Todeskampf des Dollar überdeutlich wurde:

> Amerikaner auf Auslandsreisen bemerkten, dass Restaurants, Hotels und Händler das Wechselkursrisiko des Dollar nicht mehr auf sich nehmen wollten. An Ferragosto (ein Feiertag Mitte August) waren die Banken in Rom geschlossen und Amerikaner ohne Bargeld steckten in der Klemme.

> Der Hotelmanager fragte abreisende Gäste: »Haben Sie Gold? Sehen Sie nur, was Ihr amerikanischer Präsident angerichtet hat.« Das mit dem Gold meinte er ernst. Er hätte es als Zahlungsmittel akzeptiert ...

> Sofort bot ich ihm an, meine Hotelrechnung im Voraus in Lire zu bezahlen. ... Der Manager klatschte hocherfreut in die Hände. Er und das ganze Personal behandelten mich, als sei ich Mitglied einer Königsfamilie. Ich war nicht so wie diese anderen Amerikaner mit ihren dämlichen Dollars. Während des Rests meines Aufenthalts bekam ich in keinem Laden und in keinem Restaurant etwas, bis ich bewies, dass ich in Lire zahlen konnte.[1]

Später retteten die Bemühungen des Fed-Chefs Paul Volcker und des neu gewählten Präsidenten Ronald Reagan den Dollar. 1981 hob Volcker die Zinsen auf 19 Prozent an, um die Inflation auszulöschen und den Dollar für ausländisches Kapital wieder attraktiv zu machen. Ab 1981 senkte Reagan die Steuern und fuhr Regulierungsvorschriften zurück. Das stellte das Vertrauen der Wirtschaft wieder her und machte die USA zu einem Magneten für ausländische Investitionen. Im März 1985 stand der Dollarindex über seinem Tief vom Oktober 1982, der Goldpreis war ab dem 1980 erreichten Hoch um 60 Prozent gefallen. Die Inflationsrate in den USA sank von 13,5 Prozent 1980 auf 1,9 Prozent 1986. Die Nachrichten waren so gut, dass in Hollywood kein *Rollover 2* gedreht wurde. Mitte der 1980er-Jahre war das Feuer gelöscht und das Zeitalter von König Dollar hatte begonnen. Der Dollar war nach 1978 nicht als globale Reservewährung verschwunden, aber es war eine knappe Entscheidung.

Jetzt ist die Welt zurück in der Zukunft.

In der heutigen Weltwirtschaft sieht man eine ähnliche Konstellation von Symptomen wie 1978. Im Juli 2011 erreichte der Dollarindex der Federal Reserve den tiefsten Stand aller Zeiten, mehr als 4 Prozent unter dem Panikniveau von 1978. Im August 2009 reagierte der IWF erneut als Erster und kam mit einer SDR-Neuemission im Volumen von 310 Milliarden Dollar zu Hilfe. Der Gegenwert der umlaufenden SDRs wurde dadurch um 850 Prozent erhöht. Anfang September erreichte der Goldpreis ein neues Allzeithoch von etwa 1900 Dollar je Feinunze. Er lag damit um über 200 Prozent höher als der Durchschnittspreis 2006, kurz vor Beginn der neuen Depression. Die populäre Kultur des 21. Jahrhunderts genoss ihre eigene Version von *Rollover*, nämlich eine im Fernsehen übertragene Erzählung vom finanziellen Zusammenbruch mit der Bezeichnung: *Zu groß, um pleitezugehen.*

Die Parallelen zwischen 1978 und den Ereignissen der jüngeren Vergangenheit sind erstaunlich, aber unvollständig. Damals verwüstete ein Element die Welt, das heute nicht vorhanden ist. Es ist der Hund, der nicht bellte: die Inflation. Aber dass wir den Hund nicht hören, bedeutet nicht, dass er keine Gefahr darstellt. Stark beachtete Indikatoren der Inflation in den USA haben sich seit 2008 kaum verändert. In manchen Monaten war sogar eine leichte *Deflation* zu beobachten. Inflation ist in China aufgetreten, wo die Regierung den Wechselkursanstieg der Währung bekämpft hat, und in Brasilien, wo Preiserhöhungen für grundlegende Dienstleistungen wie Busfahrten Unruhen ausgelöst haben. Im Frühstadium des arabischen Frühlings spielten auch steigende Lebensmittelpreise eine Rolle. Aber die Inflation des US-Dollar blieb sehr niedrig.

Bei genauerer Beobachtung sehen wir eine ganze Branche, die US-Preisindizes mit den Methoden von vor 1990 berechnet, und auf der anderen Seite alternative Waren- und Dienstleistungskörbe, von denen es heißt, sie seien repräsentativer für die Inflation, mit der die Amerikaner tatsächlich konfrontiert sind. Sie liefern Warnsignale, denn die alternativen Methoden kommen zum Ergebnis, dass die Inflation in den USA näher an 9 Prozent als an den 2 Prozent der offiziellen Regierungsstatistiken liegt. Jeder, der Milch, Brot oder Benzin einkauft, würde dieser höheren Inflationsrate sicherlich zustimmen. So vielsagend diese Schattenstatistiken auch sein mögen, haben sie doch nur geringen Einfluss auf die internationalen Währungsmärkte oder die Politik der Federal Reserve. Um die Bedrohungen für den Dollar und mögliche Reaktionen der Federal Reserve zu verstehen, muss man den Dollar mit den Augen der Fed sehen. Aus dieser Perspektive ist die Inflation *keine* Bedrohung; in der Tat ist höhere Inflation sowohl die Reaktion der Fed auf die Schuldenkrise als auch ein Ziel ihrer Politik.

Mit dieser inflationsfördernden Politik öffnet man dem Desaster Tür und Tor, auch wenn verblüffte Kritiker der Fed sich am Kopf kratzen angesichts der offensichtlichen Abwesenheit der Inflation, obwohl die Fed und andere Zentralbanken Geld drucken wie noch nie. Viele versuchen sich zu erklären, wie es sein kann, dass es praktisch keine Inflation gibt, obwohl die Fed die Geldmenge seit 2008 um 400 Prozent erhöht hat. Aber zwei Erklärungen sind naheliegend – und sie prognostizieren die Möglichkeit eines Zusammenbruchs. Die erste lautet, dass die amerikanische Wirtschaft strukturell geschädigt ist und das billige Geld nicht sinnvoll eingesetzt werden kann. Die zweite besagt, dass die Inflation kommen wird. Beide Erklärungen sind zutreffend – die Wirtschaft ist beschädigt und die Inflation ist auf dem Weg.

Dieses Buch untersucht diese Ereignisse auf unterschiedliche Weise. Die folgenden Kapitel bieten einen kritischen Blick auf ökonomische Standardwerkzeuge wie Gleichgewichtsmodelle, die sogenannten Value-at-Risk-Maße und die vermuteten Korrelationen. Sie werden sehen, dass die oft angewendeten allgemeinen Gleichgewichtsmodelle in einem Zustand des gestörten Gleichgewichts oder dualer Gleichgewichte bedeutungslos sind. Die Weltwirtschaft befindet sich noch nicht in einer »neuen Normalität«. Stattdessen befindet sich die Welt auf einer Reise vom Alten zum Neuen, ohne Kompass oder Wegbeschreibung. Turbulenzen sind heute die Norm.

Die Gefahr kommt von innen und von außen. Wir haben ein ungerechtfertigtes Vertrauen in die Zentralbanken; in Wirklichkeit ruinieren sie unsere Märkte. Die an der Wall Street und von den für Regularien Verantwortlichen verwendeten Value-at-Risk-Modelle zur Messung der Gefahren von Derivaten sind lächerlich. Sie verbergen zu hohe Hebelrisiken, die dann zu grotesk hohen Boni für die Banker führen. Das bringt unsere Gesellschaft aus dem Gleichgewicht. Wenn die verborgenen Kosten ans Tageslicht kommen und die Steuerzahler wieder einmal die Rechnung begleichen müssen, sitzen die Banker bequem in ihren Villen und auf ihren Yachten. Diese Titanen erklären dann leichtgläubigen Reportern und gekauften Politikern, dass sie den neuerlichen Zusammenbruch nicht vorhersehen konnten.

Während wir uns weigern, die Wahrheit über Schulden oder Defizite zur Kenntnis zu nehmen, üben Dutzende Länder rund um den Globus Druck auf den Dollar aus. Wir halten den Goldstandard für ein historisches Relikt, aber heute drängt die ganze Welt nach Gold, und das mag eine Rückkehr zum Goldstandard anzeigen. Die Gefahren einer Cyber-Attacke auf die Finanzmärkte und eines finanziellen Weltkriegs unterschätzen wir extrem.

Die von quantitativen Analysten und Ökonomen so geliebte Regressionsanalyse und Korrelationen sind untauglich für die Abschätzung der zukünftigen Risiken. Diese Analysen nehmen an, dass die Zukunft bis zu einem gewissen Grad der Vergangenheit ähnelt. Die Geschichte ist ein großartiger Lehrer, aber die Annahmen der quantitativen Analysten enthalten fatale Fehler. Der erste ist, dass ihr Blick zurück nicht weit genug reicht. Die meisten der an der Wall Street verwendeten Daten reichen 10, 20 oder 30 Jahre in die Vergangenheit. Sorgfältigere Analysten verwenden Datenreihen über 100 Jahre und finden dabei angemessenen Ersatz für Instrumente, die vor so langer Zeit noch nicht existiert haben. Aber zwischen den zwei größten Zusammenbrüchen von Zivilisationen in der Menschheitsgeschichte, dem Zerfall der Bronzezeit und dem Untergang des Römischen Reichs, liegen 1600 Jahre und das letztgenannte Ereignis liegt jetzt 1600 Jahre zurück. Das soll nicht heißen, dass unsere Zivilisation unmittelbar vor dem Kollaps steht, aber ich möchte damit auf die äußerst beschränkte Perspektive der meisten historischen Betrachtungen hinweisen. Der andere Fehler hat mit der Unfähigkeit der technischen Analysten zu tun, dynamische Faktoren zu skalieren, die gewisse, nicht mit der Geschichte verbundene Risikomaße setzen. Da das potenzielle Risiko eine Exponentialfunktion der Systemskala ist und da es das anhand von Derivaten gemessene Ausmaß der Finanzsysteme nie zuvor gab, folgt logisch, dass es auch dieses Risiko noch nie gab.

Es klingt zwar apokalyptisch, wenn man das Wort *Zusammenbruch* auf den Dollar anwendet, aber es hat eine vollständig pragmatische Bedeutung. Der Zusammenbruch ist einfach der Vertrauensverlust der Bürger und der Zentralbanken in die zukünftige Kaufkraft des Dollar. Folglich werfen Anleger Dollars auf den Markt, entweder durch schnelleren Konsum oder durch den Kauf greifbarer Vermögensgegenstände. Diese abrupte Verhaltensänderung führt zunächst zu höheren Zinsen, höherer Inflation und zur Zerstörung der Kapitalformierung. Das Ergebnis kann Deflation sein (wie in den 1930er-Jahren), Inflation (wie in den 1970er-Jahren) oder beides.

Der bevorstehende Zusammenbruch des Dollar und des internationalen Währungssystems ist völlig vorhersehbar. Das ist keine provokative Schlussfolgerung. Im vergangenen Jahrhundert ist das internationale Währungssystem dreimal kollabiert – 1914, 1939 und 1971. Auf jeden Zusammenbruch folgte ein von Tumulten geprägter Zeitraum. Der Kollaps 1914 wurde vom Ersten Weltkrieg ausgelöst. Später gab es einander abwechselnde Phasen der Hyperinflation und der Depression von 1919 bis 1922, ehe Mitte der 1920er-Jahre wieder Stabilität erreicht wurde, allerdings mit einem stark geschwächten Goldstandard, was in den 1930er-Jahren zu einem erneuten Zusammenbruch führte. Der Zweite Weltkrieg löste den Kollaps von 1939 aus. Stabilität brachte erst das System von Bretton Woods, das 1944 geschaffen wurde. Der Zusammenbruch 1971 wurde ausgelöst, als Nixon die Konvertibilität des Dollar gegen Gold abschaffte, obwohl sich diese Entwicklung schon seit Jahren abgezeichnet hatte. Es folgte Konfusion, die ihren Höhepunkt mit dem Beinahe-Zusammenbruch des Dollar 1978 erreichte.

Der bevorstehende Zusammenbruch könnte, ebenso wie die früheren, Krieg, Gold oder Chaos bedeuten – vielleicht alle drei. Dieses Buch beschreibt die dringlichsten Gefahren für den Dollar, die sich wahrscheinlich in den kommenden Jahren auswirken werden: finanzielle Kriegsführung, Deflation, Hyperinflation und der Zusammenbruch der Märkte. Nur Nationen und Individuen, die heute Vorsorge treffen, werden den bevorstehenden Mahlstrom überleben.

Statt trügerischer, wenn auch populärer Methoden gilt in diesem Buch die Komplexitätstheorie als bestes Werkzeug zur Betrachtung aktueller Risiken und möglicher Ergebnisse. Die Kapitalmärkte sind komplexe Systeme ohnegleichen. Die Komplexitätstheorie ist in der Geschichte der Wissenschaft relativ neu, aber in den 60 Jahren seit ihrer Konzipierung wurde sie intensiv auf Wetter, Erdbeben, soziale Netzwerke und andere dicht verknüpfte Systeme angewendet. Die Anwendung der Komplexitätstheorie auf die Finanzmärkte steckt noch in den Kinderschuhen, hat aber schon Erkenntnisse über Risikomaße und Preisdynamik geliefert, die mehr prognostische Kraft haben als konventionelle Methoden.

Wie Sie auf den kommenden Seiten sehen werden, wird der finanzielle Zusammenbruch nichts ähneln, was es in der Geschichte schon einmal gab. Aber ein klarsichtigerer Blick auf die undurchsichtigen finanziellen Geschehnisse in unserer Welt kann Investoren dabei helfen, über die besten Strategien nachzudenken. In der Zusammenfassung dieses Buchs finden Sie einige Empfehlungen, aber die Entscheidung für die beste Vorgehensweise erfordert, ein Minenfeld von Risiken zu verstehen, während man am Scheideweg steht und über den Tod des Dollar nachdenkt.

Abgesehen von Marktereignissen müssen Sie dabei auch einen Finanzkrieg in Ihre Überlegungen einbeziehen.

Der Finanzkrieg

Sind wir auf einen Finanzkrieg vorbereitet? Die Führung eines Finanzkriegs unterscheidet sich vom normalen ökonomischen Wettbewerb, weil er nicht nur Wettbewerbsmaßnahmen beinhaltet, sondern auch absichtlich böswillige Aktionen. Ein Finanzkrieg umfasst die Anwendung von Derivaten und die Durchdringung von Wertpapiermärkten, um Verwüstungen zu verursachen, Panik auszulösen und letztlich die Wirtschaft des Feindes lahmzulegen. Ein Finanzkrieg geht weit über Industriespionage hinaus, die es mindestens seit dem frühen 19. Jahrhundert gibt, als sich ein Amerikaner, Francis Cabot Lowell, den Aufbau der englischen elektrischen Webmaschine einprägte und anschließend in den USA eine Kopie davon baute.

Das Waffenarsenal des modernen Finanzkriegs beinhaltet geheime Hedgefonds und Cyber Attacken, die Systeme zur Ordererteilung manipulieren und eine Flut von Verkaufsaufträgen bei Aktien wie Apple, Google und IBM auslösen können. Theoretiker, die an effiziente Märkte glauben und solchen Taktiken skeptisch gegenüberstehen, können sich die Irrationalität eines Markts nicht vorstellen, der sich gerade in voller Fahrt befindet. In einem Finanzkrieg geht es nicht um Maximierung von Wohlstand, sondern um den Sieg.

Die Risiken eines Finanzkriegs im Zeitalter der Hegemonie des Dollar sind neuartig, denn die USA mussten nie in einer Welt leben, in der die Marktteilnehmer hinsichtlich ihrer nationalen Sicherheit nicht von ihnen abhängig waren. Sogar auf dem Höhepunkt der Dollarkrise 1978 erwartete man von Deutschland, Japan und den Ölexporteuren, dass sie den Dollar stützen würden, weil sie gegen Bedrohungen durch die UdSSR extrem abhängig vom Schutz der USA waren. Heute verlassen sich mächtige Staaten wie Russland, China und Iran beim Schutz ihrer nationalen Sicherheit nicht auf die USA. Vielleicht versprechen sie sich von einem wirtschaftlich angeschlagenen Amerika auch einige Vorteile. Die Finanzmärkte haben sich deutlich in das Reich der strategischen Angelegenheiten begeben und die Politiker in Washington, die die Tragweite dieser Tatsachen am dringendsten verstehen sollten, sind sich dieser neuen Welt nur wenig bewusst.

Inflation

Kritiker von Richard Cantillon im frühen 18. Jahrhundert bis zu Wladimir Iljitsch Lenin und John Maynard Keynes im 20. Jahrhundert waren sich einig, dass die Inflation der heimliche Zerstörer von Ersparnissen, Kapital und Wirtschaftswachstum ist.

Inflation beginnt oft unmerklich und setzt sich fest, bevor sie erkannt wird. Diese Verzögerung beim Verstehen der Lage, die für die Zentralbanken so wichtig ist, nennt man *Geldillusion.* Man hat den Eindruck, dass tatsächlicher Wohlstand entsteht, und es werden »animalische Instinkte« geweckt, wie Keynes dieses Phänomen genannt hat. Erst später wird klar, dass Banker und schlaue Investoren sich diesen Wohlstand gesichert haben; die normalen Bürger bleiben mit entwerteten Ersparnissen, Pensionen und Lebensversicherungen zurück.

Was Geldillusion betrifft, sind die 1960er- und 1970er-Jahre eine gute Fallstudie. Von 1961 bis Ende 1965 lag die Inflationsrate in den USA im Durchschnitt bei 1,24 Prozent. 1965 startete Präsident Lyndon Johnson eine massive Ausgabenerhöhung. Die Ausweitung des Kriegs in Vietnam und soziale Wohltaten sorgten für hohe Haushaltsdefizite. Die Federal Reserve billigte diese Ausgaben, und das bis zur Wiederwahl Präsident Nixons 1972. Zunächst stieg die Inflationsrate nur langsam auf 2,9 Prozent 1966 und 3,1 Prozent 1967. Dann geriet sie außer Kontrolle, erreichte 1970 5,7 Prozent und 1980 mit 13,5 Prozent ihren Höhepunkt. Erst 1986 sank die Inflation wieder auf das für die frühen 1960er-Jahre typische Niveau von 1,9 Prozent.

Zwei für heute höchst wichtige Lehren kann man aus den 1960er- und 1970er-Jahren ziehen. Die erste besagt, dass die Inflation eine erhebliche Dynamik erreichen kann, bevor die breite Öffentlichkeit sie bemerkt. Erst 1974, neun Jahre nach dem Beginn des Inflationszyklus, wurde die Inflation zu einem wichtigen politischen Thema und zu einem viel diskutierten Problem. Diese Zeitlücke zwischen Beginn der Entwicklung und Wahrnehmung ist der wesentliche Punkt der Geldillusion.

Zweitens: Sobald sich die Wahrnehmungen der Inflation verschieben, sind sie nur extrem schwer wieder zum Ausgangspunkt zurückzuführen. Während des Vietnamkriegs brauchten die amerikanischen Durchschnittbürger neun Jahre, um sich auf die Inflation zu konzentrieren, und dann noch weitere elf Jahre, um die Erwartungen wieder zum Ausgangspunkt zurückzuführen. Es geht eben viel schneller, einen Felsbrocken von einem Hügel herunterrollen zu lassen, als ihn wieder nach oben zu schieben.

In der jüngeren Vergangenheit, seit 2008, hat die Federal Reserve 3 Billionen Dollar neues Geld gedruckt, ohne die Inflation in den USA damit groß anzuheizen. Noch immer hat die Fed ein Inflationsziel von mindestens 2,5 Prozent, vielleicht auch mehr, und sie wird weiter Geld drucken, bis dieses Ziel erreicht ist. Die Fed sieht die Inflation als einen Weg, den realen Wert der US-Staatsverschuldung zu senken und die Gefahr einer Deflation zu bannen.

Dahinter verbirgt sich ein großes Risiko. Sowohl die Geschichte als auch die Verhaltenspsychologie liefern hier Anhaltspunkte. Sobald das Inflationsziel erreicht ist und die Erwartungen sich ändern, entwickelt sich ein Feedback-Zyklus. Höhere Inflation führt zu höheren Inflationserwartungen, zu noch höherer Inflation und so weiter. Die Fed wird diese Entwicklung nicht aufhalten können, denn deren Dynamik ist keine Funktion der Geldpolitik, sondern der menschlichen Natur.

Wenn dieser Zyklus an Energie gewinnt, kann man eine Wiederholung der späten 1970er-Jahre erwarten. Schnell wird es zu einem massiven Goldpreisanstieg und zu einem Absturz des Dollar kommen, denn beide sind die zwei Seiten derselben Medaille. Der Unterschied zwischen der nächsten und der letzten Phase ausufernder Inflation ist, dass Russland, China und der IWF nicht mit Dollars, sondern mit Gold und SDRs bereitstehen werden, um neue Reserven zu bilden. Wenn der Dollar vom Hochseil stürzt, wird es kein Netz geben.

Deflation

Seit den Jahren zwischen 1927 und 1933 gab es in den USA keine Phase dauerhafter Deflation. Folglich haben die Amerikaner auch keine persönlichen Erinnerungen an die Deflation. Ohne das massive Gelddrucken der Federal Reserve hätten die USA von 2009 bis 2013 eine schwere Deflation erlebt. Der vorherrschende Trend der US-Wirtschaft hin zur Deflation ist nicht verschwunden. Er wurde nur überdeckt.

Deflation ist aus vielerlei Gründen der schlimmste Albtraum der Federal Reserve. Reale Gewinne durch Deflation sind schwer zu besteuern. Wenn eine Schuldirektorin bei konstanten Preisen 100 000 Dollar im Jahr verdient und eine Gehaltserhöhung von 5 Prozent erhält, erhöht sich ihr realer Lebensstandard vor Steuern um 5000 Dollar. Aber die Regierung besteuert den Gehaltsanstieg und für die Direktorin bleibt weniger übrig. Wenn ihr Gehalt gleich bleibt und die Preise um 5 Prozent sinken, hat sie denselben Anstieg ihres Lebensstandards um 5000 Dollar. Diesen Zuwachs kann die Regierung aber nicht besteuern, weil er nicht durch eine Gehaltserhöhung, sondern durch niedrigere Preise zustande gekommen ist.

Deflation erhöht den realen Wert der Staatsverschuldung, was die Tilgung erschwert. Wird die Deflation nicht gebremst und in ihr Gegenteil verkehrt, kommt es zu einem regelrechten Staatsbankrott statt zu einer weniger traumatischen Pleite durch Inflation. Deflation verlangsamt das nominale BIP-Wachstum, während die Staatsverschuldung wegen der Haushaltsdefizite jedes Jahr wächst. Das erhöht tendenziell die Relation zwischen Staatsschulden und BIP, schickt die USA auf den gleichen Weg wie Griechenland und steigert die Wahrscheinlichkeit einer Schuldenkrise.

Deflation erhöht auch den realen Wert privater Schulden und löst eine Welle von Pleiten und Insolvenzen aus. Diese Verluste fallen dann auf die Banken zurück und verursachen eine Bankenkrise. Da die Stützung des Bankensystems die Hauptaufgabe der Fed ist, muss Deflation vermieden werden, denn sie führt zu faulen Schulden, die die Zahlungsfähigkeit der Banken bedrohen.

Und schließlich nährt Deflation sich selbst; für die Fed ist es fast unmöglich, eine solche Entwicklung umzudrehen. Die Federal Reserve vertraut auf ihre Fähigkeit, die Inflation zu kontrollieren, obwohl die Erfahrungen aus den 1970er-Jahren zeigen, dass dafür extreme Maßnahmen erforderlich sein können. Die Fed macht sich keine Illusionen über die Schwierigkeit, eine Deflation zu beenden. Wenn Bargeld Tag für Tag wertvoller wird, was das kennzeichnende Merkmal einer Deflation ist, wird es von Privatleuten und Firmen gehortet, nicht aber ausgegeben oder investiert. Dieses Horten von Geld zerstört die Gesamtnachfrage und führt zu einem Absturz des BIP. Daher hat die Fed seit 2008 mehr als 3 Billionen Dollar neues Geld gedruckt – um eine deflationäre Entwicklung schon im Keim zu ersticken. Wahrscheinlich wird die Fed auch in den nächsten Jahren massiv Geld drucken, um eine Deflation abzuwenden. Bei der Fed nimmt man an, auf diese Weise mögliche inflationäre Konsequenzen in den Griff zu bekommen.

Wenn die Fed zur Abwehr von Deflation weiterhin Geld druckt, wird sie vielleicht an die politischen Grenzen des Gelddruckens gelangen, weil ihre Bilanz auf über 5 Billionen Dollar steigt oder wenn ihre Gewinn-Verlust-Rechnung zur Insolvenz führt. An diesem Punkt könnten die Gouverneure der Fed entscheiden, es doch mit einer Deflation zu versuchen. Bei diesem Tanz mit dem Teufel würde die Fed auf die Fiskalpolitik bauen, um die Gesamtnachfrage zu stützen. Die Deflation könnte auch trotz des Gelddruckens die Oberhand gewinnen. Das kann geschehen, wenn die Fed Geld aus Hubschraubern abwirft, die Bürger es aber auf dem Boden liegen lassen, weil sie sich verschulden, wenn sie es aufheben. In beiden Szenarien würden die USA plötzlich in die Situation von 1930 zurückgeworfen und wären mit einer echten Deflation konfrontiert.

Unter diesen Umständen hätten die USA nur eine einzige Möglichkeit, die Deflation zu brechen, indem sie den Goldpreis auf beispielsweise 7000 Dollar je Unze festlegen, vielleicht noch höher. Die Federal Reserve könnte diesen Preis sichern, indem sie am Goldmarkt mit den Reserven in Fort Knox operiert. Zu 6900 Dollar je Unze würde sie kaufen und zu 7100 Dollar verkaufen, um den Preis bei 7000 Dollar zu halten. Das Ziel dabei wäre nicht die Bereicherung von Goldbesitzern, sondern eine neue Bestimmung des allgemeinen Preisniveaus.

Solche Maßnahmen mögen unwahrscheinlich wirken, aber sie wären wirksam. Da sich nichts im luftleeren Raum bewegt, würde eine solche Abwertung des Dollar gegenüber dem Gold schnell zu höheren Dollarpreisen für alles andere führen. Wenn Gold 7000 Dollar kostet, dann kosten auch ein Barrel Rohöl 400 Dollar und eine Unze Silber 100 Dollar. Man kann der Deflation den Hals brechen, wenn der Dollar gegenüber dem Gold abgewertet wird, wie 1933, als die USA den Preis je Unze von 20,67 Dollar auf 35,00 Dollar heraufsetzten, was einer Dollarabwertung von 41 Prozent entsprach. Sollten die USA wieder einmal mit einer schweren Deflation konfrontiert sein, ist die Abwertung des Dollar gegenüber dem Gold noch immer das Gegengift, denn eine andere Lösung gibt es nicht, wenn das Gelddrucken versagt.

Der Zusammenbruch des Marktes

Die Aussicht auf einen Zusammenbruch des Marktes ist eine Funktion systemischer Risiken, unabhängig von den Fundamentaldaten der Wirtschaftspolitik. Das Risiko eines Zusammenbruchs wird durch die Inkompetenz der Regulierungsbehörden und die Gier der Banker erhöht. Die Komplexitätstheorie ist der angemessene Rahmen für die Analyse dieses Risikos.

Der Ausgangspunkt dieser Analyse ist die Erkenntnis, dass die Kapitalmärkte alle vier kennzeichnenden Eigenschaften komplexer Systeme aufweisen: Unterschiedlichkeit der Teilnehmer, wechselseitige Abhängigkeit, Verbundenheit, Interdependenz und adaptives Verhalten. Die Erkenntnis, dass Kapitalmärkte komplexe Systeme sind, hat weitreichende Auswirkungen auf das Regelwerk und auf das Risikomanagement. Daraus folgt zunächst, dass das angemessene Risikomaß der gesamte theoretische Wert der Derivate ist, nicht etwa die Nettosumme. Der Gesamtwert aller Bankderivate liegt heute bei über 650 Billionen Dollar. Das ist mehr als das Neunfache des globalen BIP.

Zweitens: Die größte Katastrophe, die in einem komplexen System geschehen kann, ist eine exponentielle, nichtlineare Funktion einer systemischen Skala. Das bedeutet: Wenn sich das System verdoppelt oder verdreifacht, steigt das Risiko einer Katastrophe um den Faktor 10 oder 100. Das ist auch der Grund, warum Stresstests wertlos sind, die auf historischen Episoden wie dem 11. September 2001 oder auf 2008 basieren, denn eine noch nie dagewesene systemische Skala bedeutet ein noch nie dagewesenes systemisches Risiko.

Die Lösungen für diesen Überhang systemischer Risiken sind überraschend simpel. Zuallererst müsste man die Großbanken aufbrechen und die meisten Derivate verbieten. Das globale Finanzwesen braucht keine Großbanken. Wenn eine Finanzierung in großem Ausmaß fällig ist, kann eine Bank ein Konsortium organisieren, wie es in der Vergangenheit regelmäßig geschah, wenn es galt, teure Infrastrukturprojekte zu finanzieren. Beispiele sind die Pipeline durch Alaska, die erste Flotte von Supertankern und die ersten 747-Jumbos von Boeing. Der Vorteil einer Zerlegung der Banken wäre nicht die Verhinderung von Bankpleiten, sondern die Tatsache, dass solche Pleiten keine Bedrohung mehr wären. Die Folgen einer Pleite wären kontrollierbar, sie würden sich nicht mehr auf das gesamte Bankensystem auswirken und dieses gefährden. Das Argument, die meisten Derivate zu verbieten, ist sogar noch logischer. Derivate erfüllen praktisch keinen anderen Zweck als den, Banker reich zu machen. Das geschieht durch undurchsichtige Preisfestlegung und Täuschung der Anleger durch Buchführung außerhalb der Bankbilanz.

Diese Strategien mögen noch so wirksam sein, es besteht keinerlei Aussicht auf eine Zerschlagung der Großbanken oder ein Verbot von Derivaten. Die Regulierungsbehörden verwenden nämlich völlig veraltete Modelle oder vertrauen auf die Modelle der Banker, was sie unfähig macht, systemische Risiken zu erkennen. Auch der Kongress wird keine Maßnahmen in die Wege leiten, denn seine Mitglieder sind mehr oder weniger durch die Parteispenden der Banken beeinflusst.

Die Risiken durch Banken und Derivate werden weiter wachsen, und der nächste Kollaps wird ein nie zuvor gesehenes Ausmaß erreichen, weil es noch nie eine solche Systemskala gab. Da die Ressourcen der Fed 2008 kaum ausreichten, einen völligen Zusammenbruch zu verhindern, kann man damit rechnen, dass ein noch größerer Kollaps die Bilanz der Fed überfordern wird. Da die Fed in einer relativ ruhigen Phase über 3 Billionen Dollar gedruckt hat, wäre es politisch nicht darstellbar, in Zukunft weitere 3 Billionen Dollar zu drucken. Die Aufgabe, die Welt wieder ins Gleichgewicht zu bringen, wird dem IWF zufallen, weil er von allen offiziellen Institutionen die einzige mit einer sauberen Bilanz ist. Der IWF wird die Gelegenheit nutzen, eine enorme Menge von SDRs zu emittieren, und diese monetäre Maßnahme wird die Rolle des Dollar als führende Reservewährung effektiv beenden.

Eine Flut von Gefahren

Diese Bedrohungen des Dollar sind allgegenwärtig. Die endogenen Bedrohungen sind das Gelddrucken der Fed und das Schreckgespenst einer galoppierenden Inflation. Zu den exogenen Bedrohungen gehören die Goldkäufe Russlands und Chinas (mehr dazu in Kapitel 9), die eine Verschiebung hin zu einer neuen Reservewährung ahnen lassen.

Darüber hinaus gibt es zahlreiche untergeordnete Bedrohungen. Wenn sich keine Inflation entwickelt, wird die Ursache dafür eine unaufhaltsame Deflation sein und die Fed wird darauf mit einer radikalen Reflation des Goldes reagieren. Russland und China sind nicht allein mit ihrem Wunsch, sich vom Dollarstandard zu befreien. Der Iran und Indien könnten eine Bewegung hin zu einer asiatischen Reservewährung anführen und die Mitglieder des Gulf Cooperation Council könnten beschließen, Ölexporte in einer neuen regionalen Währung zu berechnen, die von einer Zentralbank mit Sitz am Golf von Persien herausgegeben wird. Die geopolitischen Bedrohungen des Dollar werden sich vielleicht nicht auf wirtschaftlichen Wettbewerb beschränken, sondern böswillig werden und die Form eines Finanzkriegs annehmen. Und schließlich könnte das globale Finanzsystem auch von selbst kollabieren, ganz ohne einen Frontalangriff, einfach wegen seiner internen Komplexität und wegen Übertragungseffekten.

Derzeit sind der Dollar und das internationale Währungssystem quasi identisch. Wenn der Dollar kollabiert, wird auch das internationale

Währungssystem zusammenbrechen, denn anders kann es gar nicht sein. Normale Bürger, Sparer und Rentner werden die wichtigsten Opfer des Chaos sein, das auf einen Kollaps folgt, obwohl ein solcher Zusammenbruch nicht das Ende des Handels, des Finanz- oder des Bankwesens bedeutet. Die wichtigsten Akteure an den Finanzmärkten, seien es Nationen, Banker oder multilaterale Institutionen, werden sich durchwursteln und es wird ständig Konferenzen von Finanzministern, Zentralbankern und Staatsoberhäuptern geben, um neue Spielregeln aufzustellen. Sollte es zu sozialen Unruhen kommen, ehe die Finanzeliten neue Spielregeln erlassen, sind die Nationen mit militärisch aufgerüsteter Polizei, Armeen, Drohnen, Überwachung und Befehlen darauf vorbereitet, Unzufriedenheit zu unterdrücken.

Das internationale monetäre System der Zukunft wird nicht auf Dollars basieren, denn China, Russland, die Öl produzierenden Länder und andere aufstrebende Nationen werden alle gemeinsam auf dem Ende der monetären Hegemonie der USA und auf der Schaffung eines neuen monetären Standards bestehen. Ob dieser neue Standard auf Gold, SDRs oder einem Netzwerk regionaler Reservewährungen basieren wird, bleibt abzuwarten. Es gibt aber nur wenige Möglichkeiten, und wenn Investoren die wichtigsten von ihnen untersuchen, können sie sich einen Vorteil und vernünftige Aussichten darauf erarbeiten, ihren Wohlstand in dieser neuen Welt zu bewahren.

Das System ist außer Kontrolle geraten. Der veränderte Zustand der Weltwirtschaft mit neuen Mitspielern, veränderten Loyalitäten, politischer Unfähigkeit und technologischen Veränderungen hat die Investoren ratlos zurückgelassen. Dieses Buch wird Ihnen einen Blick auf die letzten Tage des Dollar und den daraus resultierenden Zusammenbruch des internationalen monetären Systems vermitteln. Zudem erhalten Sie einen Ausblick auf das neue System, das aus der Asche des alten Systems entstehen wird.

Teil I
Geld und Geopolitik

Kapitel 1: Prophezeiung

Eine unserer größten Ängste ist, dass heute etwas geschieht, und wenn wir die Autopsie durchführen, feststellen, dass wir es vor zwei Wochen hatten, das aber nicht wussten, weil es in etwas anderem verborgen war, das wir nicht untersucht haben.
B. »Buzzy« Krongard, Leitender Direktor der CIA, 1. September 2001

Es gibt Beweise für die Annahme, dass es an den Optionsmärkten vor dem 11. September ungewöhnliche Handelsaktivitäten gab, was dafür spricht, dass die Terroristen oder ihre Verbündeten im Voraus Handel getrieben haben, weil sie von den bevorstehenden Attacken wussten.
Allen M. Potashman, University of Illinois bei der Urbana-Kampagne
2006

Glauben Sie nie etwas, bevor es offiziell abgestritten worden ist.
Claude Cockburn, Britischer Journalist

Trading mit freier Sicht

»Niemand tradet allein.« Diese Binsenweisheit, ein Axiom an den Finanzmärkten, bedeutet, dass jeder Trade seine sichtbaren Spuren hinterlässt.

Wenn man weiß, wo man hinsehen und wie man die Geschichte und die Daten untersuchen muss, kann man viel lernen – nicht nur über die täglichen Aktienverkäufe der üblichen großen und kleinen Marktteilnehmer, sondern auch über beunruhigende Wahrheiten und Trends. Das Marktgeschehen rund um den 11. September, das von der Öffentlichkeit größtenteils kaum verstanden wird, ist ein solcher Fall.

Die abgesicherten Konferenzräume im Hauptquartier der CIA in Langley – ohne Fenster, ruhig und beengt – werden von denjenigen, die sie benutzen, »Gewölbe« genannt. Am 26. September 2003 saßen John Mulheren und ich nebeneinander in einer solchen Gruft auf der vierten Etage des Hauptquartiers. Mulheren war einer der legendärsten Aktien-Trader in der Geschichte der Wall Street. Ich war verantwortlich für ein Modell des terroristischen Tradings für die CIA. Dies gehörte zu einer breit angelegten Untersuchung über das Aktien-Trading von Leuten, die im Voraus Kenntnis von den Attacken am 11. September hatten.

Ich sah ihm in die Augen und fragte ihn, ob er an Insider-Trading mit Aktien von American Airlines unmittelbar vor dem 11. September glaube. Seine Antwort jagte mir einen kalten Schauder über den Rücken: »Das war der eklatanteste Fall von Insider-Trading, den ich je gesehen habe.«[2]

Mulheren begann seine Karriere als Aktien-Trader in den frühen 1970er-Jahren und mit 25 Jahren wurde er einer der jüngsten leitenden Direktoren, die Merrill Lynch je ernannt hat. Infolge der Trading-Skandale in den 1980er-Jahren wurde er 1990 des Insider-Tradings für schuldig befunden, aber das Urteil wurde von der nächsthöheren Instanz wieder aufgehoben. Seine Verurteilung basierte auf der Aussage von Ivan Boesky, der selbst ein notorischer Insider-Trader war.[3] Während des Gerichtsverfahrens wurde Mulheren in seinem Anwesen in Rumson, New Jersey, verhaftet, weil er mit einem geladenen Gewehr in seinem Auto lauerte, um Boesky am helllichten Tag zu erschießen.

Mulheren war Experte für Options-Trading und die mathematischen Zusammenhänge zwischen den Kursen der Optionen und den Kursen der Aktien, die den Optionen zugrunde lagen. Er war auch ein erfahrener Trader der Aktien von Übernahmekandidaten und wusste, dass Informationen über solche Deals oft schon im Voraus durchsickern – eine offene Einladung zum

Insider-Trading. Niemand wusste mehr als Mulheren über die Verbindungen zwischen Insider-Trading und eindeutigen Kurssignalen.

Bei unserer Begegnung in Langley war Mulheren CEO von Bear Wagner, damals eine von sieben Specialist-Firmen an der New York Stock Exchange. In letzter Zeit haben diese Firmen an Bedeutung verloren, aber am 11. September waren sie das wichtigste Verbindungsglied zwischen Käufern und Verkäufern. Ihre Aufgabe war, einen Markt zu organisieren und die Kurse zu stabilisieren. Sie nutzten die Optionsmärkte, um die Risiken einzudämmen, die ihnen bei dieser Aufgabe entstanden. Sie waren ein entscheidendes Verbindungsglied zwischen dem Handel in New York und dem Optionshandel in Chicago.

Mulherens Firma war in der Zeit der Attacken am 11. September der verantwortliche Market Maker der Aktien von American Airlines. Als die Flugzeuge in den Zwillingstürmen einschlugen, sah Mulheren von seinem Büro in der Nähe des World Trade Center auf den Rauch und die Flammen. Er verstand sofort, was passiert war. Während andere noch an ein kleines Flugzeug dachten, das vom Kurs abgekommen war, verkaufte Mulheren wie wild S&P-500-Futures. In den 90 Minuten zwischen dem Angriff und dem Handelsende an der Futures-Börse verdiente Mulheren 7 Millionen Dollar, indem er Aktien leer verkaufte. Später spendete er alle diese Gewinne für karitative Zwecke.

Mulheren war ein Augenzeuge. Er beobachtete die Entfaltung des Terroranschlags am 11. September und das Insider-Trading an den Tagen zuvor. Seine Anwesenheit in Langley 2003 war Teil eines CIA-Projekts, deren Wurzeln bis in die Zeit vor den Terrorattacken zurückreichten.

Der Terror-Trade

Am 5. September 2001 erfuhr Osama bin Laden, dass die Angriffe auf New York und Washington am 11. September stattfinden würden.[4] Der Countdown zum Terror hatte begonnen. Es blieben noch vier Handelstage, bis die Straßen rund um die New York Stock Exchange in Tod und Trümmern versinken würden. Terroristischen Tradern mit Insider-Informationen über die Attacke blieben nur diese wenigen Tage zur Durchführung von Strategien, um vom

Terror zu profitieren. Schon am 6. September stand das Insider-Trading im Wissen über die Verschwörung vom 11. September in vollster Blüte.

Bin Laden hatte Erfahrung mit Finanzen, denn er war in einer der reichsten Familien Saudi-Arabiens aufgewachsen. Die anderen Führungspersonen von Al-Qaida, einschließlich der Flugzeugentführer vom 11. September, wurden ebenfalls nicht aus den Reihen der Ignoranten und Verarmten rekrutiert. Sie waren promovierte Akademiker und Ingenieure. Viele lebten in hoch entwickelten Ländern wie Deutschland und den USA. Al-Qaida wurde finanziell von reichen Saudis unterstützt, die regelmäßig mit Aktien handelten.

Die Vertrautheit Al-Qaidas mit den Vorgängen an der New York Stock Exchange ist allgemein bekannt. In einem Interview mit einem pakistanischen Journalisten, nur wenige Wochen nach den Attacken am 11. September, gab Bin Laden die folgenden Kommentare ab, die zeigen, wie eng er den Zusammenhang zwischen Terror und Trading sah:

Die Ereignisse am Dienstag, dem 11. September, in New York und in Washington waren wahrhaft in jeder Hinsicht großartig ...[5]

Und wenn der Einsturz der Türme ... ein riesiges Ereignis war, dann denken Sie an das, was darauf folgte ... lassen Sie uns über die wirtschaftlichen Ansprüche sprechen, die immer noch anhalten ...

Die Verluste an der Wall Street erreichten 16 Prozent. Man sagt, diese Zahl sei ein Rekord, unerreicht seit der Gründung des Markts vor 230 Jahren. Das Handelsvolumen an diesem Markt erreicht 4 Billionen Dollar. Wenn wir 16 Prozent mit 4 Billionen Dollar multiplizieren, um den Kursverlust der Aktien zu berechnen, ergibt sich mit Allahs Gnade ein Verlust von 640 Milliarden Dollar.

American Airlines und United Airlines, denen die vier am 11. September entführten Flugzeuge gehörten, sind an der New York Stock Exchange börsennotierte Unternehmen. 2001 hatte American Airlines das Börsenkürzel AMR, United Airlines wurde als UAL gehandelt.

Wenn man nach Beweisen für Insider-Trading sucht, beginnt man in der Regel an den Optionsmärkten, die in enger Beziehung zum Aktienmarkt stehen. Jahrzehntelang haben Fälle von Insider-Trading bewiesen, dass Optionen für Insider-Trader das Instrument der Wahl sind. Die Gründe liegen auf der Hand: Optionen bieten für den gleichen Kapitaleinsatz eine wesentlich höhere Hebelwirkung als der herkömmliche Aktienhandel. Was für die Schurken an der Wall Street einen Sinn ergibt, ist auch für Terroristen sinnvoll. Wenn man auf eine sichere Sache wettet, erhöht die Hebelwirkung die erwarteten Gewinne. Und die Terroristen wetteten auf eine sichere Sache – auf die Panik, die ihrem Angriff folgen würde.

Die operativen Details der Terrorattacken vom 11. September waren zuvor nur einem kleinen Kreis bekannt. Dass die Attacken bevorstanden, wussten allerdings deutlich mehr Beteiligte. Zu diesem Kreis gehörten die unmittelbaren Verbündeten der Entführer, Mitbewohner, finanzielle Unterstützer, Familien und Freunde.[6] Wer von den Terroristen etwas über die bevorstehenden Angriffe erfuhr, erzählte anderen davon und die Informationen verbreiteten sich in diesem sozialen Netzwerk wie ein Video.

Wenn das Wissen über einen Angriff im Voraus in sozialen Netzwerken kommuniziert wird, hilft das den Geheimdiensten nur wenig, falls die Botschaften nicht abgefangen werden. Ein solches Abfangen ist eine Herausforderung, was die Lenkung der Ressourcen in die richtige Richtung und die Trennung wichtiger Nachrichten vom Unsinn betrifft. Aber es gab zumindest ein eklatantes Warnsignal vor dem 11. September, das der Welt mitteilte, dass katastrophale Ereignisse bevorstanden, die mit Fluggesellschaften zu tun hatten. Und das geschah mitten im Tempel des finanziellen Establishments der USA – an der New York Stock Exchange.

Als die Terroruhr tickte, brachen Marktsignale herein wie ein Tsunami. Normal ist ein Verhältnis von 1 : 1 zwischen Wetten auf steigende und auf fallende Aktien.[7] Am 6. und am 7. September lag die Relation zugunsten fallender Kurse bei United Airlines bei 12 : 1. Am 8. und am 9. September waren die Börsen wegen des Wochenendes geschlossen. Der letzte Handelstag vor dem terroristischen Angriff war der 10. September und an diesem Tag lag das genannte Verhältnis bei American Airlines bei 6 : 1. Am 11. September schlugen Flugzeuge von United Airlines und American Airlines im World Trade Center und im Pentagon ein. Am ersten Handelstag danach verloren die Aktien von United Airlines 43 und die von American Airlines 40 Prozent, gemessen am vorangegangenen Schlusskurs. Tausende Amerikaner waren tot. Die Options-Trader hatten Millionen gewonnen.

Ein einseitiger Handel mit mehr Wetten auf fallende als auf steigende Kurse wie an den Tagen vor dem 11. September ist nicht ungewöhnlich, wenn es negative Nachrichten über die betreffenden Aktien gibt. Aber an diesen Tagen gab es keine Nachrichten über die Aktien der Airlines. Bei anderen großen Airlines wie Southwest und U.S. Airways gab es keine derart massiven Baissespekulationen wie bei American und United.

Es gab an den letzten vier Handelstagen vor dem 11. September also eine riesige einseitige Wette auf Kursverluste bei American und United Airlines. Erfahrene Trader und hoch entwickelte Computerprogramme erkennen dieses Muster als das, was es ist – Insider-Trading vor dem Bekanntwerden negativer Nachrichten. Nur die Terroristen selbst und ihr soziales Netzwerk wussten, dass es sich bei diesen Nachrichten um die tödlichste terroristische Attacke in der Geschichte der USA handeln würde.

Die Aufzeichnungen über das Trading sind nicht der einzige Beweis für eine terroristische Verbindung mit Insider-Trading vor den Angriffen. Trotz dieser Beweise kam die offizielle Untersuchungskommission zu folgendem Urteil:

> Erschöpfende Untersuchungen durch die Securities and Exchange Commission, das FBI und andere Institutionen haben keine Beweise erbracht, dass irgendjemand mit Wissen über die Attacken im Vorfeld durch Wertpapiertransaktionen profitiert hat.[8]

Die Sprache im Bericht dieser Kommission ist ein juristisches Ausweichmanöver. Die Aussage, die Institutionen hätten keine Beweise gefunden, bedeutet nicht, dass es keine Beweise gibt, sondern nur, dass man sie eben nicht gefunden hat. Die Schlussfolgerung, niemand habe profitiert, bedeutet nicht, dass keine Transaktionen stattgefunden haben, sondern nur, dass man die Gewinne nicht mit Sicherheit ermitteln konnte. Vielleicht haben die Täter ihre Gewinne nicht eingesteckt, wie ein Einbrecher, der auf der Flucht einen Sack voll gestohlenem Geld fallen lässt. Vielleicht wussten die Terroristen, die Insider-Trading betrieben, einfach nicht, dass die Börsen nach dem Angriff tagelang geschlossen bleiben würden, was es ihnen unmöglich machte, die Trades glatt-zustellen und ihre Gewinne einzustreichen.

Der offiziellen Verleugnung zum Trotz findet man Beweise für eine terro-ristische Trading-Verbindung, wenn man tiefer in die Welt der Forensik und der Signalverstärkung eintaucht. Das ungewöhnliche Options-Trading vor dem 11. September wurde von Akademikern gründlich untersucht. Die dies-bezügliche Literatur, größtenteils veröffentlicht, *nachdem* die offizielle Unter-suchungskommission ihre Arbeit abgeschlossen hatte, vertritt mit Nachdruck die Meinung, dass das Options-Trading vor dem 11. September auf Insider-In-formationen basierte.[9]

Die wichtigste akademische Untersuchung über terroristisches Insider-Tra-ding in Verbindung mit dem 11. September wurde über vier Jahre, 2002 bis 2006, von Allen M. Poteshman durchgeführt, der damals an der University of Illinois in Urbana-Champaign tätig war. Seine Schlussfolgerungen wurden 2006 von der University of Chicago veröffentlich.[10]

Diese Schlussfolgerungen basierten auf starken statistischen Techniken, ver-gleichbar mit der Heranziehung von DNA zur Aufklärung eines Verbrechens, bei dem es keine Augenzeugen gab. In Mordfällen vergleichen die Staatsan-wälte die DNA des Angeklagten mit DNA-Spuren vom Tatort. Theoretisch könnte es auch bei einem unschuldigen Angeklagten zu einer Übereinstim-mung kommen, aber diese Möglichkeit ist derart gering und abwegig, dass es fast immer zu einem Schuldspruch kommt. Bestimmte statistische Korre-lationen sind so stark, dass man die offensichtliche Schlussfolgerung ziehen muss, obwohl es ein mikroskopisch geringes Irrtumsrisiko gibt.

Akademiker wie Poteshman untersuchen große Datenmengen und stellen eine Basislinie auf, die das normale Verhalten von Aktien beschreibt. Dann vergleichen die Forscher das tatsächliche Trading in einem bestimmten Zeit-raum mit der Basislinie, um zu prüfen, ob es in diesem Zeitraum norma-le oder extreme Aktivitäten gab. Diese Techniken haben sich schon bei vie-len Untersuchungen und Vollstreckungen als zuverlässig erwiesen. Zum Beispiel wurden sie während der Dotcom-Spekulationsblase verwendet, um das damals weitverbreitete illegale Zurückdatieren von Optionen seitens der Technologiefirmen aufzudecken.[11]

Poteshmans Daten für die Erstellung einer Basislinie umfassten tägliche Statistiken von Options-Trades aller Aktien im S&P-Index von 1990 bis zum 20.September 2001, also kurz nach den Attacken vom 11. September. Er konzentrierte sich auf einige relevante Relationen, ehe er sich derjenigen zuwandte, die von den Terroristen mit der höchsten Wahrscheinlichkeit angewendet worden sein könnte: der einfache Erwerb von Verkaufsoptionen auf AMR und UAL. Eine Verkaufsoption auf eine Aktie ist eine Wette, dass der Kurs der Aktie sinken wird.

Er ordnete die Daten in Dezimalgruppen von 0,0 bis 1,0, wobei 0,0 extrem niedrige und 1,0 extrem hohe Aktivitäten auf dem Markt der Verkaufsoptionen bezeichneten. Er stellte fest, dass die maximale Aktivität an den vier Tagen vor dem 11.September bei beiden Fluglinien, deren Maschinen gekapert wurden, bei 0,99 lag. Der Maximalwert im gesamten Vier-Tages-Zeitraum betrug 0,96. Weil es keinerlei Nachrichten gab, die solche Extremwerte erklären könnten, lautet die unausweichliche Schlussfolgerung, dass diese Aktivitäten Insider-Trading repräsentieren. Poteshman schreibt:

> Es gibt Beweise für ungewöhnliche Aktivitäten am Optionsmarkt in den Tagen vor dem 11. September, die darauf hindeuten, dass hier Investoren tradeten, die im Voraus von den Anschlägen wussten.[12]

Eine weitere wichtige Studie, die vom Schweizerischen Finanzinstitut durchgeführt wurde, kam zum selben Ergebnis. Diese Studie umfasste mehr als 9,6 Millionen Options-Trades mit Aktien von 31 ausgewählten Unternehmen, darunter American Airlines, in den Jahren 1996 bis 2009. Hinsichtlich des 11. September lautete die Schlussfolgerung:

> Unternehmen wie American Airlines, United Airlines, Boeing und in geringerem Umfang auch Delta Air Lines und KLM scheinen im Zeitraum vor den Anschlägen Ziele für Insider-Trading gewesen zu sein. Die Anzahl der damals neu herausgegebenen Verkaufsoptionen ist statistisch hoch und die Gesamtgewinne ... durch die Ausübung dieser Optionen belaufen sich auf mehr als 16 Millionen Dollar. Diese Ergebnisse stützen die Hinweise bei Poteshman (2006), der ebenfalls ungewöhnliche Aktivitäten am Optionsmarkt in der Zeit vor den Terroranschlägen dokumentiert.[13]

Die staatliche Untersuchungskommission kannte die später von den Wissenschaftlern ausgewerteten Trading-Statistiken und sie kannte auch Medienberichte über Insider-Trading von Terroristen. Sie leugnete aber jeden Zusammenhang zwischen Options-Trading und Terroristen. Sie erkannte diesen Zusammenhang nicht, weil sie unfähig war, die *Signalverstärkung* zu verstehen.

Signalverstärkung beim Aktien-Trading beschreibt eine Situation, in der ein kleiner Anteil illegalen Tradings auf der Basis von Insider-Informationen ein viel größeres Ausmaß an *legalem* Trading auslöst, basierend auf der Sichtweise, dass »jemand etwas weiß, was ich nicht weiß«. Legitime Trader folgen einem ersten illegalen Trade, ohne etwas über dessen Illegalität zu wissen.

Noch einmal: Niemand kann isoliert traden. Für jeden Käufer von Verkaufsoptionen gibt es auch einen Verkäufer, der dafür sorgt, dass die Transaktion zustande kommt. Der Einstieg in jeden Trade erfolgt mit Kursinformationssystemen, die professionellen Tradern zur Verfügung stehen. Ein kleiner Kauf von Verkaufsoptionen durch Terroristen würde diesen Profis nicht verborgen bleiben. An den Tagen vor dem 11. September gab es über American oder United Airlines keinerlei Nachrichten von Bedeutung. Jeder, der einen kleinen Trade sah, hätte sich gefragt, warum jemand darauf wettete, dass die Aktie sinken würde. Er hätte nicht gewusst, wer den Trade durchführte, aber er hätte angenommen, dass derjenige wusste, was er tut und einen Grund für seine Baissespekulation haben musste. Ein solcher Profi hätte dann vielleicht eine viel größere Menge an Verkaufsoptionen für sein eigenes Konto erworben, um auf den Insider-Trade des Unbekannten zu wetten.

Bald bemerken andere Trader solche Aktivitäten und erwerben ebenfalls Verkaufsoptionen. Jeder Trade erhöht das Gesamtvolumen und vergrößert das ursprüngliche Signal noch ein wenig mehr. In Extremfällen ähnelt die Dynamik dem chaotischen Höhepunkt des Films *Wall Street*, als das ursprüngliche Insider-Trading der von Charlie Sheen dargestellten Figur mit der Aktie von Blue Star Airlines außer Kontrolle gerät und alle schreien »Alles verkaufen!« und »Wir steigen jetzt aus!«.

Am 10. September, also am Tag vor den Anschlägen, wurden Verkaufsoptionen auf 451 600 Aktien von American Airlines gehandelt. Der weit überwiegende

Teil dieser Trades war legitim. Aber es ist nur ein kleiner Anteil terroristischen Indider-Tradings erforderlich, um ein viel höheres Volumen an legitimen Nachahmungs-Trades auszulösen. Die letztgenannten Trader hatten keine Insider-Informationen über einen Anschlag. Sie wetteten darauf, dass andere Trader negative Neuigkeiten über AMR kannten, die noch nicht an die Öffentlichkeit gelangt waren.

Sie lagen richtig.

Auf Fragen nach terroristischem Insider-Trading antworten viele Geheimdienstler standardmäßig, Terroristen würden niemals die Sicherheit ihrer Operationen gefährden, indem sie Insider-Trading betreiben, denn das berge ja die Gefahr, entdeckt zu werden. Solche Argumente können leicht widerlegt werden. Niemand behauptet, dass der Terrorist und Flugzeugentführer Mohamed Atta über ein E*Trade-Konto auf dem Weg zur Entführung der American-Airlines-Maschine am Bostoner Flughafen AMR-Verkaufsoptionen erworben hat. Das Insider-Trading wurde nicht von den Terroristen selbst, sondern von Gruppen in ihrem sozialen Umfeld durchgeführt.

Was die operative Sicherheit betrifft, fallen solche Erfordernisse oft altmodischer Gier zum Opfer. Ein typischer Fall ist Martha Stewart, die Expertin für die Ausschmückung von Haushalten. 2001 war Stewart eine der reichsten Frauen der Welt, wegen ihrer erfolgreichen Publikationen und ihrer Auftritte in den Medien, wo sie über Kochen und Innenausstattung von Wohnungen sprach. In diesem Jahr verkaufte sie auf den Rat ihres Brokers Aktien von ImClone Systems und entging so einem Verlust von etwa 45 000 Dollar. Im Verhältnis zu ihrem Vermögen war diese Summe gar nicht der Rede wert. 2004 wurde sie jedoch wegen Verschwörung, Behinderung der Justiz und Falschaussagen vor Gericht im Zusammenhang mit dem Trade zu einer Gefängnisstrafe verurteilt.

Wenn es um eine sichere Wette geht, überwältigt die Gier den gesunden Menschenverstand und macht die Wette unwiderstehlich. Die Geschichte des Insider-Tradings ist voll von solchen Fällen. Der Helfer eines Terroristen zeigt wahrscheinlich auch kein besseres Urteilsvermögen als eine superreiche Berühmtheit, wenn sich die Gelegenheit bietet.

Wenn man das Gewicht der Analyse des sozialen Umfelds, der statistischen Methoden, der Signalverstärkung und der Expertenmeinungen bedenkt – warum kam die staatliche Kommission zur Untersuchung der Ereignisse rund um den 11. September nicht zum Ergebnis, dass Terroristen vor den Anschlägen AMR und UAL getradet haben? Die Antwort findet man im Bericht dieser Kommission, und zwar in Fußnote 130, Kapitel 5.

Dort wird eingeräumt, dass die Aktivitäten in AMR und UAL vor dem 11. September »hochgradig verdächtig« waren. Dort steht auch: »Es kam tatsächlich zu ungewöhnlichem Trading, aber es erwies sich, dass es für jeden dieser Trades eine harmlose Erklärung gab.« Ein genauerer Blick auf diese »harmlosen« Erklärungen enthüllt die Denkfehler der Kommission.

Zum Beispiel besagt der Report: »Ein einzelner institutioneller Investor mit Sitz in den USA und ohne erkennbare Verbindungen zu Al-Qaida kaufte 95 Prozent der am 6. September gehandelten UAL-Verkaufsoptionen als Teil einer Trading-Strategie, die auch den *Kauf* von 115 000 AMR-Aktien umfasste.« Diese Erklärung fällt auf zweifache Weise in sich zusammen. Erstens: Die Tatsache, dass ein hoher Prozentsatz der Trades von unschuldigen Marktteilnehmern durchgeführt wurde, ist völlig kompatibel mit der Signalverstärkung. Nur der erste kleine Trade wird von Terroristen durchgeführt. Der Bericht der Kommission enthält keine Hinweise, dass sie Anstrengungen unternommen hätte, sich bis zu diesem ersten kleinen Signal vorzuarbeiten. Stattdessen konzentrierten sich die Leute auf die legitimen Marktteilnehmer.

Zweitens: Die Kommission vertraut der Aussage des befragten Investors, er habe die UAL-Verkaufsoptionen (Puts) als Teil einer Strategie gekauft, die auch den Kauf von AMR-Aktien umfasste, also einer Art von Long/Short-Trade. Das zeigt die Naivität der Kommissionsmitglieder. Große institutionelle Investoren besitzen zahlreiche Positionen, die nichts miteinander zu tun haben, die sie aber im Nachhinein als Beweis unschuldiger Motive vorweisen können. Für sich allein genommen sagt die AMR-Position gar nichts darüber aus, warum dieser Investor derart intensiv auf einen Kurssturz von UAL gewettet hat.

In diesem Bericht heißt es weiter: »Ein großer Teil des scheinbar verdächtigen Tradings in AMR am 10. September war auf einen bestimmten

Options-Trading-Börsenbrief mit Sitz in den USA zurückzuführen, der den Abonnenten am Sonntag, 9. November, zugefaxt wurde und diese Trades empfahl.« Diese Analyse zeigt, welch begrenztes Verständnis die Mitglieder der Kommission davon hatten, wie Research an der Wall Street funktioniert.

Es sind Tausende dieser Trading-Ratgeber im Umlauf. An jedem Tag ist es möglich, für die meisten größeren, an der NYSE gelisteten Unternehmen zumindest eine Kauf- oder Verkaufsempfehlung zu finden. Es ist kein Problem, im Nachhinein einen Börsenbrief zu finden, der den Kauf von Puts auf American Airlines empfohlen hat. Zweifellos haben damals andere Börsenbriefe das Gegenteil empfohlen. Hinweise auszuwählen, die zu einer Theorie passen, und gleichzeitig gegenteilige Hinweise zu ignorieren ist ein Beispiel für Bestätigungsfehler, ein Hauptgrund irriger Analysen.

Ein weiteres Problem des Börsenbrief-Arguments ist der Glaube, diese Empfehlung sei unabhängig vom Insider-Trading erfolgt, das bei AMR schon im Gang war. Warum sollte man den Börsenbrief als Signal werten, wenn er in Wirklichkeit nur ein Teil der Nebengeräusche war? Ein Beispiel: Am 7. September waren die Börsenumsätze bei AMR doppelt so hoch wie am Vortag und erreichten bei sinkenden Kursen ein neues Drei-Monats-Hoch. Dieses Muster passt zu Insider-Trading vor den Anschlägen am 11. September. Es ist wahrscheinlicher, dass das Put-Volumen am 7. September die Börsenbrief-Empfehlung am 9. September ausgelöst hat, als der Börsenbrief die Put-Käufe am 10. September verursachte.

Die wahrscheinlichere Erklärung lautet, dass die ganze Sequenz vom 6. bis zum 10. September eine durch einen ersten kleinen Insider-Trade verursachte Signalverstärkung war. Es ist eine armselige forensische Technik, ein Einzelereignis wie den Börsenbrief zu isolieren und ihm Beweiskraft zuzusprechen, ohne auf vorangegangene Ereignisse zu achten. Besser tritt man einen Schritt zurück und betrachtet das große Bild, um Signale von Nebengeräuschen unterscheiden zu können.

Insider-Trader und ihre Nachahmer sind dafür bekannt, Research-Berichte aufzubewahren, die ihre Aktivitäten stützen, falls die Börsenaufsicht SEC nachfragt. Die SEC ermittelt routinemäßig im Nachhinein, wenn sie bezüglich eines den Markt beeinflussenden Ereignisses auf verdächtiges Trading stößt. Wenn man ihnen einen Research-Report unter die Nase hält, verschwinden die Beamten aber gleich wieder. Kriminelle Aktien-Trader sind sogar so weit gegangen, ihre eigenen Research-Berichte zu erstellen, einzig und allein zu dem Zeck, eine Rechtfertigung bereit zu haben, sollte ihr Insider-Trading je infrage gestellt werden. Angesichts dieser allgemein bekannten Technik, Nachforschungen in die Irre zu führen, ist es unglücklich, dass die Untersuchungskommission zum 11. September einem einzelnen Börsenbrief Bedeutung zugemessen hat.

Aus Sicht der Signalverstärkung passen die Theorien dieser Kommission über den großen Käufer und über den Börsenbrief in Fußnote 130 besser zu terroristischem Trading als zu dessen Widerlegung. Außerdem sagen diese Theorien überhaupt nichts über die Put-Käufe bei United Airlines am 7. September und die anderen verdächtigen Trades aus.

Es ist wichtig, diese Analyse von Insider-Trading vom sogenannten 9/11 Truth Movement zu unterscheiden. Dies ist ein Sammelname für Gruppen und Individuen, die Verschwörungstheorien rund um die Anschläge am 11. September aufgestellt haben. Viele dieser Theoretiker behaupten, dass Institutionen und Beamte der US-Regierung an der Planung der Anschläge beteiligt waren, dass die Zwillingstürme durch zuvor angebrachte Sprengladungen und nicht durch die Einschläge der zuvor entführten Flugzeuge zusammengebrochen sind. Dieser Unsinn erweist dem Gedenken an die bei den Anschlägen Getöteten und Verletzten und den folgenden militärischen Reaktionen einen Bärendienst. Es gibt unwiderlegbare Beweise, dass Al-Qaida die Anschläge geplant und ausgeführt hat. Der Bericht der staatlichen Untersuchungskommission ist eine monumentale und herausragende Zusammenfassung, ein brillantes Geschichtswerk, trotz der unvermeidlichen Schwächen, die in einer derart umfangreichen Arbeit auftauchen. Außerdem gibt es keinen Widerspruch zwischen der allgemein akzeptierten Schilderung des 11. September und terroristischem Insider-Trading. Aufgrund der Größenordnung des Anschlags und der menschlichen Natur war derartiges Trading zu erwarten. Die statistischen, verhaltenspsychologischen und mündlich erzählten Hinweise auf Insider-Trading sind überwältigend.

Insider-Trading durch Terroristen war keine Verschwörung der US-Regierung, sondern eine Erweiterung des terroristischen Plans. Es war zwar widerwärtig, aber letztlich auch banal. Unwichtige Verbündete der Terroristen konnten der Versuchung nicht widerstehen, auf eine sichere Sache zu wetten, und die Signalverstärkung erledigte den Rest. Dennoch war das Signal nicht verborgen. Auf Trading-Screens in der ganzen Welt waren Hinweise auf die bevorstehenden Anschläge zu sehen, wenn man das Options-Trading in AMR und UAL beobachtete.

Der CIA-Direktor beschrieb die bedrohliche Lage so: »Das System zeigte Alarmstufe Rot.«[14]

Projekt Vorhersage

Auch wenn die Untersuchungskommission zum 11. September das Thema des terroristischen Insider-Tradings schon abgehakt hatte, gab es doch eine Regierungsbehörde, die CIA, die willens war, ein wenig tiefer zu bohren, auch wenn sie anfangs nur schlecht dafür gerüstet war.

Die CIA war schon vor dem 11. September mobilisiert worden wegen einer Vielzahl von Berichten, die darauf hindeuteten, dass ein spektakulärer Angriff geplant sein könnte. Kurz nach dem 11. September erfuhr die CIA durch einen Geheimdienstbericht von ungewöhnlichem Trading mit Airline-Aktien und anderen Wertpapieren. Aber sie hatte ein Problem damit, diesen Hinweisen nachzugehen, weil sie kaum über Expertise verfügte, was die Kapitalmärkte und das Options-Trading betraf.

Dieser Mangel an Fähigkeiten in der damaligen Zeit ist nicht überraschend. Vor der Globalisierung waren die Kapitalmärkte kein Thema der nationalen Sicherheit. Die Märkte waren meist lokal geprägt und wurden in jedem Land von bestimmten nationalen Champions kontrolliert. Einige Banken, etwa die Citibank, waren international, aber sie führten traditionelle Kreditgeschäfte durch und waren nicht in Aktien-Trading involviert. Die CIA hatte keine Kapitalmarkt-Expertise, weil das in der Zeit des Kalten Kriegs nicht nötig war. Die Märkte waren kein Teil des Schlachtfelds.

Als nach dem 11. September Berichte über mögliches Insider-Trading durch Terroristen bekannt wurden, hatte demzufolge praktisch kein CIA-Mitarbeiter die nötige Erfahrung, um auszuwerten, wie das passiert sein und welche

Folgen es für die nationale Sicherheit haben könnte. Zum Glück gab es einen führenden Analysten beim Geheimdienst, der diese Implikationen sehr gut verstand.

Randy Tauss lebt friedlich in McLean, Virginia, einem exklusiven Vorort von Washington, D. C., nicht weit entfernt vom CIA-Hauptquartier. 2008 ging er nach 37 Jahren bei der CIA in den Ruhestand, wo er hauptsächlich als Analyst gearbeitet hatte. Er ist ein brillanter Physiker und Mathematiker, der für seine technischen und deduktiven Arbeiten zahlreiche Auszeichnungen erhalten hat. Obwohl es bei seiner Arbeit hauptsächlich um komplexe Waffensysteme ging, machte er sich sowohl innerhalb als auch außerhalb der CIA einen Namen wegen seiner Rolle bei der Aufklärung der Explosion eines TWA-Flugzeugs 1996.

Tauss hatte noch eine weitere Leidenschaft, die er beruflich nicht brauchte, der er aber mit der gleichen Leidenschaft nachging, die er bei der Arbeit mit Waffen und Technologie zeigte. Er war begeisterter Aktien- und Options-Trader, der seine mathematischen Fähigkeiten nutzte, um nach kleinen Anomalien bei Optionen zu suchen, die er dann zu seinem Vorteil für seine persönlichen Konten tradete. Er betrieb sein Options-Trading mit solcher Energie und über so lange Zeit, dass er bei seinen Kollegen dafür fast ebenso bekannt war wie für seine geheimdienstlichen Analysen. Als nach dem 11. September die Gerüchte über Insider-Trading auftauchten, war es keine Überraschung, dass die CIA-Führung auf Tauss' Namen aufmerksam wurde.

Im Oktober 2001, wenige Wochen nach den Anschlägen, bat die CIA-Behörde zur Terrorismus-Analyse Tauss, die Leitung eines Projekts zu übernehmen, das die Frage klären sollte, ob Terroristen das Wissen über ihre Aktionen dazu nützen könnten, im Voraus an den Finanzmärkten zu profitieren, und ob die Geheimdienste solche Aktivitäten erkennen und folglich die Anschläge verhindern könnten. So begann eines der längsten und ungewöhnlichsten Analyseprojekte in der Geschichte der CIA.

Diese Arbeitsgruppe erhielt den Namen »Projekt Vorhersage«. Als das Projekt 2004 endete, hatten ihm fast 200 Finanzprofis ihre Zeit und ihre Arbeit gewidmet, darunter Börsenmanager, Hedgefonds-Manager, Nobelpreisträger und Parketthändler, dazu Technologen und Systemanalysten. Tauss führte ein aufwendiges Projekt durch, bei dem er gleichzeitig das Denken eines Terroristen und das Denken eines Traders an der Wall Street modellierte. Und er fand heraus, dass beide etliche Gemeinsamkeiten aufwiesen.

Das Projekt Vorhersage wurde im April 2002 offiziell gestartet, das Kernteam wurde Ende Mai zusammengestellt. Die erste Aufgabe war, eine Liste von potenziellen Zielen terroristischer Angriffe zusammenzustellen und Verbindungen zu börsennotierten Aktien herzustellen, die durch ungewöhnliche Kursentwicklungen im Vorfeld Warnsignale abliefern könnten. Auf dieser Liste standen zahlreiche Fluggesellschaften, Kreuzfahrtlinien, Kraftwerke, Freizeitparks und andere Unternehmen mit symbolisch wichtigen Besitztümern.

Anfang 2003 hatte sich das Vorhersage-Team unter der Leitung von Tauss an die Wall Street und an andere Regierungsbehörden gewandt und spezialisierte Arbeitsgruppen zusammengestellt, um die praktischen Details der Tauss'schen Theorie mit Inhalt zu füllen. Man nahm allgemein an, dass Terroristen demnächst wieder auf spektakuläre Weise zuschlagen würden. Würden Informationen durchsickern? Würde ein Verbündeter der Terroristen Insider-Trading betreiben? Könnte man dieses Trading dann entdecken, um den Trader und sein Ziel aufzuspüren? Würde dann die Zeit noch reichen, um zu reagieren und den Angriff zu stoppen? Das waren die Probleme, die das Team lösen wollte.

Meine Verbindung mit dem Projekt Vorhersage begann auf dem Landsitz Kaiser auf der Insel St. Croix. Der Ort wäre exotisch genug für die Schlussfassung eines James-Bond-Films. Das Landgut ist ein Komplex aus drei durch Privatwege miteinander verbundenen Villen auf dem Recovery Hill mit Blick auf die Stadt Christiansted an der Nordküste der Insel. Das Zentrum des Villenkomplexes ist das weiße Haus, ein prächtiges helles Gebäude mit mehreren Stockwerken im internationalen Stil mit einem großen Außenpool.

Ich war im Winter 2003 dort wegen einer privaten Zusammenkunft von Top-Finanziers aus Institutionen, Hedgefonds und Private-Equity-Firmen, um über die nächste große Sache auf dem Gebiet alternativer Investments zu diskutieren – ein Projekt zur Vermischung der Strategien von Hedgefonds und Private Equity, um die risikoadjustierten Renditen zu maximieren.

Wie immer bei solchen Treffen nahm man sich Zeit für Drinks, um die anderen Gäste kennenzulernen. In einer solchen Pause sprach ich mit dem

Verantwortlichen für eines der größten institutionellen Portfolios der Welt. Er stellte Fragen zu meiner Berufslaufbahn und ich erzählte ihm von meiner frühen Zeit bei der Citibank in Karachi.

Das war in den 1980er-Jahren, nicht lange nachdem der Schah während der iranischen Revolution abgesetzt wurde. Ayatollah Khomeini wurde oberster Führer und erklärte den Iran zur islamischen Republik, geführt nach den Prinzipien der Scharia, also des islamischen Rechts. Der Wechsel der politischen Führung im Iran setzte Pakistan unter Druck, seine eigenen islamischen Glaubensregeln aufzupolieren. Der pakistanische Präsident Zia-ul-Haq erließ religiöse Vorschriften, darunter eine, die verbot, für Kredite Zinsen zu verlangen, weil die Scharia dies untersagt.

Citibank hatte größere Operationen in Pakistan. Die Vorstellung, dort Bankgeschäfte zu betreiben, ohne Zinsen zu berechnen, war ein Schock für das Management. Mir gab man als Aufgabe, zum Scharia-Experten zu werden und dabei zu helfen, die Geschäfte der Citibank vom westlichen auf das islamische Bankwesen umzustellen.

Im Februar 1982 kam ich in Karachi an und machte mich an die Arbeit. Der Landeschef der Citibank und spätere Premierminister von Pakistan Shaukat Aziz holte mich manchmal in meinem Hotel ab. In der Regenzeit fuhren wir durch die überfluteten Straßen Karachis mit ihren reich geschmückten Häusern und dreirädrigen Karren an Verkäufern vorbei, die rote Betelnüsse kauten und dann ausspuckten.

Als ich dem Fondsmanager das erzählte, bemerkte ich, wie sein Blick ernst wurde. Er führte mich zu einer Ecke abseits der anderen Gäste. Dann lehnte er sich nach vorn und sagte mit leiser Stimme: »Es sieht so aus, als ob Sie viel über islamische Finanzen wissen und sich in Pakistan auskennen.« Meine Ortskenntnisse waren ein wenig eingerostet, weil diese Dinge schon Jahrzehnte her waren. Dennoch antwortete ich: »Ja, ich habe hart daran gearbeitet. Ich kenne das islamische Bankwesen.«

Er beugte sich vor und sagte: »Ich helfe der CIA bei einem Projekt, das mit terroristischen Finanzen zu tun hat. Sie haben dort nicht viel Erfahrung und suchen nach Unterstützung. Sie haben mich gebeten, jedes Talent zu rekrutieren, das ich kriegen kann. Sollte Sie jemand von der Behörde kontaktieren, würden Sie den Anruf dann in Empfang nehmen?« Ich sagte Ja.

Leuten, die zu jung sind, um sich an den 11. September und die Ereignisse danach zu erinnern, kann man den Mix aus Wut und patriotischem Fieber nur schwer erklären, der die Nation ergriff, vor allem in der Region um New York, wo viele Leute Freunde oder Familienmitglieder verloren hatten oder jemanden kannten, dem das widerfahren war. Wir alle fragten uns, wie wir helfen konnten. Der einzige Rat, den wir aus Washington bekamen, lautete: »Fahren Sie nach Disneyworld, nehmen Sie Ihre Familien mit und genießen Sie das Leben.« Hier war meine Chance, mehr zu tun, als einkaufen zu gehen.[15]

Ein paar Tage später klingelte in meinem New Yorker Büro das Telefon. Der Anrufer stellte sich als Mitglied der CIA-Abteilung für transnationale Themen im Geheimdienstdezernat vor. Er fragte, ob ich bereit wäre, mich einem Team anzuschließen, das Terrorfinanzierung untersuchte, vor allem Insider-Trading im Vorfeld bedeutender terroristischer Anschläge. Er wollte mir einen Brief schicken, der das Projekt beschrieb. Ich war einverstanden, der Brief kam an und im Frühsommer 2003 war ich auf dem Weg zum CIA-Hauptquartier, um dort die anderen Mitglieder des Teams kennenzulernen.

Es ist nie einfach, einem Projekt beizutreten, das bereits läuft, weil der Rhythmus und die Kultur des Teams schon etabliert sind. Aber ich passte auf Anhieb ins Team, denn ich hatte länger an der Wall Street gearbeitet als viele der anderen und besaß mehr internationale Erfahrung als die meisten. Innerhalb weniger Monate wurde ich Co-Projektmanager unter Tauss' Leitung.

Mein erster Beitrag war die Erklärung, das Ziel der CIA werde bereits jeden Tag von Hedgefonds verfolgt, allerdings aus anderen Gründen. Die CIA versuchte, terroristische Trader zu ertappen, während die Hedgefonds versuchten, nicht angekündigte Unternehmensübernahmen aufzuspüren. Aber die Techniken mit einer Vielzahl von Daten, mit denen man Trading-Muster untersuchte, waren die gleichen.

Das Aufspüren verdächtiger Trades ist ein dreistufiger Prozess. Der erste Schritt ist das Aufstellen einer Basis des normalen Tradings unter Anwendung von Maßen wie Volatilität, durchschnittlicher Tagesumsatz, Put/Call-Ratios,

Leerverkäufe und Momentum. Der zweite Schritt ist die Aufzeichnung des Tradings und das Aufspüren von Anomalien relativ zur genannten Basis. Der dritte Schritt ist die Untersuchung, ob es öffentlich zugängliche Informationen gibt, die eine Kursbewegung erklären. Wenn eine Aktie nach oben schießt, weil Warren Buffett eine große Position gekauft hat, ist das keine Anomalie, sondern entspricht den Erwartungen. Interessant wird es, wenn eine Aktie ohne Neuigkeiten stark zulegt. Die logische Schlussfolgerung ist, dass jemand etwas weiß, was man selbst nicht weiß. Ein Hedgefonds interessiert sich vielleicht nicht für den Ursprung der verborgenen Information – er kann sich dem Trade einfach anschließen. Für die CIA wurde die Beobachtung zu einem Schlüsselfaktor. Und die Hürden waren höher.

Wie in jedem Entwicklungsprojekt gab es auch hier eine Gruppe von Programmierern und Systemadministratoren, die Sicherheitsprotokolle entwickelten und an Themen wie Interkonnektivität und Anwenderprogrammen arbeiteten. Das Team kombinierte den Spaß eines Garagen-Startup-Unternehmens aus dem Silicon Valley mit der Wir-schaffen-das-Kultur der CIA, um Terrorismus zu verhindern, indem man die gleichen Informationen verwendete, die man jeden Tag in Bloomberg-TV sehen konnte.

Der Höhepunkt des Projekts Vorhersage war eine Teamübung im September 2003. Dabei handelte es sich um eine klassische Methode, Hypothesen und Modelle zu testen, indem man eine Gruppe von Experten als den »Feind« rekrutiert und sie dann dazu auffordert, Szenarien darzustellen, die Fehler der ursprünglichen Annahmen aufdecken könnten.

Unsere »Feinde« waren so etwas wie eine Auswahl der besten Profis, den Star-Tradern der größten Banken, Hedgefonds und institutionellen Investoren der Welt, hinzu kamen einige bekannte Akademiker. Neben John Mulheren gehörten zu diesem Team auch Steve Levitt, Professor an der University of Chicago und Autor von *Freakonomics*, Dave »Davos« Nolan, ein Hedgefonds-Milliardär, und erfahrene Leute von Morgan Stanley, der Deutschen Bank und Goldman Sachs. An den düsteren Tagen nach dem 11. September war es inspirierend, zu sehen, dass der Privatsektor auf Hilfsanfragen reagierte. Es gingen Hunderte Anfragen mit der Bitte um Hilfe durch Experten raus und keine wurde zurückgewiesen. Es war ein seltsamer Moment, als der CEO eines Unternehmens an der Wall Street anrief und fragte, ob er per

Privathelikopter zur CIA fliegen und in deren Hauptquartier landen könne. Man sagte ihm höflich, dies sei nicht möglich.

Das Team der »Feinde« wurde mit einem Terror-Szenario ausgerüstet, dann dazu aufgefordert, wie Terroristen zu denken und sich eine Möglichkeit auszudenken, auf Basis der Insider-Informationen zu traden. Wir wollten antizipieren, an welchen Märkten sie traden würden, wie lange vor den Anschlägen sie ihre Trades durchführen würden, das Volumen ihres Tradings und wie sie planten, mit den Gewinnen davonzukommen. All diese Expertise aus der realen Welt würde dann gegen die theoretischen Resultate des Projekts antreten, um zu prüfen, ob wir auf dem richtigen Weg waren und ob unser vorgesehenes System erfassen konnte, was unsere Übeltäter tatsächlich vorhatten.

Die Aufgaben und Pläne wurden außerhalb der Behörde individuell gehandhabt. Die Ergebnisse wurden in einer Gruppensitzung im CIA-Hauptquartier an einem kühlen Tag Ende September 2003 bekannt gegeben. Das dauerte den ganzen Tag. Die Investmentexperten genossen ihre Chance, böse Buben zu sein und unsere Modelle und Annahmen zu attackieren.

Der ungewöhnlichste Ansatz kam von John Mulheren. Er sagte, er würde nicht *vor* dem Anschlag traden, sondern bis zum Moment der Attacke warten und *erst dann* mit seinem Insider-Trading beginnen. Er wusste, dass Märkte manchmal langsam reagieren, dass entscheidende Nachrichten oft nicht eindeutig ankommen. Das führt zu einem Zeitfenster von etwa 30 Minuten nach dem Anschlag und Terroristen könnten dann Insider-Trading betreiben, während man an den Märkten noch nicht versteht, was sich in ihrem Umfeld ereignet hat. Das Reizvolle am Trading nach dem Anschlag wäre, dass es keine vielsagenden Aufzeichnungen gibt. Die Behörden würden diesen Zeitraum vielleicht gar nicht erst untersuchen. Diese Methode hatte starke Ähnlichkeit mit dem, was Mulheren am 11. 9. tatsächlich getan hatte, wie er uns später erzählte.

Abgesehen von derartiger Kreativität bestätigten die Handlungen des »feindlichen« Teams tendenziell die Gedanken des Vorhersage-Teams zu der Frage, wie tatsächliche Terroristen sich verhalten würden. Wir hatten das Trading von Terroristen vom Anfang bis zum Ende nachgebildet und angenommen, die Insider-Trader seien nicht die Terroristen selbst, sondern Mitglieder ihres sozialen Netzwerks. Wir kamen auch zu der Schlussfolgerung, dass der Insider-Trade wahrscheinlich am Optionsmarkt stattfinden würde, und zwar weniger als 72 Stunden vor dem Anschlag, um die Gefahr der Entdeckung zu minimieren.

Wir stellten auch ein Alarmsystem zusammen mit einer Liste der 400 wahrscheinlichsten Zielaktien. Das normale Verhalten am Aktienmarkt war programmiert, Anomalien konnten also gut definiert werden. Wir schufen ein automatisches Bedrohungs-Interface, aufgeteilt in Börsensektoren und roten, gelben und grünen Signalen, die die Wahrscheinlichkeit von Insider-Trading anzeigten. Das System war vollständig, von der Ordereingabe durch Terroristen bis zum Eintreten der Tür des Terroristen durch einen Agenten mit einem Haftbefehl in der Hand.

Ende 2003 näherten wir uns dem Abschluss der Strategiestudie. Das war mit gewisser Melancholie verbunden, denn unser Braintrust von der Wall Street würde sich nun auflösen. Angesichts der Anzahl der Beteiligten und des Ausmaßes an Talent schien es unwahrscheinlich, dass sich in absehbarer Zeit eine vergleichbare Gruppe bei der CIA zusammenfinden würde. Die vollständigen Aufzeichnungen der »feindlichen« Aktivitäten wurden gesammelt und den Hauptarchiven des Projekts Vorhersage hinzugefügt.

Unsere Aufgabe war noch nicht ganz beendet. Anfang 2004 war unser Projekt so weit, den Prototyp eines Überwachungszentrums erstellen zu können. Wenn man es mit anderen bewährten Quellen kombinierte, sollte das System idealerweise in der Lage sein, zum Beispiel das interpretieren zu können, was einem potenziellen Terroristen in Pakistan aus der Tasche gefallen ist. Würde man darauf *Kreuzfahrtschiff* lesen können, wäre das ein Warnsignal aus dem Beobachtungszentrum für ein börsennotiertes Unternehmen wie Carnival Cruise Lines, weil es ein Signal sein könnte, dass ein Anschlag auf ein Schiff von Carnival geplant ist. Jeder Hinweis ist wichtig, aber die Kombination aus mehreren Hinweisen ist bedeutend aussagekräftiger.

Den idealen Investor für unser Projekt fanden wir in einer der eher ungewöhnlichen Ecken des CIA-Universums. 1999 hatte man eine Firma namens In-Q-Tel gegründet, um der CIA den Zugriff auf die neuesten Technologien der Startup-Firmen im Silicon Valley zu gewährleisten. Man kann nicht schneller Zugriff auf Innovationen bekommen, als wenn man mit einem Scheckbuch erscheint und bereit ist, das nächste große Ding zu bezahlen. In-Q-Tel wurde als unabhängige Venture-Capital-Firma im frühen Stadium wahrgenommen – die eben zufällig von der CIA finanziert wurde.

MARKINT

Da nun In-Q-Tel ein kleiner gewordenes Team finanzierte, war das Projekt Vorhersage formal beendet. Unsere Gruppe begann eine neue Phase namens MARKINT, was für Marktintelligenz stand. Das war eine neue Abteilung der Informationssammlung und gesellte sich zu HUMINT (human intelligence), SIGINT (signal intelligence) und einer ganzen Reihe weiterer -INTs. MARKINT war ein neuer Meilenstein in der langen Geschichte geheimdienstlicher Informationen.

Im Lauf der Jahre 2004 und 2005 verfeinerte das Team seine verhaltenstechnischen Modelle, entwickelte den Code und das Netzwerk, die für einen funktionierenden Prototyp nötig waren. Neben Randy Tauss von der CIA waren der visionäre Technologe Lenny Raymond und Chris Ray unsere Partner. Ray war ein brillanter Mathematiker und Experte für kausale Schlussfolgerungen.

Ich hatte die Aufgabe, die Börsenexpertise zu liefern, dazu die verhaltenstechnische Modellbildung und die Zielauswahl. Chris entwarf die Algorithmen und die Signalmaschine. Lenny fügte das alles mit einer coolen Anwenderoberfläche zusammen. Randy stellte sicher, dass wir die notwenigen Finanzmittel und Unterstützung bekamen. Gemeinsam hatten wir unsere eigenen Kapitalmarkt-Skunkworks, benannt nach dem berühmten geheimen Gelände in Kalifornien, wo hoch entwickelte Aufklärungsflugzeuge entwickelt und gebaut wurden. Anfang 2006 funktionierte das System und die Signale kamen herein.

Das System zeigte bessere Leistungen, als wir erwartet hatten. Routinemäßig griffen wir Signale auf, die auf Insider-Trading hindeuteten. Diese Signale kamen von regelmäßigen Marktteilnehmern; noch deutete nichts darauf hin, dass das Insider-Trading etwas mit Terror zu tun hatte. Unser Projekt war nicht mit Polizeigewalt ausgestattet, daher berichteten wir diese Fälle lediglich der SEC und ignorierten sie ansonsten. Wir nannten das unsere Strategie des Fangens und Freilassens. Wir jagten Terroristen; die normalen Schurken der Wall Street überließen wir anderen.

Am Montag, dem 7. August 2006 lieferte das System zu Handelsbeginn ein Warnsignal bei American Airlines. Ein rotes Lichtsignal blinkte inmitten all der anderen eventuell bedrohten Sektoren. Das Signal war extrem stark; so etwa wie ein Erdbeben der Stärke 8,0 auf der Richterskala. Ein kurzer Blick auf die Nachrichtenlage ergab bei American Airlines absolut nichts. Die Aktie hatte keinen Grund, sich so zu verhalten, wie sie es tat – ein sicheres Zeichen für Insider-Trading auf Basis noch nicht veröffentlichter Nachrichten.

An diesem Tag bediente Chris Ray die Signalmaschine und schickte mir eine E-Mail mit den Worten: »Es gibt heute ein Ereignis, das möglicherweise mit Terrorismus zu tun hat. Wir haben zur Handelseröffnung ein rotes Signal bei AMR (American Airlines) erhalten.« Chris und ich dokumentierten die Signale und Analysen sorgfältig in Echtzeit. Wir wussten beide: Sollte es zu einem Terroranschlag kommen, wäre es nicht sehr glaubhaft, im Nachhinein auf den Kursticker zu schauen und etwas Verdächtiges zu finden. Wir wollten die Dinge im Voraus erkennen und sie aufzeichnen, um den Wert der Signalmaschine zu beweisen.

Der Tag verging, der nächste ebenfalls, und es gab keine Nachrichten über einen terroristischen Anschlag. Allmählich sah die Sache nach einem Fehlsignal aus.

Am Donnerstag, 10. August, dem dritten Tag nach dem Signal, saß ich um 2 Uhr in meiner Bibliothek am Schreibtisch, was für mich keine unübliche Arbeitszeit ist. In einem kleinen Fernseher neben dem Schreibtisch lief CNN, wobei ich den Ton abgeschaltet hatte. Ich blickte hinüber und sah eine Nachrichteneinblendung, zusammen mit Bildern Londoner Polizisten, die Verdächtige festnahmen und mit Kisten voller Dokumente und Computern aus Gebäuden herauskamen. Die Nachrichten besagten, New Scotland Yard habe eine terroristische Verschwörung aufgedeckt, die geplant habe, Flugzeuge zu sprengen.

Schnell drehte ich den Ton auf, um die wenigen Details zu erfahren, die schon bekannt waren. In London gab es noch Tageslicht, die Niederschlagung des geplanten Angriffs war schon seit einiger Zeit im Gang und beherrschte nun die Nachrichten. Es wurde klar, dass es bei den geplanten Anschlägen auch um Flugzeuge ging, die von London in die USA unterwegs waren. Hauptziele waren Maschinen, in denen wahrscheinlich die meisten amerikanischen Passagiere sitzen würden. American Airlines war eines dieser Hauptziele, obwohl offenbar auch viele andere Maschinen bedroht waren.

Ich wusste, dass Chris ebenso wie ich eine Nachteule war; trotz der späten Stunde rief ich sie daheim an. Sie war noch wach. »Chris«, sagte ich schnell, »schalte deinen Fernseher an, du wirst nicht glauben, was gerade passiert.« Sie tat es und verstand die Bedeutung sofort. Eine terroristische Verschwörung, American Airlines zu bombardieren, wurde aufgedeckt – nur 72 Stunden nachdem wir auf das Insider-Trading mit AMR-Aktien gestoßen waren. Noch unheimlicher war die Entdeckung, dass sich die Verschwörung exakt in dem Zeitrahmen abspielte, das unser Verhaltensmodell geschätzt hatte. Natürlich hatte unser Signal nichts mit der Vereitelung des Anschlags zu tun. Die britischen Geheimdienste MI5 und MI6 hatten die Verschwörung mithilfe der CIA und des ISI, des pakistanischen Geheimdienstes, schon seit Monaten beobachtet. Präsident Bush wurde am 5. August auf seiner Ranch in Crawford, Texas, darüber informiert. Am 9. August wurde Rashid Rauf, der führende Kopf der Unternehmung, in Pakistan verhaftet. Rauf entkam 2007 aus dem Gefängnis und man nimmt an, dass er 2008 bei einem Drohnenangriff der CIA getötet wurde, obwohl manche dies bis heute bezweifeln.

Die Terroristen verschickten am 6. August ein verschlüsseltes Signal, dass die Operation beginnen sollte. Diese Botschaft wurde vom MI6 abgefangen und weitergeleitet an Eliza Manningham-Buller, Chefin des MI5. Dieses Startsignal hatte MI5 und New Scotland Yard dazu veranlasst, mit den Verhaftungen zu beginnen, die wir am 10. August auf CNN sahen.

Ebenso wie Chris und ich im Voraus nichts über die Einzelheiten der Verschwörung gewusst hatten, wussten die Terroristen nicht, dass sie kurz vor der Verhaftung standen. Stattdessen wachte einer ihrer Verbündeten am 7. August auf und begann mit dem Trading in American Airlines. Das führte schließlich zu dem höchst ungewöhnlichen Muster, das bei uns ein rotes Warnsignal auslöste. Da hatte jemand auf eine sichere Sache gewettet, exakt so, wie unser Verhaltensmodell es vorhergesagt hatte.

Die Tatsache, dass unsere Signalmaschine laut und deutlich ein Warnsignal generiert hatte, und zwar *vor* der Verschwörung in Großbritannien, sorgte schnell für Aufmerksamkeit auf den höchsten Führungsebenen der US-Geheimdienste. Am 2. Februar 2007 erhielt ich eine E-Mail von Randy Tauss, in der stand, CIA-Direktor Mike Morrell wolle Chris und mich treffen, um mit uns über unsere Signalmaschine und den Status von MARKINT zu sprechen. Das Meeting sollte am 14. Februar stattfinden, was uns noch Zeit für die Vorbereitung gab.

Morell arbeitete seit 1980 für die CIA und hatte dort eine legendäre Karriere gemacht. Es war berühmt, weil er an George Bushs Seite gewesen war, als der Präsident durch das ganze Land jettete, während Dick Cheney, George Tenet und andere die Kommandozentren in Washington und Langley leiteten. Morell war im Mai 2011 auch bei Präsident Obama und leitete die Operation zur Tötung Osama bin Ladens. Zweimal diente er als leitender CIA-Direktor, auch nach dem plötzlichen Rücktritt von David Petraeus 2012, ehe er dann 2013 in Pension ging.

Zum Zeitpunkt unseres Treffens 2007 berichtete Morell an Direktor Michael Hayden. Auch andere führende Geheimdienstler waren eingeladen, an unserer MARKINT-Besprechung in Morells Büro teilzunehmen. Das war das ranghöchste Publikum in der Geschichte des Projekts.

In Randys E-Mail stand auch, dass jemand aus der Rechtsberatungsabteilung der CIA teilnehmen würde. Zweifellos berührte unser Projekt auch juristische Fragen, unter anderem den Datenschutz. Eine vollständige Umsetzung würde eine Zusammenarbeit mit dem FBI erfordern, weil die CIA im Inland über keine Polizeigewalt verfügte. Wir hatten enorm viel Zeit mit diesen Themen verbracht und wussten, wie sensibel sie waren. Dennoch war uns nicht klar, warum Morell seine Anwälte dabei haben wollte, da es sich ja nur um eine erste Informationsveranstaltung über ein neues System gegen Terrorismus handelte.

Morells Büro war für CIA-Verhältnisse sehr groß, mit hellen Fenstern, einem großen Schreibtisch in der Nähe der rückwärtigen Wand und einem Konferenztisch gleich neben der Tür. In allen Büros in Washington gibt es gerahmte Fotos des Büroinsassen mit mächtigen Persönlichkeiten. Morell hatte auch welche, aber seine waren anders. Statt der üblichen Aufnahmen mit Namens-schildern hatte Morell große Schwarz-Weiß-Fotos von sich im Oval Office, wobei sich der Präsident inmitten intensiver Diskussionen über Dokumente beugte. Wahrscheinlich waren sie während der täglichen Informationsveran-staltung für den Präsidenten aufgenommen worden, in der die sensibelsten und qualifiziertesten Informationen der Welt übermittelt werden. Wenn das den Besucher beeindrucken sollte, gelang dies.

Chris, Randy und ich setzten uns an den Konferenztisch. Die anderen Füh-rungskräfte waren schon da, Morell stand von seinem Schreibtisch auf und setzte sich zu uns. Die Atmosphäre war herzlich, aber geschäftsmäßig, und ausgesprochen intensiv. Chris und Randy informierten die Gruppe über die Geschichte des Projekts Vorhersage und die Möglichkeiten der Signal-maschine. Als einziger Jurist im MARKINT-Team hatte ich die Aufgabe, die legale Autorität unserer Arbeit und die Vorkehrungen zum Datenschutz zusammenzufassen.

Ein paar Minuten nach dem Beginn meiner Präsentation unterbrach mich der Anwalt der CIA und sagte: »Sehen Sie, wir machen uns Sorgen über das, was Sie tun. Sie untersuchen Trading-Aufzeichnungen und machen Meldun-gen an die SEC. Die CIA hat keine polizeilichen Befugnisse und wir sind mit dieser Situation nicht glücklich.«

Ich erwiderte, dass wir keine individuellen Trading-Aufzeichnungen verwen-deten, sondern uns ausschließlich auf öffentlich zugängliche Informationen verließen, die jedermann zur Verfügung standen. Ich sagte ihm, das sei nicht viel anders als fernzusehen. Was die Meldungen an die SEC betraf, sagte ich ihm, dass wir einfach verantwortungsvolle Bürger seien und völlig damit auf-hören könnten, wenn die CIA das wünschen sollte. Die SEC baue selbst ähn-liche Systeme auf und wäre daher in Zukunft ohnehin nicht mehr auf uns angewiesen. Die Bedenken des Anwalts schienen mir irreführend zu sein.

Dann beugte sich Morell nach vorn. »Wir machen uns Sorgen um die Wahr-nehmung«, sagte er. »Sie machen vielleicht alles richtig, aber die *New York Times* könnte daraus eine Geschichte machen mit dem Titel ›Die CIA spio-niert die Altersvorsorgekonten der Amerikaner aus‹. Gerade jetzt sollten wir dieses Risiko nicht eingehen.«

Morells Bedenken waren durchaus begründet. Die *New York Times* hatte die nationale Sicherheit schon einmal kompromittiert, indem sie aufgedeckt hatte, dass Geheimdienste Zugang zu Banktransaktionen über das SWIFT-Zahlungssystem in Belgien hatten. SWIFT ist das Nervenzentrum des internationalen Bankwesens und hatte reichhaltige Informationen über Terrorfinanzierung geliefert. Die Geschichte in der *Times* hatte dazu geführt, dass die Finanziers des Terrors in den Untergrund gingen.

Zudem befand sich die CIA in einer Zeit, in der es Nachrichten über weiterentwickelte Verhörmethoden wie Waterboarding hagelte. Ein weiteres Mal in den Medien vorgeführt zu werden war das Letzte, was sie nun gebrauchen konnte, auch wenn unser Programm wirksam und legal war.

Morells Instinkte sollten sich in der Tat als prophetisch erweisen. Am 14. November 2013 brachte das *Wall Street Journal* die Schlagzeile »Die Finanzspione der CIA sammeln Daten über Amerikaner.«[16] Da dies aber mitten in einer Welle ähnlicher Enthüllungen des Überläufers Edward Snowden geschah, wurde kaum Notiz davon genommen.

Ich sagte Morell, wir würden unsere Meldungen an die SEC einstellen, und bot an, ihm die technischen Spezifikationen zu verschaffen, die er zur Sicherstellung brauchte, dass wir nur öffentlich zugängliche Informationen verwendeten und keine individuellen Daten prüften. Er dankte mir und damit war das Meeting beendet. Erst später bemerkte ich, dass MARKINT, zumindest was die CIA betraf, einfach gestorben war.

Zu Beginn des Projekts Vorhersage bemerkte ich gegenüber Randy Tauss, dass das Team außergewöhnliche Arbeit leistete; ein gegen Terrorismus gerichtetes System, das spektakuläre Anschläge verhindern konnte, schien in Reichweite zu sein. Randy, mit seiner Erfahrung aus 33 Jahren, lächelte und sagte:»Jim, ich will dir sagen, wie die Dinge hier ablaufen. Wir werden großartige Arbeit leisten und dieses Ding wird perfekt funktionieren. Dann wird es im Nirgendwo verschwinden und irgendwo auf ein Regal gestellt. Eines Tages wird es einen spektakulären Anschlag geben und es wird offensichtlich sein, dass es zuvor Insider-Trading gab. Die Behörde wird unser Projekt vom Regal holen, es abstauben und sagen:›Schaut her, hier haben wir doch die Lösung. Wir haben ein System, das so etwas beim nächsten Mal aufdecken kann.‹ Dieses System wird dann mit Millionen von Dollars finanziert und so gebaut werden, wie wir es von Anfang an wollten. Aber es wird zu spät sein, die Toten des nächsten Anschlags zu retten.«

Leider erwiesen sich Randys Worte als hellseherisch. MARKINT wurde tatsächlich ins Regal gestellt. Wir waren aber immer noch der Meinung, dass die Signalmaschine eine wichtige Rolle spielen konnte, wenn auch nicht unter dem Dach der CIA. Sollten die zivilen Institutionen wenig Interesse zeigen, hatten wir immer noch einen Freund – das Verteidigungsministerium. Das Pentagon hatte die größten Ressourcen, die geringsten operativen Einschränkungen und die fortschrittlichste Einstellung. In den höchsten militärischen Rängen findet man jede Menge Ingenieure, Menschen mit Doktortitel und viele andere mit akademischen Abschlüssen in Geschichte, Sprachen und Strategie. Und schließlich kann diese Abteilung der Regierung die Defense Advance Research Projects Agency (DARPA) für sich beanspruchen. Sie hat die Systeme erfunden, die das Internet und das World Wide Web ermöglicht haben.

Unsere Verträge mit dem Pentagon entwickelten sich 2007 und 2008, also exakt zu der Zeit, als sich die CIA von unserer Arbeit abwandte. Aber um diese Beziehung zu verstärken, musste sich MARKINT selbst entwickeln. Chris Ray und mir war schon früh klar, dass MARKINT nicht nur ein Werkzeug zur Abwehr von Terroristen war. Wenn das System terroristische Spuren an den Kapitelmärkten entdecken konnte, warum sollte man es dann nicht dazu nutzen, die Börsenaktivitäten von Diktatoren, strategischen Rivalen und anderen zu beobachten? Wir mussten nur die Signalmaschine so einstellen, dass sie auf ganz bestimmte Gruppen von Wertpapieren eingestellt war.

Angesichts dieser umfassenderen Mission begannen Chris und ich, nach anderen Phänomenen als dem Insider-Trading am Aktienmarkt zu suchen. Eines, das wir entdeckten, war, dass Venezuela seine Dollarreserven in Gold umschichtete. Das war ein Vorzeichen von Präsident Hugo Chavez' Krieg gegen den Dollar. Später verlangte er die Repatriierung von Venezuelas Goldreserven aus den Tresorgewölben in London.

Im Dezember 2007 erhielten wir die Chance, unser System einigen Militärs zu präsentieren. Wir führten die Signalmaschine vor dem U.S. Strategic

Command (STRATCOM) in Omaha, Nebraska, vor. Zu den Teilnehmern des Meetings gehörten zivile Wissenschaftler und Militärs in Uniform. Wir demonstrierten, wie man das System anwenden konnte, um frühe Warnsignale zu erhalten, sollte es Attacken gegen den US-Dollar geben oder Aktionen, die an den amerikanischen Märkten einen Crash auslösen könnten.

Plötzlich sah man die Technologie in einem neuen Licht. Wir waren natürlich nicht allein, aber wir sahen die Zukunft der Kriegsführung: keine Kriege mit kinetischen Waffen, sondern Kriege, die auf einem grenzenlosen Schlachtfeld einschließlich chemischer und biologischer Waffen, Cyber-Waffen und, in unserem Fall, finanzieller Waffen geführt werden.

Dem Pentagon wurde klar, dass die US-Dominanz in der konventionellen Kriegsführung zu Wasser, zu Lande und in der Luft unsere Rivalen dazu veranlasst hatte, neue Wege zu finden, um uns anzugreifen. Zukünftige Kriege könnten auf einem erweiterten Schlachtfeld ausgetragen werden, das Aktien, Anleihen, Währungen, Rohstoffe und Derivate umfasst. Unsere Signalmaschine war das perfekte Frühwarnsystem.

Denken Sie an die Binsenweisheit: *Niemand tradet für sich allein*. Für jeden Käufer gibt es einen Verkäufer. Wenn die eine Seite eines Trades eine Bedrohung der nationalen Sicherheit ist, hinterlässt sie eine Spur, die der Feind nicht beabsichtigt hat. Der feindliche Trader ist wie ein im Wasser schwimmender Fisch. Er verursacht Wellen. Auch wenn der Fisch unsichtbar ist, kann man die Wellen sehen und die Anwesenheit des Fisches erkennen. Die in die Zukunft blickenden Anwesenden bei diesem Meeting in Omaha erkannten, dass unsere Signalmaschine diese Wellen entdecken konnte, dass wir das perfekte Frühwarnsystem entwickelt hatten.

MARKINT würde also doch noch eine Zukunft haben. Es würde auch nicht nur das gegen Terroristen gerichtete Werkzeug sein, das wir erschaffen wollten, sondern eher ein System auf breiter Basis, eine Art Börsenradar, das entwickelt wurde, um bevorstehende finanzielle Bedrohungen zu entdecken. MARKINT war erwachsen geworden. Unser Team mit seiner Technologie hatte nun die neue, größere Arena des Finanzkriegs betreten.

Kapitel 2: Das Gesicht des Kriegsgotts

Wenn es möglich ist, in einem Computerraum in einer Aktienbörse einen Krieg zu beginnen, der ein feindliches Land vernichtet, gibt es dann noch einen Ort, der kein Kriegsschauplatz ist? ... Sollte ein junger Mann, der seine Orders aufgibt, heute fragen: »Wo ist das Schlachtfeld?«, wäre die Antwort: »Überall.«
Oberst Qiao Liang und Oberst Wang Xiangsui, Volksbefreiungsarmee, China, 1999

Jetzt streben unsere Feinde nach der Fähigkeit, unsere ... Finanzinstitutionen ... zu sabotieren. Wir können nicht Jahre zurückblicken und uns fragen, warum wir angesichts der realen Bedrohungen unserer Sicherheit und unserer Wirtschaft nichts getan haben.
Präsident Barack Obama, 12. Februar 2013

Der Krieg der Zukunft

Ein Kriegszweck besteht darin, den Willen und die ökonomischen Kapazitäten des Feindes zu brechen. Es mag überraschend klingen, aber die Zerstörung von Wohlstand durch eine Börsenattacke kann wirksamer sein als das Versenken feindlicher Schiffe, was die Schwächung des Gegners betrifft. Der Finanzkrieg ist die Zukunft der Kriegsführung und niemand arbeitet härter daran, die Zukunft zu sehen, als Andy Marshall, leitender Beamter im Verteidigungsministerium.

Als wir an einem verregneten Herbsttag im September 2012 in einem gesicherten Konferenzraum im Pentagon saßen, beugte sich Marshall auf seinem Stuhl vor. Am Tisch saßen drei bekannte Investmentmanager, drei SEC-Beamte und etliche Think-Tank-Experten, dazu einige Mitglieder von Marshalls Abteilung. Unsere sorgfältig ausgewählte Gruppe hatte sich versammelt, um über den Finanzkrieg zu diskutieren.

»Das ist interessant«, sagte Marshall. Was diesen Kommentar auslöste, nachdem Marshall eine Stunde lang geschwiegen hatte, war unsere Diskussion über Chinas Goldaufkäufe und deren mögliche Verwendung als finanzielle Waffe, um den Wechselkurs des Dollar zu schwächen.

Als Zeichen des Respekts wird Andy Marshall sogar von seinen Kollegen »Mr. Marshall« genannt und mit seinen 92 Jahren hat er sich diese Achtung auch verdient. Sein offizieller Titel lautet Director of the Office of Net Assessment in the Office of the Secretary of Defense. Inoffiziell ist er der führende Futurist im Pentagon, verantwortlich dafür, über den Horizont hinauszublicken und Bedrohungen der nationalen Sicherheit der USA einzuschätzen, lange bevor die anderen überhaupt wissen, dass sie existieren. Marshall hatte diese Position seit 1973 über acht Legislaturperioden ausgefüllt.

Seine Arbeit für die nationale Sicherheitsstrategie reicht noch weiter zurück, bis 1949, als er der Rand Corporation beitrat, dem ersten Think Tank. Zu seinen früheren Mitarbeitern und Schützlingen gehörten Herman Kahn, James Schlesinger, Don Rumsfeld, Dick Cheney, Paul Wolfowitz und andere Giganten der nationalen Sicherheitspolitik in acht Jahrzehnten. Nur der verstorbene Paul Nitze ist mit Marshall vergleichbar, was Tiefe und Breite seines Einflusses auf strategische Angelegenheiten im Zeitraum seit dem Zweiten Weltkrieg betrifft.

Wenn Marshall in der Öffentlichkeit weniger bekannt ist als die Männer, mit denen er verglichen wird, dann hat er das selbst so beabsichtigt. Fast nie gibt er Interviews oder hält Reden, er tritt nicht in der Öffentlichkeit auf und seine Schriften sind in der Regel geheim. Bei Besprechungen verhält er sich wie eine Sphinx, hört lange Zeit schweigend zu und äußert gelegentlich ein paar Worte, die zeigen, dass er alles aufgenommen hat und jetzt schon drei Schritte weiter denkt.

Im Gegensatz zu den meisten Amerikanern hat das chinesische Militär schon von Andy Marshall gehört. Marshall war ein führender Theoretiker im Rahmen der »Revolution militärischer Angelegenheiten« (RMA) am Ende des 20. Jahrhunderts. Darin wurden radikale Veränderungen der Bewaffnung und der Strategie auf Basis massiver Computerkraft vorhergesagt. Gelenkte Präzisionsmunition, Cruise Missiles und Drohnen sind sämtlich Teile der RMA. Chen Zhou, General der chinesischen Volksbefreiungsarmee und wichtigster Autor einiger kürzlich erschienener chinesischer Strategiepapiere, sagte dem *Economist*: »Wir haben RMA intensiv studiert. Unser großer Held war Andy

Marshall im Pentagon ... Wir haben jedes Wort übersetzt, das er geschrieben hat.«[17]

Marshall ist die politische Konfrontation nicht fremd. Tatsächlich ist er der wichtigste Architekt der wichtigsten US-Schlachtpläne für einen Krieg gegen China im Westpazifik. Dieser Geheimplan mit der Bezeichnung »Air-Sea Battle« beinhaltet die Ausschaltung der chinesischen Überwachungskapazitäten und Präzisionsgeschütze, gefolgt von massiven Angriffen der Luftwaffe und der Marine.[18]

Bei dieser Gelegenheit wurde Marshall nicht über kinetische Waffen oder Taktiken zu Wasser und in der Luft informiert, sondern über Fonds, heimliche Goldaufkäufe und von der Federal Reserve verursachte Bedrohungen der nationalen Sicherheit der USA.

China besitzt auf US-Dollar lautende Investments im Wert von über 3 Billionen Dollar. Jede von der Fed organisierte Abwertung des Dollar um 10 Prozent bedeutet somit einen realen Wohlstandstransfer von 300 Milliarden Dollar von China in die USA. Es ist unklar, wie lange China diesen Anschlag auf seinen angesammelten Wohlstand tolerieren wird. Wenn China die USA in der Luft oder auf dem Wasser nicht besiegen könnte, könnte es die USA an den Kapitalmärkten attackieren.

Die an diesem Tag mit Andy Marshall diskutierten Bedrohungen entsprachen der chinesischen Militärdoktrin vollkommen. Die Doktrin der unbeschränkten Kriegsführung einschließlich Finanzkrieg und Cyber-Kriegsführung reicht bis ins Jahr 1995 zurück. In diesem Jahr veröffentlichte Generalmajor Wang Pufeng, früher Strategiedirektor an der Akademie für Militärwissenschaften in Peking, ein Papier mit dem Titel »Die Herausforderung der Informations-Kriegsführung«. Nachdem er in der Einleitung Andy Marshall seinen Respekt ausgedrückt hatte, schrieb Wang weiter:

> In naher Zukunft wird die Informations-Kriegsführung Form und Zukunft des Kriegs bestimmen. Wir erkennen diesen Entwicklungstrend der Informations-Kriegsführung und sehen sie als treibende Kraft der Modernisierung von Chinas militärischer Kampfbereitschaft. Dieser Trend wird für den Sieg in zukünftigen Kriegen von größter Bedeutung sein.[19]

Die chinesische Volksbefreiungsarmee legte diese Doktrin in einem 1999 erschienenen Buch mit dem Titel *Uneingeschränkte Kriegsführung* sogar noch expliziter dar.[20] Die uneingeschränkte Kriegsführung umfasst zahlreiche Methoden, einen Feind anzugreifen, ohne kinetische Waffen wie Raketen, Bomben oder Torpedos einzusetzen. Zu diesen Taktiken gehört auch die Anwendung von Massenvernichtungswaffen, die biologische, chemische und radioaktive Elemente freisetzen, um Zivilisten zu töten und die Bevölkerung zu terrorisieren. Andere Beispiele für uneingeschränkte Kriegsführung sind Cyber-Attacken, die den Flugverkehr zum Erliegen bringen, Dämme öffnen, Blackouts verursachen und das Internet ausschalten.

Vor Kurzem wurden finanzielle Attacken in die Liste der asymmetrischen Bedrohungen aufgenommen, die zunächst von Wang und anderen formuliert worden ist. *Uneingeschränkte Kriegsführung* drückt dies in einem Kapitel mit der Überschrift »Das Gesicht des Kriegsgotts ist undeutlich geworden« aus. Geschrieben wurde es 1997, kurz nach der Finanzkrise in Asien, die in die weltweite Finanzpanik 1998 mündete. Ein Großteil der Probleme in Asien wurde von Bankern aus dem Westen verursacht, die plötzlich heißes Geld aus den asiatischen Emerging Markets abzogen. Die Krise wurde durch schlechte ökonomische Ratschläge des vom Westen dominierten IWF noch verstärkt. Aus der Perspektive der Asiaten sah dieses ganze Debakel wie eine Verschwörung des Westens aus, um ihre Volkswirtschaften zu destabilisieren. Die Instabilität war auch sehr real; es gab Blutvergießen von Indonesien bis Südkorea. Das reichte bis zu gegenseitigen Beschimpfungen zwischen Mahathir Mohamad, dem Premierminister von Malaysia, und dem Hedgefonds-Experten George Soros bei deren berüchtigter Begegnung anlässlich des IWF-Jahrestreffens in Hongkong im September 1997.

Die Chinesen waren von der Panik weniger betroffen als andere asiatische Nationen, aber sie studierten die Situation und sahen allmählich, dass Banken, in Verbindung mit dem IWF, die Gesellschaft eines Staats untergraben und möglicherweise einen Regierungswechsel erzwingen können. Eine ihrer Reaktionen auf die Krise war die Anhäufung massiver Dollarreserven, um einem »Banken-Ansturm« seitens westlicher Gläubiger nicht hilflos ausgeliefert zu sein. Die andere Reaktion war die Entwicklung einer Doktrin des Finanzkriegs. Zwei chinesische Militärführer haben die Lehren der Krise von 1997 und 1998 ebenso poetisch wie prophetisch zusammengefasst:

Wirtschaftlicher Wohlstand, der früher die ständige Bewunderung der westlichen Welt auslöste, wurde zur Depression, so wie die Blätter eines Baumes während einer einzigen Nacht im Herbstwind fortgeweht werden. ... Zudem löst eine derartige Niederlage an der ökonomischen Front nahezu einen Zusammenbruch der sozialen und politischen Ordnung aus.[21]

Die Chinesen sind uns voraus: Ihre Doktrin der strategischen finanziellen Kriegsführung entstand 1999 als Reaktion auf den Finanzschock in Asien 1997. Zum Vergleich: In den USA wurde das Nachdenken über finanzielle Kriegsführung erst 2009, also zehn Jahre später, erkennbar, und zwar als Reaktion auf einen noch größeren Schock, die globale Finanzpanik von 2008. 2012 hatten sowohl China als auch die USA intensive Anstrengungen in die Wege geleitet, um Maßnahmen für die strategische und taktische finanzielle Kriegsführung zu entwickeln. In diesem Zusammenhang rief man unsere Gruppe zusammen, um Andy Marshall und sein Team über die aufkommende Bedrohung zu informieren.

Die finanzielle Kriegsführung hat offensive und defensive Aspekte. Zur Offensive gehören böswillige Attacken auf die Finanzmärkte eines Feindes, um den Börsenhandel zu unterbrechen und Wohlstand zu zerstören. Zur Defensive gehören die frühzeitige Entdeckung einer Attacke und eine schnelle Reaktion, etwa die Schließung der Märkte oder das Unterbinden feindlicher Nachrichtenübermittlung. Die Offensive kann aus einem Erstschlag in Form einer Handelsstörung oder aus Vergeltungsmaßnahmen bestehen. In der Spieltheorie konvergieren Offensive und Defensive, weil der Zweitschlag in Form einer Vergeltung zerstörerisch genug sein kann, um Erstschlag-Attacken abzuschrecken. Diese Denkrichtung war die gleiche Doktrin, an deren Entwicklung Andy Marshall schon im Zusammenhang mit Atomkriegsszenarien während des Kalten Kriegs Anfang der 1960er-Jahre beteiligt war. Die Doktrin hieß Mutual Assured Destruction (MAD). Jetzt entwickelte sich eine neue MAD-Doktrin. Für Andy Marshall waren finanzielle Waffen neu, aber die Theorie der Abschreckung war es nicht.

Die Unterscheidung zwischen offensiven und defensiven Fähigkeiten in der finanziellen Kriegsführung ist nicht die einzige Dichotomie. Es gibt auch die Unterscheidung zwischen physischen Zielen, zum Beispiel Börsencomputer, und virtuellen Zielen wie Geschäftsbeziehungen. Zu den virtuellen Zielen zählen Geschäfte, die auf Vertrauen basieren. Ein scheinbar ehrbarer Geschäftspartner kann sich durch geduldiges, gleichbleibendes Trading Vertrauen erwerben und dieses Vertrauen dann plötzlich missbrauchen, indem er ein Trading-System mit bösartigen, manipulativen Orders überschwemmt.

Die physischen Ziele beinhalten ein riesiges Netzwerk aus Servern, Verbindungen, Glasfaserkabeln und anderen Kanälen der Nachrichtenübermittlung sowie die Börsen selbst. Börseningenieure oder Feinde könnten problemlos eine Verbindung in dieser elektronischen Kette außer Gefecht setzen. Hacking oder Sabotage können ein Chaos verursachen und eine Marktschließung verursachen, zumindest vorübergehend. Intensivere Attacken können Märkte für Wochen oder Monate außer Gefecht setzen, abhängig vom Ausmaß der Störung.

Der finanzielle Zusammenbruch 2008 war kein Akt der finanziellen Kriegsführung, aber er zeigte den Verantwortlichen in den USA die Komplexität und Anfälligkeit des globalen Finanzsystems auf. Vom Hoch im Oktober 2007 bis zum Tiefpunkt im März 2009 wurde Wohlstand im Volumen von etwa 60 Billionen Dollar vernichtet. Wenn schon unschuldige Instrumente wie Hypotheken eine solche Katastrophe auslösen können, stellen Sie sich vor, welch hoher Schaden dann durch böswillige Marktmanipulationen ausgelöst werden könnte, orchestriert von Experten, die ganz genau wissen, wie das System funktioniert.

Marshall und anderen ist es zu verdanken, dass das Bewusstsein dafür wächst, dass eine gut organisierte Cyber-Finanzattacke ebenso zerstörerisch sein kann wie ein traditioneller militärischer Angriff.

Das feindliche Hedgefonds-Szenario

Ein Hedgefonds ist die perfekte Tarnung für eine geheimdienstliche Operation. Ein böswilliger Trader muss ein System nicht physisch zerstören, um einen Anschlag durchzuführen. Wenn ein feindlicher Trader eine legale Firma wie einen Hedgefonds gründet, kann er bei bedeutenden Clearing-Brokern Konten eröffnen und ein Muster ganz gewöhnlichen Tradings starten. Dieses Trading kann jahrelang andauern, die Firma wird eine Art von »Schläfer«

an den Kapitalmärkten. Im Lauf der Zeit lernen die Clearing-Broker die Firma als bedeutenden Kunden zu schätzen, der für hohe Gebühreneinnahmen sorgt, und sie gewähren ihr höhere Kreditlinien.

Hedgefonds sind auch klassische Operationen zur beständigen Sammlung von Informationen. Die Informationsgewinnung von Geheimdiensten und Hedgefonds verläuft ganz ähnlich. Die Teilnahme an Konferenzen hochrangiger Profis ist eine Möglichkeit, ein Netzwerk von Experten aufzubauen und vertrauliche Informationen über neue Produkte und Erfindungen zu sammeln. Investitionen in ein Unternehmen besorgen dem Investor Zugang zum Management. Sowohl Fonds-Trader als auch Geheimdienstler suchen diesen Zugang. Bei Hedgefonds besteht der Zweck darin, sich einen Vorteil beim Trading zu sichern, zum Beispiel den frühzeitigen Blick auf ein neues Produkt, das sich auf den Aktienkurs auswirken wird. Geheimdienste wollen auf der Höhe der technologischen Entwicklungen bleiben, die sich auf die relative ökonomische Kraft rivalisierender Staaten auswirken werden.

Der »Schläfer«-Hedgefonds könnte enge Beziehungen zu Brokern auf der ganzen Welt herstellen, was seine Kaufkraft auf das Hundertfache seines Kapitals anschwellen lassen kann, wenn man alle Kreditlinien und den Nominalwert der Derivate miteinbezieht. Auf Befehl eines feindlichen finanziellen Kommandos könnte das Netzwerk des Fonds bösartig werden. Verkaufsorders bei bestimmten Aktien wie Apple, Google oder anderer großer Unternehmen könnten hereinströmen, die Market Maker und die Käufer überwältigen. Ein Kursrückgang könnte langsam beginnen und dann an Schwung gewinnen, bis es zu einer ausgeprägten Börsenpanik kommt. Es würde zwar zu Gegenbewegungen kommen, aber der Verkaufsdruck würde nicht nachlassen. Wirtschaftssender im Fernsehen würden die Geschichte aufgreifen und die Panik weiterverbreiten.

Für die feindlichen Trader gibt es kein Morgen. Sie machen sich keine Gedanken über die Begleichung ihrer Trades in ein paar Tagen oder über die Auswirkungen der Verluste. Vielleicht ist ihr Kapital schon auf dem Weg zurück zu Banken in Peking oder Moskau, ohne Wissen der Clearing-Broker, die jetzt die Orders bearbeiten. Die Kapitalmärkte haben gewisse Schutzmaßnahmen gegen Kreditrisiken über Nacht, aber keine wirksamen Schutzwälle wurden jemals gegen Verluste im Verlauf eines einzigen Tages entwickelt.

Chinesische oder russische Hedgefonds könnten diese Schwäche ausnützen, indem sie über Jahre aufgebautes Vertrauen und Kredit missbrauchen.

Die böswillige Attacke muss sich nicht auf die Cash-Märkte beschränken. Während die Angreifer Aktien verkaufen, könnten sie Put-Optionen kaufen oder Aktien leerverkaufen, um den Verkaufsdruck zu erhöhen. Der böswillige Kunde wird zu einem Virus, der den Trading-Raum des Brokers infiziert und ihn zwingt, das Chaos noch zu verstärken.

Man kann die Wucht eines Angriffs auch verstärken, indem man ihn an einem Tag beginnt, an dem die Börsen aus ganz anderen Gründen ohnehin schon einbrechen. Die Angreifer könnten auf einen Tag warten, an dem die bedeutendsten Aktienindizes bereits um 2 Prozent gesunken sind, und dann die Attacke starten, um die Märkte um 20 Prozent oder mehr nach unten zu drücken. Das könnte zu einem mit dem großen Zwei-Tage-Crash von 1929 vergleichbaren Kurseinbruch führen, der den Beginn der Großen Depression markierte.

Finanzielle Angreifer könnten auch psychologische Maßnahmen ergreifen, um die Effektivität der Attacke zu erhöhen. Dazu gehört die Verbreitung falscher Nachrichten und Gerüchte. Geschichten, dass ein Fed-Chairman entführt wurde oder dass ein prominenter Finanzier einen Herzanfall erlitten hat, wären effektiv. Geschichten, dass eine führende Bank ihre Tore geschlossen hat oder dass ein Hedgefonds-Manager Selbstmord begangen hat, würden schon reichen. Darauf würden Gerüchte folgen, dass wichtige Börsen »technische Probleme« haben und Verkaufsaufträge nicht bearbeitet werden können, was bei den Kunden für massive Verluste sorgt. Natürlich würde man auch Geschichten erfinden, die an tatsächliche Ereignisse in den letzten Jahren erinnern. Die am weitesten verbreiteten Medien würden diese Geschichten wiedergeben und die Panik auslösenden Szenarien würden sich weiterverbreiten.

Die New York Stock Exchange und die SEC behaupten, sie verfügten über Sicherungsmaßnahmen zur Verhinderung eines derart ausufernden Tradings. Aber diese Maßnahmen sind dazu da, vernünftige Trader zu bremsen, die versuchen, Geld zu verdienen, und vielleicht von Zeit zu Zeit irrational agieren. Zu den Maßnahmen gehören Auszeiten, um es den Tradern zu ermöglichen, die Situation zu verstehen und allmählich Schnäppchen zu finden, die sie kaufen könnten. Zudem gibt es Margin Calls, um die Begleichung von Verlusten zu sichern und den Brokern eine Absicherung gegen Kunden zu geben, die zahlungsunfähig werden.

Diese Techniken der Abmilderung halten den Finanzkrieger nicht auf, denn ihm geht es weder um Schnäppchen noch um Gewinne. Der Angreifer kann die Auszeit nutzen, um im Rahmen einer zweiten Angriffswelle weitere Verkaufsaufträge zu erteilen. Zudem sind diese Sicherheitstechniken in hohem Maß von der tatsächlichen Performance der beteiligten Marktteilnehmer abhängig. Wenn ein Margin Call erfolgt, bremst er den legitimen Trader, weil er Bargeld besorgen muss. Aber der böswillige Trader ignoriert den Margin Call und tradet weiter. Für ihn gibt es keinen Tag der Abrechnung. Auch eine spätere Entdeckung schreckt ihn nicht ab. *Nach* dem Angriff wussten die USA, dass die Japaner Pearl Harbour bombardiert hatten, aber man sah die Attacke nicht kommen, ehe die Schlachtschiffe versenkt oder in Brand gesteckt waren.

Ein Clearing-Broker könnte das böswillige Konto sperren, um weiteres Trading zu verhindern, aber das würde die offenen Positionen von den Hedgefonds auf die Broker übertragen. Unter solchen würden viele Broker pleitegehen, die Welle der Pleiten würde sich durch das ganze Finanzsystem arbeiten und zur Insolvenz der Clearing-Institutionen führen. So könnte man die ganze Hierarchie aus Börsen, Clearing-Häusern, Brokern und Kunden an den Rand des Zusammenbruchs zwingen.

»Schläfer«-Hedgefonds können noch einen weiteren hinterlistigen Zweck erfüllen und schon Jahre vor dem Angriff geheimdienstlich relevante Informationen sammeln. Geheimagenten brauchen heute mehr als Staatsgeheimnisse. Ökonomische Informationen – einschließlich der Pläne für Bergbauprojekte, Energie, Pipelines und andere Initiativen – sind ebenso wertvoll. Diese Informationen können sich auf die Rohstoffmärkte auswirken, auf die finanzielle Stabilität, das Wirtschaftswachstum und die Allokation von Ressourcen im privaten wie im öffentlichen Sektor. Solche Informationen sind Regierungsbeamten nicht immer bekannt, aber den CEOs, den Ingenieuren und Entwicklern im gesamten privaten Sektor.

Wenn ein Hedgefonds eine bedeutende Aktienposition eines Zielunternehmens erworben hat, kann er ein Treffen mit dem Management des

Unternehmens arrangieren. Besonders einfach ist der Zugang zum Management bei kleinen bis mittelgroßen Unternehmen, die vom Research der Brokerhäuser nur wenig beachtet werden. Solche Unternehmen sind oft führend auf dem Gebiet neuer Entwicklungen bei Satelliten, 3D-Applikationen und digitaler Bilddarstellung. Der Zugang ist entscheidend. Erfahrene Investoren schnappen kleine Hinweise auf und interpretieren sie, um das Timing und die Art der neuesten Entwicklungen einschätzen zu können. Das kann sich über viele Jahre fortsetzen, der Hedgefonds baut Vertrauen auf, schichtet sein Konto um, sammelt Informationen und spürt Angriffspunkte auf. Dann sticht der Fonds wie ein Skorpion zu, auf Anweisung seiner Vorgesetzten.

Skeptiker behaupten, eine verdeckte geheimdienstliche oder militärische Operation in Form von Hedgefonds wäre leicht zu entdecken, weil es bei den Brokern detaillierte und strenge Regeln gegen Geldwäsche und zu Informationen über die Kunden gebe. Dieser Einwand hält einer Überprüfung nicht stand. Die notwendigen Techniken für geheime Operationen umfassen die Zielfirmen, Geheimagenten und eine Hierarchie von Einheiten mit dem Ziel, dass die eigentlichen Kontrolleure unbekannt bleiben. Die Struktur eines verdeckten Hedgefonds umfasst Schichten legaler Einheiten in Steuerparadiesen, was dem feindlichen Sponsor eine gute Deckung bietet. Man braucht dazu die professionelle Hilfe korrupter Anwälte oder Banker, die unschuldige Profis davon abhalten, detaillierte Arbeit wie die Verwaltung eines Fonds zu leisten. Die Direktoren werden von Beratungsfirmen aus Offshore-Gebieten rekrutiert, die Investoren Verwaltungsdienstleistungen anbieten. Nicht eingeweihte, unschuldige Personen haben hier keinen Platz.

Der Manager des verdeckten Fonds hat seinen Sitz in angesehenen Vierteln in einem kosmopolitischen Zentrum wie Zürich oder London. Die feindlichen Manager sind bestens ausgebildete Profis mit Abschlüssen aus Harvard oder Stanford, die schon jahrelang von ausländischen Geheimdiensten darauf vorbereitet worden sind, solche Aufgaben zu übernehmen. Sie erwarten eine umfassende Bankausbildung bei Goldman Sachs oder HSBC und bilden einen Kader von Finanzprofis im »Schläfer«-Modus, die dann damit beauftragt werden, die feindlichen Fonds zu managen.

Vielleicht entdecken Agenten der Spionageabwehr solche Schläfer, denn die Überwachung ihrer Kommunikation könnte sie verraten. Aber wenn der

Feind seine Operationen klug strukturiert hat, sind diese Hedgefonds-Ver-schwörer fast nicht zu entdecken, wenn sie nicht von Insidern verraten wer-den. Und dann gibt es noch das umfassendere Thema: Richten die US-Si-cherheitsbehörden überhaupt ihre Aufmerksamkeit auf dieses Gebiet?

Die Welt im Finanzkrieg

Wenn sich das alles weit hergeholt anhört, dann denken Sie einmal darüber nach, dass die Chinesen – und andere – schon weit subtilere Formen finanzi-eller Attacken entwickeln.

Im Januar 2011 berichtete die *New York Times*, dass China 2010 ein Netto-Ver-käufer amerikanischer Staatsanleihen war – nach Jahren als Netto-Käufer.[22] Die *Times* fand diese Verkäufe seltsam, weil China mit seinen hohen Han-delsüberschüssen immer noch riesige Dollarreserven anhäufte und zudem Dollars kaufte, um den Wert der eigenen Währung zu manipulieren. Es war naheliegend, dass China noch immer ein großer Käufer von US-Staatsanlei-hen sein musste, obwohl die offiziellen Daten dagegensprachen. Die *Times* bemerkte, dass 2010 Großbritannien der größte Käufer von Staatsanleihen war, und schrieb, China habe »seine Käufe auf Konten verlagert, die von briti-schen Managern verwaltet wurden.« China setzte also Londoner Banker ein, um weiterhin US-Staatsanleihen zu kaufen, während Peking offiziell berich-tete, dass China verkaufte.

Eine weitere Technik, die China anwendet, um seine Marktoperationen zu verbergen, wurde am 20. Mai 2007 in der *New York Times* beschrieben. Andrew Ross Sorkin deckte auf, dass China Investment Corporation (CIC), ein weiterer Staatsfonds, Aktien im Wert von 3 Milliarden Dollar der Blacksto-ne Group zu kaufen beabsichtigte, der mächtigen und diskreten Private-Equi-ty-Firma mit Sitz in den USA.[23]

Zu den Gründern der Blackstone Group gehörte Peter G. Peterson, früher ein hoher Beamter in der Nixon-Administration, später Vorsitzender des Council on Foreign Relations und der Federal Reserve Bank of New York. Der ande-re Mitbegründer von Blackstone, Stephen A. Schwarzman, ist ein Multimil-liardär, der für die im New Yorker Park Avenue Armory veranstaltete Party zu seinem 60. Geburtstag am 13. Februar 2007 bekannt wurde, nur ein paar Monate bevor Blackstone verkauft wurde. Bei dieser Party gab es einen 30-minütigen Auftritt von Rod Stewart, für den der Sänger angeblich eine Million Dollar erhielt. Jetzt kaufte sich China einen Sitz in der ersten Reihe bei der Blackstone-Party, erhielt Zugang zum Topmanagement und die Möglichkeit, in bevorstehende Käufe zu investieren.[24]

Im Juni 2007, kurz bevor es zum Kollaps der globalen Finanzmärkte kam, der mit der Panik von 2008 seinen Höhepunkt erreichte, beschrieb Schwarzman die Art, wie er Deals abzuwickeln pflegte: »Ich will Krieg, keine lange Reihe kleinerer Gefechte. ... Ich denke immer daran, was den anderen Bieter töten wird.«[25] Er meinte damit das konventionelle Finanzwesen; Gedanken an einen realen Krieg lagen ihm völlig fern. Und doch war er schon damals eine Figur in einem Finanzkrieg größeren Ausmaßes, als er es aus seiner eingeschränkten Perspektive wahrnehmen konnte. Weltbürger wie Schwarzman, für die New York nur ein Zwischenstopp auf ihren Reisen von Davos nach Dalian ist, denken vielleicht, ein echter Krieg sei eine obsolete Sache aus der Vergangenheit. Ähnliche Meinungen wurden in den späten 1920er-Jahren geäußert, obwohl die Welt sich auf den größten Krieg der Geschichte zubewegte.

Analysten lobten die Tatsache: Der Deal zwischen CIC und Blackstone zeige, dass China bereit sei, »seine riesigen Reserven außerhalb Chinas einzusetzen.«[26] Aber diese Gewichtung des Geldflusses aus China ignorierte den Informationsfluss nach China. Es ist eine naive Annahme, Informationen über das Funktionieren der effektivsten Deal-Maschine Amerikas seien nicht an die politischen Büros der Kommunistischen Partei Chinas weitergegeben worden. Die chinesischen Teams, die die Prüfung vor einer Übernahme überwachen, erhalten Informationen über vertrauliche Einzelheiten eines Übernahmeziels sogar bei Geschäften, die am Ende nicht zustande kommen. Für Schwarzman mag der Verkaufspreis von 3 Milliarden Dollar nach viel Geld ausgesehen haben, aber es handelt sich nur um 0,1 Prozent der chinesischen Reserven. Das ist so, als ließe man eine Zehn-Cent-Münze fallen, wenn man 100 Dollar in der Tasche hat. Chinas Vordringen zu Schwarzman und Blackstone ist ein signifikanter Schritt auf seinem Weg zur Hegemonie in Ostasien und zu einer möglichen Konfrontation mit den USA. Natürlich sind Informationskanäle Straßen mit zwei Fahrtrichtungen und Firmen wie Blackstone helfen den amerikanischen

Geheimdiensten mit Erkenntnissen über die Fähigkeiten und Absichten der Chinesen.

Die USA sind nicht das einzige potenzielle Ziel eines chinesischen Finanzkriegs. Im September 2012 schlug ein hoher chinesischer Beamter in der kommunistischen *China Daily* eine Attacke auf den japanischen Anleihenmarkt als Vergeltung für die japanischen Provokationen im Zusammenhang mit einer umstrittenen Inselgruppe im östlichen chinesischen Meer vor.[27] Am 10. März 2013 hackte China die australische Notenbank in der Absicht, Informationen über vertrauliche G20-Diskussionen zu erhalten.[28]

Chinas Aktionen an den Anleihen- und den Private-Equity-Märkten sind Teil einer langfristigen Strategie, im Geheimen zu operieren, kritische Knotenpunkte zu infiltrieren und dabei wertvolle Informationen über Unternehmen zu sammeln. Diese finanzielle Strategie geht Hand in Hand mit böswilligen Aktionen im Cyberspace und Angriffen auf Systeme, die wichtige Infrastruktur kontrollieren. Ausgeführt werden diese von Chinas berüchtigter Einheit 61398, spezialisiert auf militärische Spionage. Diese kombinierten Aktionen werden sich bei zukünftigen Konfrontationen mit den USA für China als nützlich erweisen.[29]

Was Cyber-Kriegsführung betrifft, sind die USA nicht unterlegen. Tatsächlich haben die USA auf diesem Gebiet wahrscheinlich größere Fähigkeiten als China. Der Reporter Matthew Aid berichtete 2013 über die sensibelste aller Cyber-Operationen innerhalb der National Security Agency (NSA).

> Eine sehr geheime Einheit der NSA ..., genannt Office of Tailored Access Operations oder TAO, ist mit Erfolg 15 Jahre lang in chinesische Computer- und Telekommunikationssysteme eingedrungen und hat dabei einige der besten und zuverlässigsten Informationen darüber gewonnen, was in der Volksrepublik China vor sich geht ...

> TAO ... erfordert eine spezielle Sicherheitsüberprüfung, um Zutritt zu den Arbeitsräumen der Einheit innerhalb des Komplexes der NSA zu erhalten. Die Tür zu seinem ultramodernen Operationszentrum wird von bewaffneten Posten bewacht. Es gibt eine imposante Stahltür, die sich nur öffnet, wenn man den sechsstelligen Eingangscode korrekt eingibt, dazu einen Netzhautscanner,

um sicherzustellen, dass nur zugangsberechtigte Personen durch diese Tür gelangen.

Die Mission des TAO ist einfach. Es sammelt geheimdienstlich relevante Informationen über ausländische Zielobjekte, indem es heimlich deren Computer- und Telekommunikationssysteme hackt, Passwörter knackt, die Sicherheitssysteme kompromittiert, die den Zielcomputer schützen, Daten von Festplatten stiehlt und dann alle Botschaften und den ganzen Datenverkehr kopiert, der auf den angepeilten E-Mail- und Textübermittlungssystemen im Gang ist.[30]

Spionageoperationen wie TAO sind sehr viel raffinierter als das relativ simple Abgreifen von E-Mails und Telefonaten, das Edward Snowden 2013 aufgedeckt hat.

Auch die Wall Street verbessert ihre Cyber-Fähigkeiten, die mit Finanzen zu tun haben. Am 18. Juli 2013 sponserte eine Handelsorganisation aus der Wertpapierbranche ein finanzielles Kriegsspiel, Quantum Dawn 2 genannt, an dem über 500 Leute aus etwa 50 Unternehmen und Behörden teilnahmen. Bei Quantum Dawn 2 ging es hauptsächlich um die Verhinderung von Anschlägen, die den normalen Handel unterbrechen würden. Dieses Ziel ist zwar nützlich, verhindert aber keinen ausgefeilteren Angriff, der Ordereingabesysteme nicht unterbricht, sondern nachahmt.[31]

China ist nicht die einzige bedeutende Macht, die einen Finanzkrieg führt. Ein solcher Krieg ist heute zwischen den USA und dem Iran im Gang, weil die USA das iranische Regime destabilisieren wollen, indem sie ihm den Zugang zu wichtigen Zahlungsnetzwerken verweigern. Im Februar 2012 verbannten die USA den Iran aus dem US-Dollar-Zahlungssystem, das von der Federal Reserve und dem Finanzministerium kontrolliert wird. Für den Iran war das unbequem, aber das Land konnte immer noch Geschäfte an den internationalen Märkten durchführen, indem es Zahlungen in Euro umtauschte und seine Transaktionen über das SWIFT-Banksystem mit Sitz in Belgien abwickelte. Im März 2012 zwangen die USA SWIFT, den Iran auch aus diesem Zahlungssystem zu verbannen. Damit war der Iran offiziell von der Teilnahme an Hartwährungs-Zahlungssystemen und Geschäften mit dem Rest der Welt abgeschnitten. Die USA machten aus ihren Zielen im Finanzkrieg mit dem Iran kein Geheimnis. Am 6. Juni 2013 sagte David Cohen, Beamter im Finanzministerium, Ziel der US-Sanktionen sei »eine Abwertung des Rial, damit er untauglich für den internationalen Zahlungsverkehr wird.«[32]

Die Ergebnisse waren eine Katastrophe für die iranische Wirtschaft. Der Iran ist ein führender Ölexporteur und braucht Zugang zu Zahlungssystemen, um Dollars für das Öl zu erhalten, das er ins Ausland liefert. Er ist auch ein bedeutender Importeur von verarbeiteten Rohölprodukten, Nahrungsmitteln und Konsumprodukten wie Computer von Apple und Drucker von HP. Plötzlich hatte der Iran keine Möglichkeit mehr, seine Importe zu bezahlen, und die Landeswährung Rial kollabierte.

Kaufleute suchten die raren Dollars auf dem Schwarzmarkt zu Umtauschkursen, die den Rial die Hälfte seines früheren Kurses kosteten. Das entsprach einer Inflationsrate von 100 Prozent. Es begann ein Run auf das iranische Bankensystem, weil die Kontenbesitzer ihre Rials abhoben, um auf dem Schwarzmarkt Devisen zu kaufen oder harte Assets zu erwerben, weil sie ihren Wohlstand wahren wollten. Die Regierung erhöhte die Zinsen, um den Ansturm auf die Banken zu stoppen. Die USA hatten einen Zusammenbruch der Währung, eine Hyperinflation, einen Ansturm auf die Banken, Mangel an Nahrungsmitteln, Benzin und Konsumgütern ausgelöst, indem sie den Iran von den internationalen Zahlungssystemen abgeschnitten hatten.

Noch ehe die Aktionen der USA eskalierten, schlug der Iran zurück, indem er Dollars auf den Markt warf und Gold kaufte, um die USA und ihre Verbündeten davon abzuhalten, die iranischen Dollarreserven einzufrieren.[33] Indien ist ein wichtiger Importeur iranischen Öls und die beiden Handelspartner unternahmen Schritte, um einen Tausch von Öl gegen Gold in die Wege zu leiten.[34] Indien würde auf dem Weltmarkt Gold kaufen und es mit dem Iran gegen Öllieferungen tauschen. Im Gegenzug konnte der Iran das Gold mit Russland oder China gegen Nahrungsmittel oder Industrieprodukte tauschen. Angesichts extremer finanzieller Sanktionen bewies der Iran wieder einmal, dass Gold Geld ist, das immer und überall seinen Wert hat.

Die Türkei wurde schnell zu einem führenden Goldlieferanten für den Iran. Im März 2013 exportierte die Türkei Gold im Gegenwert von 381 Millionen Dollar in den Iran, mehr als doppelt so viel wie im Monat zuvor.[35] Allerdings kann man Gold nicht so einfach transferieren wie digitale Dollar und Gold-Swaps bergen ihre eigenen Risiken. Im Januar 2013 wurde eine Frachtmaschine mit 1,5 Tonnen Gold an Bord von den türkischen Behörden am Flughafen in Istanbul beschlagnahmt, weil man das Gold für Schmuggelware hielt.[36] Manche Berichte besagen, die Maschine sei in Ghana gestartet, das ein bedeutender Goldproduzent ist, und auf dem Weg nach Dubai gewesen, ein bekannter Umschlagplatz für Gold und Devisen aus der ganzen Welt. Berichte in *Voice of Russia* spekulierten, dass das Flugzeug letztlich im Iran landen sollte. Wie auch immer: Irgendjemand, möglicherweise der Iran, vermisste nun 1,5 Tonnen Gold.[37]

Eine weitere Goldquelle für den Iran ist Afghanistan. Im Dezember 2012 berichtete die *New York Times* über einen gesunden Dreieckshandel zwischen Afghanistan, Dubai und Iran, der sowohl legalen Transport als auch illegalen Schmuggel umfasste. Die *Times* schrieb: »Passagiere von Kabul zum Persischen Golf sind gut beraten, die Warnungen zu beachten, dass ihnen Taschen aus den Gepäckfächern auf den Kopf fallen könnten. Ein Kurier an einem Flug am frühen Morgen hatte fast 30 Kilo Goldbarren dabei, jeder von ihnen etwa so groß wie ein iPhone.«[38]

Als der Iran seinen Goldhandel ausweitete, reagierten die USA schnell mit Vergeltungsmaßnahmen. Das US-Finanzministerium ordnete ein striktes Verbot von Goldverkäufen an den Iran an, mit Wirkung ab dem 1. Juli 2013. Das zielte auf die Türkei und die Vereinigten Arabischen Emirate ab, die die wichtigsten Goldlieferanten für den Iran gewesen waren. Die USA hatten den Iran schon vom Zugang zu harten Devisen abgeschnitten, jetzt taten sie dasselbe beim Gold. Damit hatten die USA stillschweigend anerkannt, dass Gold Geld ist, trotz der öffentlichen Schmähung des Goldes durch Beamte der Federal Reserve und andere.[39]

Gold war nicht die einzige alternative Zahlungsstrategie Irans. Am bequemsten war es, Zahlungen in den jeweiligen Landeswährungen zu akzeptieren und sie dort bei einheimischen Banken zu deponieren, die dem Embargo nicht unterlagen. Iran konnte Öl nach Indien liefern und dafür indische Rupien erhalten, die dann bei indischen Banken hinterlegt wurden. Mit diesen Rupien kann der Iran nur in Indien selbst Käufe tätigen, aber indische Zwischenhändler können schnell Güter aus dem Westen gegen Dollars importieren und sie gegen Rupien an die Iraner verkaufen – natürlich zu hohen Gebühren für den Aufwand an Zeit und Mühe, um die indischen Importe zu exportieren.

Der Iran nutzt auch chinesische und russische Banken als Agenten für illegale Zahlungen über sanktionierte Kanäle. Er platzierte bei chinesischen und russischen Banken hohe Guthaben in harter Währung, bevor die Sanktionen in Kraft traten. Diese Banken führten für den Iran dann normale Hartwährungstransfers über SWIFT durch, ohne offenzulegen, dass der Iran der Eigentümer war, wie es die SWIFT-Regeln vorschreiben.

Geheimdienstliche Berichte deuten darauf hin, dass der Iran allein bei chinesischen Banken harte Währungen im Gegenwert von 27 Milliarden Dollar deponiert hat. Irans Fähigkeit, diese Guthaben zu bewegen, wird allerdings durch Chinas Bedürfnis beschränkt, bei der Durchführung der Transfers die Aufmerksamkeit der USA zu erregen. Im April 2013 bat Iran China, Nordkorea eine Spende von 4 Milliarden Dollar zukommen zu lassen, als Teil von Chinas normaler humanitärer Hilfe an das Nachbarland. Iran legte China gegenüber nicht offen, dass die Spende in Wirklichkeit eine Zahlung für Lieferungen nuklearer Waffentechnologie aus Nordkorea in den Iran war.

Ende 2012 warnten die USA Russland und China, Iran entgegen den Sanktionen bei solchen Geschäften zu helfen, aber es wurden keine Strafmaßnahmen gegen die Russen und die Chinesen verhängt und dergleichen erschien auch nicht wahrscheinlich.[40] SWIFT hatte ebenfalls keine Lust auf Strafmaßnahmen, weil es Iran zunächst nicht aus seinem System ausschließen wollte. Das geschah erst auf Druck der USA. Die USA mieden Konfrontationen mit Russland und China, weil es mit beiden andere und wichtigere Themen gab, darunter Syrien und Nordkorea. Der Iran demonstrierte auch, wie man finanzielle Kriegsführung und Cyber-Kriegsführung zu einer hybriden, asymmetrischen Attacke kombinieren kann. Angeblich hatten im Mai 2013 iranische Hacker Zugang zu den Softwaresystemen erlangt, die von Energiefirmen dazu verwendet werden, Öl- und Erdgaspipelines auf der ganzen Welt zu kontrollieren. Durch Manipulation dieser Software könnte der Iran nicht nur die physischen Versorgungsketten zerstören, sondern auch die Märkte für Energiederivate, die von der physischen Nachfrage und dem Angebot abhängig sind. Diese Untersuchungen, von US-Offiziellen als Aufklärungsmissionen bezeichnet, sind sehr gefährlich. Weder die iranischen Hacker noch die Amerikaner schienen daran zu denken, dass solche Aktivitäten *per Zufall* eine Marktpanik auslösen könnten, die nicht einmal der Angreifer beabsichtigt hat.[41]

Nicht nur Iran bekam die Wucht der Fähigkeiten der USA bei der finanziellen Kriegsführung zu spüren. Finanzielle Sanktionen gegen Syrien führten dazu, dass das syrische Pfund in den zwölf Monaten von Juli 2012 bis Juli 2013 66 Prozent seines Werts verlor. Folglich stieg die jährliche Inflationsrate in Syrien auf 200 Prozent. Die syrische Regierung war gezwungen, ihre Geschäfte in den Währungen ihrer drei wichtigsten Verbündeten abzuwickeln – iranische Rials, russische Rubel und chinesische Yuan –, weil das syrische Pfund seine Funktion als Wechselmedium praktisch verloren hatte.[42]

Ende 2013 führte der finanzielle Schaden im Iran zu einer Vereinbarung zwischen Präsident Obama und dem iranischen Präsidenten Hassan Rouhani. Die finanziellen Attacken der USA wurden reduziert im Austausch gegen Konzessionen, die das Uran-Anreicherungsprogramm des Iran betrafen. Der Iran hatte unter den Sanktionen gelitten, war aber nicht zusammengebrochen, und nun traf man sich mit den USA am Verhandlungstisch. Die Sanktionen gegen Goldkäufe durch den Iran wurden aufgehoben, was es Iran ermöglichte, im Austausch gegen seine Einnahmen aus Ölverkäufen Goldvorräte anzulegen. Präsident Obama stellte klar: Obwohl die Sanktionen erleichtert worden waren, könnten sie wieder in Kraft gesetzt werden, sollte Iran die Zusagen nicht einhalten, seine Nuklearprogramme zurückzufahren. Dennoch hatte der Iran die USA zunächst zu einem Waffenstillstand im Finanzkrieg gezwungen, trotz enormer Schäden für die iranische Wirtschaft.

Der Finanzkrieg 2012 und 2013 zwischen den USA und Iran zeigt, wie Nationen, die den USA militärisch unterlegen waren, auf dem Schlachtfeld der Finanzen oder der Elektronik einen harten Kampf liefern konnten. Die USA fanden ihre Verbündeten in Europa und der Türkei, Iran fand seine in Russland, China und Indien. Irans Verbündete sprachen offen darüber, neue, nicht auf dem Dollar basierende Bank- und Zahlungssysteme einzurichten. Dubai hatte eine Vermittlerrolle zwischen beiden Seiten eingenommen, ähnlich wie die Schweiz im Zweiten Weltkrieg. Die USA hatten beabsichtigt, den Iran aus den Dollar-Zahlungssystemen herauszudrängen, und zwar mit Erfolg. Man sollte jedoch gut darüber nachdenken, was man eigentlich will, denn nun etabliert sich ein nicht auf dem Dollar basierendes Zahlungssystem in Asien. Und Gold hat bewiesen, dass es eine wirksame finanzielle Waffe ist.

Dieses Katz-und-Maus-Spiel zwischen China, Russland, Iran, den USA und Nordkorea mit Geld, Gold, Waffen und Sanktionen illustriert, wie wichtig finanzielle Waffen in strategischen Konflikten geworden sind.[43]

Die Cyberfinanz-Connection

Das Interesse am Finanzkrieg beschränkt sich nicht auf Andy Marshalls Büro im Pentagon. Ende September 2012 war das Königreich Bahrain Gastgeber eines Gipfeltreffens internationaler Währungsexperten, um die geopolitische Situation von Währungen und Reserven zu diskutieren. Bei dieser dreitägigen Konferenz ging es um Szenarien wie den Kollaps des US-Dollar und den Aufstieg regionaler Reservewährungen wie des chinesischen Yuan und des russischen Rubel. Zu den Teilnehmern gehörten europäische Parlamentarier, Gelehrte, prominente Journalisten und Kapitalmarktexperten.

Am 12. Oktober 2012 veranstaltete die Federation of American Scientists ein finanzielles Kriegsspiel in Washington, D. C. Dazu gehörten auch alternative Szenarien wie ein konventioneller Krieg zwischen Israel und Iran. Man präsentierte den Teilnehmern konventionelle militärische Szenarien und bat sie darum, die finanziellen Auswirkungen einzuschätzen und zu zeigen, wie man finanzielle Waffen einsetzen könnte, um die eigene Durchschlagskraft zu erhöhen.

Am 25. Oktober 2012 führte die Boeing Corporation bei einer Konferenz in Bretton Woods, New Hampshire, ein finanzielles Kriegsspiel durch. Die Konferenz fand im historischen Mount Washington Hotel statt, berühmt geworden als Ort der Konferenz in Bretton Woods 1944, bei der das internationale Währungssystem etabliert wurde, das dann vom Ende des Zweiten Weltkriegs bis 1971 galt, als Präsident Nixon das Goldfenster schloss. Obwohl Boeing ein Unternehmen und kein souveräner Staat ist, kann sein Interesse an finanzieller Kriegsführung kaum überraschen. Boeing hat Angestellte in 70 Ländern, Kunden in 150 Ländern und gehört zu den größten Exporteuren der Welt. Boeings

Verteidigungs-, Raumfahrt- und Sicherheitsabteilungen bearbeiten die sensibelsten und am striktesten regulierten Plattformen für die nationale Sicherheit der USA. Kaum ein anderes, wenn überhaupt ein Unternehmen auf der Welt ist so involviert wie Boeing, wenn es um die Möglichkeit und die Folgen finanzieller Kriegsführung geht.

Im selben Monat, am 30. Oktober 2012, beendete die National Defense University ein virtuelles Finanzkriegsspiel. Sechs führende Experten von Universitäten, Think Tanks und Großbanken hatten Beiträge dazu geliefert. Der Sponsor der Studie war das U.S. Pacific Command, die Ergebnisse sind in einem höchst geheimen, 104 Seiten umfassenden Bericht zusammengefasst.[44]

Im August 2013 führte die Schweizer Armee eines der umfassendsten Finanzkriegsspiele durch, genannt Operation Duplex-Barbara. In diesem Spiel verteidigten Schweizer Truppen ihr Land gegen imaginäre Mobs und Milizen aus Frankreich, die über die Grenze ins Land einfielen, um Geld zurückzuholen, das angeblich von Schweizer Banken gestohlen worden war.[45]

Selbst diese extensive Aktivität und Analyse der finanziellen Kriegsführung umfasst nicht das gesamte Ausmaß der Bedrohung. Cyber-Attacken auf amerikanische Infrastruktur, einschließlich Banken und anderer Finanzinstitutionen, nehmen zu und können vielerlei Formen annehmen.[46] Weihnachten 2001 kam es zu einem beunruhigenden Vorfall: Eine Computerdatei mit persönlichen Informationen über eine führende Beamtin der US-Regierung wurde gehackt und die Informationen wurden heruntergeladen. Dann verwendete man sie in der Absicht, das private Bankkonto der Beamtin zu plündern. Diese Beamtin war Mary Shapiro, damals Chefin der Behörde, die alle amerikanischen Kapitalmärkte regulierte.[47]

Am 23. April 2013 wurde ein Twitter-Konto von Associated Press gehackt und zur Verbreitung der falschen Nachricht genutzt, das Weiße Haus sei Ziel eines Terrorangriffs gewesen und Präsident Obama sei dabei verwundet worden. Diese Fehlmeldung kam nur wenige Tage nach den terroristischen Angriffen auf den Boston-Marathon und der dramatischen Jagd sowie den Schießereien mit den Terroristen. Der Dow Jones Industrial Average fiel sofort um mehr als 140 Punkte. Kurzfristig gingen so 136 Milliarden Dollar verloren, ehe aufgedeckt wurde, dass die Nachricht eine Fälschung war. Eine pro-syrische Hackergruppe mit Unterstützung aus dem Iran, die sich Syrian Electronic Army nannte, bekannte sich zu dieser Attacke.[48] Der Erfolg der Hacker und die Marktreaktion demonstrierten, dass die Märkte äußerst sensibel reagieren, dass man sie auf verschiedene Weise leicht manipulieren und einen Crash auslösen kann. Das war für andere potenzielle Angreifer eine lehrreiche Episode.

Diese Ereignisse weisen auf die gefährlichste Art finanzieller Attacken hin, die Cyber-Attacken und finanzielle Kriegsführung so *kombinieren*, dass sich deren Kräfte auf ultimative Weise multiplizieren. In einer solchen Situation hat eine Cyber-Attacke nicht den Zweck, die US-Kapitalmärkte außer Funktion zu setzen. Stattdessen übernehmen die Angreifer die Kontrolle über die Ordereingabe-Software, um Verkaufsaufträge großer Finanzinstitutionen vorzutäuschen. Der beabsichtigte finanzielle Kollaps ähnelt den Szenarien mit gewissenlosen Hedgefonds, nur dass hier weder Bargeld noch Kapital erforderlich ist. Der Computer ist darauf programmiert, einen außer Kontrolle geratenen Broker nachzuahmen, der versucht, Aktien, Anleihen und Derivate im Gegenwert von Billionen Dollar abzustoßen.

Diese Szenario ist eine größere und zielgerichtetere Version des Fiaskos von Knight Capital am 1. August 2012, als ein Softwarefehler dazu führte, dass ein Computer außer Kontrolle geriet und die New York Stock Exchange mit Scheinaufträgen überflutete. Ohne es zu wollen, sammelte Knight innerhalb von Minuten Aktienpositionen im Wert von 7 Milliarden Dollar an und erlitt bei deren Verkauf Verluste von 440 Millionen Dollar. Als das Desaster passierte, konnte niemand bei Knight die Ursache des Problems identifizieren und niemand dachte daran, die Killertaste zu drücken. Letztlich blockierte die New York Stock Exchange ihre Systeme für Knight, um sich selbst zu schützen.[49]

Ein noch größeres Fiasko ereignete sich am 12. August 2013, als die NASDAQ wegen eines Computer- und Kommunikationsproblems, das der Öffentlichkeit nie erläutert wurde, für drei Stunden lahmgelegt war. Eine Attacke durch Irans Cyber-Verteidigungskommando wurde nie aufgeklärt. Im August 2012 zerstörte dieses Kommando 30 000 Computer des Ölriesen Saudi Aramco mit dem digitalen Virus Shamoon und die iranischen Aktivitäten im Rahmen eines Cyber-Finanzkriegs setzen sich fort.

In diesen Szenarien der finanziellen Kriegsführung könnte eine Attacke derart umfangreich sein, dass die New Yorker Wertpapierbörse überwältigt wird und vollständig schließen muss. Die folgende Panik würde zu Buchverlusten von Hunderten Milliarden Dollar führen.

Während die Denker in der nationalen Wertpapiergemeinde ihre Sorgen über einen Finanzkrieg zur Sprache gebracht haben, beschwichtigen Offizielle im US-Finanzministerium und in der Federal Reserve regelmäßig angesichts der Bedrohungsanalysen. Ihre Erwiderung beginnt mit Schätzungen der Auswirkungen eines Finanzkriegs auf die Börsen und kommt zum Ergebnis, dass die Chinesen und andere bedeutende Mächte sich niemals daran beteiligen würden, da dies massive Verluste ihrer eigenen Portfolios verursachen würde. Diese Sichtweise der Offiziellen offenbart eine gefährliche Naivität. Das Finanzministerium denkt, das Ziel eines Finanzkriegs sei finanzieller Gewinn. Er ist es nicht.

Der Zweck des Finanzkriegs besteht darin, die Kräfte eines Feindes zu schwächen und ihn zu unterdrücken, während man geopolitische Vorteile in bestimmten Zielgebieten anstrebt. Das Erzielen eines Depotgewinns hat mit einem finanziellen Angriff nichts zu tun. Wenn der Angreifer einen Gegner durch eine finanzielle Katastrophe an den Rand des Zusammenbruchs und der Lähmung bringen kann, während er selbst an anderen Fronten Siege verzeichnet, wird man den Finanzkrieg als Erfolg bezeichnen, auch wenn er dem Angreifer hohe Kosten verursacht. Alle Kriege kosten Geld und viele Kriege sind so zerstörerisch, dass die Erholung Jahre oder Jahrzehnte dauert. Das bedeutet aber nicht, dass keine Kriege stattfinden oder dass diejenigen, die sie initiieren, trotz der Kosten keine Vorteile daraus ziehen.

Stellen wir einmal einige Berechnungen an. Wenn China als Ergebnis eines Finanzkriegs 25 Prozent des Werts seiner Reserven verliert, dann müsste es Kosten von etwa 750 Milliarden Dollar verkraften. Eine Flotte von zwölf hochmodernen Flugzeugträgern der Ford-Klasse, vergleichbar mit der geplanten US-Flugzeugträgerflotte, würde über 400 Milliarden Dollar kosten, wenn man sämtliche Kosten wie Bau, Unterhalt und dergleichen berücksichtigt. Die Kosten der Absicherung dieser Flugzeugträger mit Zerstörern, Unterseebooten und anderen Begleitschiffen, zusätzlich die Kosten der landbasierten Systeme und des Personals für die Flotte lassen die Ausgaben noch einmal auf ein signifikant höheres Niveau steigen. Kurz gesagt: Die ökonomischen Kosten eines Finanzkriegs gegen die USA sind vielleicht nicht höher als die eines Kriegs auf dem Wasser und in der Luft und der verursachte Schaden könnte sogar noch größer sein. China besitzt keine Flotte mit hochmodernen Flugzeugträgern, aber es hat Geld und Computer und wird sich sein eigenes Schlachtfeld aussuchen.

China könnte seine Reserven gegen Einfrieren oder Abwertung im Fall eines Finanzkriegs schützen, indem es seine Devisenreserven gegen Gold tauscht – was es schon jetzt auf aggressive Weise tut. Jeder Kauf von physischem Gold durch China verringert seine finanzielle Verletzbarkeit und beeinflusst die Differenz zwischen Depotverlusten und Bewaffnungskosten zugunsten eines Finanzkriegs. Die Absichten Chinas könnten von seinem Status als weltgrößter Goldkäufer beeinflusst werden. Die Sichtweise des US-Finanzministeriums und der Federal Reserve verkennt auch die zeitlichen Auswirkungen. Eine kurzfristig kostspielige Attacke kann langfristig recht profitabel sein. Was China in einem Finanzkrieg verlieren könnte, wäre bei Friedensverhandlungen oder bei einer Einigung schnell wieder hereinzuholen. Gesperrte Konten könnten wieder aktiviert und Börsenverluste in Gewinne verwandelt werden, sobald sich die Verhältnisse normalisieren. Chinas geopolitische Gewinne in Gebieten wie Taiwan und im ostchinesischen Meer könnten von Dauer sein und es ist die US-Wirtschaft, die in einem solchen Wettkampf am meisten leiden und Jahre brauchen könnte, um sich zu erholen.

Offizielle des Finanzministeriums und der Fed weisen Befürchtungen hinsichtlich eines Finanzkriegs zurück, weil sie die statistischen Eigenschaften von Risiken nicht verstehen und sich auf fehlerhafte Gleichgewichtsmodelle verlassen. Diese Modelle gehen von effizienten Märkten und rationalem Verhalten aus, die mit realen Märkten in keiner Beziehung stehen. Was finanzielle Kriegsführung betrifft, glauben sie, feindliche Attacken auf bestimmte Aktien oder Märkte würden gegen die Wand laufen, weil rationale Investoren in den Markt einsteigen, um Schnäppchen zu kaufen, sobald der Verkaufsdruck beginnt. Ein solches Verhalten existiert nur in ruhigen, ungestörten Marktphasen, aber in wirklichen Paniksituationen nährt der Verkaufsdruck sich selbst und Käufer sind nirgends zu finden. Eine große Panik breitet sich exponentiell aus und führt zum völligen Zusammenbruch, wenn die Regierung nicht auf massive Weise eingreift.

Eine solche panische Dynamik gab es in der Tat schon zwei Mal in den vergangenen 16 Jahren. Im September 1998 standen die globalen Kapitalmärkte nur Stunden vor dem völligen Zusammenbruch, ehe die Federal Reserve Bank of New York mit einer Kapitalspritze von 4 Milliarden Dollar den Hedgefonds Long-Term Capital Management rettete. Im Oktober 2008 standen die globalen Kapitalmärkte nur wenige Tage vor dem Zusammenbruch der meisten Großbanken, als der Kongress das Rettungsprogramm TARP in Kraft setzte, während die Fed und das Finanzministerium intervenierten, um für Geldmarktfonds zu garantieren, AIG zu stützen und Billionen Dollar an Liquidität bereitzustellen. In keiner der beiden Paniksituationen tauchten die imaginären Schnäppchenjäger der Fed auf, um die Situation zu retten.[50]

Kurz: Die Sichtweise eines Finanzkriegs, wie sie vom Finanzministerium und der Fed vertreten wird, zeigt das, was man *Spiegelung* nennt. Sie nehmen an, dass China keinen Finanzangriff auf die USA beabsichtigt, weil die USA ja auch keinen Finanzkrieg gegen China beabsichtigen. Eine solche Kurzsichtigkeit ist weit davon entfernt, einen Krieg zu verhindern, sondern eine wichtige Kriegsursache, denn sie verkennt die Absichten und Fähigkeiten des Feindes. Wenn es um finanzielle Kriegsführung geht, sind die Märkte zu wichtig, um sie dem Finanzministerium und der Fed zu überlassen.

Es ist auch nicht nötig, einen Finanzkrieg anzuzetteln, um zu zeigen, dass dies ein effektives politisches Mittel ist. Es reicht, wenn die Bedrohung glaubhaft ist. Ein solches Szenario kann sich ergeben, wenn der amerikanische Präsident von einer Militäraktion zur Verteidigung Taiwans absieht, weil China klargestellt hat, dass es sonst eine Billion Dollar oder mehr an amerikanischem Papiergeld vernichten werde. In einem solchen Szenario ist Taiwan seinem Schicksal ausgeliefert. Andy Marshalls Krieg zu Wasser und in der Luft wird durch Chinas Waffen der Zerstörung von Wohlstand abgeschreckt.

Die vielleicht größte Bedrohung ist, dass sich diese Szenarien zufällig ereignen könnten. Mitte der 1960er-Jahre, auf dem Höhepunkt der Hysterie um den Kalten Krieg, als es um nukleare Angriffe und um garantierte gegenseitige Zerstörung ging, handelten zwei Filme, *Fail-Safe* und *Dr. Seltsam*, von Atomkriegsszenarien zwischen den USA und der Sowjetunion. In diesen Filmen wurde dargestellt, dass keine Seite den Krieg wollte, durch Computerfehler und schurkische Offiziere wurde er dennoch ausgelöst.

Die heutigen Kapitalmärkte sind bei Weitem nicht vor Fehlern gefeit, wie die Sache mit Knight Capital und der kuriose Flash-Crash vom 6. Mai 2010 zeigen. Eine finanzielle Attacke kann während eines routinemäßigen Software-Upgrades rein zufällig passieren. 1998 und 2008 wären die Kapitalmärkte ohne das Zutun böswilliger Akteure beinahe kollabiert und das Risiko eines ähnlichen Zusammenbruchs in den kommenden Jahren, zufällig oder mit böser Absicht, ist besorgniserregend hoch.

2011 veröffentlichte das *National Journal* einen Artikel mit der Überschrift »The Day After«. Er beschrieb detailliert die höchst ausgefeilten Pläne zur Fortsetzung der Funktionen der US-Regierung angesichts einer Invasion, eines Zusammenbruchs der Infrastruktur oder einer extremen Naturkatastrophe. Zu diesen Plänen gehört die Landung eines Hubschraubergeschwaders auf der Washington Mall in der Nähe des Kapitols, um die führenden Kongressmitglieder zu einem Notfallzentrum namens Mount Weather in Virginia zu evakuieren. Offizielle aus dem Verteidigungsministerium würden dann zu einem befestigten Bunker im Raven Rock Mountain an der Grenze zwischen Maryland und Pennsylvania gebracht, nicht weit weg von Camp David.[51]

Ein Teil von Marc Armbinders Reportage beschäftigt sich mit der Befehlskette und damit, was geschieht, wenn bestimmte Offizielle, einschließlich des Präsidenten, tot sind oder vermisst werden. Er legt dar, dass diese Alternativpläne sowohl während der geplanten Ermordung von Präsident Reagan 1981 als auch am 11. September versagt haben. In den vergangenen Jahren gab es Verbesserungen, was sichere Kommunikation betrifft, aber es kommt immer noch zu ernsthafter Ambiguität in der Befehlskette und Armbinder sagt, man könne bei einer neuen nationalen Krise weitere Fehler erwarten.

Ein Finanzkrieg würde allerdings eine ganz andere Art von Krise bedeuten, mit keinem oder nur geringem physischem Schaden. Vielleicht sind dann keine Offiziellen tot oder werden vermisst und die Befehlskette könnte intakt bleiben. Da es keine kollateralen Angriffe auf die Infrastruktur gibt, könnte die Kommunikation so wie immer funktionieren.

Dennoch könnte die Nation traumatisiert sein, als hätte ein Erdbeben eine große Stadt in Schutt und Asche gelegt, weil etliche Billionen Dollar an Wohlstand verloren wären. Banken und Börsen würden schließen, die Liquidität an den Märkten würde sich in Luft auflösen. Jegliches Vertrauen wäre verloren. Die Federal Reserve, die ihr Pulver verschossen hat, weil sie seit 2008 über 3 Billionen Dollar neues Geld gedruckt hat, hätte weder die Fähigkeit noch die Glaubwürdigkeit, noch mehr zu leisten. Soziale Unruhen und Aufstände würden bald folgen.

Andy Marshall und andere Futuristen unter den Wertpapierexperten in diesem Land nehmen solche Bedrohungen ernst. Sie erhalten kaum oder gar keine Unterstützung vom Finanzministerium oder von der Federal Reserve.

Ironischerweise ist es gar nicht so schwer, sich Lösungen für dieses Problem auszudenken. Zu diesen Lösungen gehört das Aufbrechen der Großbanken in kleine Einheiten, die nicht zu groß sind, um scheitern zu können; die Rückkehr zu einem System regionaler Börsen, um Redundanz zu gewährleisten, und die Wiedereinführung des Goldes ins monetäre System, weil Gold durch einen digitalen Flash nicht wertlos werden kann. Die zunächst anfallenden Kosten dieser Veränderungen werden durch die erhöhte Stabilität und andere Vorteile mehr als aufgewogen. Keine dieser heilsamen Maßnahmen wird vom Kongress oder vom Weißen Haus ernsthaft erwogen. Derzeit aber sind sich die USA der Bedrohung kaum bewusst und von einer Lösung des Problems weit entfernt.

Teil II
Geld und Märkte

Kapitel 3: Der Ruin der Märkte

Der systematisch denkende Mensch ... scheint sich vorzustellen, dass er die verschiedenen Mitglieder einer großen Gesellschaft ebenso leicht arrangieren kann, wie die Hand die verschiedenen Figuren auf einem Schachbrett verschieben kann. Er versteht nicht, dass auf dem großen Schachbrett der menschlichen Gesellschaft jede Figur ihr eigenes Bewegungsprinzip hat.

Adam Smith, The Theory of Moral Sentiments, 1759

Die »Daten«, von denen die ökonomische Differentialrechnung ausgeht, sind in Bezug auf die Gesamtgesellschaft niemals einem einzelnen Denker so »gegeben«, dass dieser die Folgen eruieren kann, und das kann auch nie anders sein.

Friedrich A. Hayek, 1945

Jede ... statistische Regel neigt zum Zusammenbruch, sobald sie gründlich kontrolliert wird.

Goodharts Gesetz, 1975

In Shakespeares *Der Kaufmann von Venedig* fragt Salanio: »Welche Neuigkeiten gibt es am Rialto?« Er sucht nach Informationen und versucht herauszufinden, was am Markt los ist. Salanio versucht nicht, das geschäftliche Geschehen um sich herum zu kontrollieren, denn er weiß, dass er das nicht kann. Er versucht, den Fluss der Nachrichten zu verstehen, um seinen Platz im Markt zu finden. .

Janet Yellen und die Federal Reserve wären gut beraten, ebenso bescheiden zu sein.

Das Wort Markt ruft Assoziationen an vieles hervor; von prähistorischen Handelsgütern über städtische Märkte im Mittelalter bis zu postmodernen digitalen Börsen, bei denen Kauf- und Verkaufsaufträge in Nanosekunden aufeinandertreffen. Im Prinzip sind Märkte Orte, *wo Käufer und Verkäufer sich treffen*, um Käufe von Gütern und Dienstleistungen abzuwickeln. In der heutigen Welt kann der *Ort* eine abstrakte digitale Lokation sein. Ein *Treffen* muss nicht mehr sein als eine flüchtige Verbindung. Aber im Grunde genommen haben sich Märkte nicht verändert, seit Händler in der Bronzezeit am Ufer des Mittelmeers Bernstein gegen Elfenbein getauscht haben.

An Märkten ging es aber immer schon um viel mehr als um den bloßen Austausch von Gütern und Dienstleistungen – ob man nun greifbare Rohstoffe wie Gold oder nicht greifbare wie Aktien handelte. Letztlich geht es um einen *Informationsaustausch*, was die Preise von Gütern und Dienstleitungen betrifft. Preise sind übertragbar. Sobald ein Kaufmann oder Trader sich einen Marktpreis gesichert hat, können andere diese Information nutzen, um ihren Output zu erhöhen oder zu vermindern, Angestellte einzustellen oder zu entlassen oder sich mit einem Informationsvorsprung auf einen anderen Markt zu begeben.

Informationen können wertvoller sein als die ihnen zugrunde liegenden Transaktionen, von denen die Informationen abgeleitet worden sind. Bloombergs Milliardenvermögen basiert auf dieser Einsicht. Wie sollte ein Venture-Kapitalgeber den richtigen Preis für ein Unternehmen ermitteln, das ein völlig neues Produkt herstellt? Weder der Investor noch der Unternehmer können diese Frage wirklich beantworten. Aber Informationen über Ergebnisse aus der Vergangenheit, seien es gelegentliche riesige Gewinne oder regelmäßiges Scheitern, gibt den beteiligten Parteien die Richtung vor und ermöglicht ein Investment. Informationen über Umsätze und Renditen sind das Schmiermittel und der Treibstoff, der dazu führt, dass es zu weiteren Umsätzen und Investitionen kommt. Ein Austausch von Gütern und Dienstleistungen kann das Ergebnis von Marktaktivität sein, aber die Preisfindung ist eine Funktion, die diesen Austausch überhaupt erst ermöglicht.

Jeder, der schon mal den Laden eines Teppichhändlers auf einem Bazar im Nahen Osten verlassen hat und dann von diesem laut rufenden Händler verfolgt wurde: »Mister, Mister, ich habe einen besseren Preis, sehr billig«, kennt den Charme der Preisfindung. Diese Dynamik unterscheidet sich nicht von dem digitalen, automatisierten Hochfrequenzhandel an den Börsen in New York und Chicago. Der Computer bietet die Nanosekunden-Version von »Mister, ich habe einen besseren Preis«. Die Preisfindung ist noch immer die wichtigste Funktion eines Markts.

Aber an Märkten sind nicht nur Käufer und Verkäufer, Spekulanten und Arbitrageure zu Hause. Die heutigen Märkte scheinen für Zentralbanker mit Plänen für bessere Zeiten unwiderstehlich zu sein. Die Planung ist die unheilvolle Täuschung der Zentralbanker, denn für sie ist der Markt eine Art Testlabor, in dem sie ihre interventionistischen Theorien erproben können.

Die Zentralbanker kontrollieren die Kosten des Geldes und beeinflussen daher indirekt jeden Markt auf der Welt. Angesichts dieser enormen Macht wäre der ideale Zentralbanker bescheiden, vorsichtig und respektvoll gegenüber Marktsignalen. Stattdessen sind moderne Zentralbanker frech und arrogant in ihren Bemühungen, die Märkte nach ihrem Willen zu prägen. Zentrale Planung von oben nach unten, das Diktieren von Ressourcen-Allokation und industrieller Produktion auf der Basis angeblich überlegenen Wissens über Bedürfnisse und Wünsche der Menschen ist ein Impuls, der Politiker schon immer infiziert hat. Es ist ebenso ironisch wie tragisch, dass die westlichen Zentralbanken am Anfang des 21. Jahrhunderts die zentrale Planung begrüßt haben, nicht lange nachdem die Sowjetunion und das kommunistische China eben diese Art der Planung aufgegeben hatten. Die Sowjetunion als größtes Land der Welt und das kommunistische China – das viertgrößte – führten insgesamt mehr als 100 Jahre lang eine extrem zentrale Planung über ein Drittel der Menschheit durch. Das Ergebnis war offensichtlich: Sie scheiterten kläglich. Die heutigen zentralen Planer, insbesondere die Federal Reserve, werden früher oder später ebenfalls scheitern. Es bleiben die Fragen, wann das passieren und wie teuer es die Gesellschaft zu stehen kommen wird.

Der Impuls zur zentralen Planung kommt oft aus dem empfundenen Bedürfnis, ein Problem von oben nach unten zu lösen. Für die russischen Kommunisten 1917 waren es die Probleme des Zarismus und einer feudalen Gesellschaft. Für die chinesischen Kommunisten 1949 war es die lokale Korruption und der ausländische Imperialismus. Für die heutigen Zentralbanker sind die Deflation und das geringe nominale Wachstum das Problem. Die Probleme sind real, aber die Top-down-Lösungen sind illusorisch, das Produkt von Hybris und falschen Ideologien.

Im 20. Jahrhundert glaubten Russen und Chinesen an die marxistische Ideologie und die Arroganz des Gewehrs. Heute verehren die Zentralbanker die Lehren von Keynes und verneigen sich vor der Arroganz der Theoretiker. Weder der Marxismus noch die Ideologie von Keynes erlauben Individuen das nötige Maß an Freiheit, um Lösungen zu finden, die spontan aus dem Nebel der Komplexität einer hoch entwickelten Volkswirtschaft auftauchen. Stattdessen spüren die Menschen Manipulation und Kontrolle durch die Zentralbanken. Sie halten sich daher entweder zurück, was ökonomische Aktivitäten betrifft, oder sie widmen sich völlig neuen, kleineren Unternehmungen, die außerhalb der Marktmanipulation durch die Zentralbank liegen.

Die Marktteilnehmer sind mit Spekulation, Manipulation und der Herausforderung konfrontiert, die Entscheidungen der Denker im Verwaltungsrat der Federal Reserve zu erahnen. In jüngster Zeit sind sogenannte Märkte ein Ort geworden, wo man im Voraus auf die nächste Ankündigung der Fed oder auf die sture Umsetzung dieser Ankündigung wettet. Seit 2008 sind die Märkte eher ein Ort für die Entziehung als für die Erschaffung von Wohlstand geworden. Die Märkte erfüllen die eigentlichen Marktfunktionen nicht mehr. An den heutigen Märkten haben die toten Hände des Akademikers und des Pensionärs die unsichtbare Hand des Kaufmanns oder des Unternehmers ersetzt.

Diese Kritik ist nicht neu; sie ist so alt wie die freien Märkte selbst. In *The Theory of Moral Sentiments*, einem philosophischen Werk, geschrieben 1759, zu Beginn des modernen kapitalistischen Systems, bemerkt Adam Smith, dass kein Planer ein System aus geordneten Komponenten dirigieren kann, die ihrerseits Systeme mit individuellen Eigenschaften sind, die sich der Kontrolle des Planers entziehen. Man könnte das als Matrioschka-Theorie bezeichnen, nach den russischen Puppen, die ineinanderstecken und von außen nicht zu sehen sind.

Erst wenn man die erste Puppe öffnet, wird die zweite sichtbar – und so weiter bis zur kleinsten Puppe. Der Unterschied liegt darin, dass die Zahl der Matrioschka-Puppen begrenzt ist, während die Varietät in einer modernen Wirtschaft unbegrenzt und interaktiv ist und unser Begriffsvermögen übersteigt.

1945 brachte Friedrich Hayek in seinem klassischen Aufsatz »Die Anwendung des Wissens in der Gesellschaft«, fast 200 Jahre nach dem Werk von Adam Smith, eben dieses Argument vor, aber mit einer anderen Betonung. Smith konzentrierte sich auf Individuen, Hayek auf Informationen. Das war eine Reflexion von Hayeks Perspektive an der Schwelle zum Computerzeitalter, als auf Gleichungssystemen basierende Module begannen, die Wirtschaftswissenschaften zu dominieren. Natürlich war Hayek ein Champion der individuellen Freiheit. Er wusste, dass die Informationen, über die er schrieb, letztlich auf dem Niveau individueller, autonomer Akteure innerhalb eines komplexen ökonomischen Systems erschaffen wurden. Sein Hauptargument war: Kein Einzelner, kein Komitee und auch kein Computerprogramm würde jemals über alle nötigen Informationen verfügen, um eine ökonomische Ordnung zu konstruieren, selbst wenn man ein Modell einer solchen Ordnung erstellen könnte. Hayek schrieb:

> Der merkwürdige Charakter des Problems einer rationalen ökonomischen Ordnung wird exakt durch die Tatsache bestimmt, dass das Wissen über die Umstände, von denen wir Gebrauch machen müssen, nie in konzentrierter oder integrierter Form existiert, sondern nur als verstreute Teile unvollständigen und oft widersprüchlichen Wissens, das alle diese einzelnen Individuen besitzen. ... Oder, um es verkürzt auszudrücken: Es ist ein Problem der Anwendung von Wissen, das in seiner Gesamtheit niemandem gegeben ist.[52]

Charles Goodhart formulierte Goodharts Gesetz erstmal 1975 in einer Veröffentlichung der australischen Zentralbank. Goodharts Gesetz wird oft in etwa so umschrieben: »Wenn ein finanzieller Indikator zum Objekt der Politik wird, verliert er seine Funktion als Indikator.« Diese Umschreibung erfasst den Kern von Goodharts Gesetz, aber die ursprüngliche Formulierung war sogar noch treffender, denn sie enthielt die Formulierung »zu Kontrollzwecken«. (Im Original lautet sie so: »Jede statistische Regelmäßigkeit tendiert zum Kollaps, wenn zu Kontrollzwecken Druck auf sie ausgeübt wird.«) Diese Aussage betont die Tatsache, dass Goodharts Besorgnis nicht nur

Marktinterventionen oder Manipulationen ganz allgemein galt, sondern auch einer bestimmten Art von Top-down-Aktionen der Zentralbanken, um die Ergebnisse in komplexen Systemen zu diktieren.[53]

Adam Smith, Friedrich Hayek und Charles Goodhart kamen alle zu dem Schluss, dass zentrale Planung nicht nur nicht wünschenswert oder suboptimal ist; sie ist *unmöglich*. Diese Schlussfolgerung passt zur jüngeren Theorie der rechnerischen Komplexität. Die Theorie klassifiziert rechnerische Herausforderungen nach dem Grad der Schwierigkeit, gemessen an den Daten, den Rechenschritten und dem Ausmaß der Prozessorenkapazität, die man benötigt, um ein vorgegebenes Set von Problemen zu lösen. Die Theorie hat Regeln zur Zuordnung solcher Klassifikationen, einschließlich der Probleme, die man als rechnerisch nicht lösbar einstuft, weil die Datenmenge zu groß ist, die Rechenschritte unendlich sind, die Computerpower der ganzen Welt nicht ausreichen würde – oder weil alle drei genannten Probleme auftreten. Smith, Hayek und Goodhart weisen darauf hin, dass die Varietät und Anpassungsfähigkeit menschlichen Handelns im Bereich der Ökonomie ein Musterfall rechnerischer Komplexität ist, die zu komplex ist, als dass der Mensch oder eine Maschine sie optimieren könnte. Das bedeutet nicht, dass ökonomische Systeme nicht optimal sein können, aber diese Optimalität *erwächst* aus der ökonomischen Komplexität eher spontan als *angeordnet* durch die Zentralbanken und ihre Politik. Die heutigen Zentralbanken, vor allem die Federal Reserve, wiederholen die groben Fehler Lenins, Stalins und Maos ohne Gewalt, obwohl Gewalt in Form ungleicher Einkommen, sozialer Unruhen und einer Konfrontation mit der Staatsmacht dennoch bereits zum Ausdruck kommt.

Während die Formulierungen des ökonomischen Komplexitätsproblems von Adam Smith und Friedrich Hayek allgemein bekannt sind, hat Charles Goodhart dem noch einen erschreckenden Aspekt hinzugefügt: Was geschieht, wenn die Daten, die Zentralbanker für ihre politischen Maßnahmen heranziehen, ihrerseits das Ergebnis früherer politischer Manipulationen sind?

Der Wohlstandseffekt

Messungen von Inflation, Arbeitslosigkeit, Einkommen und anderen Indikatoren werden von Zentralbankern als Basis ihrer politischen Entscheidungen sorgfältig aufgezeichnet. Abnehmende Arbeitslosigkeit und steigende Inflation können Signale sein, eine strengere monetäre Politik einzuleiten, fallende Preise können ein Signal sein, die Geldpolitik zu lockern. Die Verantwortlichen reagieren auf ökonomische Probleme, indem sie eine Politik verfolgen, mit der sie die Daten verbessern wollen. Nach einer Weile reflektieren die Daten selbst vielleicht nicht mehr die fundamentale ökonomische Realität, sondern das kosmetische Produkt politischer Maßnahmen. Wenn diese Daten dann die nächste Dosis der Politik bestimmen, hat der Zentralbanker eine Wildnis aus Spiegeln betreten, in denen falsche Daten politische Entscheidungen beeinflussen, was zu weiteren Fehlsignalen und politischer Manipulation führt – und so weiter. Es entsteht ein Feedback-Zyklus, der sich immer weiter von der Realität entfernt, bis er gegen eine stählerne Wand aus Daten kracht, die man nicht so einfach manipulieren kann, zum Beispiel Realeinkommen und Produktion.

Ein Paradebeispiel ist der sogenannte Wohlstandseffekt. Die Idee ist einfach. Zwei Klassen von Vermögensgegenständen – Aktien und Immobilien – stehen für den größten Teil des Vermögens der Amerikaner. Der Wohlstand, der auf Aktien entfällt, ist gut sichtbar. Die Amerikaner erhalten die Kontostände ihrer Altersvorsorgekonten nach 401(k) jeden Monat. Und wenn sie wollen, können sie die Kurse bestimmter Aktien auch in Echtzeit verfolgen. Die Immobilienpreise sind weniger transparent, aber Amerikaner können den Wert ihrer Immobilien einigermaßen einschätzen. Die Verfechter des Wohlstandseffekts sagen: Wenn Aktienkurse und Häuserpreise steigen, fühlen sich die Amerikaner reicher, wohlhabender und sind bereit, weniger zu sparen und mehr auszugeben.

Der Wohlstandseffekt ist eine tragende Säule der Nullzinspolitik der Fed und des großzügigen Gelddruckens seit 2008. Die Übertragungskanäle lassen sich leicht verfolgen. Wenn die Zinsen niedrig sind, können sich mehr Amerikaner Hypotheken leisten. Das steigert die Hauskäufe und führt zu höheren Häuserpreisen. Bei niedrigen Zinsen können auch Broker billige Margin-Kredite an ihre Kunden vergeben, was zu verstärkten Aktienkäufen und höheren Aktienkursen führt.

Es gibt auch wichtige Substitutionseffekte. Alle Investoren erhalten gern eine attraktive Rendite auf ihre Ersparnisse und Investitionen. Wenn Bankkonten so gut wie keine Zinsen bringen, lenken die Amerikaner ihre Finanzmittel in den Aktien- und in den Immobilienmarkt, weil sie auf höhere Renditen aus sind. Dieser Trend nährt sich selbst, was zu höheren Aktien- und Häuserpreisen führt. Oberflächlich betrachtet hat die Politik der Nullzinsen und des billigen Geldes die gewünschten Ergebnisse gebracht. Die Aktienkurse haben sich von 2009 bis 2014 verdoppelt, die Häuserpreise haben sich seit Mitte 2012 kräftig erholt. Nachdem sie vier Jahre lang versuchte, die Preise von Vermögensgegenständen zu manipulieren, war die Fed 2014 scheinbar erfolgreich. Der Wohlstand war geschaffen worden, zumindest auf dem Papier, aber mit welchen Auswirkungen?

Die Auswirkungen des Wohlstandseffekts werden schon seit Jahrzehnten diskutiert, aber jüngere Studien lassen starke Zweifel an seinen Effekten aufkommen. Nur wenige Ökonomen zweifeln, dass der Wohlstandseffekt bis zu einem gewissen Grad existiert. Die Fragen lauten: Wie stark ist er, wie lange hält er an und ist er die negativen Auswirkungen und Störungen wert, die man braucht, um ihn zu erreichen?

Der Wohlstandseffekt wird in der Regel als prozentualer Anstieg der Konsumausgaben für jeden Dollar zusätzlichen Wohlstands dargestellt. Ein Beispiel: Ein Preisanstieg am Aktienmarkt und am Häusermarkt um 100 Milliarden Dollar würde ein Plus von 2 Milliarden Dollar bei den Konsumausgaben auslösen. Die Haushaltsabteilung im Kongress zeigt, dass verschiedene Studien den Wohlstandseffekt des Häusermarkts auf 1,7 bis 21 Prozent schätzen.[54] Eine derart breite Spanne der geschätzten Effekte ist lächerlich, lässt an ähnlichen Studien zweifeln und macht die methodischen Probleme auf diesem Gebiet deutlich.

Eine führende Studie des Wohlstandseffekts durch Aktienkurse, veröffentlicht von der Federal Reserve Bank of New York, enthält Ergebnisse, die den Glauben der Fed an den Wohlstandseffekt stark untergraben. In der Studie heißt es:

> Wir erkennen ... einen positiven Zusammenhang zwischen der Summe der Wohlstandsveränderung und der Summe der Ausgaben ... aber dieser Effekt ist recht instabil und kaum festzumachen. Die ... Reaktion des Konsumwachstums auf eine unerwartete Veränderung des Wohlstands ist unsicher und scheint sehr kurzlebig zu sein. ... wir finden, dass ... der Wohlstandseffekt

... in den vergangenen Jahren recht gering war. ... Mit der Verzögerung einer Periode betrachtet ... hat eine starke Wohlstandsveränderung praktisch keine Auswirkungen auf das Konsumwachstum.[55]

Eine andere Studie zeigt, dass der Wohlstandseffekt, soweit er existiert, sich stark auf die Reichen konzentriert und mit dem Konsumverhalten der übrigen Amerikaner wenig zu tun hat. David K. Backus, Leiter der Fakultät für Wirtschaftswissenschaften an der New York University, bestätigte diese Sichtweise.[56]

> Die Idee des Wohlstandseffekts hält ökonomischen Daten nicht stand. Der Aktienboom in den späten 1990er-Jahren erhöhte den Wohlstand der Amerikaner, aber er führte, so David Backus, zu keiner signifikanten Veränderung beim Konsum. ... Bevor der Aktienmarkt die Richtung wechselte, »sah man keinen großen Anstieg des Konsums«, sagt Backus. »Und als er dann drehte, sah man keinen großen Rückgang.«[57]

Sogar noch verstörender als Zweifel über das Ausmaß und die Stärke des Wohlstandseffekts ist die Tatsache, dass sich Ökonomen nicht einmal sicher sind, was die *Richtung* des Effekts betrifft. Während man allgemein annimmt, dass steigende Aktienkurse den Konsum erhöhen, haben Ökonomen vermutet, es könne auch andersherum sein: Steigender Konsum könnte zu steigenden Aktienkursen führen. Der prominente Ökonom und Geldpolitikexperte Lacy H. Hunt fasst den Forschungsstand zum Thema Wohlstandseffekt wie folgt zusammen:[58]

> Hier geht es nicht darum, ob die Politik der Fed den Wohlstand allgemein steigen oder sinken lässt. Die Frage ist, ob Veränderungen des Wohlstands die Konsumausgaben nennenswert beeinflussen. Die besten Hinweise besagen, dass Fluktuationen des Wohlstands geringe oder gar keine Auswirkungen auf die Konsumausgaben haben. Wenn also der Aktienmarkt infolge massiver Fed-Liquidität ansteigt, bleibt dies ohne Auswirkungen auf die Wirtschaft im Allgemeinen.[59]

Bedenken Sie nun, dass einige der wichtigsten Studien über den Wohlstandseffekt entweder 1999 oder 2007 publiziert wurden, also auf dem Höhepunkt der letzten beiden Blasen am Aktienmarkt. Es kann kaum überraschen, dass akademische Studien über den Wohlstandseffekt während Spekulationsblasen von besonderem Interesse sind, weil man glaubt, dass der Wohlstandseffekt dann am stärksten ist, aber die Forschungen legen nahe, dass der Wohlstandseffekt in Wirklichkeit schwach und unsicher ist.

Dies alles lässt vermuten, dass es sich hier um eine reine Illusion handelt, obwohl die Federal Reserve Billionen Dollar druckt, um den Wohlstandseffekt zu fördern.

Asset-Spekulationsblasen

Heute erlebt Amerika seine dritte Aktienblase und seine zweite Immobilienblase in den vergangenen 15 Jahren. Solche Blasen helfen der Realwirtschaft nicht, sondern bereichern lediglich Broker und Banker. Wenn diese Blasen platzen, wird die Wirtschaft eine schlimmere Panik erleben als 2008 und schon bald werden die Banker wieder nach Rettungsmaßnahmen schreien. Die Hybris der Zentralbanker, die den Märkten nicht trauen, sondern sie zu manipulieren versuchen, wird teilweise daran schuld sein.

Das Erschaffen von Asset-Blasen ist eine der sichtbarsten schlimmen Folgen des Gelddruckens der Federal Reserve, aber es gibt noch viele andere. Ein offensichtlicher Effekt ist der Inflationsexport von den USA aus zu seinen Handelspartnern durch den Mechanismus der Wechselkurse. Ein beständiges Rätsel der Fed-Geldpolitik seit 2008 war das Fehlen von Inflation der US-Verbraucherpreise. Von 2008 bis 2012 lag der jährliche Anstieg des Verbraucherpreisindex im Schnitt bei nur 1,8 Prozent. Das war der niedrigste Wert für einen Fünf-Jahres-Zeitraum seit 1965. Kritiker der Fed haben seit Jahren erwartet, die Inflation in den USA werde wegen des Gelddruckens scharf ansteigen, wenn auch mit zeitlicher Verzögerung, aber die Inflation ist noch immer nicht aufgetaucht; stattdessen zeichnen sich seit 2013 ständig Signale für Deflation ab.

Ein sehr wichtiger Grund, warum es in den USA keine Inflation gibt, ist die Tatsache, dass die Inflation über den Wechselkursmechanismus ins Ausland exportiert worden ist. Handelspartner der USA, zum Beispiel China und Brasilien, wollten ihre Exporte fördern, indem sie verhinderten, dass ihre Währungen gegenüber dem Dollar an Wert zulegten. Da die Fed Geld druckt, müssen diese Handelspartner ihre eigenen Geldmengen erhöhen, um die Dollarflut aufzusaugen, die in Form von Handelsüberschüssen oder Investitionen in ihre Volkswirtschaften strömt. Diese lokalen Geld-druck-Maßnahmen verursachen Inflation in den Volkswirtschaften der Handelspartner. Die Inflation in den USA wird gebremst, weil die Amerikaner billige Güter von den Handelspartnern importieren.

Seit dem Beginn des neuen Jahrtausends gab es in der Welt allgemein und besonders in den USA eine natürliche Tendenz zur Deflation. Ursprünglich importierten die USA diese Deflation aus China, und zwar über billige Produkte, die dort von einer enormen Vielzahl von Arbeitern hergestellt wurden, unterstützt von einer unterbewerteten Währung, die dazu führte, dass die Dollarpreise chinesischer Güter niedriger waren, als es ökonomischen Regeln entsprach. Diese Deflationsneigung wurde 2001 noch ausgeprägter, als die jährliche Inflationsrate in den USA auf 1,6 Prozent sank, was gefährlich nahe an der Deflation lag.

Es war diese Angst vor Deflation, die den damaligen Fed-Chef Alan Greenspan dazu verleitete, die Zinsen deutlich zu senken. 2002 lag die effektive Federal Funds Rate bei 1,67 Prozent, und das war der niedrigste Stand seit 44 Jahren. 2003 lag sie noch tiefer, bei 1,13 Prozent pro Jahr, und auch 2004 blieb sie mit 1,35 Prozent niedrig. Die außergewöhnliche Niedrigzinspolitik in diesen drei Jahren galt der Deflationsbekämpfung – und sie funktionierte. Nach der üblichen zeitlichen Verzögerung stieg der Preisindex 2004 um 2,7 und 2005 um 3,4 Prozent. Greenspan war so etwas wie der Pilot eines abstürzenden Flugzeugs, der die Maschine nach einem senkrechten Abwärtsflug nach oben zieht, kurz bevor sie auf dem Boden aufschlägt, die Aerodynamik stabilisiert und dann wieder an Flughöhe gewinnt. 2007 lag die Inflation wieder über 4 Prozent und die Fed Funds Rate lag bei mehr als 5 Prozent.

Greenspan hatte den Deflationsdrachen abgewehrt, aber damit hatte er ein noch schlimmeres Problem geschaffen. Seine Niedrigzinspolitik hatte zu einer Immobilienblase geführt, die Ende 2007 mit zerstörerischen Auswirkungen platzte, was eine neue Depression einleitete. Innerhalb eines Jahres führten sinkende Asset-Preise, schwindende Liquidität und verlorenes Vertrauen zur Panik von 2008, als zweistellige Billionenbeträge an Werten auf dem Papier scheinbar über Nacht verschwanden.

Die Leitung der Federal Reserve ging im Februar 2006 von Alan Greenspan auf Ben Bernanke über, gerade als die Immobilienkrise sich zu entfalten begann. Bernanke erbte Greenspans Deflationsproblem, das nie ganz verschwunden, aber von der Politik des leichten Geldes von 2002 bis 2004 überdeckt worden war. Der Index der Verbraucherpreise erreichte im Juli 2008 ein Zwischenhoch und sank dann bis zum Jahresende deutlich. Die jährliche Inflation von 2008 bis 2009 sank zum ersten Mal seit 1955; die Inflation kehrte sich erneut zur Deflation um.

Diesmal waren nicht die Chinesen, sondern ein Abbau der Hebelwirkung die Ursache. Der Kollaps des Häusermarkts 2007 zerstörte einen Wert von einer Billion Dollar an Subprime- und anderen minderwertigen Hypotheken, etliche weitere Billionen Dollar an Derivaten, die auf diesen Hypotheken basierten, kollabierten ebenfalls. Die Panik von 2008 zwang Finanzfirmen und Investoren mit gehebelten Engagements dazu, ihre Assets in einer Art Schlussverkauf abzustoßen, um ihre Schulden bedienen zu können. Andere Assets kamen wegen Insolvenzen wie denen von Bear Stearns, Lehman Brothers oder AIG auf den Markt. Die Finanzpanik breitete sich auch auf die Realwirtschaft aus, weil praktisch niemand mehr Häuser baute und Jobs in der Baubranche verschwanden. Die Arbeitslosigkeit stieg sprunghaft an, was die Deflation weiter ankurbelte. Die Inflationsrate fiel 2010 auf 1,6 Prozent, identisch mit den 1,6 Prozent, die Greenspan 2001 beunruhigt hatten. Bernankes Reaktion auf die Deflationsgefahr war sogar noch aggressiver als Greenspans Reaktion ein Jahrzehnt zuvor. Bernanke senkte die effektive Fed Funds Rate auf nahe null. Und dort ist sie seither auch geblieben.

Die Welt ist nun Zeuge einer sich auf dem Höhepunkt befindenden Schlacht zwischen Deflation und Inflation. Die Deflation ist endogen; sie erwächst aus der Produktivität der aufstrebenden Volkswirtschaften, demografischen Verschiebungen und der Erhöhung des Eigenkapitals in den Unternehmensbilanzen. Die Inflation ist exogen. Sie kommt von der Zinspolitik der Zentralbanken und vom Gelddrucken. Der zeitliche Verlauf von Preisindizes zeigt nicht nur Datenpunkte; er ist eher ein Seismograf, der tektonische Platten misst, die gegeneinanderdrücken. Die Verwerfungsspalte ist oft ruhig, fast unbemerkbar. Zu anderen Zeiten ist sie aktiv, wenn sich Druck aufbaut und sich die eine Platte unter die andere schiebt. Die Inflation war 2011 recht aktiv, als der Anstieg innerhalb eines Jahres bei 3,2 Prozent lag. Ende 2012 gewann die Deflation die Oberhand; in den vier Monaten von September bis Dezember 2012 sank der Verbraucherpreisindex ständig. Die Wirtschaft befindet sich weder in einem inflationären noch in einem deflationären Modus; sie erfährt beides gleichzeitig, und zwar aus unterschiedlichen Gründen. Die Preisindizes zeigen, wie sich diese gegeneinander gerichteten Kräfte auswirken.

Diese Dynamik hat wichtige Folgen für die Politik. Sie bedeutet, dass die Fed ihre Politik der Zinssenkung nicht beenden kann, solange die fundamentalen deflationären Kräfte wirksam sind. Sollte die Fed nicht mehr so viel Geld drucken, würde die Deflation schnell die Wirtschaft dominieren mit katastrophalen Folgen für die Staatsverschuldung, die Einnahmen der Regierung und das Bankensystem. Aber die fundamentalen Gründe der Deflation weichen auch nicht. Mindestens eine Milliarde Menschen in Asien, Afrika und Lateinamerika werden in den kommenden Jahrzehnten zu arbeiten beginnen, was Druck auf Kosten und Preise verursachen wird. In diesem Zeitraum wird ein demografisches Debakel in den hoch entwickelten Ländern die Nachfrage insgesamt nach unten drücken. Und schließlich entwickeln sich technologische Neuerungen immer schneller und versprechen höhere Produktivität mit billigeren Gütern und Dienstleistungen. Auch die Energierevolution mit Erdgas, Schieferöl und Fracking ist eine deflationäre Kraft.

Kurz gesagt: Die Welt will die Deflation, während die Regierungen die Inflation wollen. Keine dieser Kräfte wird nachgeben und daher wird sich zwischen ihnen weiterhin Druck aufbauen. Es ist nur eine Frage der Zeit, bis die Wirtschaft nicht nur Spekulationsblasen, sondern ein Erdbeben in Form einer tieferen Deflation oder einer höheren Inflation erfahren wird, wenn die eine Kraft die andere rasch und unerwartet überwältigt.

Erschütterungen

Erwartete Erdbeben großer Stärke in der Nähe dicht besiedelter Regionen werden oft als »the big one« bezeichnet. Aber bevor diese starken Erdbeben auftreten, kommt es zu kleinen Erschütterungen, die an von den großen Städten weit entfernten Orten entlang der Verwerfungsspalte Schäden anrichten. Dasselbe kann man auch über die Marktinterventionen der Fed sagen. In ihrem verzweifelten Kampf gegen die Deflation verursacht die Fed kleinere Einbrüche an Märkten, die weit von der Hauptarena der Zinsen amerikanischer Staatsanleihen entfernt sind. Die unbeabsichtigten und nicht vorhergesehenen Konsequenzen der Fed-Politik des leichten Geldes werden in vielerlei Hinsicht sichtbarer, teurer und problematischer. Ein Überblick über diese bösartigen Geschwüre zeigt, warum der lebensfremde Kampf der Fed gegen den Drachen der Inflation zum Scheitern verurteilt ist.

Die Inflation war von 2008 bis 2013 zwar niedrig, aber sie lag nicht bei null, obwohl das Wachstum der persönlichen Einkommen und der Haushaltseinkommen nahe bei null lag. Das bedeutet, dass die Realeinkommen selbst in einem Umfeld niedriger Inflation *sanken*. Hätte die Fed dagegen Deflation zugelassen, dann wären die Realeinkommen sogar ohne nominale Zuwächse gestiegen, weil die Güterpreise niedriger gewesen wären. So gesehen ist die Deflation der Bonus des Arbeiters, weil sie eine Erhöhung des Lebensstandards auch dann ermöglicht, wenn die Löhne stagnieren. Stattdessen sanken die Realeinkommen. Der Ökonom Lacy Hunt hat diesen Effekt prägnant zusammengefasst.

> Da die Löhne kaum stiegen, sank das Realeinkommen der meisten amerikanischen Haushalte. Hätte die Fed keine derart außergewöhnlichen Maßnahmen ergriffen, wären die Zinsen und die Inflation jetzt niedriger, als sie sind, und wir hätten die unwägbaren Risiken vermeiden können, die mit der anschwellenden Bilanz der Fed verbunden sind. Letztlich hat die Fed den Heilungsprozess verhindert, die Rückkehr zu normalem Wirtschaftswachstum verzögert und den Graben zwischen Einkommen und Eigentum vertieft sowie ein neues Problem geschaffen – den »Ausstieg« aus ihrer verfehlten Politik.[60]

Eine weitere so nicht beabsichtigte Konsequenz der Fed-Politik ist die Auswirkung auf die Sparer. Die Nullzinspolitik der Federal Reserve verursacht einen Wohlstandstransfer der einfachen Amerikaner an die Großbanken in Höhe von 400 Milliarden Dollar pro Jahr. Dies deshalb, weil Sparer in einem normalen Zinsumfeld von 2 Prozent jährlich 400 Milliarden Dollar Zinsen erhalten würden. So aber bekommen sie nichts und der Vorteil liegt bei den Banken, die das Geld verleihen und damit signifikante Gewinne erzielen können. Es gehört zur Strategie der Fed, Sparer zu bestrafen und sie dazu zu bringen, in riskante Assets wie Aktien und Immobilien zu investieren, um deren Wert nach oben zu treiben.

Aber viele Sparer sind im Prinzip konservativ, und zwar aus guten Gründen. Eine 82-jährige Rentnerin will nicht in Aktien investieren, weil sie damit jederzeit 30 Prozent ihrer Altersvorsorge verlieren könnte, wenn die nächste Blase platzt. Ein 22-jähriger Berufsanfänger, der Eigenkapital für seine erste Wohnung ansparen will, meidet Aktien vielleicht aus den gleichen Gründen. Beide Sparer hoffen, für ihre Bankeinlagen eine vernünftige Rendite zu erhalten. Aber die Fed verwendet die Zinspolitik, um sicherzustellen, dass sie nichts bekommen. Folglich sparen viele Bürger *noch mehr* von ihren Rentenzahlungen und Gehältern, um den Mangel an Zinseinkünften auszugleichen. Eine Manipulation der Fed, die darauf abzielt, die Sparquote zu senken, führt also dazu, dass die Ersparnisse *steigen*, aus Gründen der Vorsicht und um verlorene Zinsen zu kompensieren. Diese Reaktion steht nicht in den Lehrbüchern und auch nicht in den von der Fed angewendeten Modellen.

Die Politik der Federal Reserve hat auch der Kreditvergabe an kleine und mittelgroße Unternehmen (SMEs) geschadet. Die Fed interessiert das nicht, denn sie favorisiert die Interessen der Großbanken. Professor Steve Hanke hat kürzlich die Gründe für diesen Schaden bezüglich der Kreditvergabe an die SMEs beschrieben. SME-Anleihen, so argumentiert er, werden von Banken durch Interbanken-Kredite finanziert.[61] Bank A leiht Bank B auf dem Interbanken-Markt Geld, damit Bank B einem kleinen Unternehmen einen Kredit geben kann. Aber solche Leihgeschäfte sind heute für Banken unattraktiv, weil der Zinssatz auf dem Interbanken-Markt wegen der Fed-Interventionen bei null liegt. Weil die Banken bei diesen Interbank-Geschäften keine Rendite erzielen können, nehmen sie an diesem Markt nicht teil. Folglich ist die Liquidität auf dem Interbank-Kreditmarkt niedrig und die Banken können sich nicht mehr darauf verlassen, Geld zu erhalten, wenn sie es brauchen. Wegen der unsicheren Finanzierung zögern die Banken, ihre SME-Kreditportfolios auszuweiten.

Der daraus folgende Mangel an Krediten für SMEs ist einer der Gründe, warum die Arbeitslosenquote hartnäckig hoch bleibt. Großunternehmen wie Apple oder IBM brauchen keine Banken, die ihr Wachstum finanzieren; sie haben keine Probleme, ihre Aktivitäten mit ihren Cash-Reserven oder über die Anleihenmärkte zu finanzieren. Aber Großunternehmen sorgen nicht für neue Jobs; das tun hauptsächlich die kleinen Firmen. Wenn die Fed also den Markt der Interbanken-Kredite manipuliert, weil sie die Zinsen zu niedrig hält, beraubt sie die kleinen Firmen ihres Zugangs zu Krediten und schadet ihrer Fähigkeit, neue Jobs zu schaffen.

Andere unbeabsichtigte Folgen der Fed-Politik sind undurchsichtiger und heimtückischer. Eine dieser Konsequenzen ist das gefährliche Verhalten der Banken auf der Suche nach Erträgen. Wenn die Zinsen nahe null liegen, wird es für Finanzinstitutionen schwierig, ausreichende Renditen auf ihr Kapital zu erzielen. Sie flüchten in Hebelpapiere, in Derivate oder verschulden sich, um ihre Renditen zu steigern. Hebelwirkung durch Verschuldung bläht die Bilanz einer Bank auf und erhöht gleichzeitig ihren Kapitalbedarf. Daher bevorzugen Finanzinstitute Derivatestrategien und setzen auf Swaps und Optionen, um die angestrebten Renditen zu erreichen. Derivate werden nämlich außerhalb der Bilanz verbucht und erfordern nicht so viel Kapital wie Kredite.

Beim Derivatehandel werden erstklassige Sicherheiten verlangt, zum Beispiel Staatsanleihen. Aber oft ist die Qualität der für die Banken erhältlichen Sicherheiten schlecht. In einem solchen Umfeld möchte die Bank, die Transaktionen außerhalb der Bilanz durchführen will, einen »Asset-Swap« mit einem institutionellen Investor durchführen. Dabei überlässt die Bank dem Investor niedrig eingestufte Wertpapiere im Tausch gegen hoch eingestufte Wertpapiere wie kurzlaufende Staatsanleihen. Die Bank verspricht, die Transaktion zu einem späteren Zeitpunkt glattzustellen, damit der institutionelle Investor seine Anleihen wieder erhält. Sobald die Bank die Anleihen hat, kann sie sie dem Handelspartner am Derivatemarkt als »gute Sicherheiten« anbieten, in den Trade einsteigen und so außerhalb der Bilanz hohe Renditen erzielen, ohne viel Kapital dafür zu benötigen. Als Folge des Asset-Swaps wird ein Trade zwischen zwei Parteien zu einem Geschäft zwischen drei Parteien. Dabei gibt es natürlich mehr Versprechen und ein komplexeres Netzwerk gegenseitiger Verpflichtungen zwischen Banken und Investoren, die keine Banken sind.

Diese Mechanismen funktionieren, solange die Märkte ruhig sind und es keine Panik gibt, die Sicherheiten zurückzuerhalten. Aber in einer Liquiditätskrise wie 2008 frieren diese eng geknüpften Netzwerke gegenseitiger Verpflichtungen schnell ein, weil die Nachfrage nach »guten« Sicherheiten das Angebot sofort übersteigt und alle Beteiligten ihre Sicherheiten zu Ausverkaufspreisen auf den Markt werfen, um Bargeld zu erlösen. Als Ergebnis des Ringens um gute Sicherheiten beginnt bald eine weitere liquiditätsgetriebene Panik und erschüttert die Märkte.

Asset-Swaps sind nur eine von vielen Möglichkeiten, wie Finanzinstitute ihre Risiken erhöhen, um in einem Umfeld niedriger Zinsen höhere Renditen zu erzielen. Eine abschließende Studie des IWF, die den Zeitraum von 1997 bis 2011 umfasst, zeigt, dass die Niedrigzinspolitik der Fed ständig dazu führt, dass die Banken höhere Risiken eingehen.[62] Die Studie kommt zu dem Fazit, dass ausgedehnte Phasen außergewöhnlich niedriger Zinsen, wie sie die Fed seit 2008 konstruiert hat, ein Rezept für ein erhöhtes systemisches Risiko sind. Indem sie die Zinsen bis auf null manipuliert, fördert die Fed dieses Streben nach Rendite und all die Tricks und Asset-Swaps außerhalb der Bilanz, die damit verbunden sind. Im Bemühen, das Feuer der letzten Panik zu löschen, hat die Fed die Grundlagen für einen noch größeren Brand geschaffen.

Die verdeckte Kristallkugel

Die alarmierendste Konsequenz der Fed-Manipulation ist die Aussicht auf einen Aktiencrash innerhalb weniger Monate. Das könnte das Ergebnis einer Fed-Politik sein, die auf grundsätzlich falschen Prognosen basiert. Tatsächlich ist die Genauigkeit der Fed-Prognosen seit langer Zeit miserabel.

Wenn die Fed das potenzielle Wachstum unterschätzt, sind die Zinsen zu niedrig; Inflation und negative Realzinsen sind ein wahrscheinliches Resultat. Solche Bedingungen schaden der Kapitalbildung und haben im historischen Vergleich die niedrigsten Aktienrenditen erbracht. Wenn die Fed das potenzielle Wachstum überschätzt, ist die Zinspolitik zu streng; die Wirtschaft wird in eine Rezession geraten, was den Unternehmensgewinnen schadet und für sinkende Aktienkurse sorgt. Mit anderen Worten: Prognosefehler in beiden Richtungen führen zu geldpolitischen Fehlern, die zu fallenden Aktienkursen führen. Die einzige Bedingung, die letztlich nicht schädlich für Aktien ist, wäre eine höchst genaue Prognose der Fed, verbunden mit den richtigen politischen Maßnahmen. Leider ist genau dies das am wenigsten wahrscheinliche Szenario.

Angesichts der hohen Erwartungen für Aktien, der Verbindungen zwischen den Banken und der verborgenen Hebelwirkung kann jede Schwäche am Aktienmarkt leicht zu einem Marktcrash führen. Das muss nicht unbedingt passieren, aber auf der Basis der aktuellen Bedingungen und der Prognosefehler der Federal Reserve in der Vergangenheit ist es wahrscheinlich.[63]

Wie diese Illustrationen zeigen, reichen die Konsequenzen der Marktmanipulation durch die Fed weit über die Zinspolitik hinaus. Die Politik der Fed bestraft Ersparnisse, Investitionen und kleine Unternehmen. Die daraus folgende Arbeitslosigkeit wirkt deflationär, obwohl die Fed verzweifelt versucht, die Inflation anzukurbeln. Diese entstehende Deflation stärkt den Dollar, was dann den in Dollar berechneten Goldpreis und die Preise anderer Rohstoffe schwächt und die Deflation verstärkt.

Die Politik der Fed war allerdings darauf ausgerichtet, die Inflation in den USA zu erhöhen, teils durch die Zinsen. Das verstärkte die Deflation in Volkswirtschaften von Handelspartnern der USA, zum Beispiel in Japan. Die Handelspartner schlagen zurück, indem sie ihre eigenen Währungen verbilligen. Derzeit ist Japan das prominenteste Beispiel. Der japanische Yen brach in den acht Monaten von Mitte 2012 bis Mitte Mai 2013 gegenüber dem US-Dollar um 33 Prozent ein. Der billige Yen sollte die Inflation in Japan durch höhere Importpreise für Energie erhöhen. Aber er schadete den koreanischen Exporten von Unternehmen wie Samsung und Hyundai, die mit japanischen Firmen wie Sony und Toyota konkurrieren. Das zwang Korea zu einer Leitzinssenkung, um seine Währung zu verbilligen. So ging es dann auf der ganzen Welt weiter mit einer Flut von Zinssenkungen, Gelddrucken, importierter Inflation und Nebeneffekten – wegen der Manipulationen der weltweiten Reservewährung durch die Fed. Das Ergebnis ist keine effektive Politik, sondern weltweite Konfusion.

Die Federal Reserve verteidigt ihre Marktinterventionen als notwendig, um Fehlfunktionen des Markts wie 2008 zu überwinden, als die Liquidität verloren ging und das Vertrauen in die Geldmarktfonds zusammenbrach. Natürlich trifft es ebenfalls zu, dass die Liquiditätskrise von 2008 selbst das Ergebnis früherer politischer Fehler der Fed war, die schon 2002 begannen. Die Fed konzentriert sich auf die beabsichtigten Auswirkungen ihrer Politik, die unbeabsichtigten scheint sie kaum zu beachten.

Der asymmetrische Markt

Nach Ansicht der Fed ist der wichtigste Teil ihres Programms zur Eindämmung der Furcht an den Märkten die Kommunikationspolitik. Damit will die Fed die Auswirkungen ihrer Niedrigzinspolitik vergrößern, indem sie verspricht, sie werde diese für längere Zeit fortsetzen oder so lange, bis bestimmte Ziele bezüglich Arbeitslosenquote und Inflation erreicht sind. Die politische Debatte zu solchen Aussagen, zusätzlich zur Marktmanipulation, ist eine Fortsetzung eines der ältesten Gebiete der intellektuellen Forschung in den modernen Wirtschaftswissenschaften. Dazu gehört unvollständige oder asymmetrische Information: eine Situation, in der die eine Partei besser informiert ist als die andere, was bei beiden zu suboptimalem Verhalten führt.

Dieses Forschungsgebiet gewann 1970 stark an Bedeutung, als George Akerlof »The Market for ›Lemons‹«[64] veröffentlichte und darin den Gebrauchtwarenhandel wählte, um seine Argumente zu untermauern. Akerlof erhielt 2001, teilweise auch für diese Arbeit, den Nobelpreis für Wirtschaftswissenschaften. Der Verkäufer eines Gebrauchtwagens, so schreibt er, weiß genau, ob das Auto problemlos läuft oder von schlechter Qualität ist. Der Käufer weiß es nicht. Daher entsteht eine Informationsasymmetrie zwischen dem Käufer und dem Verkäufer. Die ungleiche Information beeinflusst das Verhalten dann in entgegengesetzter Weise. Käufer könnten annehmen, dass alle Gebrauchtwagen »Lemons«, also Zitronen oder Schrottkarren, sind, denn sonst würden die Verkäufer sie ja behalten. Diese Ansicht führt dazu, dass Käufer die Preise senken, die sie zu zahlen bereit sind. Verkäufer hochwertiger Gebrauchtwagen könnten diese niedrigen Preise ablehnen und den Verkauf verweigern. Im Extremfall gäbe es dann gar keinen Gebrauchtwagenmarkt mehr, weil die Preisvorstellungen von Käufern und Verkäufern zu weit auseinanderliegen, obwohl es theoretisch einen Marktpreis gäbe, würden beide Parteien sämtliche Fakten kennen.

Gebrauchtwagen sind nur ein Beispiel für das Problem der asymmetrischen Information, das sich auf eine Vielzahl von Gütern und Dienstleistungen anwenden lässt, einschließlich finanzieller Transaktionen. Interessanterweise gibt es dieses Problem beim Gold nicht, weil es immer die gleiche Qualität hat. Von Betrug abgesehen, gibt es keine »Zitronen«, wenn es um Goldbarren geht.

Seit 1970 ist Akerlofs Arbeit auf zahlreiche Probleme angewendet worden. Seine Analyse hat weitreichende Implikationen. Wenn man Kommunikation verbessern und Informationsasymmetrien reduzieren kann, werden die Märkte effizienter und der Preisbildungsprozess verläuft leichter, was die Kosten für die Konsumenten reduziert.

1980 wurde die Herausforderung, die Rolle von Informationen in effizienten Märkten zu analysieren, von einem 26-jährigen Ökonomen namens Ben Bernanke aufgegriffen. In einer Arbeit mit dem Titel »Irreversibility, Uncertainty, and Cyclical Investment«[65] beschäftigte sich Bernanke mit dem Prozess der Entscheidungsfindung bei einer Investition und fragte, inwiefern Unsicherheit bezüglich zukünftiger politischer und geschäftlicher Bedingungen einer solchen Investition im Weg stehen. Das war eine grundlegende Frage. Investitionen sind eine der vier fundamentalen Komponenten des BIP, neben dem Konsum, den Staatsausgaben und den Netto-Exporten. Von diesen Komponenten sind die Investitionen vielleicht die wichtigsten, weil sie das BIP nicht nur dann steigern, wenn die Investitionen durchgeführt werden, sondern auch in zukünftigen Jahren durch eine erhöhte Produktivität. Investments in neue Unternehmen können auch Jobs schaffen, die später durch Lohnzahlungen und Investmentgewinne den Konsum ankurbeln können. Alle Hindernisse für Investitionen haben zerstörerische Auswirkungen auf das Wachstum der gesamten Volkswirtschaft.

Der Mangel an Investitionen war einer der wichtigsten Gründe für die lange Dauer der Großen Depression. Gelehrte von Milton Friedman über Anna Schwartz bis zu Ben Bernanke haben die Geldpolitik als wichtige Ursache für die Depression identifiziert. Viel weniger Studien gibt es zu der Frage, warum die Große Depression so lange gedauert hat, verglichen mit der relativ kurzen Depression 1920. Charles Kindleberger hat die Gründe der langen Dauer der Großen Depression richtigerweise als *Regime-Unsicherheit* identifiziert. Diese Theorie besagt: Auch wenn die Marktpreise stark genug gesunken sind, um Investoren wieder in die Wirtschaft zu locken, könnten diese Anleger dennoch zögern, weil unstete Politik es unmöglich macht, die Renditen mit einiger Sicherheit zu berechnen. Die Regime-Unsicherheit bezieht sich auf mehr als die übliche Unsicherheit, die mit jedem Geschäft verbunden ist, weil sich die Vorlieben der Konsumenten ändern oder weil ein Businessplan mehr oder weniger effektiv umgesetzt wird. Sie bezieht sich auf zusätzliche Unsicherheit, verursacht von aktivistischer Regierungspolitik, die dazu gedacht ist, die Bedingungen zu verbessern, sie aber meist verschlechtert.

Das Veröffentlichungsdatum von Bernankes Arbeit, 1980, liegt in der Mitte der drei großen Perioden der Unsicherheit während der vergangenen 100 Jahre: die 1930er-, die 1970er- und die 2010er-Jahre.

In den 1930er-Jahren wurde diese Unsicherheit durch das erratische Hin und Her der interventionistischen Politik von Hoover und Roosevelt mit Preiskontrollen, Subventionen, Arbeitsgesetzen, Konfiszierungen und dergleichen verursacht. Auf die Spitze getrieben wurde dies noch durch Entscheidungen des Obersten Bundesgerichts, das manche Programme unterstützte und andere ablehnte. Trotz vieler Arbeitsloser und extrem niedriger Preise hielten sich die Kapitalisten in den 1930er-Jahren zurück, bis die politische Unsicherheit zwangsweise während des Zweiten Weltkriegs und schließlich durch Steuersenkungen 1946 beendet wurde. Erst als sich die Regierung nicht mehr ständig einmischte, entkam die US-Volkswirtschaft endlich der Großen Depression.[66]

In den 1970er-Jahren gab es für die amerikanische Wirtschaft erneut eine Episode extremer Regime-Unsicherheit. Sie dauerte zehn Jahre, begann mit Nixons Lohn- und Preiskontrollen und setzte sich bis zu Jimmy Carters Besteuerung von Gewinnen aus dem Rohölgeschäft fort.

Das gleiche Problem hat die US-Wirtschaft auch heute. Es gibt Unsicherheit wegen der Streitigkeiten um den Staatshaushalt, der Gesetze zur Krankenversicherung, der Steuerpolitik und der Gesetzgebung zum Umweltschutz. Es geht nicht darum, ob jede politische Entscheidung im Prinzip gut oder schlecht ist. Die meisten Investoren können auch mit schlechten Entscheidungen umgehen. Der entscheidende Punkt ist, dass die Investoren *nicht wissen*, welche politischen Entscheidungen in Zukunft getroffen werden. Daher können sie nicht mit ausreichender Klarheit die Renditen berechnen, um ihr Kapital zu riskieren.

In seiner 1980 erschienenen Studie begann Bernanke seine Analyse mit der Rekapitulation der klassischen Unterscheidung zwischen Risiko und Unsicherheit, die Frank H. Knight 1921 erstmals diskutiert hat.[67] In Knights Verständnis bezieht sich *Risiko* auf zufällige Ergebnisse, die Investoren mit bekannten Wahrscheinlichkeitsformeln nachbilden können. *Unsicherheit* aber bedeutet zufällige Ergebnisse mit unbekannten Wahrscheinlichkeitswerten. Der typische Investor ist durchaus bereit, Risiken einzugehen, aber extreme Unsicherheit kann ihn lähmen. Bernankes Beitrag war, die Sache als ein Problem der Opportunitätskosten zu konstruieren. Investoren können tatsächlich Unsicherheit fürchten, aber sie fürchten sich vielleicht auch vor Passivität. Und die Kosten dieser Passivität können höher sein als die Kosten, die anfallen, wenn man sich ins Unbekannte stürzt. Andererseits können die Kosten der Passivität aber auch durch die Vorteile des Wartens auf neue Informationen reduziert werden. Bernanke formuliert es so: »Investitionen werden sich auszahlen ... wenn die Kosten des Wartens ... die erwarteten Gewinne durch das Warten übersteigen. Der erwartete Gewinn des Wartens ist die Wahrscheinlichkeit, dass (neue) Informationen ... dazu führen, dass der Anleger seine Investitionsentscheidung bedauert. Das Motiv des Wartens ist ... Besorgnis über das mögliche Eintreffen unangenehmer Nachrichten.«[68]

Diese Passage ist der Schlüssel zum Verständnis sämtlicher geldpolitischer Maßnahmen Bernankes in seiner Zeit als Chef der Federal Reserve. Nach 2008 erhöhte Bernankes Fed die Kosten des Wartens, indem sie keine Rendite auf Bargeld mehr bot, und reduzierte die Kosten von Investitionen, indem sie über ihre zukünftige Politik keine Zweifel aufkommen ließ. Dadurch begünstigte er sofortige Investitionen und trug zum Wachstum der Volkswirtschaft über die Jobs und Einkommen bei, die mit solchen Investitionen einhergehen. Bernanke war der Planer, der die Kapitalisten wieder zu Investitionen bewog. Er zeigte seine Hand, als er schrieb: »Es wäre nicht schwierig, unser Beispiel ... einer Wirtschaft im Gleichgewichtsmodus neu zu entwerfen. So wie es ist ... kann man sich am besten vorstellen, dass die Wirtschaft von einem zentralen Planer gelenkt wird.«[69]

Bernankes Logik ist extrem fehlerhaft, denn sie geht davon aus, dass die Institution, die Unsicherheit *reduziert,* durch ihr Verhalten nicht auch zur Unsicherheit *beiträgt.* Wenn die Fed ihre zukünftige Zinspolitik ankündigt, wie sicher können Investoren dann sein, dass sie ihre Meinung nicht ändern wird? Wenn die Fed sagt, dass sie die Zinsen erhöhen wird, falls bestimmte Bedingungen erfüllt sind, wie sicher können Investoren dann sein, dass diese Bedingungen je erfüllt werden? Beim Versuch, eine Unsicherheit zu eliminieren, führt die Fed lediglich eine neue Unsicherheit ein, die mit ihrer Fähigkeit zusammenhängt, die erstgenannte Aufgabe zu bewältigen. Die Unsicherheit über die zukünftige Politik wurde durch Unsicherheit bezüglich der Zuverlässigkeit der Ankündigungen ersetzt. Das mag das zweite Derivat der Unsicherheit sein, aber um Unsicherheit handelt es sich dennoch. Die Situation wird eher durch die Abhängigkeit von den Launen der Planer verschlechtert als durch das Marktgeschehen.

Eine wichtige Studie von Robert Hall von der Stanford University für das Fed-Treffen in Jackson Hole im August 2013 legte die unproduktive Art von Bernankes Denken offen.[70] Halls Studie behauptet, dass die Entscheidung, einen neuen Arbeiter einzustellen, eine Kalkulation des Arbeitgebers über den Gegenwartswert der zukünftigen Leistung des Arbeiters umfasst. Berechnungen des Gegenwartswerts hängen von den Diskontierungssätzen ab, die man verwendet, um zukünftige Renditen in aktuelle Dollarwerte umzurechnen. Aber die durch das Hin und Her der Fed-Politik verursachte Unsicherheit macht es schwer, die Diskontierungsrate festzulegen, und veranlasst die Arbeitgeber dazu, Neueinstellungen zu reduzieren oder zu verschieben. Die Bemühungen der Fed, die Wirtschaft zu stimulieren, bremsen sie also in Wirklichkeit.

Freie Märkte sind nicht wegen der Ideologie wichtig, sondern wegen der Effizienz. Sie sind nicht perfekt, aber das Beste, was wir haben. Akerlof illustriert die Kosten der Informationsasymmetrie anhand eines Zeitpunkts, während Bernanke die Kosten der Informationsunsicherheit über die Zeit zeigt. Beide haben recht mit diesen theoretischen Kosten, aber sie ignorieren die vollen Kosten des Versuchs, dieses Problem durch Interventionen der Regierung zu lösen. Akerlof war sich dieser Einschränkungen zumindest bewusst, während Bernanke in seiner ganzen Karriere die Hybris eines Zentralplaners zur Schau getragen hat.

Adam Smith und Friedrich Hayek warnten vor der Unmöglichkeit der Aufgabe der Fed und den Gefahren, das zu versuchen, aber Charles Goodhart weist auf eine größere Gefahr hin. Auch der Zentralplaner braucht Marktsignale, um einen Plan umzusetzen. Ein Bekleidungskommissar nach sowjetischem Vorbild, der anordnet, dass alle Wollsocken grün sein müssen, könnte interessiert sein zu erfahren, dass Grün extrem unbeliebt ist und die Socken in den Regalen liegen bleiben werden. Auch die Fed vertraut auf Preissignale, vor allem auf solche, die mit Inflation, Rohstoffpreisen, Aktienkursen, Arbeitslosigkeit, dem Häusermarkt und vielen anderen Variablen verbunden sind. Was passiert, wenn man Märkte mit Preissignalen manipuliert, die ihrerseits das Ergebnis manipulierter Märkte sind? Das ist die Frage, die Goodharts Gesetz stellt.

Der Zentralplaner muss den Glauben an eigene Interventionen aufgeben, um Informationen über die Auswirkungen dieser Interventionen zu sammeln. Aber diese Information ist ein falsches Signal, weil sie nicht das Ergebnis von Aktivitäten am freien Markt ist. Dies ist eine rekursive Funktion. Anders gesagt: Der Zentralplaner hat keine andere Option, als sein eigenes Gebräu zu trinken. Dies ist das große Dilemma der Fed und aller Zentralbanken, die ihre Volkswirtschaften aus der neuen Depression herauslenken wollen. Je stärker diese Institutionen an den Märkten intervenieren, desto weniger wissen sie über die realen ökonomischen Bedingungen und desto größer wird das Bedürfnis, zu intervenieren. Eine Form der Unsicherheit wird durch eine andere ersetzt. Die Regime-Unsicherheit wird überall spürbar, weil das Kapital auf die Rückkehr realer Märkte wartet.

Anders als Shakespeares Salanio können wir nicht mehr auf das vertrauen, was die Märkte uns sagen. Denn diejenigen, die die Märkte kontrollieren, trauen ihnen selbst nicht. Yellen und die anderen sind zu der Auffassung gekommen, ihre akademische Hand sei mächtiger als Adam Smith's unsichtbare Hand. Das Ergebnis ist der langsame Untergang des Nutzens der Märkte, der wiederum den langsamen Untergang der Realwirtschaft – und des Dollar – ankündigt.

Kapitel 4: Chinas neue Finanz-Kriegsherren

Die meisten Länder scheitern mit Reformen und Anpassungsprozessen genau deshalb, weil die Sektoren der Wirtschaft ... die von Verwerfungen profitiert haben, mächtig genug sind, um jeden Versuch einer Eliminierung dieser Verwerfungen zu blockieren.

Michael Pettis, Universität Peking, Dezember 2012

Chinas Schattenbanksektor ist zu einer möglichen Quelle systemischer Finanzrisiken geworden. ... In gewisser Hinsicht ist er eigentlich ein Schneeballsystem.
Xiao Gang, Präsident der chinesischen Zentralbank, Oktober 2012

Die Last der Geschichte

In den Augen der Menschen im Westen sieht China heute wie ein monolithischer Moloch aus, der Ostasien dominieren und den Westen innerhalb weniger Jahre an Wohlstand und industrieller Produktion übertreffen will. In Wirklichkeit ist China ein fragiles Konstrukt, das leicht ins Chaos stürzen könnte – wie schon mehrmals in seiner Geschichte. Niemand weiß das besser als die Chinesen selbst, die durchaus verstehen, dass Chinas Zukunft höchst unsicher ist.

China hat die längste kontinuierliche Zivilisation in der Geschichte der Welt. Sie umfasst zwölf große Dynastien, Dutzende kleinere und Hunderte Herrscher und Regimes. China ist aber alles andere als homogen. Es setzt sich aus zahllosen Kulturen und Ethnien zusammen, umfasst ein dichtes, komplexes Netz von Regionen, Großstädten, Kleinstädten und Dörfern, verbunden durch Handel und Infrastruktur, das den zum Untergang führenden Diskontinuitäten anderer großer Zivilisationen von den Azteken bis Zimbabwe entgehen konnte.

Ein wichtiger Faktor der Langlebigkeit der chinesischen Zivilisation ist das Hin und Her der Regierungsformen, bestehend aus Perioden der Zentralisierung, gefolgt von Perioden der Dezentralisierung, auf die wiederum Rezentralisierung folgte – und das über Jahrtausende. Diese Geschichte ist wie die Funktionsweise eines Akkordeons, das sich während eines Liedes immer wieder ausdehnt und zusammenzieht. Die Tendenz zur politischen Dezentralisierung hat der chinesischen Zivilisation die nötige Robustheit verschafft, um einen kompletten Kollaps im Zentrum zu vermeiden, wie er für Rom und die Inkas charakteristisch war. Andererseits hat die Fähigkeit zur politischen Zentralisierung verhindert, dass Tausende von lokalen Knotenpunkten entstanden und sich zu einem agrarischen Mosaik ohne Verbindungen entwickelt haben. In China gibt es immer Ebbe und Flut, aber es verschwindet nicht.

Um das heutige China zu verstehen, muss man die chinesische Geschichte mit Zentralisierung, Desintegration und wiederkehrender Ordnung kennen. Westliche Finanzanalysten nähern sich China oft mit übertriebenem Vertrauen in Marktdaten und nicht mit der nötigen historischen Perspektive, um seine kulturelle Dynamik zu verstehen. Der Philosoph Lao Tse, der während der Zhou-Dynastie lebte, beschrieb das chinesische Geschichtsverständnis in *Tao Te Ching*: »Die Dinge wachsen und wachsen, aber jedes kehrt zu seinen Wurzeln zurück.«[71] Die Anerkennung dieser Sichtweise ist heute ebenso wichtig wie damals.

Zu den zentralisierten antiken Dynastien gehören die Zhou, etwa 1100 v. Chr., die Qin, ab 221 v. Chr., und die Han, die unmittelbar auf die Qin folgten und bis 220 n. Chr. regierten. Im mittleren Zeitraum der chinesischen Zivilisation kamen die zentralisierte Sui-Dynastie 581 n. Chr. und die Tang-Dynastie, die den Sui 618 n. Chr. folgte. Das letzte Jahrtausend war eher von politischer Zentralisierung als von Unordnung geprägt – unter vier zentralisierten Dynastien. Diese begannen mit Kublai Khans legendärer Yuan-Dynasty 1271 und setzten sich mit den Ming (1378), den Qing (1644) und der kommunistischen Dynastie seit 1949 fort.

Bekannte Episoden der Dezentralisierung und der Uneinigkeit waren die Zeit um 350 v. Chr., als 14 Königreiche im Gebiet zwischen den Flüssen Yangtse und Huangho um die Macht kämpften. 600 Jahre später, 220 n. Chr., begann erneut eine dezentralisierte Phase mit den drei Königreichen der Wie, der Shu und der Wu, gefolgt von Rivalitäten zwischen der früheren Qin- und der aufstrebenden Jin-Dynastie. Instabilität gab es auch im 6. Jahrhundert, mit Kämpfen zwischen den Königreichen der Chen, der nördlichen Zhou, der nördlichen Qi und der westlichen Liang, ehe mit der Sui-Dynastie wieder ein Abschnitt der Vereinigung begann. Eine letzte Periode der Auseinandersetzungen gab es um 923 n. Chr., als acht Königreiche um die Macht in Ost- und Zentralchina kämpften.

Streit gab es aber nicht nur während der langen Zeiträume der Dezentralisierung. Auch in den Phasen der Zentralisierung gab es Zeiten der Auseinandersetzungen, die unterdrückt wurden oder den turbulenten Übergang von einer Dynastie auf eine andere markierten. Die gefährlichste dieser Episoden war vielleicht die Taiping-Rebellion von 1850 bis 1864. Die Ursprünge dieser

Rebellion, die sich zu einem Bürgerkrieg auswuchs, erscheinen aus heutiger Sicht unglaublich. Ein Kandidat für die Verwaltungselite, Hong Ziuquan, fiel in den 1830er-Jahren mehrmals durch das kaiserliche Examen, was seine Chancen beendete, in die Reihen der Gelehrten aufzurücken, die die Elite darstellten. Später schrieb er sein Scheitern einer Vision zu, die ihm offenbarte, er sei der jüngere Bruder von Jesus. Mit der Hilfe von Freunden und einem Missionar startete er einen Feldzug, um China von »Teufeln« zu befreien. In den ganzen 1840er-Jahren gewann er immer mehr Anhänger und begann, in Opposition zur regierenden Qing-Dynastie lokale Autonomie auszuüben.

1850 hatte sich Hongs lokale religiöse Sekte zu einer Miliz entwickelt und verzeichnete bemerkenswerte Siege gegen die Qing-Armeen. Das himmlische Königreich Taiping wurde ausgerufen mit der Hauptstadt Nanjing. Das himmlische Königreich, das Autorität über mehr als 100 Millionen Chinesen im Süden des Landes ausübte, setzte sich im August 1860 in Bewegung, um Shanghai in Besitz zu nehmen. Der Angriff auf Shanghai wurde von den Qing-Truppen zurückgeschlagen, die jetzt von europäischen Kommandeuren angeführt und befehligt wurden und mit westlichen Truppen und Waffen ausgerüstet waren. 1864 wurde die Rebellion niedergeschlagen, aber die Kosten waren hoch. Schätzungen der Todesopfer dieser Rebellion reichen von 20 bis 40 Millionen.

Eine ähnlich chaotische Situation entwickelte sich in der sogenannten Kriegsherren-Periode von 1916 bis 1928, als China nur nominell zentral regiert wurde. 27 von Kriegsherren angeführte Cliquen stritten sich um die Macht. Immer wieder gab es unter ihnen Allianzen, die später wieder zerbrachen. So etwas wie eine Einheit wurde erst wieder etabliert, als Chiang Kai Shek und die revolutionäre Volksarmee die rivalisierenden Kriegsherren 1928 besiegten. Sogar damals überlebte die Kommunistische Partei Chinas, die Chiang 1927 rücksichtslos vertrieben hatte, im Süden des Landes, ehe sie zum langen Marsch aufbrach. Dabei handelte es sich um einen strategischen Rückzug vor den angreifenden Streitkräften der Volksarmee und die Kommunisten fanden Zuflucht in der Provinz Shaanxi im Norden Zentralchinas.

Die letzte Periode eines dezentralisierten politischen Chaos ereignete sich mitten in der kommunistischen Dynastie während der Kulturrevolution von 1966 bis 1976. In diesem chaotischen Zeitraum mobilisierte Mao Zedong junge

Kader, rote Garden genannt, um verdächtige bürgerliche und revisionistische Elemente in Regierung, Militär, an den Universitäten oder anderen Institutionen zu identifizieren und auszumerzen. Millionen Menschen wurden umgebracht, gefoltert, degradiert oder gewaltsam aus den Städten aufs Land umgesiedelt. Historische Stätten wurden geplündert, Kunstwerke zerstört, um »die alte Welt zu vernichten und die neue Welt zu schmieden«, wie es in einem Slogan hieß. Erst mit Maos Tod 1976 und der Verhaftung der radikalen Viererbande, die nach Maos Tod für kurze Zeit die Macht an sich gerissen hatte, wurden die Flammen der kulturellen und ökonomischen Zerstörung schließlich gelöscht.

Die historischen Erinnerungen an diese turbulenten Episoden sind tief im Gedächtnis der chinesischen Führung verwurzelt. Das erklärt die brutale Unterdrückung von Nationen wie Tibet, von Kulturen wie der uigurischen und spiritueller Sekten wie Falun Gong. Die Kommunistische Partei weiß nicht, wann das nächste himmlische Königreich entsteht, aber sie fürchtet dessen Auftreten. Auch das Abschlachten von Studenten und anderen auf dem Platz des himmlischen Friedens 1989 entsprang dieser Unsicherheit. Ein Protest, den man im Westen mit Tränengas und Verhaftungen in den Griff bekommen hätte, war für die chinesischen Offiziellen eine Bewegung, die außer Kontrolle geraten konnte und es daher rechtfertigte, zu ihrer Unterdrückung tödliche Waffen einzusetzen.

David T. C. Lie, ein älterer Möchtegern-Prinz und Nachkomme kommunistischer Revolutionshelden, sagte kürzlich in Shanghai, die größte Bedrohung der gegenwärtigen kommunistischen Führung sei nicht das US-Militär, sondern die unbeständigen Lebensformen von Wanderarbeitern und Twitter-Apps.[72] Es gibt in China über 200 Millionen Wanderarbeiter, die ohne offizielle Aufenthaltserlaubnis in den Städten wohnen, und sie können auf Befehl der Kommunistischen Partei gewaltsam wieder in ihre Herkunftsorte gebracht werden. China übt eine harte Kontrolle über das Internet aus, aber mobile Apps, die über drahtlose Breitbandkanäle übertragen, sind schwieriger zu verfolgen. Diese Kombination aus entwurzelten Arbeitern und unkontrolliertem Breitband ist aus Sicht der Herrschenden nicht weniger gefährlich als die Begeisterung über einen gescheiterten Mandarin, der glaubte, er sei der Bruder von Jesus Christus. Diese mögliche Instabilität ist der Grund, warum Wirtschaftswachstum für Chinas Führung so wichtig ist. Wachstum ist das Gegengewicht zu aufkommendem Dissens.

Vor 1979 funktionierte die chinesische Volkswirtschaft nach dem Prinzip der »eisernen Reisschüssel«. Die Führung versprach weder hohes Wachstum noch Jobs oder Chancen, sondern genügend Nahrungsmittel und die Befriedigung der grundlegenden Bedürfnisse des Lebens. Kollektive Farmen, Zwangsarbeit und zentrale Planung reichten aus, um diese Versprechen zu erfüllen, aber auch nicht viel mehr. Stabilität war das Ziel, Wachstum war nachrangig.

Ab 1979 zerbrach Deng Xiaoping die eiserne Reisschüssel und ersetzte sie durch eine wachstumsgetriebene Wirtschaft, die Essen und Grundbedürfnisse weniger garantierte, als den Menschen die Möglichkeit zu geben, sich diese Dinge auf eigene Faust zu sichern. Das war in keinerlei Hinsicht ein freier Markt und die Kontrolle durch die Kommunistische Partei ließ nicht nach. Es reichte aber aus, um örtlichen Managern und ausländischen Käufern zu ermöglichen, billige Arbeitskräfte und importiertes Know-how zu nutzen, um sich bei zahlreichen handelbaren Industrieprodukten einen komparativen Vorteil zu sichern.

Das Ergebnis war das chinesische Wunder. Das chinesische BIP stieg von 263 Milliarden Dollar 1979 auf 404 Milliarden Dollar 1990, 1,2 Billionen Dollar 2000 und über 7,2 Billionen Dollar 2011; ein erstaunliches Wachstum um das 27-Fache in wenig mehr als 30 Jahren. Die Gesamtproduktion in China ist jetzt etwa halb so hoch wie in den USA. Diese hohe chinesische Wachstumsrate hat zu zahlreichen Extrapolationen und Schätzungen eines Zeitpunkts in der gar nicht so fernen Zukunft gesorgt, wenn die chinesische Produktion die amerikanische übertreffen wird. An diesem Punkt, sagen die Prognostiker, wird China wieder seine Rolle an der Spitze der Weltmächte einnehmen, wie es schon in den längst vergangenen Zeiten der Ming-Dynastie der Fall war.

Hochrechnungen liefern selten gute Einschätzungen der Zukunft und diese Prognosen könnten sich als voreilig erweisen. Eine genaue Untersuchung des ökonomischen Wachstums von einer niedrigen Basis aus zeigt, dass ein solches Wachstum alles andere als ein Wunder ist. Hätte es statt der Kulturrevolution eine vernünftige Politik wie in Singapur oder Japan gegeben, dann wäre es schon Jahrzehnte früher zu starkem Wachstum gekommen. Eben diese analytische Überprüfung lässt Zweifel an Chinas Fähigkeit aufkommen, weiterhin mit der enormen Geschwindigkeit der vergangenen Jahre zu wachsen.

Dynamische Prozesse wie Wirtschaftswachstum unterliegen abrupten Veränderungen in beide Richtungen, basierend auf der Nutzung oder Erschöpfung von Produktionsfaktoren. Der in Princeton lehrende Professor Paul Krugman beschrieb dies in seinem 1994 erschienenen klassischen Artikel »The Myth of Asia's Miracle«.[73] Bei seiner Veröffentlichung wurde dieser Artikel weithin kritisiert, weil er eine Verlangsamung des Wachstums in China prognostizierte. Dennoch hat er sich als prophetisch erwiesen.

Krugmans Ausgangspunkt war, dass Wachstum in jeder Volkswirtschaft das Resultat steigenden Einsatzes von Arbeitskräften und wachsender Produktivität ist. Wenn es in einer Volkswirtschaft ein stagnierendes Angebot an Arbeitskraft gibt, die auf einem gleichbleibenden Niveau der Produktivität operiert, gibt es konstante Produktion, aber kein Wachstum. Die wesentlichen Antriebskräfte für ein Wachsen der zur Verfügung stehenden Arbeitskraft sind die Demografie und die Ausbildung, die Produktivität wird durch Kapital und Technologie erhöht. Ohne diese Faktoren kann eine Volkswirtschaft nicht expandieren. Wenn sie aber im Überfluss vorhanden sind, ist schnelles Wachstum durchaus erreichbar.

1980 war China bereit für die Aufnahme eines massiven Zuflusses einheimischer Arbeitskraft und ausländischen Kapitals, mit voraussichtlich positiven Ergebnissen. Ein solcher Übergang erfordert Ausbildung, die bei grundlegenden Kenntnissen beginnt und letztlich die Entwicklung technischer und beruflicher Fähigkeiten umfasst. Die Tatsache, dass es 1980 in China mehr als eine halbe Milliarde Bauern gab, bedeutete nicht, dass man diese Bauern über Nacht zu Fabrikarbeitern machen konnte. Die Veränderung erfordert auch Infrastruktur bezüglich Häuserbau und Transport. Das erfordert Zeit, aber 1980 hatte der Prozess begonnen.

Als die Arbeiter in den 1980er- und 1990er-Jahren in die Städte strömten, wurde Kapital mobilisiert, um die Arbeitsproduktivität zu erhöhen. Dieses Kapital kam aus privaten ausländischen Investitionen, von multilateralen Institutionen wie der Weltbank und von chinesischen Sparguthaben. Dieses Kapital verwandelte sich schnell in Fabriken, Ausrüstung und Infrastruktur, die benötigt wurden, um die wachsende Arbeitskraft gewinnbringend einzusetzen.

Wie Krugman ausführt, ist dieses Arbeit-Kapital-Inputmodell ein zweischneidiges Schwert. Wenn diese Faktoren reichlich vorhanden sind, kann das Wachstum hoch sein. Aber was passiert, wenn diese Faktoren rar sind? Krugman antwortet mit der offensichtlichen Schlussfolgerung: Wenn der Einsatz von Arbeitskraft und Kapital geringer wird, sinkt auch das Wachstum. Krugmans Analyse ist Gelehrten und Politikern zwar gut bekannt, aber die Cheerleader an der Wall Street und die Medien kennen sie nicht so gut. Wer das hohe Wachstum bis weit in die Zukunft extrapoliert, ignoriert den unvermeidlichen Rückgang der Input-Faktoren.

Ein Beispiel: Fünf Fabrikarbeiter, die Produkte per Hand zusammensetzen, erreichen eine bestimmte Produktionsmenge. Wenn dann fünf Bauern vom Land kommen, in dieser Fabrik arbeiten und ebenfalls Produkte von Hand zusammenstellen, wird sich der Output verdoppeln, weil es nun doppelt so viele Arbeiter gibt, die dieselbe Aufgabe erfüllen. Nehmen wir nun an, dass der Fabrikbesitzer Maschinen kauft, die die Handarbeit ersetzen, und seinen Arbeiter dann beibringt, diese Maschinen zu bedienen. Wenn jede Maschine die Produktion im Vergleich zur Handarbeit verdoppelt und jeder Arbeiter eine Maschine erhält, wird sich der Output wiederum verdoppeln. In diesem Beispiel ist die Produktion der Fabrik um 400 Prozent gestiegen, zunächst durch die Verdoppelung der Arbeitskraft und dann durch die Automatisierung. Wie Krugman erklärt, ist dies kein »Wunder«. Es ist der fortgesetzte Prozess der Expansion von Arbeitskraft und Produktivität.

Dieser Prozess hat Grenzen. Irgendwann kommen keine neuen Arbeiter mehr vom Land, und selbst wenn Arbeiter verfügbar sind, gibt es vielleicht physische oder finanzielle Einschränkungen der Möglichkeiten, das Kapital einzusetzen. Wenn jeder Arbeiter eine Maschine hat, erhöhen zusätzliche Maschinen den Output nicht mehr, falls die Arbeiter nur eine bedienen können. Die wirtschaftliche Entwicklung ist komplizierter, als es dieses Beispiel nahelegt, und viele andere Kräfte beeinflussen den Wachstumspfad. Aber das fundamentale Paradigma, dass geringerer Input niedrigeres Wachstum bedeutet, ist unabwendbar.

China nähert sich diesem Punkt. Das bedeutet nicht, dass das Wachstum aufhören, sondern nur, dass es sich auf ein dauerhaftes Niveau einpendeln wird. China hat sich wegen seiner Ein-Kind-Politik in diese Lage gebracht. Sie wurde 1978 eingeführt und bis in die jüngste Vergangenheit durchgesetzt, mit Abtreibung und der Ermordung von Millionen Mädchen. Dieser Rückgang des Bevölkerungswachstums, der vor 35 Jahren begann, wirkt sich heute auf die Zusammensetzung der Arbeiterschaft aus. Die Ergebnisse wurden in einem Bericht zusammengefasst, der kürzlich vom IWF veröffentlicht wurde:

China steht vor einer demografischen Verschiebung, die tiefe Auswirkungen auf seine ökonomische und soziale Landschaft haben wird. Innerhalb weniger Jahre wird die arbeitsfähige Bevölkerung ein historisches Hoch erreichen und dann wird ein starker Rückgang einsetzen. Der Kern dieser arbeitsfähigen Bevölkerung, Menschen im Alter zwischen 20 und 39 Jahren, schrumpft bereits. Somit wird das breite Angebot an billiger Arbeitskraft – ein entscheidender Antriebsfaktor in Chinas Wachstumsmodell – verschwinden, mit möglicherweise weitreichenden Folgen im Inland und im Ausland.[74]

Eine wichtige Feststellung: Wenn der Faktor Arbeit nachlässt, ist die Technologie der *einzige* Wachstumstreiber. Auch die USA verspüren wegen sinkender Geburtenraten demografischen Gegenwind, aber sind noch immer in der Lage, die Arbeitskraft jährlich um 1,5 Prozent zu erhöhen, teils durch Zuwanderung, und sie haben immer noch das Potenzial, mithilfe ihrer technischen Expertise sogar noch schneller zu wachsen. Im Gegensatz dazu hat sich China bisher nicht als fähig erwiesen, neue Technologien zu entwickeln, obwohl es sehr erfolgreich dabei war, bereits existierende Technologien zu stehlen. Beide Wachstumsmaschinen – Arbeitskraft und Technologie – sind in China ins Stocken geraten.

Offizielle Statistiken besagen immer noch, dass China pro Jahr um über 7 Prozent wächst; eine Wachstumsrate, die reife Volkswirtschaften nur mit Neid betrachten können. Wie passen diese enormen Wachstumsraten zum Rückgang von Arbeitskraft und Kapital, den Krugman schon vor fast 20 Jahren prognostizierte? Um diese Frage zu beantworten, muss man sich nicht nur den Input der Faktoren, sondern auch die Zusammensetzung des Wachstums ansehen. Nach der Definition der Ökonomen besteht das BIP aus Konsum, Investitionen, Regierungsausgaben und Netto-Exporten. Wachstum einer oder aller dieser Komponenten trägt zum Wachstum der Volkswirtschaft bei. Wie steigert China diese Komponenten, wenn die Faktoren-Inputs nachgeben? Es tut dies mit Hebelwirkung, Verschuldung und einer Dosis Betrug.

Wenn man das verstehen will, muss man die Zusammensetzung des chinesischen BIPs mit denen hoch entwickelter Nationen wie der USA vergleichen. In den USA macht der Konsum in der Regel 71 Prozent des BIP aus, in China sind es 35 Prozent, also weniger als die Hälfte, während die Investitionen in China für enorme 48 Prozent der Gesamtsumme stehen, in den USA sind es nur 13 Prozent. Die Netto-Exporte machen in beiden Ländern etwa 4 Prozent aus, obwohl die Vorzeichen umgekehrt sind. China hat einen Handelsüberschuss, der 4 Prozent zum GDP *beiträgt*, während das Handelsminus der USA etwa 4 Prozent vom BIP *subtrahiert*. Kurz gesagt: Die amerikanische Volkswirtschaft wird vom Konsum angetrieben, die chinesische von Investitionen.

Investitionen können eine gesunde Möglichkeit sein, eine Volkswirtschaft wachsen zu lassen, weil sie sich gleich doppelt auszahlen. Zunächst wächst das BIP, wenn die Investition getätigt wird, dann wächst sie zusätzlich wegen der Produktivität, die dieses Investment in zukünftigen Jahren hinzufügen wird. Dennoch verläuft die von Investitionen angeregte Expansion nicht automatisch. Viel hängt von der *Qualität* der Investitionen ab. Tragen sie tatsächlich zur Produktivitätssteigerung bei oder sind sie verschwendet und damit sogenannte *Fehlinvestitionen*? Hinweise aus den vergangenen Jahren legen nahe, dass es bei Chinas Infrastrukturinvestitionen massive Verschwendung gibt. Zudem sind diese Investments mit nicht rückzahlbaren Schulden finanziert worden. Diese Zusammenwirkung von verschwendetem Kapital und schlechten Schulden macht die chinesische Volkswirtschaft zu einer Blase, die bald platzen könnte.

Die Investmentfalle

Die jüngste Geschichte der chinesischen Fehlinvestitionen markiert ein neues Kapitel im wiederholten Niedergang im Verlauf der chinesischen Zivilisation. Diese neue Story dreht sich um den Aufstieg einer neuen chinesischen Kriegsherrenkaste, nicht auf militärischem, sondern auf finanziellem Gebiet, die eher ihre eigenen als Chinas Interessen verfolgt. Die neuen finanziellen Kriegsherren operieren mit Bestechung, Korruption und Zwang. Sie sind ein Krebsgeschwür im chinesischen Wachstumsmodell und im sogenannten chinesischen Wunder.

Nach der kommunistischen Machtübernahme in China 1949 wurden alle Unternehmen in Staatsbesitz überführt und staatlich geleitet. Dieses Modell herrschte 30 Jahre lang, bis 1979 Deng Xiaopings Reformen einsetzten. In den folgenden Jahrzehnten wählten die staatlichen Unternehmen (SOEs = *state-owned enterprises*) einen von drei Wegen. Manche wurden geschlossen oder zu größeren SOEs fusioniert, um die Effizienz zu erhöhen. Manche SOEs wurden privatisiert und gingen an die Börse, während diejenigen, die SOEs blieben, als designierte »nationale Champions« in bestimmten Sektoren mächtig wurden.

Zu den bekanntesten dieser Super-SOEs gehören China State Shipbuilding Corporation, China National Petroleum Corporation, China Petrochemical Corporation (SINOPEC) und China Telecom. Es gibt mehr als 100 solche gigantischen Staatsunternehmen unter zentralisierter staatlicher Verwaltung. 2010 erzielten die zehn profitabelsten SOEs Nettogewinne von mehr als 50 Milliarden Dollar.[75] Die Super-SEOs sind in 16 Megaprojekten organisiert, die Technologie und Innovationen in China vorantreiben sollen. Diese Megaprojekte beziehen sich auf Sektoren wie drahtlose Breitbandkommunikation, Öl- und Gasexploration und den Bau großer Flugzeuge.[76]

Unabhängig vom Weg, den die ehemaligen Staatsunternehmen eingeschlagen haben, durchdrangen Korruption und Vetternwirtschaft den Prozess. Die Manager von privatisierten SOEs erhielten Vergünstigungen, einschließlich Aktienzuteilungen vor dem Börsengang, und wurden zu Führungskräften befördert. Für die Unternehmen, die SOEs blieben, gab es noch direktere Möglichkeiten der Korruption. Die Aufsichtsratsmitglieder und die Vorstände wurden von Politikern ernannt und die SOEs wurden vor ausländischer und einheimischer Konkurrenz geschützt. Die SOEs erhielten billige Finanzierung von staatlichen Banken und Aufträge für Güter und Dienstleistungen von Regierungsstellen und anderen SOEs. Das Ergebnis war ein dichtes, komplexes Netzwerk von Regierungsbeamten, Möchtegern-Prinzen aus der Kommunistischen Partei und privaten Eigentümern und Managern, die sich alle am Wachstum Chinas bereicherten. Diese Eliten wurden zu einer parasitären Klasse, die sich auf Kosten eines ansonsten gesunden und normalen Wachstumsprozesses die Taschen füllte.

Der Aufstieg einer parasitären Elite steht in enger Verbindung mit der Verbreitung von Fehlinvestitionen. Die Notwendigkeit einer Neuausrichtung der chinesischen Wirtschaft von Investitionen zum Konsum, wie es der IWF und andere offizielle Institutionen fordern, kommt den Interessen der Eliten sehr entgegen. Sie favorisieren Infrastruktur, weil sie die Profite ihrer Stahl-, Aluminium- und anderer Schwerindustrie-Unternehmen am Laufen hält. Die neuen finanziellen Kriegsherren sind süchtig nach den Profiten der Infrastruktur, auch wenn Ökonomen das mangelnde Wachstum von Dienstleistungen und Konsum beklagen. Dieses Problem ist zwar erkannt, aber das bedeutet nicht, dass es gut gemanagt wird. Wie in allen Gesellschaften, einschließlich der USA, können die Interessen der Elite die Oberhand gegenüber nationalen Interessen gewinnen, sobald die politische Macht verwurzelt ist.

Spezielle Beispiele von Infrastrukturprojekten illustrieren die Verschwendung. Nanjing gehört mit fast 7 Millionen Einwohnern zu den größten Städten Chinas. Es gehört auch zu den historisch wichtigsten Städten, weil es unter mehreren chinesischen Dynastien die Hauptstadt des Landes war, genauso wie während der Taiping-Rebellion, die das Himmlische Königreich errichten wollte. In jüngerer Vergangenheit war Nanjing zwischen 1912 und 1949 während der Zeit der Chinesischen Republik unter Dr. Sun Yat Sen und später Chiang Kai Shek mehrmals Regierungssitz.

Nanjing hat zwar viele der gleichen Probleme mit Umweltverschmutzung und unkontrolliertem Wachstum wie andere chinesische Städte, aber es ist schöner, hat eine Vielzahl von Parks, Museen und breite, von Bäumen gesäumte Boulevards, die im späten 19. Jahrhundert unter kaiserlichem Einfluss angelegt und gebaut wurden. Nanjing liegt an der Hochgeschwindigkeits-Eisenbahnstrecke von Peking nach Shanghai und ist von beiden Städten aus gut erreichbar. Es gehört heute zu den wichtigsten politischen, ökonomischen und ausbildungstechnischen Drehkreuzen in China.

Unmittelbar südlich von Nanjing liegt der Distrikt Jiangning, der Schauplatz eines der größten derzeitigen Infrastrukturprojekte in China. Jiangning besteht aus sieben neuen Städten, die noch im Bau sind, verbunden durch ein Netz von Autobahnen und eine U-Bahn. Jede Stadt hat eigene Cluster von Wolkenkratzern, luxuriösen Einkaufszentren, Fünf-Sterne-Hotels, künstlich angelegten Seen, Golfplätzen, Erholungszentren, Hausverwaltungen und wissenschaftlichen Einrichtungen. Dieser gesamte Komplex wird vom Südbahnhof in Nanjing im Norden und von einem neu errichteten Flughafen im Süden bedient.

Als Besucher ist man von der Größenordnung des Projekts, der Qualität der bereits errichteten Objekte und der Schnelligkeit, mit der das gesamte Projekt verwirklicht wird, zwangsläufig beeindruckt. Bei einem Besuch vor kurzer Zeit fiel allerdings auf, dass alle diese beeindruckenden Bauwerke leer standen.

Provinzbeamte und Projektmanager begleiten Interessenten gern auf einer Stadttour und erklären die Möglichkeiten. Ein Labor wird als die zukünftige Quelle der drahtlosen Breitbandtechnologie Chinas präsentiert. Ein weiterer Wolkenkratzer wird eifrig als zukünftige Brutstätte einer chinesischen Branche zum Management alternativer Geldanlagen beschrieben. Ein noch nicht fertiges Hotel soll Reservierungen für Konferenzen der Weltklasse mit erstrangigen Vortragenden aus der ganzen Welt entgegennehmen.

In der Zwischenzeit blickt der Besucher auf eine große Wattlandschaft, aus der Fundamente aus Beton und Stahl ragen, gedacht für Dutzende weitere Einkaufszentren, Wolkenkratzer und Hotels. Diese Vision von sieben neuen Städten ist vielleicht schon beängstigend genug – bis man feststellt, dass Nanjing nur eine von Dutzenden Städten im Land ist, wo es ähnliche Megaprojekte gibt. Die Chinesen haben sich den Ruf erworben, Baumeister zu sein, die mit Pharao Ramses II. konkurrieren können.

Der Südbahnhof in Nanjing ist nicht leer, aber er illustriert auch den fehlerhaften Zugang Chinas zur Entwicklung von Infrastruktur. 2009 litt China unter dem gleichen Zusammenbruch der weltweiten Nachfrage, der die USA nach der Panik von 2008 befallen hatte. Die politische Reaktion war ein Stimulierungsprogramm im Umfang von 4 Billionen Yuan, was etwa 600 Milliarden Dollar entspricht und sich hauptsächlich auf Investitionen in die Infrastruktur bezog. Gleichzeitig starteten die USA ein Stimulationsprogramm von 800 Milliarden Dollar. Die amerikanische Volkswirtschaft ist allerdings mehr als doppelt so groß wie die chinesische. Im Vergleich entsprach das chinesische Programm also 1,2 Billionen Dollar, wenn man es auf die USA anwendet. Vier Jahre nach dem Start des Programms werden die Ergebnisse nun sichtbar; zum Beispiel die Hochgeschwindigkeits-Eisenbahnverbindung zwischen Peking und Shanghai oder der Südbahnhof in Nanjing.

Der Bahnhof umfasst ein Gelände von etwa 470 000 Quadratmetern und es gibt dort 128 Aufzüge. Solarpaneele auf dem Dach liefern sieben Megawatt

Strom. Der Ticketverkauf und der Zutritt zu den Bahnsteigen sind hoch automatisiert und effizient. Die neuen Züge sind nicht nur schnell, sondern auch komfortabel und leise, sogar bei der Höchstgeschwindigkeit von 305 km/h. Der Bau des Bahnhofs dauerte zwei Jahre, 20 000 Arbeiter waren dort beschäftigt. Wenn es das Ziel solcher Infrastrukturprojekte ist, kurzfristig Jobs zu schaffen, statt Gewinne mit Transporten zu erzielen, kann man den Südbahnhof in Nanjing als echten Erfolg bezeichnen. Das langfristige Problem ist, dass ein Ticket von Shanghai nach Nanjing für den Gegenwert von 30 Dollar zu haben ist, während eine Reise vergleichbarer Länge in den USA 200 Dollar kostet. Die Schulden für den Bau des monumentalen Bahnhofs werden mit diesen spottbilligen Fahrpreisen niemals getilgt werden können.

Chinesische Offizielle weisen Kritik über exzessive Kapazitäten mit dem Hinweis zurück, man baue hochwertige Infrastruktur auf lange Sicht. Sie sagen, selbst wenn es fünf oder zehn Jahre dauere, die Kapazitäten vollständig zu nutzen, werde sich das Investment als gut begründet erweisen. Aber es bleibt abzuwarten, ob derartige Kapazitäten jemals genutzt werden.

Abgesehen vom schieren Ausmaß der Infrastruktur gibt es institutionelle und juristische Hindernisse für Chinas Vision, den Wissenschafts- und den Technologiesektor seiner Wirtschaft auszubauen. Das Hightech-Labor für drahtlose Breitbandkommunikation ist ein gutes Beispiel. Die Forschungseinrichtung umfasst massive Bauten mit großen Büros, Konferenzräumen und Laboren, umgeben von attraktivem Gelände und mit effizienten Verkehrsmitteln. Die örtlichen Beamten versichern den Besuchern, dass bald 1500 Wissenschaftler und Angestellte kommen werden, aber die talentiertesten Technologen brauchen mehr als schöne Gebäude. Diese Wissenschaftler wollen eine unternehmerische Kultur, Nähe zu neuesten universitären Forschungen und Zugang zu der Art von Start-up-Finanzierung, die mehr mitbringt als ein Scheckbuch. Es bleibt die Frage, ob man neben den Gebäuden auch diese Faktoren gewährleisten kann. Ein weiteres Problem beim Bauen auf sehr lange Sicht: Verschleiß und Abwertung können einsetzen, noch bevor die Gebäude genutzt werden.

Chinas politische Führer sind sich bewusst, dass vergeudete Infrastrukturausgaben die chinesische Wirtschaft durchdrungen haben. Aber ebenso wie politische Führer in anderen Ländern sind sie in ihren Reaktionen sehr eingeschränkt. Die Projekte schaffen Arbeitsplätze, zumindest kurzfristig, und kein Politiker will für eine Politik verantwortlich sein, die zu Jobverlusten führt, selbst wenn sie langfristig bessere Ergebnisse bringt. Zu oft ist in der Politik alles kurzfristig und die langfristige Sicht wird ignoriert.

Derzeit sind die Infrastrukturprojekte ein Glücksfall für die kleinen Partei-kader und Funktionäre, die die SOEs leiten. Die Projekte erfordern Stahl, Zement, schwere Baumaschinen, Glas und Kupfer. Der Bauboom nützt den Produzenten solcher Materialien und der Ausrüstung. Daher treten sie für mehr Neubauten ein, unabhängig von Kosten und Nutzen. China hat keine Marktdisziplin, um diese Interessen zu unterdrücken oder Investitionen in nützlichere Bahnen zu lenken. Stattdessen gibt es in China eine oligarchi-sche Elite, die darauf besteht, dass zunächst einmal ihre Interessen bedient werden, ehe es um nationale Interessen geht. Die Fähigkeiten der politischen Elite, sich gegen diese ökonomische Elite durchzusetzen, sind begrenzt, weil beide häufig miteinander verknüpft sind. *Bloomberg News* hat die sich über-schneidenden Interessen der politischen und der ökonomischen Eliten durch Überkreuz-Beteiligungen, Familienbande, Scheinfirmen und Strohmänner als Aktionäre aufgedeckt.[77] Das Angebot eines gierigen Geschäftsmanns ab-zulehnen ist die eine Sache, aber einen Sohn, eine Tochter oder einen Freund abzuweisen ist etwas anderes. Chinas nicht funktionierendes System, um je-den Preis Infrastruktur aufzubauen, ist fest verankert.

China kann seinen Infrastrukturrausch fortsetzen, weil es ungenutzte Kredit-kapazitäten hat, mit denen sich neue Projekte finanzieren und Verluste der alten verdecken lassen. Aber eine Expansion dieser Art hat Grenzen und es wird zu einer harten Landung kommen.

Schattenfinanz

Hinter diesem unhaltbaren Infrastrukturboom steht eine noch prekärere Bankenstruktur zur Finanzierung der überflüssigen Bauten. Wall-Street-Ana-lysten sagen mit Nachdruck, dass das chinesische Bankensystem wenige An-zeichen von Überlastung zeigt und eine gesunde Bilanz aufweist. Chinas Finanzreserven von mehr als 3 Billionen Dollar sind enorm und bieten aus-reichende Ressourcen, das Bankensystem zu retten, wenn das erforderlich werden sollte. Das Problem ist, dass Chinas Banken nur ein Teil des Bildes sind. Der andere Teil besteht aus einem Schattenbankensystem mit schlechten Assets und verborgenen Verpflichtungen, die hoch genug sind, um die Stabilität des chinesischen Bankensystems zu bedrohen und eine Finanzpanik mit globalen Auswirkungen auszulösen. Das System ist aber derart undurchsichtig, dass nicht einmal die chinesischen Bankenregulierer wissen, wie groß und wie konzentriert die Risiken sind. Das wird es erschweren, die Panik aufzuhalten, falls sie ausbrechen sollte.

Zum Schattenbankensystem in China tragen Schuldverschreibungen der lokalen Regierungsstellen, Trust-Produkte und Produkte zum Zweck der Vermögensverwaltung bei. Stadt- und Provinzregierungen in China sind, anders als in den USA, nicht berechtigt, verbriefte Obligationen zu emittieren. Die lokalen chinesischen Behörden verwenden allerdings Schuldverschreibungen und andere Finanzinstrumente, um ihre finanziellen Spielräume zu hebeln. Trust-Produkte und Vermögensverwaltungsprodukte sind zwei chinesische Varianten strukturierter Finanzprodukte im Westen.

Die Chinesen weisen eine hohe Sparquote auf, angetrieben durch rationale Motive, nicht durch irrationale oder kulturelle Merkmale. Zu den rationalen Motiven gehört das Fehlen eines Netzes sozialer Sicherheit, angemessener Gesundheitsvorsorge, einer Invaliditätsversicherung oder einer Rentenzahlung. In der Vergangenheit bauten die Chinesen auf große Familien und den Respekt vor den Alten, um im Alter versorgt zu sein. Aber die Ein-Kind-Politik hat diese soziale Säule eliminiert und heute müssen alternde chinesische Ehepaare erfahren, dass sie auf sich allein gestellt sind. Eine hohe Sparquote ist also eine vernünftige Reaktion.

Aber ebenso wie die Sparer im Westen erzielen auch die Chinesen kaum noch Renditen. Die niedrigen Zinsen, die Banken bieten, eine Art finanzieller Repression, die auch in den USA praktiziert wird, machen chinesische Sparer anfällig für Anlagen mit höheren Renditen. Wegen der Kapitalkontrollen sind ausländische Märkte meist außer Reichweite und Chinas eigene Aktienmärkte haben sich als sehr volatil erwiesen. In den letzten Jahren war die Performance schwach. Die chinesischen Anleihenmärkte sind noch immer nicht ausgereift. Stattdessen wurden die chinesischen Sparer von zwei Asset-Klassen angezogen: von Immobilien und strukturierten Produkten.

Die Blase an Chinas Immobilienmärkten, vor allem bei Appartements und Eigentumswohnungen, ist bekannt, aber nicht jeder chinesische Sparer kann an diesem Markt partizipieren. Für diese Leute hat das Bankensystem Trust-Strukturen und »Produkte zur Vermögensverwaltung« (WMPs) entwickelt. Ein WMP ist ein Pool oder Fonds, von dem der Investor kleine Anteile kauft. Dann nimmt der Pool die Einnahmen und investiert sie in Assets mit höheren Renditen. Wie zu erwarten bestehen diese Assets oft aus Hypotheken, Immobilien und Unternehmensanleihen. Mit den WMPs hat China eine unregulierte Version der schlechtesten westlichen Finanzprodukte. Die WMPs ähneln den sogenannten CDOs, CLOs und MBSs, die 2008 fast die westlichen Kapitalmärkte zerstört hätten. In China werden sie sogar ohne die minimale Überprüfung verkauft, die Amerikas inkompetente Rating-Agenturen und die SEC fordern.

Die WMPs werden von Banken gesponsert, aber die entsprechenden Assets und Verbindlichkeiten tauchen nicht in den Bilanzen der Banken auf. Das ermöglicht den Banken die Behauptung, sie seien gesund, während sie in Wirklichkeit eine umgedrehte Pyramide hochriskanter Schulden aufbauen. Die Investoren werden von den höheren Renditen angezogen, die WMPs bieten. Sie glauben, weil die WMPs von Banken gesponsert und promotet werden, müsse das eingezahlte Kapital durch die Banken auf die gleiche Weise geschützt sein wie bei einer Einlagensicherung. Aber sowohl die hohe Rendite als auch die Kapitalabsicherung sind eine Illusion.

Die Gelder, die die Anleger in die WMPs investieren, werden verwendet, um die gleiche vergeudete Infrastruktur und die Immobilienblasen zu finanzieren, die Banken auch zuvor finanziert haben, ehe die Maßnahmen zur Kreditvergabe in Kraft traten. Die Einnahmen aus diesen Projekten sind oft zu spärlich, um die Verpflichtungen gegenüber den WMP-Investoren zu erfüllen. Die Laufzeiten der WMPs sind oft kurz, während damit langfristige Projekte finanziert werden. Dieses Ungleichgewicht zwischen den Laufzeiten von Assets und Zahlungsverpflichtungen könnte ein Panik-Szenario schaffen, wenn sich die Investoren weigern, ihre WMPs bei Fälligkeit gegen solche mit längeren Laufzeiten zu tauschen. Das ist die gleiche Dynamik, die 2008 in den USA die Pleiten von Bear Stearns und Lehman Brothers auslöste.

Banken, die WMPs sponsern, lösen das Problem von Assets mit schlechter Performance und ungleichen Laufzeiten damit, dass sie neue WMPs emittieren. Diese werden dazu verwendet, die schlechten Assets der alten WMPs zu aufgeblähten Werten aufzukaufen, damit die alten Papiere am Laufzeitende getilgt werden können. Das ist ein Schneeballsystem von kolossalen Ausmaßen. Schätzungen zufolge gab es 2013 20 000 WMP-Programme, während es 2007 erst 700 waren. Eine Studie über WMP-Verkäufe in der ersten Jahreshälfte 2012 schätzt, dass fast 2 Billionen Dollar frisches Geld eingenommen wurden.[78]

Jedes Schneeballsystem muss scheitern und die chinesischen Immobilien- und Infrastrukturblasen sind da keine Ausnahme. Ein Kollaps könnte damit beginnen, dass an einem Tilgungstermin nicht genug neue WMPs gekauft werden, oder auch mit der Aufdeckung von Korruption bei einem bestimmten Projekt zu tun haben. Der exakte Auslöser des Debakels ist nicht wichtig, denn es wird mit Sicherheit geschehen, und wenn es beginnt, wird die Katastrophe ohne Kontrollen oder Hilfsmaßnahmen durch die Regierung nicht aufzuhalten sein. Kurz nach dem Beginn einer Zahlungskrise stehen die Investoren in der Regel Schlange, um ihre Zertifikate einzulösen. Die Banksponsoren werden die ersten Leute in der Schlange auszahlen, aber wenn die Schlange auf klassische Weise immer länger wird, dann wird die Bank die Auszahlungen einstellen und der Rest bleibt mit wertlosen Papieren zurück. Die Investoren werden dann behaupten, die Banken hätten das eingezahlte Kapital garantiert, aber diese werden das leugnen. Dann wird ein Run auf die Banken selbst beginnen und die Regulierungsbehörden werden gezwungen sein, bestimmte Banken zu schließen. Es wird zu sozialen Unruhen kommen und dann droht der schlimmste Albtraum der Kommunistischen Partei, nämlich eine Wiederholung der spontanen Taiping-Rebellion oder der Demonstrationen auf dem Platz des Himmlischen Friedens.

Chinas Reserven sind mit 3 Billionen Dollar hoch genug, um die Banken zu rekapitalisieren und in einem solchen Szenario für den Ersatz der Verluste zu sorgen. Wenn nötig, kann sich China auch zusätzlich Kredite beschaffen und Chinas Kreditwürdigkeit beim IWF ist eine weitere Unterstützung. Letztlich hat China die Ressourcen, Unruhen zu unterdrücken und das finanzielle Durcheinander aufzuräumen, wenn das Schneeballsystem so endet, wie ich es beschrieben habe.

Aber die Erschütterung des Vertrauens wird unberechenbar sein. Ironischerweise werden nach einem finanziellen Zusammenbruch die Ersparnisse steigen, nicht sinken, weil die Menschen mehr sparen müssen, um ihre Verluste aufzuholen. Aktien werden abstürzen, weil die Investoren liquide Assets abstoßen, um die Auswirkungen der jetzt illiquiden WMPs zu kompensieren. Der Konsum wird exakt dann zusammenbrechen, wenn die Welt darauf wartet, dass chinesische Konsumenten einem blutleeren weltweiten Wachstum zu Hilfe zu kommen. In China wird sich Deflation ausbreiten, was die Chinesen noch mehr davon abhält, ihre Währung gegenüber den Währungen der Handelspartner zu stärken, was vor allem für die USA gilt. Der Schaden für das Vertrauen und das Wachstum wird sich nicht auf China beschränken, sondern sich weltweit ausbreiten.

Der Herbst der Finanz-Kriegsherren

Die chinesischen Eliten verstehen diese Verwundbarkeit und sehen das Chaos kommen. Diese Antizipation des finanziellen Zusammenbruchs in China treibt eine der größten Episoden der Kapitalflucht in der Weltgeschichte an. Chinesische Eliten, Oligarchen und sogar ganz normale Bürger werden aussteigen, solange die Gewinne noch gut sind.

Die chinesischen Gesetze verbieten, mehr als 50 000 Dollar pro Jahr außer Landes zu bringen. Die Techniken, Bargeld ins Ausland zu bringen, auf legale oder auf illegale Weise, finden ihre Grenzen aber nur durch die Fantasie und Kreativität der an der Kapitalflucht beteiligten Personen. Es gibt sehr direkte Techniken: Man stopft vor einem Überseeflug Bargeld in einen Koffer. Das *Wall Street Journal* berichtete 2012 die folgende Episode:

> Im Juni landete ein chinesischer Mann mit etwa 177 500 Dollar Bargeld auf dem Flughafen von Vancouver – der größte Teil in amerikanischen und kanadischen 100-Dollar-Scheinen, in seine Brieftasche gestopft, in seinen Taschen und versteckt unter dem Futter seines Koffers. ... Der kanadische Grenzbeamte, der das Geld fand, sagte aus, der Mann habe ihm erzählt, er habe das Geld dabei, um ein Haus oder ein Auto zu kaufen. Er verließ den Flughafen mit seinem Geld, abzüglich einer Strafe, weil er das Geld versteckt und nicht deklariert hatte.[79]

Noch ein Beispiel: Ein chinesischer Brauerei-Milliardär flog von Shanghai nach Sydney und fuhr eine Stunde durch die Landschaft, um ein Weingut zu besichtigen. Er bot auf der Stelle 30 Millionen Dollar für das Gut und kehrte dann so schnell nach Shanghai zurück, wie er gekommen war. Man weiß nicht, ob dem Oligarchen Wein lieber war als Bier, aber Australien war ihm lieber als China, wenn es um einen sicheren Hafen für seinen Wohlstand ging.

Andere Techniken der Kapitalflucht sind komplizierter, aber nicht weniger effektiv. Eine beliebte Methode ist die Herstellung einer Beziehung zu einem korrupten Casinobetreiber in Macao, wo ein wohlhabender chinesischer Glücksspieler eine von seinem eigenen Bankkonto abgesicherte Kreditlinie einrichten kann. Dann verliert der Glücksspieler absichtlich enorm viel Geld bei einem glamourösen Spiel wie Baccarat in einem offensichtlichen VIP-Raum. Die Spielschulden werden prompt beglichen, indem das Konto des Spielers in China belastet wird. Dieser Transfer ist nicht von der Begrenzung der jährlichen Kapitalexporte betroffen, denn er gilt als Begleichung einer legitimen Schuld. Der »unglückliche« Spieler bekommt das Geld später von dem korrupten Casinobetreiber zurück, abzüglich einer Gebühr für den Service der Geldwäsche.

Noch größere Summen werden durch falsche Deklarierung von Exporten und Importen ins Ausland geschafft. Zum Beispiel kann ein chinesischer Möbelhersteller eine Vertriebsfirma in einem Steuerparadies wie Panama gründen. Nehmen wir an, dass der normale Exportpreis jedes Möbelstücks 200 Dollar beträgt. Dann kann der chinesische Hersteller der Firma in Panama eine Rechnung über lediglich 100 Dollar ausstellen. Diese kann die Möbel dann über die normalen Vertriebskanäle für 200 Dollar verkaufen. Der »Gewinn« von 100 Dollar, entstanden durch die zu niedrige Rechnung, kann dann in Panama verbleiben. Bei Millionen von verkauften Möbelstücken kann der akkumulierte Gewinn mehrere Hundert Millionen Dollar betragen. Ohne die gefälschten Rechnungen wäre dieses Geld in China gelandet.

Die Kapitalflucht durch die Eliten ist nur ein Teil einer viel größeren Ungleichheit der Haushaltseinkommen von Eliten und Normalbürgern. In städtischen Gebieten liegt das Haushaltseinkommen des obersten Prozents 24 mal so hoch wie das Durchschnittseinkommen aller städtischen Haushalte.

Landesweit ist es 30-mal so hoch. Diese enormen Unterschiede basieren auf offiziellen Zahlen. Wenn man verstecktes Einkommen und Kapitalflucht miteinbezieht, sind die Unterschiede sogar noch größer. Das *Wall Street Journal* berichtete:

> Der Kampf gegen Ungleichheit erfordert die Konfrontation mit den Eliten, die vom Status quo profitieren, und das Zügeln der Korruption, die es Beamten ermöglicht, sich die Taschen zu füllen. Wang Xialou, stellvertretender Direktor von Chinas nationaler Behörde für Wirtschaftsforschung, und Wing Thye Woo, Professor für Wirtschaftswissenschaften an der University of California, sagen: Wenn man das mitzählt, was sich »verborgenes« Einkommen nennt, also nicht deklariertes Einkommen, das auch die Ergebnisse von Korruption beinhalten kann – lag das Einkommen der reichsten 10 Prozent der chinesischen Haushalte 65-mal so hoch wie das der ärmsten 10 Prozent.[80]

Minxin Pei, China-Experte am McKenna College in Claremont, sagt, dass Korruption, Vetternwirtschaft und Ungleichheit der Einkommen im heutigen China so krass sind, dass die sozialen Bedingungen denen in Frankreich kurz vor der Französischen Revolution ähneln.[81] Insgesamt ist die finanzielle, soziale und politische Instabilität so groß, dass sie eine Bedrohung für die fortgesetzte Herrschaft der Kommunistischen Partei ist.

Die chinesischen Behörden spielen diese Bedrohungen durch Fehlinvestitionen in Infrastruktur, Asset-Blasen, übermäßige Kreditaufnahme, Korruption und Ungleichheit der Einkommen routinemäßig herunter. Sie räumen zwar ein, dass alle diese Dinge signifikante Probleme sind, weisen aber darauf hin, dass Korrekturmaßnahmen ergriffen werden und diese Dinge lösbar sind, wenn man die Gesamtgröße und das dynamische Wachstum der chinesischen Wirtschaft betrachtet. Diese Bedrohungen betrachtet man als Wachstumsschmerzen bei der Geburt des neuen China und nicht als den Anfang einer existenziellen Krise.

Angesichts der Geschichte von Zusammenbrüchen und Panikphasen in Industriestaaten und Entwicklungsländern könnten die Chinesen vielleicht zu zuversichtlich sein, dass sie ein finanzielles Desaster vermeiden können. Das schiere Volumen und die Verbindung zwischen den SEOs, den Banken, der Regierung und den normalen Sparern hat ein komplexes System in einem kritischen Zustand geschaffen; ein einziger Funke könnte einen Großbrand auslösen. Selbst wenn die Führung mit ihrer Meinung richtigliegen sollte, dass diese Probleme in Relation zum großen Ganzen gemanagt werden können, müssen sie doch die Tatsache anerkennen, dass die gesamte Wirtschaft in einer Weise nicht gesund ist, die selbst die Kommunistische Partei nicht so einfach auflösen kann. Das größere Thema für Chinas Führung ist die Unmöglichkeit, die Wirtschaft von der Vorherrschaft der Investitionen gegenüber dem Konsum wieder ins Gleichgewicht zu bringen, ohne einen scharfen Einbruch des Wachstums. Diese Verlangsamung, im Prinzip die befürchtete harte Landung, ist eine Ereignis, auf das weder die Kommunisten noch die Welt insgesamt vorbereitet sind.

Um die Herausforderung einer Umschichtung zu verstehen, muss man sich noch einmal die Sucht der Chinesen nach Infrastruktur ansehen. Hinweise auf überzogene Investitionen in China beschränken sich nicht auf Anekdoten über kolossale Bahnhöfe und leer stehende Städte. Der IWF führte eine strenge analytische Studie durch, in der die Kapitalinvestitionen Chinas mit denen von 36 Entwicklungsländern verglichen wurden, von denen 14 in Asien lagen. Man kam zum Ergebnis, dass die Investitionen in China viel zu hoch sind und auf Kosten der Haushaltseinkommen und des Konsums gehen: »Investitionen in China sind derzeit um etwa 10 Prozent des BIP höher, als die Fundamentaldaten es nahelegen.«[82]

Zudem ist es kein Geheimnis, wer für die nicht funktionierenden, überzogenen Investitionen verantwortlich ist. Die IWF-Studie deutet direkt auf die staatlich kontrollierten Banken und SOEs, das korrupte System und die Kreditvergabe innerhalb einer Vetternwirtschaft und Fehlinvestitionen hin, die überall in China sichtbar sind: »Unternehmen in Staatsbesitz (SOEs) werden tendenziell ständig beschuldigt ... weil ihre impliziten Kapitalkosten künstlich niedrig gehalten werden. ... Chinas Bankensystem neigt, was Kapital-Allokation betrifft, noch immer zu den SOEs.« Staatlich kontrollierte Banken lassen Unternehmen in Staatsbesitz billiges Geld zukommen. Diese verschwenden das Geld mit Überkapazitäten und dem Bau von Geisterstädten. Noch beunruhigender ist die Tatsache, dass Investitionen in Infrastruktur nicht nur eine Verschwendung, sondern auch auf Dauer nicht haltbar sind. Jeder investierte Dollar in China produziert weniger ökonomischen Output als der Dollar zuvor; die marginalen Renditen werden noch geringer. Wenn China seine BIP-Wachstumsraten in den kommenden Jahren aufrechterhalten will, werden die Investitionen letztlich bei weit über 60 Prozent des BIP liegen. Dieser Trend ist nicht nur ein Zugeständnis zwischen Konsum und Investitionen. Es ist ein klassisches Entwicklungsmodell, dass Haushalte ihren Konsum aufschieben, um Investitionen zu fördern, damit sie später mehr konsumieren können. Aber Chinas derzeitiges Investmentprogramm ist eine nicht funktionierende Version des gesunden Investmentmodells. Die Fehlinvestitionen in China stellen für die Wirtschaft einen belastenden Verlust dar, es wird also in Zukunft keine höheren Mittel für den Konsum geben. Mit diesem Modell zerstört China Wohlstand.

Die Haushalte müssen die Kosten dieser Fehlinvestitionen tragen, weil die Sparer auf ihre Bankguthaben eine unter dem Marktkurs liegende Rendite erhalten. So können die SOEs ebenfalls extrem niedrige Zinsen auf ihre Anleihen zahlen. Das Ergebnis ist ein Wohlstandstransfer von den Haushalten zu den Großunternehmen, den der IWF auf 4 Prozent des BIP schätzt, was 300 Milliarden Dollar pro Jahr entspricht. Das ist einer der Gründe der extrem ungleichen Einkommen in China. Daher steckt die chinesische Wirtschaft in einem Feedback-Zyklus. Die Eliten bestehen auf weiteren Investitionen, die zu geringen Auszahlungen führen, während die Haushaltseinkommen wegen des Wohlstandstransfers an eben diese Eliten zurückbleiben. Würde man das BIP um das Volumen der Fehlinvestitionen kürzen, dann wäre das chinesische Wachstumswunder schon jetzt im Zustand des Zusammenbruchs.

Dennoch steht der Kollaps bevor. Michael Pettis von der Universität Peking hat einige interessante Berechnungen durchgeführt, basierend auf dem Infrastruktur-Research des IWF. Zunächst bezweifelt Pettis die Schätzung des IWF, dass die überflüssigen Investitionen Chinas 10 Prozent des BIP betragen. Er legt dar, dass die Länder, die der IWF zum Vergleich herangezogen hat, um das korrekte Niveau der Investitionen einschätzen zu können, wohl auch ihrerseits überflüssige Investitionen getätigt haben. Folglich summieren sich die tatsächlichen Fehlinvestitionen in China auf mehr als 10 Prozent des BIP. Dennoch akzeptiert er die Schlussfolgerung des IWF, China müsse seine Investitionen um 10 Prozent des BIP reduzieren, und schreibt:

Geben wir ... China fünf Jahre Zeit, um die Investitionen von aktuell 50 auf 40 Prozent des BIP zurückzufahren. Dazu müssten die Investitionen in China weit langsamer wachsen als das BIP. Wie viel langsamer? ... Investitionen müssen um mindestens 4,5 Prozent weniger wachsen als das BIP, wenn dieses Ziel erreicht werden soll.[83]

Mit anderen Worten: Wenn das chinesische BIP um 7 Prozent wächst, müssen die Investitionen um 2,3 Prozent wachsen. Wenn China um 5 Prozent wächst, sind es 0,4 Prozent. Und wenn China um 3 Prozent wächst, ... müssen die Investitionen tatsächlich um 1,5 Prozent schrumpfen. ...

Die Schlussfolgerungen sollten klar sein ... Jede bedeutende Umschichtung in Chinas außergewöhnlicher Quote überflüssiger Investitionen ist nur sinnvoll, wenn es zu einer scharfen Reduzierung der Wachstumsrate von Investitionen oder sogar zu einem Rückgang kommt.

Der Vorschlag ist nicht neu, dass China seine Volkswirtschaft von Investitionen auf Konsum umstellen muss. Amerikanische und chinesische Politiker diskutieren dies seit Jahren. Die Implikation ist, dass diese Umstellung eine Verlangsamung des chinesischen Wachstums von den 7 Prozent in den letzten Jahren aus gerechnet bedeutet. Aber es könnte schon zu spät sein, diese Anpassungen problemlos durchzuführen; vielleicht ist der richtige Zeitpunkt schon vorbei.

Die Umstellung erfordert eine Kombination aus höheren Haushaltseinkommen und niedrigeren Sparquoten. Das daraus resultierende verfügbare Einkommen kann dann in Ausgaben für Güter und Dienstleistungen fließen. Höhere Zinsen tragen zu höheren Einkommen der Sparer und höheren Löhnen der Arbeiter bei. Der Nachteil höherer Zinsen und höherer Löhne sind niedrigere Unternehmensgewinne, die sich negativ auf die chinesischen Oligarchen auswirken. Diese Oligarchen üben politischen Druck aus, um die Zinsen und die Löhne niedrig zu halten. In den letzten zehn Jahren ist der auf Löhne bezogene Anteil am chinesischen BIP von 50 auf 40 Prozent gefallen. Zum Vergleich: In den USA liegt der Anteil recht konstant bei 55 Prozent. Die Konsumsituation ist sogar noch schlechter, als es die Durchschnittswerte besagen, denn die chinesischen Löhne werden durch die Großverdiener verfälscht, die eine geringere Konsumneigung haben.

Eine weitere Kraft, die mächtiger ist als die Finanz-Kriegsherren, steht dem Konsum im Weg. Diese Verzögerung des Konsums hat demografische

Ursachen. Jüngere Arbeiter und ältere Rentner neigen zum Konsum. Die Arbeitskräfte im mittleren Lebensalter besitzen die höchsten Ersparnisse, um sich später im Leben zusätzlichen Konsum leisten zu können. Der chinesische Arbeitsmarkt wird derzeit von diesen Menschen im mittleren Alter dominiert. Aus demografischen Gründen gibt es in China bis 2030 oder noch später hohe Sparquoten, unabhängig von der Politik und der Gier der Oligarchen.[84]

Auf Basis der Demografie war der Zeitraum von 2002 bis 2005 der ideale Zeitpunkt, um auf ein vom Konsum angetriebenes Wachstumsmodell umzustellen. Das war exakt der Moment, als das produktive Stadium des von Investitionen getriebenen Modells an Kraft verlor, und eine jüngere Demografie favorisierte höhere Ausgaben. Eine Kombination aus höheren Zinsen, um die Sparer zu belohnen, einem höheren Wechselkurs, um Importe zu fördern, und höheren Löhnen für Fabrikarbeiter, um die Ausgaben zu fördern, hätten den Konsum anregen und die Ressourcen von vergeudeten Investitionen wegleiten können. Stattdessen setzten sich die Oligarchen durch, die die Zinsen, die Wechselkurse und die Löhne unter das optimale Niveau drückten. Ein natürlicher demografischer Anschub des Konsums wurde so unterdrückt und vergeudet.

Selbst wenn China seine Politik heute verändern würde, was höchst zweifelhaft ist, steht es vor harten Bemühungen, weil die Bevölkerung im Durchschnitt ein Alter erreicht hat, in dem man lieber spart. Kurzfristig können keinerlei politische Maßnahmen diese demografischen Fakten verändern. Und daher ist Chinas schwacher Konsum quasi festgeschrieben.

Wenn man die Komponenten des BIP betrachtet, nähert sich China an vielen Fronten dem Zusammenbruch. Der Konsum leidet unter niedrigen Löhnen und hohen Sparquoten infolge der Demografie. Die Exporte leiden unter einem stärkeren chinesischen Yuan und an externen Bemühungen, den Dollar und den japanischen Yen zu schwächen. Die Investitionen leiden unter Fehlinvestments und immer niedriger werdenden Renditen. In dem Ausmaß, wie die Wirtschaft zeitweise durch hohe Investitionen aufgepäppelt wird, ist dies ein Trugbild, aufgebaut auf Treibsand und faulen Schulden. Der Wert vieler Investments in China ist so leer wie die Gebäude, die sie produzieren. Sogar die Profiteure dieser Fehlfunktion – die Finanz-Kriegsherren – sind wie Ratten, die durch Kapitalflucht ein sinkendes Schiff verlassen.

China könnte auf diese Notlagen durch die Erhöhung von Zinsen und Löhnen reagieren, doch diese Maßnahmen würden zwar den Menschen helfen, aber vielen SOEs den Bankrott bescheren, und die Finanz-Kriegsherren würden sie hartnäckig bekämpfen. Die einzige andere wirksame Lösung wäre eine Privatisierung im großen Stil, um unternehmerische Energie und Kreativität freizusetzen. Aber dieser Lösung würden sich nicht nur die Kriegsherren, sondern auch die Kommunistische Partei selbst widersetzen. Die Opposition gegen Privatisierungen liegt dort, wo die Interessen der Kriegsherren und die Überlebensinstinkte der Kommunisten konvergieren. Ein Wachstum von 4 Prozent ist vielleicht das Beste, was sich China in Zukunft erhoffen kann, und wenn die Finanz-Kriegsherren ihren Willen durchsetzen, werden die Ergebnisse noch viel schlechter sein. Ständige Subventionen für Fehlinvestitionen und Druck auf die Löhne werden die doppelte Krise von faulen Schulden und Ungleichheit der Einkommen noch verstärken und möglicherweise eine finanzielle Panik auslösen, die zu sozialen Unruhen, vielleicht sogar zu einer Revolution führen wird. Vielleicht sind Chinas Reserven nicht hoch genug, um die Flammen einer Finanzpanik zu löschen, denn der größte Teil dieser Reserven besteht aus Dollars und die Fed ist entschlossen, den Dollar durch Inflation abzuwerten. Chinas Reserven werden von der Fed ausgehöhlt, so wie seine Wirtschaft von den Kriegsherren ausgehöhlt wird. Es ist unklar, ob das chinesische Wachstumswunder mit einem Knall oder mit einem Jammern enden wird, aber jedenfalls wird es enden.

China ist nicht die einzige Nation, die ihre eigene Geschichte ignoriert. Zentralisierung führt zu Komplexität und ein enges Netzwerk reziproker Anpassungen ist der Kern komplexer Systeme. Ein kleiner Fehler in irgendeinem Teilbereich verbreitet sich schnell durch das ganze System und nichts kann die Feuersbrunst aufhalten. Die Kommunistische Partei sieht die Zentralisierung zwar als Quelle der Stärke, aber sie ist die bösartigste Form der Schwäche, weil sie blind macht für den bevorstehenden Zusammenbruch.

China ist den Finanz-Kriegsherren zum Opfer gefallen, die mit der einen Hand Ersparnisse plündern und sie mit der anderen Hand ins Ausland bringen. Die chinesische Wachstumsstory ist nicht vorbei, aber sie steht kurz vor dem Absturz. Noch schlimmer: Die Auswirkungen werden sich nicht auf China beschränken, sondern sich über die ganze Welt verbreiten. Das wird zu einem Zeitpunkt passieren, wenn das Wachstum in den USA, in Japan und

Europa bereits sehr gering ist oder sich sogar im Rückgang befindet. Wie in den 1930er-Jahren wird die Depression global sein und man wird sich nirgends vor ihr verstecken können.

Kapitel 5: Das neue Deutsche Reich

Aber ich will Ihnen noch etwas sagen ... Die EZB wird alles Erforderliche tun, um den Euro zu bewahren. Und es wird reichen, glauben Sie mir.
Mario Draghi, Präsident der Europäischen Zentralbank, Juli 2012

Wenn es keine Krise gibt, bewegt sich Europa nicht.
Wolfgang Schäuble, Deutscher Finanzminister, Dezember 2012

Das Erste Reich

Wer ungeniert das Auseinanderbrechen Europas und des Euro prophezeit, täte gut daran, zu verstehen, dass wir die Apotheose eines Projekts beobachten, das schon vor 1200 Jahren begonnen wurde. Ein langfristiger Blick auf die sich wiederholende Geschichte erklärt, warum der Euro die stärkste Währung der Welt ist. Heute wartet er auf seine Chance, was eine weitere Bedrohung der Dollarhegemonie bedeutet.

Europa war schon früher vereinigt. Nicht ganz Europa im geografischen Sinn, aber genug, um eine definierte europäische Politik zu konstituieren – im Gegensatz zu einer Stadt, einem Königreich oder einem Land in dem Gebiet, das man Europa nennt. Diese Einheit entstand im Frankenreich Karls des Großen zu Beginn des 9. Jahrhunderts. Die Ähnlichkeiten zwischen dem Reich Karls des Großen und dem Europa des 21. Jahrhunderts sind verblüffend und lehrreich für diejenigen, vor allem in den USA, die Probleme damit haben, die heutige Dynamik in Europa zu verstehen.

Während sich viele auf die Unterschiede, Nationalitäten und verschiedenen Kulturen innerhalb Europas konzentrieren, setzt eine kleine Gruppe von politischen Führern, unterstützt von ihren Bürgern, das Werk der Vereinigung Europas fort, das in der Asche des Zweiten Weltkriegs begann. »Vereinigt in der Vielfalt« ist das offizielle Motto der Europäischen Union. Und das Wort *vereinigt* wird von den Kritikern und Skeptikern eines Projekts, das sich nun im achten Jahrzehnt befindet, am häufigsten übersehen. Die Märkte sind mächtig, aber die Politik ist noch mächtiger und das zeigt sich allmählich immer deutlicher an den Börsen in London, New York und Tokio. Europa und seine Währung, der Euro, werden von Dauer sein.

Karl der Große, im späten 8. und im frühen 9. Jahrhundert der christliche Nachfolger der römischen Kaiser, war der erste Kaiser im Westen nach dem Untergang des Römischen Reichs 476 n. Chr. Das Römische Reich war eigentlich kein europäisches, sondern ein Mittelmeerreich, obwohl es sich vom römischen Kernland bis zu den Provinzen im heutigen Spanien, Frankreich und sogar England erstreckte. Karl der Große war der erste Kaiser, dessen Reich Teile des heutigen Deutschlands, der Niederlande und Tschechiens sowie die früheren römischen Provinzen und Italien umfasste und eine Einheit entlang geografischer Linien bildete, die dem modernen Westeuropa ähneln. Päpste wie Laien nennen Karl den Großen *Pater Europae*, also Vater Europas.

Er war mehr als ein König und Eroberer, obwohl er beides war. Er schätzte Literatur und Gelehrsamkeit ebenso wie die Künste und schuf in Aachen einen Hof mit den klügsten Köpfen des Mittelalters wie dem heiligen Alcuin von York, den Karls Zeitgenosse und Biograf Einhard als »gelehrtesten aller Männer«[85] beschrieb. Die Leitungen Karls und seines Hofs in den Bereichen Bildung, Kunst und Architektur schufen das, was Historiker die karolingische Renaissance nennen; ein Ausbruch von Licht, der ein langes, dunkles Zeitalter beendete. Sehr wichtig war, dass Karl die Bedeutung der Gleichförmigkeit in seinem ganzen Reich für das Funktionieren von Verwaltung, Administration, Kommunikation und Handel verstand. Er förderte die karolingische Minuskelschrift, die viele Schreibformen ersetzte, die sich in verschiedenen Teilen Europas entwickelt hatten, und setzte Verwaltungs- und Militärreformen durch, um die verschiedenen Kulturen, die er erobert hatte, zu einem zusammenhängenden Reich zu verbinden.

Karl gab seiner Neigung zur Uniformität aber nur bis zu dem Punkt nach, der für Stabilität erforderlich war. Er war für Diversität, wenn sie seinen übergeordneten Zielen bezüglich Bildung und Religion zuträglich war. Er förderte die Anwendung von Landessprachen und germanischer Sprachen durch Priester. Diese Praxis wurde später von der katholischen Kirche aufgegeben (und verspätet vom Zweiten Vatikanischen Konzil 1965 wiederbelebt). Er akzeptierte Vasallentum bei besiegten Feinden, statt deren Kulturen und Institutionen zu zerstören. In dieser Hinsicht förderte er eine Politik, die die Europäische Union heute *Subsidiarität* nennt: die Idee, dass einförmige Regulierung nur auf Gebieten angewendet werden sollte, wo sie nötig ist, um effiziente Politik für die übergeordneten Ziele zu erreichen; ansonsten sollten lokale Bräuche und Praktiken den Vorzug erhalten.

Karls monetäre Reformen sind der Europäischen Zentralbank wohlvertraut. Vor Karl dem Großen war die europäische Standard-Münzeinheit der goldene *Sou*, abgeleitet vom *solidus*, einer byzantinisch-römischen Münze, die Kaiser Konstantin I. 312 n. Chr. einführte. Seit alten Zeiten war Gold vom oberen Nil und aus Anatolien ins Römische Reich geliefert worden. Der Aufstieg des Islam im 7. Jahrhundert und Gebietsverluste ans Byzantinische Reich schnitten jedoch die Handelsrouten zwischen dem Osten und dem Westen ab. Das führte zu einem Goldmangel und angespannten monetären Bedingungen in Karls westlichem Reich. Er führte eine frühe Form des *Quantitative Easing* durch, indem er einen Silberstandard einführte, denn im Westen gab es weitaus mehr Silber als Gold. Zudem führte er als Geld- und Gewichtsmaß eine Einheitswährung ein, *Livre carolinienne*, was einem Pfund Silber entsprach. Die Münze des Reichs war der *Denire*, der einem Zwanzigstel eines *Sou* entsprach. Durch die gesteigerte Geldmenge und die standardisierten Münzen, neben anderen Reformen, blühten Handel und Kommerz im Fränkischen Reich auf.

Karls Reich hatte nach seinem Tod 814 nur 74 Jahre Bestand. Zunächst wurde das Reich in drei Teile aufgespalten, die jeweils einem von Karls Söhnen zugesprochen wurden, aber eine Kombination aus frühen Todesfällen, illegitimen Erben, Bruderkriegen und gescheiterter Diplomatie führten zu einem langen Niedergang und schließlich 887 zur Auflösung. Die politischen Grundlagen des modernen Frankreichs und Deutschlands waren dennoch gelegt. Das Erbe des *Frankenreichs* lebte weiter, bis es mit der Erschaffung des Heiligen Römischen Reichs und der Kaiserkrönung Ottos I. 962 eine neue Form annahm. Dieses Reich, das Erste Reich, überdauerte acht Jahrhunderte, bis es 1806 von Napoleon aufgelöst wurde. Durch die Wiederbelebung der römischen politischen Einheit und die Förderung der Künste und Wissenschaften waren Karl der Große und sein Reich die wichtigste Brücke zwischen dem antiken Rom und dem modernen Europa.

Trotz der Institutionen des Heiligen Römischen Reichs kann man das Jahrtausend nach Karl dem Großen größtenteils als Zeitalter der Plünderungen, der Kriege und Eroberungen sehen, wobei es immer wieder zu ethnischen und religiös motivierten Gemetzeln kam. Die Jahrhunderte zwischen 900 und 1100 waren von Raubzügen und Invasionen gekennzeichnet, angeführt von den Wikingern und ihren normannischen Nachfahren. Der Zeitraum von 1100 bis 1300 wurde von den Kreuzzügen und Kriegen zwischen Rittern in Europa geprägt. Im 14. Jahrhundert gab es die Pest, die ein Drittel oder sogar die Hälfte der europäischen Bevölkerung auslöschte. Die Epoche, die mit der Gegenreformation 1545 begann, war besonders blutig. Religiöse Konflikte zwischen Protestanten und Katholiken verwandelten sich während der Französischen Religionskriege von 1562 bis 1598 in Gewalt und kulminierten im Dreißigjährigen Krieg (1618–1648), einem europaweiten frühen Beispiel des modernen totalen Kriegs, in dem nicht nur Armeen vernichtet wurden, sondern auch Zivilisten und nichtmilitärische Ziele.

Das Leid und die Inhumanität dieser Jahrhunderte fasst die folgende Beschreibung der Belagerung von Sancerre 1572 zusammen. Die verhungernden Einwohner von Sancerre aßen nacheinander ihre Esel, Maultiere, Pferde, Katzen und Hunde. Dann aßen sie Leder, Felle und auf Pergament gedruckte Dokumente. Lauro Martines zitiert den zeitgenössischen Schriftsteller Jean de Léry und beschreibt, was danach kam.

> Der letzte Schritt war Kannibalismus. ... Léry ... stellt dann fest, dass die Bewohner von Sancerre dieses ungeheuerliche Verbrechen innerhalb ihrer Stadtmauern sahen. Denn am 21. Juli wurde entdeckt und bestätigt, dass der Winzer Simon Potard, seine Frau Eugene und eine alte Frau, die bei ihnen lebte ... den Kopf, das Hirn, die Leber und die Eingeweide ihrer etwa drei Jahre alten Tochter gegessen hatten.«[86]

Auf dieses Blutvergießen folgten die Kriege Ludwigs des XIV., die von 1667 bis 1714 geführt wurden und mit denen der König eine explizite Eroberungspolitik verfolgte, die darauf abzielte, Frankreich wieder mit Territorien zu vereinigen, die früher von Karl dem Großen regiert wurden.

Das Gemetzel in Europa setzte sich mit dem Siebenjährigen Krieg (1754–1763), den napoleonischen Kriegen (1803–1815), dem Krieg zwischen Frankreich und Preußen (1870/71), dem Ersten Weltkrieg, dem Zweiten Weltkrieg und dem Holocaust fort. 1946 war Europa spirituell und materiell erschöpft und blickte mit Abscheu zurück auf die bitteren Früchte des Nationalismus, des Chauvinismus, der religiösen Trennung und des Antisemitismus.

Frankreich war in jeden einzelnen dieser Kriege verwickelt; der Krieg zwischen Frankreich und Preußen war der Kern der drei letzten, 1870, 1914 und 1939. Sie alle ereigneten sich innerhalb von 70 Jahren, also eines Menschenalters. Nach dem Zweiten Weltkrieg, als das Vereinigte Königreich mit dem Niedergang seines Empires zu kämpfen hatte und in Form des Eisernen Vorhangs und des Kalten Kriegs eine Konfrontation zwischen den USA und der UdSSR entstand, stellten Staatsmänner, Ökonomen und Intellektuelle auf dem Kontinent die zentrale Frage, wie man einen weiteren Krieg zwischen Frankreich und Deutschland vermeiden könnte.

Das neue Europa

Einen ersten Schritt hin zu einem vereinten Europa gab es 1948 mit dem Kongress von Den Haag. Dabei gab es eine breite Diskussion zwischen intellektuellen Profis aus der Praxis und Politikern über die Möglichkeit einer politischen und ökonomischen Union in Europa. Zu den Teilnehmern gehörten auch Winston Churchill, François Mitterand und Konrad Adenauer. Es folgte 1949 die Gründung des College of Europe, einer Elite-Universität für Doktoranden, gedacht zur Förderung der Solidarität unter den westeuropäischen Nationen und zur Ausbildung von Experten, die diese Mission umsetzen sollten. Hinter beiden Projekten standen die Staatsmänner Paul-Henri Spaak, Robert Schuman, Jean Monnet und Alcide de Gasperi.

Die große Erkenntnis dieser Führer war, dass ökonomische Integration zu politischer Integration führen und Kriege damit obsolet, wenn nicht gar unmöglich machen würde.

Der erste konkrete Schritt zur ökonomischen Integration war die Europäische Montanunion, die 1952 gegründet wurde. Die sechs ursprünglichen Mitglieder waren Frankreich, Westdeutschland, Italien, Belgien, Luxemburg und die Niederlande. Es handelte sich dabei um einen gemeinsamen Markt für Kohle und Stahl, damals zwei der bedeutendsten Branchen in Europa. 1957 folgte die Europäische Atomenergiegemeinschaft (Euratom). Sie sollte die Nuklearenergie in Europa entwickeln. Dann wurde die Europäische Wirtschaftsgemeinschaft (EWG) gegründet, geschaffen durch die Römischen Verträge, um in Europa einen gemeinsamen Markt für andere Güter als Kohle und Stahl zu entwickeln.

1967 schlossen sich die drei genannten Organisationen zur Europäischen Gemeinschaft (EG) zusammen. 1992 erklärte der Vertrag von Maastricht die EG zu einer der »drei Säulen« einer neuen Europäischen Union (EU), neben der Zusammenarbeit von Polizei und Justiz und einer gemeinsamen Außen- und Sicherheitspolitik, die die neue EU im Rest der Welt repräsentieren sollte. 2009 wurden mit dem Vertrag von Lissabon diese drei Säulen zur legalen Einheit der Europäischen Union verschmolzen und ein Europäischer Ratspräsident ernannt, der allgemeine Ziele und politische Maßnahmen dirigieren sollte.

Neben dieser ökonomischen und politischen Integration gab es ein ebenso ehrgeiziges Projekt zur monetären Integration. Kern der Währungsunion ist die Europäische Zentralbank (EZB), geplant schon 1992 in den Verträgen von Maastricht und 1998 durch den Vertrag von Amsterdam gegründet. Die EZB gibt den Euro heraus, der die gemeinsame Währung der 18 Mitgliedsstaaten der Eurozone ist. Die EZB führt ihre Geldpolitik mit dem einzigen Mandat durch, die Preisstabilität in der Eurozone zu sichern. Der Euro wird auch an Devisenmärkten gehandelt, wo sein relativer Wert gegenüber anderen Währungen ermittelt wird. Die EZB verwaltet die Fremdwährungsreserven der 18 nationalen Zentralbanken in der Eurozone und eine Zahlungsplattform zwischen diesen Banken mit der Bezeichnung TARGET2.

Der Euro ist derzeit das greifbarste und sichtbarste Symbol Europas. Er wird von Hunderten Millionen Europäern jeden Tag gehalten, umgetauscht, verdient oder gespart. Und er ist die Basis von Transaktionen im Umfang von Billionen Euro, die auf der ganzen Welt von Millionen Menschen durchgeführt werden. Ende 2014 wird die EZB ihr neues Hauptquartier im Osten von Frankfurt beziehen, fast 200 Meter hoch. Das Gebäude ist ein Symbol für die Dauerhaftigkeit und Bedeutung der EZB und des Euro.

Viele Börsenanalysten, vor allem Amerikaner, nähern sich Europa und dem Euro mit der Sichtweise der Theorie vom effizienten Markt und standardisierten Finanzmodellen – aber mit einem äußerst unzulänglichen Geschichtsverständnis. Die strukturellen Probleme in Europa sind real genug und die Analysten stellen sie mit Recht in den Vordergrund. Vorschnelle Lösungen von Leuten wie den Nobelpreisträgern Paul Krugman und Joseph Stiglitz – dass Nationen wie Spanien und Griechenland die Eurozone verlassen, zu ihren früheren Währungen zurückkehren und abwerten sollten, um ihre Wettbewerbsfähigkeit bei Exporten zu steigern – ignorieren, wie diese Länder überhaupt zum Euro gekommen sind. Italiener wissen nur zu gut, dass die ständige Abwertung ihrer Währung in der Vergangenheit eine Art staatlich abgesegneter Diebstahl an den Sparern und kleinen Firmen zugunsten der Banken und der gut informierten Eliten war. Diebstahl durch Abwertung ist das technokratische Äquivalent zum Diebstahl durch Plünderung und Krieg, den die Europäer mit dem gesamten europäischen Projekt ausmerzen wollten. Die Europäer sehen, dass es zur Erreichung von Wettbewerbsfähigkeit weit bessere Instrumente gibt als Abwertung. Die Stärke dieser Vision wird durch die Tatsache unterstrichen, dass pro-europäische Kräfte bei jeder demokratischen Wahl und bei jedem Referendum gewonnen haben und die Einstellung zugunsten der europäischen Idee die Ergebnisse von Wahlen und Umfragen dominiert.

Die kluge Uniformitätspolitik Karls des Großen existiert zusammen mit der Kontinuität lokaler Bräuche im Subsidiaritätsprinzip der EU weiter. Das aktuelle Motto der EU, »Vereinigt in Diversität«, hätte auch Karls Motto sein können.

Von Bretton Woods nach Peking

Das Europrojekt ist ein Teil des breiter angelegten internationalen Währungssystems, das seinerseits beträchtlichen Belastungen und periodischen Reformen ausgesetzt ist. Seit dem Zweiten Weltkrieg hat das System mehrere Phasen durchlaufen: Bretton Woods, die Vereinbarungen von Washington und von Peking. Alle drei Phasen sind Kurzbezeichnungen für gemeinsame Verhaltensnormen im internationalen Finanzwesen, auch bekannt als *Spielregeln*.

Zu den Vereinbarungen von Washington kam es nach dem Zusammenbruch des Systems von Bretton Woods in den späten 1970er-Jahren. Das internationale Währungssystem wurde zwischen 1980 und 1983 gerettet, als Paul Volcker die Leitzinsen erhöhte und Ronald Reagan die Steuern senkte. Zusammen schufen sie die Politik des gesunden Dollars oder von König Dollar. Die Kombination aus höheren Zinsen, niedrigeren Steuern und weniger Regulierung machte die USA zu einem Magneten für Ersparnisse aus der ganzen Welt und rettete damit den Dollar. 1985 war der Dollar so stark, dass im New Yorker Plaza Hotel eine Konferenz abgehalten wurde, um seinen Wert zu reduzieren. Darauf folgte eine weitere internationale Währungskonferenz 1987 im Louvre in Paris, die die Wechselkurse informell stabilisierte. Die Plaza- und die Louvre-Vereinbarungen zementierten den Dollarstandard, aber das internationale Währungssystem hatte immer noch kein zusammenhängendes Set von Grundsätzen gefunden.

1989 lieferte der Ökonom John Williamson die fehlende intellektuelle Verbindung für den neuen Dollarstandard. In seiner bedeutenden Veröffentlichung »What Washington Means by Policy Reform« verordnete Williamson den »Konsens von Washington« für gutes Verhalten anderer Länder in der neuen Welt des Dollarstandards. Gleich zu Beginn machte er seine Meinung deutlich:

Kein Statement über den Umgang mit der Schuldenkrise ... wäre vollständig ohne einen Appell an die Schuldner, ihren Teil der Vereinbarung zu erfüllen, indem sie »ihre Häuser in Ordnung bringen«, »politische Reformen auf den Weg bringen« oder »sich starken Vorbehalten beugen«. In dieser Arbeit wird die Frage gestellt, was solche Aussagen bedeuten, und vor allem, wie ihre Bedeutung in Washington allgemein interpretiert wird.[87]

Das Washington in dieser Arbeit ist sowohl das politische Washington des Kongresses ... und der Administration als auch das technokratische Washington der internationalen Finanzinstitutionen, der Wirtschaftsagenturen der US-Regierung, der Verwaltung der Fed und der Think Tanks.

Ein unverblümteres Statement für eine globale Dollarhegemonie, ausgehend von Washington, D. C., kann man sich kaum vorstellen. Das Fehlen jeglicher Hinweise auf andere Staaten als die USA und auf Institutionen, die nicht von den USA kontrolliert werden, spricht für den Zustand der internationalen Finanzen 1989 und in den folgenden Jahren.

Dann beschrieb Williamson, was Washington damit meinte, dass Schuldner »ihre Häuser in Ordnung bringen« sollten. Er zählte zehn politische Maßnahmen auf, aus denen sich die Vereinbarungen von Washington zusammensetzten. Zu diesen Maßnahmen gehörten Selbstverständlichkeiten wie fiskalische Disziplin, die Abschaffung verschwenderischer Subventionen, niedrigere Steuern, positive Realzinsen, Offenheit für ausländische Investitionen, Deregulierung und Schutz von Eigentumsrechten. Es blieb nicht unbemerkt, dass diese Politik den Kapitalismus des freien Markts favorisierte und die Expansion amerikanischer Banken und Unternehmer förderte.

Kurz nach der Jahrtausendwende waren die Vereinbarungen von Washington wegen des Aufstiegs der Volkswirtschaften der aufstrebenden Staaten ramponiert, die glaubten, die Dollarhegemonie bevorzuge die USA – und zwar auf ihre Kosten. Diese Sichtweise wurde durch die Reaktion des IWF auf die Finanzkrise in Asien 1997/98 verdeutlicht: Die mit Entbehrungen verbundenen IWF-Pläne führten in Jakarta und Seoul zu Unruhen und Blutvergießen.

Washington hielt sich nicht mehr an seine eigenen fiskalischen Rezepte. Dies und die Beschleunigung des Wirtschaftswachstums in Asien nach 1999 führte zu den Vereinbarungen von Peking als politische Alternative zum Konsens von Washington. Dem Autor Joshua Cooper Ramo wird die Verbreitung des Ausdrucks *Peking-Konsens* zugeschrieben, weil er 2004 einen grundlegenden Artikel zum Thema veröffentlichte. Ramos Analyse ist zwar originell und provokativ, aber er gibt auch freimütig zu, dass die Definition des Peking-Konsenses strukturlos ist: »Der Peking-Konsens ... ist so flexibel, dass man ihn kaum als Doktrin einordnen kann.«[88]

Trotz der zahlreichen ökonomischen Elemente, die dem Peking-Konsens beigemischt wurden, war Ramos wichtigster analytischer Beitrag die Erkenntnis, dass das neue ökonomische Paradigma nicht nur die Wirtschaft betraf, sondern fundamental geopolitisch ausgerichtet war. Der allgegenwärtige John

Williamson bezog sich auf Ramo, als er die fünf Säulen des Peking-Konsenses als stufenweise Reformen, Innovation, vom Export getriebenes Wachstum, Staatskapitalismus und Autoritarismus definierte.[89]

Aus der Sichtweise Chinas ist dieser Konsens eine kuriose Mischung aus anglo-holländischem Merkantilismus des 17. Jahrhunderts und Alexander Hamiltons Entwicklungspolitik der amerikanischen Denkschule aus dem 18. Jahrhundert. Nach der Interpretation der Kommunistischen Partei Chinas besteht er aus Schutz für die einheimische Industrie, von Export bestimmtem Wachstum und der Akkumulation massiver Währungsreserven.

Kaum hatten die Intellektuellen unter den Ökonomen den Konsens definiert, da begann er, wegen interner Widersprüche und Abweichungen vom ursprünglichen merkantilistischen Modell auch schon zusammenzubrechen. China folgte Hamiltons Empfehlung, entstehende Industrien durch Protektionismus zu stützen, aber es missachtete seinen Rat, die Konkurrenz im Inland zu fördern. Hamilton wandte Protektionismus an, um neuen Industrien Zeit zu geben, sich zu etablieren, aber er vertraute auf den Wettbewerb, um sie erstarken zu lassen, damit sie sich irgendwann im internationalen Handel behaupten konnten. Im Gegensatz dazu verhätschelten die chinesischen Eliten ihre »nationalen Champions«, die meistens ohne staatliche Subventionen nicht wettbewerbsfähig waren. 2012 waren die Fehler und Grenzen des Peking-Konsenses deutlich zu sehen, obwohl diese Maßnahmen noch immer in hohem Maß zum Einsatz kamen.

Die Vereinbarungen von Berlin

2012 entstand aus der Asche der globalen Finanzkrise von 2008 und der europäischen Schuldenkrise ein neuer Konsens in Berlin. Er hat nicht den Anspruch, ein ökonomisches Wachstumsmodell für alle denkbaren Situationen zu sein. Vielmehr ist er sehr spezifisch auf Europa und die sich entwickelnden Institutionen der EU und der Eurozone zugeschnitten. Insbesondere beinhaltet er die Anwendung des erfolgreichen deutschen Modells auf die Nachbarländer durch die Vermittlung Brüssels und der EZB. Die deutsche Kanzlerin Angela Merkel hat ihre Bemühungen unter dem Motto »Mehr Europa« zusammengefasst, aber eigentlich muss man sagen, dass es dabei um mehr Deutschland geht. Man kann den Konsens von Berlin nicht ohne strukturelle Anpassungen umsetzen, die das Ziel haben, die Peripheriestaaten aufnahmefähiger und passender für das deutsche Modell zu machen.

Der Berliner Konsens, erdacht in Deutschland und angewendet auf die Eurozone, besteht aus sieben Säulen:

➤ Förderung der Exporte durch Innovation und Technologie

➤ Niedrige Unternehmenssteuern

➤ Niedrige Inflation

➤ Investitionen in produktive Infrastruktur

➤ Gute Zusammenarbeit zwischen Management und Arbeitnehmern

➤ Global wettbewerbsfähige Produktionskosten und Mobilität der Arbeitskräfte

➤ Ein positives Geschäftsklima

Jede dieser sieben Säulen impliziert politische Maßnahmen zur Förderung bestimmter Ziele und dauerhaften Wachstums. Diese Maßnahmen setzen wiederum bestimmte monetäre Arrangements voraus. Der Kern des Konsenses von Berlin ist die Erkenntnis, dass nicht Kredite und Konsum, sondern Ersparnisse und Handel der beste Weg zum Wachstum sind.

Wenn man die Elemente des Berliner Konsenses einzeln betrachtet, beginnt man mit der Betonung von *Innovation und Technologie* als Schlüssel für einen robusten Exportsektor. Deutsche Unternehmen wie SAP, Siemens, Volkswagen, Daimler und viele andere sind Beispiele für diese Ethik. Die World Intellectual Property Organization (WIPO) berichtet, dass 2012 sechs der zehn wichtigsten Antragsteller auf internationalen Handelsmarkenschutz Mitglieder der EU waren. Von 182 112 Anträgen auf Patentschutz kamen 2011 27,5 Prozent aus der EU, 26,8 Prozent aus den USA und 9,0 Prozent aus China.[90] Die Leistungen bei universitärer Ausbildung, Grundlagenforschung und geistigem Eigentum liegen nun gleichauf mit denen der USA und weit vor China.

Geistiges Eigentum treibt Wirtschaftswachstum nur insoweit an, als es zur Erschaffung höherwertiger Produkte eingesetzt werden kann. Ein Schlüsselfaktor für die Fähigkeit von Firmen, ihre Produktivität durch Innovationen anzutreiben, sind *niedrige Unternehmensteuern*. Die gesetzlichen Steuern bieten keine eindeutige Orientierung, denn wegen Abzügen, Krediten und Abschreibungsmöglichkeiten können sie höher sein als die tatsächlich gezahlten Steuern. Dennoch sind sie ein guter Ausgangspunkt für eine Analyse. Auch hier fällt Europa positiv auf. Im Schnitt betragen die Unternehmensteuern in Europa 20,67 Prozent, verglichen mit 40 Prozent in den USA und 25 Prozent in China, wenn man die lokalen Einkommensteuern und die staatlichen Steuern addiert.[91] Die Unternehmen in Europa werden vorwiegend auf staatlicher Basis besteuert. Das bedeutet, dass Steuern in einem Gastgeberland nur auf das dort erzielte Einkommen erhoben werden. Das hebt sich vorteilhaft vom System der globalen Besteuerung in den USA ab. Dort zahlen US-Unternehmen auf ausländische ebenso wie auf inländische Gewinne Steuern.

Die EU und die USA haben es beide geschafft, die *Inflation* in den vergangenen Jahren *niedrig* zu halten. Aber Europa ist dies mit wesentlich weniger Gelddrucken und Manipulationen der Renditekurve gelungen. Das bedeutet, dass das Potenzial zukünftiger Inflation auf Basis der Geldfluktuation geringer ist. Im Gegensatz dazu gab es in China ständig ein Inflationsproblem wegen der Bemühungen, das frisch gedruckte Geld der Fed aufzusaugen, um den Wechselkurs zwischen dem Yuan und dem Dollar zu stabilisieren. Von den drei größten Wirtschaftszonen hat die EU die beste Inflationsbilanz, sowohl was die jüngsten Erfahrungen als auch was die Zukunftserwartungen betrifft.

Die Infrastrukturinvestitionen der EU führten zu höherer Qualität und zu produktiveren Investitionen als in den USA oder China. Da große Infrastrukturprojekte in Europa meist grenzüberschreitende Zusammenarbeit erfordern, sind sie in der Regel rationaler und weniger politischem Druck unterworfen. Ein bekanntes Beispiel ist der Gotthard-Basistunnel, der 2017 eröffnet werden soll. Er wird 57 Kilometer weit unter den Schweizer Alpen entlangführen, die ihn um mehr als 3000 Meter überragen. Der Tunnel wird der längste der

Welt sein und wurde mit Recht mit dem Panamakanal und dem Suezkanal als welthistorische Leistung verglichen, was die Fortschritte der Transportinfrastruktur zum Nutzen von Handel und Kommerz betrifft. Obwohl der Gotthard-Basistunnel vollständig in der Schweiz liegt, ist er eine wichtige Verbindung in einem europaweiten Hochgeschwindigkeits-Eisenbahntransportnetz.

Für die Passagiere verkürzt der Tunnel die Reise von Mailand nach Zürich um eine Stunde auf zwei Stunden und 40 Minuten. Die Frachtkapazitäten werden um 250 Prozent von derzeit 20 auf etwa 50 Millionen Tonnen steigen.[92] Der Gotthard-Basistunnel wird mit Dutzenden Hochgeschwindigkeitsstrecken verbunden, koordiniert vom Transeuropäischen Hochgeschwindigkeits-Schienennetzwerk TEN-R. Diese und viele andere europäische Infrastrukturprojekte sehen, was die langfristige Rendite betrifft, gut aus, wenn man sie mit den chinesischen Geisterstädten und verschwendeten Projekten in den USA vergleicht, zum Beispiel mit dem Solarzellenhersteller Solyndra und dem Elektroautohersteller Fisker, die beide Insolvenz anmelden mussten.

Das deutsche Modell der Koordination zwischen Personal und Management, die sogenannte *Mitbestimmung*, gibt es seit dem Ende des Zweiten Weltkriegs. 1976 wurde sie wesentlich erweitert durch die Regelung, dass die Vertreter der Angestellten in jedem Unternehmen mit mehr als 500 Mitarbeitern Sitze im Aufsichtsrat erhalten. Die Mitbestimmung ersetzt keine Gewerkschaften, ergänzt sie aber durch das geregelte und kontinuierliche Mitspracherecht der Arbeiter bei Unternehmensentscheidungen, zusätzlich zum sporadischen und oft störenden Prozess kollektiver Verhandlungen und gelegentlicher Streiks. Das deutsche Modell ist einzigartig und vielleicht nicht von den anderen EU-Mitgliedern kopierbar. Bedeutsam am Mitspracherecht in Europa ist nicht das genaue Modell, sondern das Beispiel, das es setzt, was die Verbesserung der Produktivität und Wettbewerbsfähigkeit der Unternehmen betrifft. Das deutsche Modell hebt sich positiv vom chinesischen ab, wo Arbeiter kaum Rechte haben, und auch von den USA, wo zwischen Management und Angestellten eher ein gegnerisches als ein kooperatives Verhältnis besteht.

Von den Säulen des Berliner Konsenses am schwierigsten in der ganzen EU umzusetzen, vor allem in den Peripherieländern, ist die der effizienten Arbeit einschließlich *niedrigerer Arbeitskosten je Produkteinheit*. Hier erzwingt man interne Anpassungen durch niedrigere Nominalkosten in Euro, nicht durch externe Anpassung durch Abwertung des Euro oder seinen Ersatz durch Lokalwährungen in Ländern wie Griechenland oder Spanien. Keynes-Anhänger haben argumentiert, Gehälter seien »klebrig« und reagierten nicht auf die normalen Kräfte von Angebot und Nachfrage, Paul Krugman formuliert die konventionelle keynesianische Sichtweise so:

Wenn es wirklich einen großen Überschuss an Arbeitskräften gäbe, sollten wir dann nicht sinkende Löhne sehen?

Und die Antwort ist nein – die Löhne (und viele Preise) verhalten sich nicht so. Die Frage nach den Ursachen ist interessant ... aber es ist einfach eine Tatsache, dass tatsächliche Lohnkürzungen nur selten und unter großem Druck geschehen ...

Es gibt also keinen Grund, anzunehmen, dass Lohnsenkungen hilfreich sein könnten.[93]

Wie ein großer Teil des Keynesianismus trifft diese Analyse höchstens auf den Spezialfall einer stark organisierten Arbeiterschaft in abgeschlossenen Märkten zu, nicht aber auf eine weniger organisierte Arbeiterschaft in offeneren Märkten. In Bezug auf Europa vergisst Keynes den wichtigsten Punkt. Die Betonung klebriger Löhne und Lohnkürzungen setzt voraus, dass die betreffenden Arbeiter überhaupt schon einen Job haben oder hatten. In Spanien, Italien, Griechenland, Portugal, Frankreich und anderswo hatten viele gut ausgebildete Jugendliche noch nie einen Job. Dieser Arbeitspool hat keine fest verankerten Vorstellungen, wie viel jemand verdienen sollte. Jeder Job mit anständigen Arbeitsbedingungen, Ausbildung und Aufstiegschancen ist attraktiv, selbst zu Löhnen, die eine ältere Generation vielleicht abgelehnt hätte.

Der zweite Teil dieser Säule des Konsenses von Berlin ist die *Mobilität der Arbeitskräfte*. Schon 1961 betonte Robert Mundell ihre Bedeutung für ein Gebiet mit gemeinsamer Währung in seinem maßgebenden Artikel »A Theory of Optimum Currency Areas«.

In einem Währungsgebiet, das aus vielen Regionen mit einer gemeinsamen Währung besteht, wird das Tempo der Inflation durch den Willen der zentralen Behörden bestimmt, in Defizitregionen Arbeitslosigkeit zuzulassen. ... Arbeitslosigkeit könnte vermieden werden, ... wenn sich die Zentralbanken darauf einigen, dass die Last der internationalen Anpassungen den Überschussländern zufallen sollte, die dann inflationieren würden, bis die Arbeitslosigkeit in den Defizitländern eliminiert ist ... Ein Währungsgebiet ... kann nicht gleichzeitig Arbeitslosigkeit und Inflation in seinen Mitgliedsländern verhindern.[94]

Obwohl dieser Artikel fast 40 Jahre vor dem Start des Euro geschrieben wurde, sind die Implikationen für die Eurozone immer noch gültig. Wenn das Handelsumfeld sich zum Nachteil der Peripherie und zum Vorteil Deutschlands verändert, wird es entweder Arbeitslosigkeit in der Peripherie, Inflation in Deutschland oder eine Kombination aus beiden geben. Da Deutschland indirekt die EZB kontrolliert und bisher nicht bereit war, Inflation zu tolerieren, ist steigende Arbeitslosigkeit in der Peripherie unvermeidbar.

Mundell wies allerdings darauf hin, dass die Lösung dieses Problems in einer höheren, grenzübergreifenden Mobilität von Kapital und Arbeitskräften besteht. Man könnte das Problem der Arbeitslosigkeit auch ohne Inflation lösen, wenn man Kapital von Deutschland nach Spanien verlagert, um das reiche Angebot von Arbeitskraft zu nutzen, und Arbeitskräfte von Spanien nach Deutschland ziehen, um vom reichlich vorhandenen Kapital in Form von Fabriken und deren Ausstattung zu profitieren. EU-Richtlinien und der Euro haben für eine höhere Mobilität des Kapitals schon viel geleistet. Was die Mobilität von Arbeitskräften betrifft, hinkte Europa dem Rest der entwickelten Welt hinterher, teilweise wegen der sprachlichen und kulturellen Unterschiede zwischen den einzelnen Ländern. Dieses Problem ist weitgehend bekannt, und weil Schritte unternommen werden, um die Mobilität der Arbeitskräfte innerhalb der EU zu fördern, sind die Wachstumsaussichten besser, als viele Beobachter glauben.[95]

Das bringt die Analyse zum letzten Element des Konsenses von Berlin – *ein positives Geschäftsklima*. Was Ökonomen Regime-Unsicherheit nennen, ist ein wesentlicher Unterschied zwischen langen, anämischen und kurzen, scharfen Depressionen. Geldpolitik und politische Unsicherheit kann eine Wirtschaft negativ beeinflussen. Das konnte man in den USA während der Großen Depression von 1929 bis 1940 und dann erneut in der Depression sehen, die

2007 begann. Aber die Politik kann eine Wirtschaft nicht verbessern, wenn die Unternehmen kein Kapital investieren und mit diesen Investitionen verbundene neue Jobs schaffen wollen. Sobald die Panikphase einer finanziell verursachten Depression vorbei ist, wird die Unsicherheit über die Politik zum größten Hindernis für Kapitalinvestitionen. Dies betrifft Aspekte wie Steuern, Krankenversorgung, Regulierung und andere mit Geschäftstätigkeit verbundene Kosten. Sowohl die USA als auch die EU leiden unter Regime-Unsicherheit. Der Konsens von Berlin zielt darauf ab, so viel wie möglich davon zu eliminieren, indem man für Preisstabilität, gesundes Geld, fiskalisches Verantwortungsbewusstsein und Uniformität wichtiger Regulierungen in ganz Europa sorgt.

Umgekehrt gesehen wird ein positives Geschäftsklima zum Kapitalmagnet, nicht nur von einheimischen Unternehmern und Managern, sondern auch aus dem Ausland. Das weist auf eine wichtige Antriebskraft des EU-Wachstums hin, die mit dem Berliner Konsens verbunden ist – chinesisches Kapital. Weil der Konsens von Peking zerbricht und chinesisches Kapital eine neue Heimat sucht, blicken chinesische Investoren zunehmend auf Europa. Die chinesischen Führer verstehen, dass sie zu stark in auf den US-Dollar lautende Assets investiert haben. Sie wissen auch, dass sie diese Bestände kurzfristig nicht wesentlich reduzieren können. Aber sie können auf verschiedene Weise neue Reserven anlegen, auch mit auf den Euro lautenden Assets. China hatte es 2011 nicht eilig, einer taumelnden Eurozone auf die Beine zu helfen, aber jetzt hat sich der Euro stabilisiert und sie halten den Euro für eine attraktive Alternative zu Dollar-Assets. Die *Washington Post* berichtete 2013 über dieses Phänomen:

> Da chinesische Unternehmen und Unternehmer nun mehr in Übersee investieren, werden sie immer mehr von Europa angezogen, wo ein zweijähriger Anstieg der ausländischen Direktinvestitionen aus China dafür gesorgt hat, dass nun mehr chinesisches Kapital dorthin fließt als in die USA. In den beiden vergangenen Jahren haben chinesische Unternehmen mehr als 20 Milliarden Dollar in der EU investiert, verglichen mit 11 Milliarden in den USA.[96]

Das *Wall Street Journal* berichtete im Juli 2013, dass die staatliche chinesische Devisenbehörde (SAFE), die Chinas Reserven verwaltet, »schon früh in vom europäischen Fonds für Finanzstabilität emittierte Anleihen investierte ...

und seither regelmäßig in den Rettungsfonds investiert«.[97] Ein gesunder Euro ist attraktiv für chinesisches Kapital, weil eine stabile Währung das Wechselkursrisiko für Investoren reduziert. Die Kapitalzuflüsse aus China haben den Euro tatsächlich gestützt ... ein Beispiel für eine positive Feedback-Schleife zwischen einer gesunden Währung und Kapitalzuflüssen.

Nicht nur die Kapitalflüsse aus China in die Eurozone stiegen. Die US-Geldmarktbranche investierte ebenfalls erheblich in den Euro. Nach panischen Kapitalabzügen 2011 haben die zehn größten Geldmarktfonds der USA zwischen Sommer 2012 und Anfang 2013 ihre Investments fast verdoppelt.[98]

Der Berliner Konsens fasst in Europa Fuß auf Basis der sieben Säulen und dirigiert von der EU und Brüssel ebenso wie von Berlin, um Vorurteile wegen Deutschlands ökonomischer Dominanz abzumildern. Der Konsens bezieht seine Kraft von einer virtuosen Troika aus deutscher Technologie, jungen Arbeitskräften aus der Peripherie und chinesischem Kapital. Sein Durchhaltevermögen bezieht er aus einer weitblickenden Mischung von niedriger Inflation, gesundem Geld und positiven Realzinsen. Der neue Berliner Konsens hat das Potenzial, auf kontinentaler Basis das *Wirtschaftswunder* zu wiederholen, den Wiederaufbau Deutschlands nach dem Zweiten Weltkrieg.

Die deutsche Kanzlerin Angela Merkel wurde während des deutschen Wiederaufbaus in den 1950er-Jahren geboren und hatte Erfahrungen aus erster Hand mit der deutschen Wiedervereinigung in den 1990er-Jahren. Nur wenige Politiker irgendwo in der Welt haben ihre Erfahrung mit derartig herausfordernden Entwicklungen. Jetzt wendet sie diese Erfahrungen auf die größte aller Entwicklungsherausforderungen an: das Wachstum in der europäischen Peripherie bei gleichzeitiger Bewahrung des Euro.

Die Euroskeptiker

Europa hat vielleicht den Willen, sowohl seine Einheit als auch den Euro zu bewahren, aber hat es auch die Mittel dafür? Die Ereignisse seit der Finanzkrise 2008 haben vielerorts zu erheblichen Zweifeln geführt, ob Europa die Kapazitäten hat, mit aufeinanderfolgenden Krisen fertigzuwerden, trotz der übergeordneten politischen Ziele des Berliner Konsenses. Eine genaue

Untersuchung deckt auf, dass diese Zweifel fehl am Platz sind und dass der Euro dauerhafter ist, als die Kritiker glauben.

Devisen- und Anleihenmärkte haben in einem Zustand ständiger Turbulenzen existiert, seit nach der Meldung der Zahlungsunfähigkeit von Dubai World am 27. November 2009 die globale Schuldenkrise ausbrach. Jeder Besucher in Dubai konnte in den Monaten vor der Pleite sehen, dass sich eine Immobilienblase bildete in Form einer Skyline mit Meilen leerer Bürogebäude und Luxuswohnungen, die zum Verkauf standen. Investoren nahmen an, dass Dubai mithilfe des Ölreichtums der Nachbarn in Abu Dhabi sich irgendwie durchwursteln würde, aber das geschah nicht. Dubais Kollaps wurde ansteckend, breitete sich in Europa und insbesondere in Griechenland aus.

Anfang 2010 wurden in Griechenlands Staatsbilanzen ernste Betrugsfälle aufgedeckt, ermöglicht durch die Swap-Geschäfte, die Goldman Sachs und andere Banken von der Wall Street außerhalb ihrer Bücher ermöglicht hatten. Es wurde klar, dass Griechenland seine Schulden nicht ohne massive Strukturreformen und Hilfe von außen würde zurückzahlen können. Die Schuldenkrise hatte sich weltweit ausgebreitet und sollte Irland und Portugal bald an den Rand der Staatspleite führen, was zu Zweifeln über die öffentlichen Finanzen weit größerer Volkswirtschaften wie Spanien und Italien führte.

Diese Befürchtungen breiteten sich rasch auf die Banken in den am stärksten betroffenen Ländern aus und es entstand eine Feedback-Schleife. Da die Banken Anleihen besaßen, würden sich jegliche Probleme mit den Anleihen negativ auf ihr Kapital auswirken. Wenn die Banken Rettungsmaßnahmen benötigten, würden die Regulierer die Mittel zur Verfügung stellen müssen. Das bedeutete allerdings die Emission neuer Anleihen, was zu einer weiteren Schwächung der Kredite führte. Das schwächte die Bilanzen der Banken noch weiter, was eine Todesspirale aus implodierenden Devisenbeständen und Bankkrediten verursachte. Nur Kapital aus Quellen von außen, deren eigene Kredite nicht geschwächt waren, konnte den Zyklus durchbrechen.

Nach drei Jahren immer wieder aufflackernder Krisen und Ansteckung wurde schließlich die Lösung gefunden: eine Troika aus IWF, EZB und EU, gestützt von Deutschland. Der IWF bezog seine Finanzmittel durch Kredite von Nationen mit gesunden Reservebilanzen wie China und Kanada. Die EU besorgte sich Mittel aus den Reserven der Mitgliedsstaaten, größtenteils aus Deutschland. Und die EZB schuf Finanzmittel, indem sie das nötige Geld druckte. Die Mitglieder der Troika operierten unter dem neuen Mantra der Zentralbanker: »Koste es, was es wolle.« Ende 2012 hatte man die europäische Schulden- und Bankenkrise größtenteils im Griff, obwohl der Wiederaufbau der Bankbilanzen und die erforderlichen strukturellen Anpassungen noch Jahre dauern werden.

Trotz dieser Turbulenzen hielt sich der Euro recht gut, zur Überraschung vieler Analysten und Investoren vor allem in den USA. Im Juli 2008 erreichte der Euro sein Hoch bei 1,60 Dollar und blieb während der Währungskrise in einer Handelsspanne zwischen 1,20 und 1,60 Dollar. Während all dieser Turbulenzen stand der Euro gegenüber dem Dollar *immer* höher als bei seinem Start 1999.

Seither ist auch der Anteil des Euro an den globalen Währungsreserven signifikant gestiegen. Der IWF pflegt eine historische Datenreihe, die die Zusammensetzung der offiziellen Währungsreserven zeigt, nach einzelnen Währungen geordnet. Die Daten für das erste Quartal 1999 zeigen, dass damals 18,1 Prozent dieser Reserven auf den Euro entfielen. Ende 2012, nach drei Jahren Krise, war dieser Anteil auf 23,9 Prozent *gestiegen*.[99]

Solche historischen Daten widersprechen den theatralischen Äußerungen der Euroskeptiker, und helfen bei der Erklärung, warum Anfang 2013 die Propheten des Euro-Untergangs größtenteils stumm blieben, wenn es um ein Scheitern der Eurozone ging. Die Skeptiker hatten eine ganze Reihe analytischer Fehler begangen, was auf dem Höhepunkt der Hysterie Anfang 2012 deutlich zu sehen war. Beim ersten analytischen Fehler ging es um den Nullsummencharakter der Wechselkurse.

Ab 2010 starteten die USA eine Politik des billigen Dollar. Damit sollte in Form höherer Importpreise für Energie, elektronische Geräte, Textilien und andere Industriegüter Inflation importiert werden. Die Politik des billigen Dollar wurde in zahlreichen Ankündigungen explizit gemacht, darunter war auch Präsident Obamas Rede zur Lage der Nation 2010, in der er die nationale Exportoffensive ankündigte. Bei einer Rede in Tokio am 14. Oktober 2012 drohte Ben Bernanke den Handelspartnern mit höherer Inflation, sollten sie es nicht zulassen, dass ihre Währungen gegenüber dem Dollar aufwerten. Da die USA einen billigen Dollar wollten, wollten sie auch einen gegenüber dem Dollar starken Euro. In der Tat wandten die USA mächtige politische Instrumente an, um den Euro zu stärken. Warum diese ganz offensichtliche Tatsache vielen US-Analysten verborgen blieb, ist ein Mysterium, aber ein dauerhaft schwacher Euro widersprach schon immer der Politik der USA.[100]

Der zweite analytische Fehler hatte mit der Tendenz zu tun, die gleichzeitigen Schulden-, Banken- und Währungskrisen zusammenfassen. Die Analysten sahen faule Anleihen in Griechenland und schwache Banken in Spanien. Dann kamen sie schnell zur Schlussfolgerung, dass der Euro ebenfalls schwach tendieren müsse. Das ist oberflächlich: In ökonomischer Hinsicht spricht nichts gegen schwache Anleihen, schwache Banken und eine starke Währung.

Lehman Brothers ist ein gutes Beispiel. 2008 machte Lehman Pleite, mit Milliarden Dollar Verpflichtungen aus Anleihen. Die Pleite war das Ende dieser Bonds, aber nicht das Ende des Dollar, denn die Währung, auf die Anleihen lauten, hat eine andere Dynamik als die Anleihen selbst. Die Stärke einer Währung hat mehr mit Zentralbankpolitik und globalen Kapitalflüssen zu tun als mit dem Schicksal bestimmter Anleihen in dieser Währung. Analysten, die davon ausgingen, dass europäische Banken, Anleihen und die Einheitswährung den gleichen Belastungen unterliegen, unterlagen einem fundamentalen Fehler. Trotz des Schicksals griechischer Anleihen und irischer Banken konnte der Euro recht gut abschneiden.

Der dritte blinde analytische Fleck: Analysten verstanden nicht, dass Kapitalflüsse die Handelsströme dominieren, was die Wechselkursentwicklung betrifft. Man überschätzte Europas angeblich fehlende Wettbewerbsfähigkeit bei Exporten, vor allem in der Peripherie der Eurozone, also in Irland, Portugal, Spanien, Italien, Griechenland und Zypern. Die Wettbewerbsfähigkeit im Exportsektor ist wichtig, wenn es um Wachstum geht, aber sie ist nicht der entscheidende Faktor zur Bestimmung der Wechselkurse. Kapital fließt von der Federal Reserve in Form von Zentralbank-Swaps in den Euro, aus China in Form von Reserven-Allokation und direkter Auslandsinvestitionen, was dem Euro eine solide Grundlage verschafft. Wenn die beiden größten Volkswirtschaften der Welt, die USA und China, nicht wollen, dass der Euro sinkt, dann sinkt er auch nicht.

Der vierte blinde Fleck hatte mit der Notwendigkeit zu tun, die Arbeitskosten je Einheit zu verringern – als Teil der strukturellen Anpassungen, die erforderlich sind, um die globale Wettbewerbsfähigkeit der Peripherie der Eurozone herzustellen. Euro-Skeptiker leiden am Erbe fehlgeleiteter keynesianischer Ökonomie und am Mythos von den klebrigen Löhnen, den man auch als Rigidität der nominalen Löhne bezeichnet. Die Keynesianer bauen auf die Theorie der klebrigen Löhne, um Inflation oder den Diebstahl an den Sparern zu rechtfertigen. Die Vorstellung dahinter lautet, dass die Löhne in Zeiten der Inflation steigen, aber in Zeiten der Deflation nicht so einfach sinken. Sie tendieren dazu, auf dem vorherigen nominalen Lohnniveau zu bleiben.

Folglich passen sich die Löhne nicht nach unten an, die Arbeitgeber entlassen Arbeiter, die Arbeitslosigkeit steigt und insgesamt wird die Nachfrage geschwächt. Dann entwickelt sich eine Liquiditätsfalle und die Deflation wird schlimmer, weil der Zyklus sich selbst nährt, was wiederum zu unhaltbar hoher Verschuldung, Pleiten und Depression führt. Inflation gilt nun als ratsame Politik, weil sie es Arbeitgebern ermöglicht, ihren Arbeitern eine nominale Lohnerhöhung zu geben, selbst wenn diese wegen der höheren Preise keine reale Lohnerhöhung ist. Die Arbeiter erhalten nominale Lohnerhöhungen, während sich die Löhne real nach unten anpassen. Das ist eine Form der Geldillusion oder der Täuschung der Arbeiter durch die Zentralbanken, aber theoretisch funktioniert sie und senkt die realen Arbeitskosten pro Einheit. Was Europa betrifft, ist die keynesianische Sichtweise, dass die schnellste Möglichkeit zur Schaffung der benötigten Inflation darin besteht, dass einige Mitgliedsländer den Euro verlassen, zu ihren früheren Währungen zurückkehren und diese Währungen dann abwerten. Das war die theoretische Basis vieler Prognosen, dass der Euro scheitern muss und Mitglieder ihn aufgeben würden, um ihr eigenes Wirtschaftswachstum zu fördern.

In Volkswirtschaften des 21. Jahrhunderts sind alle Aspekte dieser Theorie fehlerhaft, was schon bei der Prämisse beginnt. Klebrige Löhne sind ein Spezialfall; sie treten unter limitierten Bedingungen auf, wo die Arbeit der wichtigste Inputfaktor der Produktivität ist, kein Ersatz für Arbeit existiert, die Gewerkschaften eine starke Position haben, globales Outsourcing nicht möglich und die Arbeitslosigkeit recht niedrig ist. Heute haben sich alle dieses Faktoren in ihr Gegenteil verwandelt.

Kapital ist der wichtigste Inputfaktor, Roboter und Outsourcing sind jederzeit zugänglich und die Gewerkschaftsbewegung ist im privaten Sektor schwach. Daher akzeptieren Arbeiter niedrigere Nominallöhne, wenn sie dadurch ihre Jobs behalten können. Diese Art der Senkung von Arbeitskosten je Einheit nennt man *interne Anpassung* durch niedrigere Löhne versus *externe Anpassung* durch Abwertung und Inflation. Externe Anpassung mag vielleicht in den 1930er-Jahren im Vereinigten Königreich funktioniert haben, als Keynes erstmals seine Ideen über klebrige Löhne äußerte. Im Umfeld der Globalisierung im 21. Jahrhundert ist interne Anpassung ein viel wirksameres Heilmittel, weil sie das Problem direkt angeht und die exogenen Kosten eines Zusammenbruchs der Eurozone vermeidet. Ein Beispiel: Am 2. Juli 2013 berichtete die griechische Statistikbehörde ELSTAT, dass die Gehälter im Privatsektor in Griechenland seit dem ersten Quartal 2012 um 22,3 Prozent gesunken waren; ein klarer Gegenbeweis zu der obsoleten Theorie der klebrigen Löhne von Keynes und Krugman.[101]

Das Gefühl, es sei besser, am Euro festzuhalten, trotz einer schrumpfenden Wirtschaftsleistung und sinkender Löhne, ist unter normalen Bürgern in der Peripherie der Eurozone weit verbreitet, trotz aller Vorbehalte der akademischen Theorie. 2013 leisteten Marcus Walker und Alessandra Galloni für das *Wall Street Journal* intensive Forschungsarbeit zu diesem Thema und enthüllten Folgendes:

> Im gesamten Südrand Europas schrecken die Menschen vor der Vorstellung zurück, zu ihren Landeswährungen zurückzukehren. Sie befürchten, ein solcher Schritt würde die Inflation wiederbeleben, Korruptionskontrollen eliminieren und dem nationalen Ehrgeiz, Teil von Europas innerem Zirkel zu werden, schwersten Schaden zufügen. Solche Ängste überwiegen die schwachen Wachstumsperspektiven, die amerikanische und britische Ökonomen dazu veranlasst haben, eine Aufspaltung der Währung zu prognostizieren.

> Nur 20 Prozent der Italiener sagen, das Aufgeben des Euro würde der Wirtschaft helfen. ... Starke Mehrheiten in Spanien, Portugal, Griechenland und Irland lehnen den Euro-Ausstieg ebenfalls ab, wie jüngste Umfragen zeigen.[102]

»Europäer, die heute den Euro verwenden, haben nicht den Wunsch, ihn aufzugeben und zu ihren früheren Währungen zurückzukehren«, besagt eine

Umfrage des Pew Research Center. Neueren Befragungen zufolge wollen in Spanien und Portugal mindestens 70 Prozent der Menschen den Euro behalten.[103]

Der fünfte und letzte analytische blinde Fleck der Euroskeptiker: Sie verstanden nicht, dass der Euro eher ein politisches als ein ökonomisches Projekt ist – und schon immer war – und dass am politischen Willen, ihn zu erhalten, nie ein Zweifel bestand. Ein echtes Verständnis des Euro fasst der führende französische Intellektuelle Guy Sorman so zusammen:

> Europa wurde nicht aus ökonomischen Gründen aufgebaut, sondern um Frieden zwischen den Völkern Europas zu schaffen. Das ist ein politisches Anliegen. Es ist das einzige politische Projekt unserer Generation. Wir werden den Preis zahlen, um dieses Projekt zu schützen.

Fazit: Der Euro ist stark und wird noch stärker werden.

Die Zukunft des Euro

Dieser Überblick über die blinden Flecken der Euroskeptiker widerlegt nicht nur ihre Kritik am Euro, sondern deckt auch die grundlegenden Stärken und die zukünftige Richtung des Euro auf. Diese Stärken sind Teil eines umfassenderen Blicks, wie man in einer höchst wettbewerbsintensiven und globalisierten Welt prosperieren kann.

Die ermutigendsten Berichte beinhalten auch Griechenland, die am stärksten geschmähte Volkswirtschaft. Zwischen Juni 2012 und Februar 2013 flossen neue Mittel im Volumen von über 175 Millionen Dollar an den griechischen Aktienmarkt. Das *Wall Street Journal* schrieb dazu: »Alles findet Käufer, von griechischen Immobilien bis zu Energieaktien.«[104] Im April 2013 billigte die Troika die Ausschüttung weiterer Hilfsmittel an Griechenland, auf Basis der Fortschritte bei der Kürzung der Regierungsausgaben und der Entwicklung hin zu einem ausgeglichenen Haushalt. Am 14. Mai 2013 setzte die Ratingagentur Fitch die Kreditwürdigkeit Griechenlands nach oben. In einem Bericht über die griechische Wirtschaft schrieb die *New York Times*: »Die Bemühungen zur Verbesserung der Wettbewerbsfähigkeit, vor allem durch niedrigere Arbeitskosten, tragen nun ebenfalls Früchte. Am deutlichsten erkennbar ist dies beim Tourismus, der 17 Prozent des BIP ausmacht. Man rechnet im laufenden Jahr mit einem Umsatzanstieg von 9 bis 10 Prozent.«[105] Griechenland profitiert auch von der Privatisierung staatlicher Assets. Das 500 Hektar umfassende Grundstück des früheren Flughafens von Athen soll Investitionen von 6 Milliarden Euro anziehen, um ein gemischtes Gewerbe- und Wohngebiet zu finanzieren, das mehr als 20 000 gut bezahlte Arbeitsplätze schaffen sollte.[106]

Eine weitere Geschichte aus Griechenlands jüngster Vergangenheit beinhaltet Ereignisse, die einem kontrollierten Experiment gleichkommen; etwas, das Ökonomen suchen, aber nur selten finden. Vor 2010 befand sich der große Hafen von Piräus in Staatsbesitz. In diesem Jahr verkaufte die Regierung die Hälfte des Hafens an Cosco, einen chinesischen Reedereikonzern, und behielt die andere Hälfte. Ein Vergleich der beiden einerseits von den Chinesen, andererseits von den Griechen kontrollierten Hälften zeigte einen deutlichen Kontrast:

> In Coscos Hafengebiet stieg der Güterverkehr im vergangenen Jahr um mehr als das Doppelte auf 1,05 Millionen Container. Und wenn die Gewinnmargen noch immer extrem niedrig sind ... liegt dies hauptsächlich daran, dass das chinesische Unternehmen einen großen Teil seines Geldes in den Hafen reinvestiert. ... Die griechische Hälfte des Hafens ... hatte unter einer Reihe schwächender Streiks zu leiden, ehe Cosco einstieg. ... Auf der griechischen Seite des Hafens schreiben die Regeln der Gewerkschaften vor, dass neun Personen einen Ladekran bedienen. Bei Cosco sind es vier.[107]

Dieser Vergleich illustriert auf perfekte Weise die Tatsache, dass weder die griechischen Arbeiter noch die griechische Infrastruktur prinzipiell nicht wettbewerbsfähig sind. Die Griechen brauchen lediglich flexiblere Arbeitsregeln, niedrigere Lohnkosten pro Einheit und neues Kapital. Das chinesische Kapital ist ein wesentlicher Teil der Lösung und chinesische Investoren wie Cosco sind bereit, Kapital bereitzustellen, wenn ein produktives Geschäftsklima gesichert ist.

Die Entwicklungen in Spanien sind ebenso ermutigend. Die spanischen Arbeitskosten je Produkteinheit sind im Vergleich zu Deutschland bereits um über 7 Prozent gesunken und Ökonomen erwarten weitere Rückgänge. Im Februar 2012 setzte Spaniens Premierminister Mariano Rajoy Gesetze in Kraft, die die Flexibilität der Arbeitskraft erhöhten, indem sie Arbeitgebern erlaubten, bei einem wirtschaftlichen Abschwung Arbeitskräfte zu entlassen, Abfindungen zu reduzieren und Arbeitsverträge neu zu verhandeln, die im Immobilienboom vor 2008 vereinbart worden waren. Das Ergebnis war ein drastischer Anstieg von Spaniens industrieller Wettbewerbsfähigkeit, vor allem in der Automobilindustrie.

Der positive Effekt trat sofort ein. Renault gab Pläne bekannt, seine Produktion in der nordspanischen Stadt Palencia zu erhöhen. Ford und Peugeot kündigten ebenfalls an, die Produktion in ihren spanischen Werken hochzufahren. Im Oktober 2012 verkündete Volkswagen eine Investition von 800 Millionen Euro in seine Fabrik bei Barcelona. Alle diese Investitionen und Expansionspläne werden positive Nebeneffekte zeitigen, weil die großen Autohersteller mit einem Netzwerk von Teilelieferanten und Subunternehmen in ganz Spanien verknüpft sind.[108]

Die steigende Beschäftigung und die wachsende Produktion als Ergebnis niedrigerer Löhne in Spanien widerlegt die Theorie der klebrigen Löhne von Keynes und Krugman und das alles passiert von Griechenland bis Irland. Obwohl diese Anpassung schwierig und schmerzhaft ist, ist die Verschiebung dauerhaft und sie bringt Europa in eine gute Position, eine weltweit wettbewerbsfähige Industriebasis und ein Magnet für Kapitalzuflüsse zu sein.

The Economist und viele andere haben ungünstige demografische Faktoren als große Hürde für ein robusteres Wachstum in Europa bezeichnet. In der Tat altert die Bevölkerung Europas rasch (ebenso wie die in Russland, Japan, China und anderen bedeutenden Volkswirtschaften). Auf Sicht von 20 Jahren ist der Anteil der arbeitsfähigen Bevölkerung in einer geschlossenen Gesellschaft bedrohlich niedrig. Das kann eine wichtige Determinante ökonomischer Resultate sein, aber diese Sichtweise ignoriert, dass es selbst in einer geschlossenen Gesellschaft Flexibilität gibt.[109]

Die Bevölkerung im arbeitsfähigen Alter ist etwas anderes als die tatsächlich arbeitende Bevölkerung. Bei hoher Arbeitslosigkeit, wie in großen Teilen Europas, kann die arbeitende Bevölkerung deutlich schneller wachsen als die

Bevölkerung insgesamt – wenn Jobs verfügbar sind. Es gibt in Europa so viele gut ausgebildete Arbeitslose, dass die Demografie kurzfristig den Input von produktiver Arbeitskraft nicht einschränkt. Wie erwähnt kann eine höhere Mobilität der Arbeitskräfte das Wachstum der produktiven Arbeiterschaft auch fördern, indem man Arbeitskräften aus den notleidenden Regionen der Eurozone ermöglicht, in produktivere Regionen zu ziehen und dort die benötigte Arbeitskraft zu gewährleisten. Immigration aus Osteuropa und der Türkei kann Westeuropa ein hohes Angebot an Arbeitskraft beschaffen, ähnlich wie die Fabriken an Chinas Küsten ihre Arbeitskräfte jahrzehntelang aus dem Landesinneren bezogen haben. Kurz gesagt: Die Demografie beschränkt das Wachstum in Europa nicht, solange es ungenutzte und mobile Arbeitskraft sowie Immigration gibt.

Interne ökonomische Anpassung allein reicht vielleicht nicht aus, um die Zukunft des Euro und der EU allgemein zu sichern. Eine Expansion der EU-Institutionen wird ebenfalls erforderlich sein, so wie es Merkels Aussage »Mehr Europa« beschreibt. Die EU ist wie ein Flugzeug mit einer einzigen Tragfläche. Sie kann am Boden bleiben oder den anderen Flügel bauen. Die Bemühungen, mit den unmittelbaren Krisen 2010 und 2011, einschließlich der monetären Maßnahmen und multilateralen Rettungspakete, reichten aus, einen Zusammenbruch abzuwenden, aber sie reichen nicht aus, um die fundamentalen Widersprüche in der Zusammenstellung des Euro und der EZB zu korrigieren. Es hat sich gezeigt, dass eine Einheitswährung ohne Uniformität der Fiskalpolitik und der Bankenregulierung nicht funktioniert. Dazu gehört auch eine höhere Mobilität von Arbeitskraft und Kapital im Bereich der Mitglieder der Währungsunion.

Die gute Nachricht: Diese Mängel sind Politikern und finanziellen Führungskräften sehr bewusst und werden rasch geheilt. Am 1. Januar 2013 trat der fiskalische Stabilitätsvertrag der EU in den 16 EU-Mitgliedsstaaten in Kraft, die ihn zu diesem Datum ratifiziert hatten, einschließlich aller Peripheriestaaten. Der Vertrag enthält bindende Prozeduren, die die Unterzeichner verpflichten, ihre Haushaltsdefizite unter 3 Prozent des BIP zu halten, wenn die Relation von Staatsverschuldung zum BIP unter 60 Prozent liegt. Liegt sie darüber, muss das Defizit unter 0,5 Prozent des BIP betragen. Der Vertrag beinhaltet auch die sogenannte Schuldenbremse, die die Unterzeichner mit einer Relation von Staatsverschuldung zum BIP über 60 Prozent dazu verpflichtet, die

Relation jedes Jahr um 5 Prozent dieser Überschuldung zurückzufahren, bis sie unter 60 Prozent liegt. Die Vorschriften des Vertrags werden zwischenzeitlich von jedem einzelnen Mitglied umgesetzt, aber der Vertrag sieht vor, dass die Mitglieder die Regeln des Vertrags bis zum 1. Januar 2018 in den legalen Rahmen der EU aufnehmen.

Derzeit wird über ein EU-weites Versicherungsprogramm für Bankeinlagen nachgedacht, um Bankpaniken abzumildern. Es gibt auch Vorschläge, die Staatsanleihen der Mitglieder der Eurozone durch Eurobonds zu ersetzen, die von der Kreditwürdigkeit der gesamten Eurozone garantiert werden. Aktionen auf diesen Gebieten könnten folgen, aber zunächst sind fiskalische Beschränkungen und andere Marktreformen erforderlich.

Die Fäden der Bankenunion und der Rettungsfonds haben sich verknüpft. Im Juni 2013 kündigte eine Gruppe erfahrener Ministerialbeamter aus der Eurozone einen Rettungsfonds im Volumen von 60 Milliarden Dollar an, um Banken, die sich in Schwierigkeiten befinden, direkte Unterstützung zu gewährleisten.[110]

Jenseits dieser fiskalischen und Bankreformen wird die Zukunft der EU durch die Aufnahme neuer Mitglieder in die EU, in die Eurozone oder in beide, aufgehellt. Im Juli 2013 erhielt Lettland die Genehmigung der Europäischen Kommission und der EZB, den Euro als Währung einzuführen. Kroatien wurde am 1. Juli 2013 offizielles EU-Mitglied und sein Zentralbankchef Boris Vuicic kündigte an, dass Kroatien so schnell wie möglich den Euro als Währung einführen wolle. Weitere Kandidaten, deren EU-Mitgliedschaft auf dem Weg, aber noch nicht perfekt ist, sind Montenegro, Serbien, Mazedonien und die Türkei. Potenzielle Kandidaten, die die Erfordernisse noch nicht erfüllen, aber daran arbeiten, sind Albanien, Bosnien und Herzegowina und Kosovo. Man könnte durchaus erwarten, dass sich in Zukunft auch Schottland und die Ukraine um die Mitgliedschaft bewerben werden.

Die EU ist bereits die größte Wirtschaftsmacht der Welt. Ihr kombiniertes BIP ist größer als das der USA und mehr als doppelt so hoch wie das von China und Japan. In den kommenden zehn Jahren wird die EU zur ökonomischen Supermacht der Welt werden, die von Kleinasien bis Grönland und vom arktischen Ozean bis zur Sahara reicht.

Deutschland sitzt im Herzen dieses riesigen Gebiets, was Wirtschaft und Bevölkerung betrifft. Deutschland kann die gesamte Region zwar nicht politisch kontrollieren, aber es wird dort die größte Wirtschaftsmacht sein. Durch seine indirekte Kontrolle der EZB und des Euro wird es Kommerz, Finanzen und Handel dominieren. Eurobonds werden einen liquiden Pool von Wertpapieren bilden, in die man investieren kann. Er wird größer sein als der US-Staatsanleihenmarkt. Wenn nötig, kann der Euro von den gemeinsamen Goldreserven der Mitgliedsländer gestützt werden, die mehr als 10 000 Tonnen betragen – 25 Prozent mehr als die offiziellen Goldreserven der USA. Diese Kombination aus großen liquiden Anleihenmärkten, einer gesunden Währung und riesigen Goldreserven kann den Euro dazu befähigen, etwa 2025 den Dollar als führende Reservewährung der Welt abzulösen. Diese Aussichten werden Russland und China ermuntern, die schon seit 2009 versuchen, der Dollarhegemonie zu entkommen. Deutschland ist auch deshalb der Schlüssel zu dieser monetären Entwicklung, weil es auf gesundem Geld besteht und weil es zeigt, wie ein Land ein Exportgigant sein kann, ohne ein schwache Währung zu haben.

Deutschlands neues Reich, vermittelt durch die EU, den Euro und die EZB, wird die größte Ausprägung von Deutschlands sozialem, politischem und ökonomischem Einfluss seit dem Reich Karls des Großen sein. Obwohl das auf Kosten des Dollar gehen wird, werden die Veränderungen wegen Deutschlands Produktivität und seines Festhaltens an demografischen Werten in vielerlei Hinsicht positiv sein. Europas vielfältige historische und kulturelle Landschaft wird innerhalb eines verbesserten ökonomischen Rahmens bewahrt werden. Mit Deutschlands Führung und Weitsicht wird das Motto der EU »Vereinigt in der Diversität« in seiner wahrsten Form umgesetzt werden.

Kapitel 6: BELL, BRICS und mehr

Wir wollen die BRIC-Staaten progressiv zu einem voll ausgeprägten Mechanismus der ... Koordination auf vielen Gebieten weiterentwickeln. ... Wir sind entschlossen, neue Modelle zu erforschen, wenn sich die Weltwirtschaft neu aufstellt.

Erklärung der BRIC-Gruppe, März 2013

Die Bürger der baltischen Staaten können dankbar sein, dass ihre Führer nie auf Krugman gehört haben.

Anders Aslund, September 2012

Supranational

Die Europäische Union, die USA, China und Japan bilden eine globale Viererbande, die 65 Prozent der Weltwirtschaft umfasst. Auf die anderen 157 vom IWF beobachteten Nationen entfallen die restlichen 35 Prozent der globalen Wirtschaftsleistung. Unter diesen 157 Nationen gibt es eine Zehnerbande, bestehend aus Brasilien, Russland, Indien, Kanada, Australien, Mexiko, Korea, Indonesien, Türkei und Saudi-Arabien, die jeweils 1 bis 3 Prozent der globalen Produktion erreichen. Auf jede der kleinsten 147 Nationen entfällt weniger als 1 Prozent, die meisten produzieren noch viel weniger. Die Konzentration des Wohlstands *zwischen* den Nationen ist ebenso krass verzerrt wie *innerhalb* der Nationen. Von den 80 Prozent der Länder mit dem niedrigsten Output könnte jedes morgen verschwinden und man würde die Auswirkungen auf die globale Wirtschaftsleistung kaum bemerken.

Daran sollte man sich stets erinnern, wenn Analysten von der Wall Street Thesen über Investitionen in den Emerging Markets, Grenzmärkten und in noch exotischeren Ländern verbreiten. Tatsache ist, dass es wenige wichtige Kapitalmärkte gibt, dass ihre Kapazitäten zur Aufnahme von Finanzmitteln begrenzt sind und dass sie zur Überhitzung neigen, wenn sie versuchen, mehr als nur bescheidene Summen zu absorbieren. Da China allerdings vor einer harten Landung steht, die USA nicht recht in Gang kommen, Japan seit drei Jahrzehnten mit Deflation zu kämpfen hat und Europa sich mit strukturellen Anpassungen abmüht, kann man der Zehnerbande eine gewisse Anziehungskraft nicht absprechen. Gleiches gilt für Länder, die in geringem Abstand folgen, zum Beispiel Polen, Taiwan, Südafrika, Kolumbien und Thailand.

Betrachten wir die BRIC-Staaten. Der Bequemlichkeit halber, aber auch aus Marketinggründen bündeln Analysten kleinere Nationen in Gruppen und benennen sie mit den Namen der Mitglieder. BRICS ist der Großvater dieser

Gruppen. Mitglieder sind Brasilien, Russland, Indien und China sowie als Nachzügler Südafrika. Sie alle haben ihre eigenen Attraktionen und Probleme. Die BRICS-Staaten haben nicht viel gemeinsam. Die russische Wirtschaft beschreibt man am treffendsten als unsauberes Geschäft zur Ausbeutung von Bodenschätzen, geleitet von Oligarchen und Politikern, die enorme Gewinne abschöpfen und gerade einmal genug reinvestieren, um die Geschäfte am Laufen zu halten. China hat reales Wachstum produziert, aber auch Vermüllung, Umweltverschmutzung und Korruption in einer solch unerträglichen Weise auf die Spitze getrieben, dass es jeden ausländischen Investor abschreckt, von dem China keine Technologie stehlen kann. In Indien gibt es Wachstum und vielversprechende Aussichten, aber das Land schöpft sein Potenzial nicht annähernd aus, weil alte Traditionen Innovationen bremsen. Unter den BRICS-Ländern sind Brasilien und Südafrika noch am ehesten »echte« Volkswirtschaften in dem Sinn, dass das Wachstum dauerhaft ist, die Korruption nicht völlig aus dem Ruder läuft und freies Unternehmertum Luft zum Atmen hat.

Am Erfolg der Bezeichnung BRICS kann man allerdings nicht zweifeln. Der ursprüngliche Begriff BRIC wurde 2001 von Jim O'Neill und seinen Kollegen bei Goldman Sachs geprägt, um den Anteil dieser Gruppe am globalen BIP und die höheren Wachstumsraten im Vergleich zu etablierten Ländergruppen wie den G7 hervorzuheben.[111] Aber O'Neills Analyse war nicht in erster Linie ökonomisch, sondern politisch. Jenseits der Fakten über Größe und Wachstum rief O'Neill dazu auf, das Modell der internationalen G7-Dominanz zu überdenken, Europas Rolle zu reduzieren und die Rolle der sich entwickelnden Volkswirtschaften in einer neuen G5 + BRIC = G9-Formel zu würdigen.

In seinem Vorschlag überging O'Neill Unterschiede der sozialen Entwicklung, einschließlich unverrückbarer Prinzipien wie Bürgerrechte und die Herrschaft des Rechts mit dem Kommentar: »Die anderen Mitglieder müssten anerkennen, dass nicht alle Mitgliedsstaaten ›gleich‹ sein müssen.« Er erkannte an, dass die BRIC-Staaten als ökonomische Modelle alles andere als homogen waren: »Die vier hier betrachteten Nationen sind in ökonomischer, sozialer und politischer Hinsicht sehr verschieden.«[112]

Wie O'Neills erste Arbeit von einem politischen Manifest zu einem Investmentthema wurde, lässt sich am besten mit der Neigung der Wall Street zu Verkäufern erklären, die ihren Kunden eine gute Story liefern. Es ist aber schwer, O'Neill die Schuld daran zu geben. Er hatte eine politische Agenda und sie funktionierte. 2008 waren die G7 quasi ein Museumsstück, die G20, einschließlich der BRIC-Staaten und anderer, waren praktisch der Verwaltungsrat des internationalen Währungssystems. O'Neill hatte richtig vorhergesehen, dass in der globalisierten Welt nach dem Ende des Kalten Kriegs das Ökonomische zum Politischen geworden war. Die Wirtschaftsleistung zählte in Gruppen globaler Führerschaft mehr als die zivile Gesellschaft und andere Zuordnungskriterien. Das BRIC-Konzept war stets weniger eine Investmentthese als eine politische Verfügung und die Welt nahm sie ernst.

Der Erfolg der BRIC-Gruppe löste eine Welle anderer Akronyme aus. Zu den jüngsten gehören die BELL-Gruppe, bestehend aus Bulgarien, Estland, Lettland und Litauen, die GIIPS-Gruppe der EU-Peripherie, bestehend aus Griechenland, Irland, Italien, Portugal und Spanien. Die GIIPS-Länder versteht man am besten als Untergruppe der Eurozone, die schmerzhafte ökonomische Anpassungsprozesse durchmachen. Innerhalb von GIIPS sollte man unterscheiden zwischen einerseits Italien und Spanien, die echte Wirtschaftsgiganten sind und auf die fast 5 Prozent der globalen Wirtschaftsleistung entfallen, und Portugal, Irland und Griechenland andererseits, deren kombinierter Output weniger als 1 Prozent der weltweiten Gesamtsumme entspricht. Insgesamt weisen BELL und GIIPS mehr ökonomische Gemeinsamkeiten auf als BRICS und ihre Verfechter haben explizite ökonomische Themen im Sinn, im Gegensatz zu den offensichtlich politischen Perspektiven von O'Neill und Goldman Sachs.

BELL

Die BELL-Staaten sind klein und fast unbedeutend, weil ihre gemeinsame Wirtschaftsleistung nur 0,2 Prozent des globalen BIP ausmacht. Aber ihre geopolitische Bedeutung ist enorm, denn sie bilden die Ostgrenze der EU und sie sind die Fronstaaten, die die EU und die traditionellen östlichen Mächte, Russland und Türkei, voneinander trennen. Anders als BRICS haben die BELL-Staaten tatsächlich viel gemeinsam. Alle sind EU-Länder und haben den Kurs ihrer Landeswährungen an den Euro gebunden. Das führte zu den gleichen internen Anpassungen und Abwertungen wie in der Peripherie der Eurozone. Denn die vier Länder können Währungsabwertungen nun nicht mehr als schnelle Lösung wirtschaftlicher Probleme einsetzen. Ökonomen beklagen, dass sie keine spezifischen Experimente über Volkswirtschaften durchführen können, weil viele Variablen nicht kontrollierbar und Prozesse nicht replizierbar sind. Aber in bestimmten Fällen gibt es genügend kontrollierte Variablen, die aussagekräftige Ergebnisse bringen, wenn unter ähnlichen Bedingungen abweichende politische Maßnahmen durchgeführt werden. Kürzlich gab es bei BELL zwei solche Quasi-Experimente. Das erste vergleicht BELL mit GIIPS, das zweite die einzelnen BELL-Mitglieder mit den anderen.

Experimente werden in der Regel durchgeführt, indem man bei allen Teilnehmern bestimmte Variablen kontrolliert und Differenzen bei denjenigen Faktoren misst, die nicht kontrolliert werden. Die erste Kontrollvariable in diesem Experiment aus der realen Welt ist, dass weder BELL noch GIIPS ihre Währungen abgewertet haben. Die BELL-Staaten haben ihre Landeswährungen an den Euro gebunden und nicht abgewertet. Estland führte dann den Euro am 1. Januar 2001 ein, auf dem Höhepunkt der Anti-Euro-Hysterie, Lettland folgte am 1. Januar 2014.

Die zweite Kontrollvariable ist das Ausmaß des wirtschaftlichen Zusammenbruchs bei BELL und GIIPS ab 2008 bis 2009. Jedes BELL-Land erlitt damals einen Rückgang der Produktion um etwa 20 Prozent, die Arbeitslosigkeit erreichte 20 Prozent. Der Produktionsrückgang in den GIIPS Ländern lag nur knapp darunter. Die dritte Kontrollvariable ist, dass bei BELL und GIIPS direkte Auslandsinvestitionen verschwanden; beide verloren den Zugang zu den internationalen Kapitalmärkten. Das musste durch verschiedene Formen offizieller Hilfsmaßnahmen kompensiert werden. Kurz gesagt: Beide, BELL und GIIPS, erlitten 2008 und 2009 einen Kollaps der Produktion, steigende Arbeitslosigkeit und einen plötzlichen Stopp ausländischer Investitionen. Dennoch dachten die Regierungen, entgegen dem Rat von Experten, niemals ernsthaft über Abwertung nach.

Ausgehend von diesen vergleichbaren Ausgangssituationen wurden verschiedene Maßnahmen eingeleitet. Die GIIPS-Staaten setzten anfangs weiterhin sogenannte ökonomische Anreize ein und kürzten die öffentlichen Ausgaben nur wenig. Tatsächlich erhöhte Griechenland zwischen 2010 und 2011 die Zahl der Regierungsangestellten. GIIPS bekämpfte fiskalische Probleme hauptsächlich mit Steuererhöhungen. Der interne Anpassungsprozess der

Senkung von Arbeitskosten je Einheit begann dort erst 2010 und ernsthafte fiskalische und Arbeitsmarktreformen erst 2013; es bleibt noch viel zu tun.

Im Gegensatz dazu ergriffen die BELL-Staaten sofort drastische Maßnahmen, um ihre Finanzen in Ordnung zu bringen. Schon 2010 begann wieder starkes Wachstum, das heute das höchste in der EU ist. Der Turnaround war dramatisch. Lettlands Wirtschaft schrumpfte 2008 und 2009 um 24 Prozent, aber 2011 und 2012 wuchs sie um über 10 Prozent. Estland schrumpfte 2008 und 2009, wuchs aber 2011 um robuste 7,9 Prozent. Litauens Wirtschaft litt in der Krise nicht so stark wie die der anderen und wuchs 2008 sogar um 2,8 Prozent. Das Wachstum ging 2009 zurück, erholte sich aber schnell und betrug 2011 5,9 Prozent. Dieses Muster eines Zusammenbruchs gefolgt von robustem Wachstum in den BELL-Staaten ist das klassische V-Muster, das viel diskutiert wird, in den letzten Jahren aber nur selten zu sehen war, weil Regierungen wie die der USA Gelddrucken einsetzen, um das V abzukürzen. Das Resultat ist verzögertes, blutleeres Wachstum.

Wie kann man sich diesen scharfen Turnaround des Wachstums in den baltischen Staaten im Vergleich zur EU-Peripherie erklären? Anders Åslund, ein Gelehrter am Peterson Institute for International Economics in Washington, D. C., und Experte für die Volkswirtschaften Osteuropas und Russlands, hat viel über diese Thematik geforscht. Er schreibt den ökonomischen Erfolg in den baltischen Ländern und das Scheitern in Südeuropa von 2009 und 2012 spezifischen Faktoren zu. Wenn eine Nation mit einem schweren wirtschaftlichen Niedergang zu kämpfen hat, so meint er, muss sie die Krise annehmen und zu ihrem politischen Vorteil nutzen. Politische Führer, die ihren Bürgern die ökonomischen Möglichkeiten deutlich schildern, erhalten Unterstützung für harte politische Maßnahmen, während Führer wie die in den USA und Südeuropa, die das Ausmaß der Probleme verleugnen, bemerken werden, dass das Gefühl der Dringlichkeit nachlässt und die Bürger immer weniger bereit sind, die nötigen Opfer zu bringen. Åslund weist auch nachdrücklich darauf hin, dass Länder in Wirtschaftskrisen neue Führer mit neuen Ideen begrüßen sollten. Persönliche Interessen in Verbindung mit der alten Führung werden höchstwahrscheinlich zum Festhalten an einer gescheiterten Politik führen, während neue Führer in der Lage sind, die nötigen Einschnitte bei den Regierungsausgaben vorzunehmen, um wieder zu gesunden Finanzen zu kommen.[113]

Åslund empfiehlt zudem, dass die ökonomischen Notfallmaßnahmen klar kommuniziert werden und dass Kürzungen der Ausgaben eine wichtigere Rolle spielen als Steuererhöhungen. Die Bürger unterstützen eine Politik, die sie verstehen, aber sie werden Ausgabenkürzungen ambivalent gegenüberstehen, wenn die Politiker die wahre Situation verschleiern und den Prozess in die Länge ziehen. Er schreibt zudem: »Glaubwürdige Übeltäter sind nützlich.« In Lettland dominierten 2006 drei Oligarchen die Wirtschaft; 51 Prozent der Parlamentssitze wurden von Parteien gehalten, die unter deren Kontrolle standen. Reformpolitiker führten eine Kampagne gegen deren Korruption und bis 2001 war dieser Anteil auf 13 Prozent gesunken. Auch in den USA gab es korrupte Banker als offensichtliche Übeltäter, aber die Regierung rettete sie, statt sie für die Exzesse in der Zeit vor der Krise zur Verantwortung zu ziehen.

Schließlich – und das ist der wichtigste Punkt – betont Åslund, dass der Restrukturierungsprozess gerecht sein und die Form eines Sozialvertrags annehmen muss. Alle Sektoren der Gesellschaft müssen Opfer bringen, um die Wirtschaft zu kräftigen. In Bezug auf Lettland schreibt er: »Die Regierung verbot doppelte Einkommen für hohe Beamte ... und kürzte die Gehälter der obersten Beamten stärker als die der unteren. Die Gehälter der Minister wurden um 35 Prozent reduziert.«[14] Auch hier unterscheidet sich der Prozess in den baltischen Staaten deutlich von dem in Ländern wie den USA, wo die Regierungsausgaben seit der Krise gestiegen sind. In den USA wurden die Gehälter und Zusatzleistungen der gewerkschaftlich organisierten Arbeitskräfte und der Regierungsangestellten meist geschützt, während der nicht organisierte Privatsektor die Hauptlast der Anpassungen zu tragen hatte. Åslund kommt zu dem Fazit, dass diese Empfehlungen in den baltischen Staaten größtenteils befolgt und in der südlichen Peripherie missachtet wurden, mit dem Ergebnis, dass die baltischen Staaten jetzt robust wachsen, während Europas südliche Peripherie mit unsicheren Perspektiven in der Rezession feststeckt.

Der Erfolg der BELL-Staaten bei der Widerherstellung des Wachstums und der Wettbewerbsfähigkeit steht in scharfem Kontrast zu den GIIPS-Ländern, die den Prozess über mehr als sechs Jahre gestreckt haben und immer noch einen weiten Weg vor sich haben, um fiskalische Stabilität zu erreichen. Berichterstatter aus den baltischen Staaten äußern sich überwältigend positiv über die dortigen Volkswirtschaften. In einem Report über Estland schrieb Paul Ames von CNBC 2012: »Die Kunden in Tallinn, der mittelalterlichen Hauptstadt, verstopfen die nordischen Designshops und coole neue Restaurants. Firmen mit der neuesten Technologie beklagen, dass sie keine Mitarbeiter finden, um ihre freien Stellen zu besetzen.«[115] Die BELL-Staaten haben ihr Humankapital und eine recht gut ausgebildete Arbeiterschaft auch gut eingesetzt. Vor allem Estland ist zu einem Hightech-Standort geworden, in dessen Zentrum Skype steht, das erfolgreichste Unternehmen des Landes. Skype hat mehr als 400 Angestellte auf einem arbeiterfreundlichen Campus in der Nähe von Tallinn.[116]

2013 veröffentlichte die *New York Times* einen Artikel über Lettland, der den Übergang vom steilen Absturz zur starken Erholung exakt schilderte, der früher typisch für Konjunkturzyklen war, von den westlichen Regierungen heute aber weitgehend gemieden wird – auf Kosten des langfristigen Wachstums:

> Als in dieser winzigen baltischen Nation ein von Krediten befeuerter Wirtschaftsboom 2008 zusammenbrach, entließ Didzis Krumins, Inhaber eines kleinen Architektenbüros, seine Belegschaft ... und gab dann sein Geschäft auf. Er sah bestürzt zu, wie sich Lettlands Misere vertiefte angesichts eines harten Sparprogramms, das Löhne, Jobs und die staatliche Finanzierung von Schulen und Krankenhäusern massiv kürzte.

> Mr. Krumins ging aber nicht auf die Straße, um gegen die Kürzungen zu protestieren, sondern er kaufte einen Traktor und transportierte Holz zu den Heizkraftwerken, die Brennstoff brauchten. Dann, als Lettland sich von seiner Bruchlandung zu erholen begann, kehrte er wieder zur Architektur zurück und hat heute 15 Angestellte – fünf mehr als vor der Krise.[117]

Sogar der IWF, der sich allgemein gegen die scharfen Kürzungen der Regierungsausgaben in den baltischen Staaten ausgesprochen hatte, erkannte deren Erfolg an. 2013 sagte die IWF-Direktorin Christine Lagarde bei einer Rede in Riga:

> Zwar gibt es auch noch Herausforderungen, aber Sie haben es geschafft. Sie haben wieder starkes Wachstum erreicht und die Arbeitslosigkeit reduziert. ... Sie haben die Haushaltsdefizite gesenkt und die prozentuale Staatsverschuldung auf einem der niedrigsten Niveaus in der EU gehalten. Sie sind durch

Kürzungen von Preisen und Löhnen wettbewerbsfähiger geworden. Sie haben Vertrauen wiederhergestellt und die Zinsen durch gute makroökonomische Maßnahmen gesenkt. Wir sind heute hier, um ihre Errungenschaften zu feiern.[118]

Die Bindung an den Dollar und, im Fall Estlands und Lettlands, die tatsächliche Einführung des Euro, haben sich als entscheidend für die Erholung und das Wachstum in den BELL-Ländern erwiesen. Die Bindung einer lokalen Währung an den Euro und dessen schließliche Übernahme beseitigen Unsicherheiten für Handelspartner, Investoren und Kreditgeber. Die Vorteile ökonomischer Sicherheit wurden kürzlich in einem *Bloomberg*-Report geschildert.

Heute ist Estlands Wirtschaft die am schnellsten wachsende des Währungsblocks. Konsumenten und Unternehmen zahlen niedrigere Zinsen und die geschäftlichen Verbindungen zu Finnland – Euro-Mitgliedsstaat und Estlands wichtigster Handelspartner – sind enger als je zuvor. ...

»Das Wichtigste war, dass wir jegliche Spekulationen über eine mögliche Abwertung beendet haben«, sagt Priit Perens, CEO bei Swedbank AS, Estlands größtem Kreditgeber und Teil der Swedbank mit Sitz in Stockholm. ... Befürchtungen, dass alle baltischen Länder letztlich abwerten würden, hatten das Vertrauen der Investoren lange Zeit gedämpft. Eine Abwertung wäre ruinös gewesen, weil Estlands Banken Kredite in Euro vergeben hatten, noch bevor das Land die Gemeinschaftswährung einführte. Die Tilgung auf Euro lautender Kredite in einer abgewerteten Landeswährung wäre für Unternehmen und Konsumenten zur erdrückenden Last geworden.[119]

Litauen und Bulgarien stellen ein Experiment innerhalb eines Experiments dar, weil sie ihre fiskalische Konsolidierung nicht so stringent verfolgt haben wie Lettland und Estland und sich daher auch nicht so robust erholten. Aber insgesamt haben die BELL-Staaten die fiskalische Konsolidierung und andere Reformen weit rigoroser durchgeführt als die GIIPS-Länder. Zur Belohnung erreichten sie erträgliche Verschuldungs- und Defizitniveaus, Handelsüberschüsse und verbesserte Kreditratings.

Der Kontrast zwischen den politischen Maßnahmen von BELL und GIIPS ist zwar kein perfekt kontrolliertes Experiment, aber eine aussagekräftige

Fallstudie. Das Ergebnis zeigt, dass ökonomische Klugheit funktioniert und keynesianische Anreize versagen. Die Resultate sind nicht überraschend, wenn man sich die schwache Erfolgsbilanz des Keynesianismus im Lauf der Jahrzehnte und das Fehlen empirischer Beweise seiner Behauptungen ansieht. Aber das Beispiel der BELL-Staaten wird wohl noch für Jahrzehnte auf objektive Beobachter nachwirken, die nicht auf Hypothesen, sondern auf empirische ökonomische Beweise Wert legen.

Die Fälle von BELL und GIIPS illustrieren sowohl die Vorteile einer fiskalischen Konsolidierung (wie es die BELL-Staaten vorgemacht haben) als auch die Kosten von Verzögerung und Verleugnung im Fall der GIIPS-Länder. Die wichtigste Lektion lautet, dass eine Währungsabwertung keine Vorbedingung einer Erholung ist, sondern eher ein Hindernis. Eine starke stabile Währung ist ein Magnet für Investitionen und fördert den Handel. Die entscheidenden Zutaten raschen Wachstums nach einer Krise sind Zuverlässigkeit, Transparenz, fiskalische Konsolidierung und eine gerechte Verteilung der Opfer. Die Erfahrungen der BELL-Staaten von 2008 bis 2014 sind eine wichtige Lektion für die europäische Peripherie auf dem Weg zur Anpassung in den nächsten Jahren.

BRICS

Während die BELL-Staaten bei der Demonstration der Vorteile fiskalischer Konsolidierung Neuland betraten, haben die BRICS-Länder konventionelle Weisheiten erschüttert und Zweifel an der Zukunft des Dollar als führende Reservewährung der Welt aufkommen lassen.

Als die Führer von BRICS 2006 in New York City eine Konferenz der Finanzminister abhielten, sah es ganz so aus, als sollten sie sich an O'Neills ursprüngliches Rezept halten, nicht so sehr als zusammenhängender Wirtschaftsblock, sondern vor allem als politische Kraft. Die Meetings entwickelten sich zu einem formalen Gipfeltreffen im russischen Jekaterinburg im Juni 2009 und diese Gipfeltreffen haben sich auf Ebene der Minister und der Staatschefs fortgesetzt. 2010 lud die ursprüngliche, aus Brasilien, Russland, Indien und China bestehende BRIC-Gruppe Südafrika zum Beitritt ein und der Name wurde zu BRICS geändert. Im April 2011 nahm Südafrika zum ersten Mal als Vollmitglied an einem Gipfeltreffen im chinesischen Sanya teil.

O'Neill hat die Idee stets heruntergespielt, dass Südafrika Mitglied der BRICS-Staaten sein sollte, denn die Größe seiner Volkswirtschaft und Bevölkerung in Kombination mit dem Problem der Arbeitslosigkeit stellen das Land nicht in die erste Reihe der sich entwickelnden Nationen.[120] In ökonomischer Hinsicht trifft das zu, aber ironischerweise rechtfertigt die Aufnahme Südafrikas O'Neills ursprüngliche These, dass das BRIC-Projekt eher politisch als ökonomisch war. Die anderen BRICS-Länder lagen in Osteuropa, Asien und Lateinamerika. Der afrikanische Kontinent war eine unübersehbare Lücke in der Aufstellung des Ostens und des Südens gegen den Westen. Südafrika als größte Volkswirtschaft Afrikas füllte diese Lücke mit seiner fortgeschrittenen Infrastruktur und seinen bestens ausgebildeten Arbeitskräften, obwohl es relativ klein ist.

Das kombinierte Gewicht der BRICS-Gruppe ist nicht zu leugnen. Ihre Mitglieder stellen 40 Prozent der Weltbevölkerung, 20 Prozent der globalen Wirtschaftsleistung und besitzen 40 Prozent der Fremdwährungsreserven. Die BRICS-Länder haben sich zu einem Gegengewicht zu den ursprünglichen G7, in denen hoch entwickelte Volkswirtschaften versammelt sind, und zu einem wichtigen Faktor innerhalb der G20 entwickelt. Sie haben allerdings keinerlei Maßnahmen eingeleitet, um ihre Volkswirtschaften in eine Freihandelszone oder zu einer Währungsunion nach dem Vorbild der EU zu integrieren, abgesehen von begrenzten bilateralen Abkommen. Die wichtigste Funktion der BRICS-Gruppe war, mit einer Stimme auf die globale Vorherrschaft und das internationale Währungssystem einzuwirken.

Die Führer der BRICS-Staaten haben begonnen, radikale neue Positionen zu fünf wichtigen Themen zu vertreten: Abstimmungen im IWF und bei den UN, multilaterale Hilfe, Entwicklungshilfe und die Zusammensetzung der globalen Reserven. Ihr Manifest zielt auf nichts Geringeres ab als ein Überdenken oder eine Revision der Arrangements, die nach dem Zweiten Weltkrieg in Bretton Woods und San Francisco getroffen wurden. Diese Vereinbarungen führten zu den ursprünglichen Ausprägungen von IWF, Weltbank und Vereinten Nationen. Die BRICS-Länder bestehen darauf, diese Institutionen so zu reformieren, dass sie die Prioritäten der BRICS-Gruppe stärker berücksichtigen. Sollte das nicht geschehen, werden die BRICS-Staaten konkrete Schritte unternehmen, ihre eigenen Institutionen zu schaffen, um deren Funktionen auf regionaler Basis zu erfüllen. Die Entwicklung solcher Institutionen würde zwangsläufig eine Schwächung derjenigen Institutionen nach sich ziehen, die sie ersetzen sollten. Es ist nicht klar, ob diese Vorschläge reale Reformen der existierenden Institutionen auslösen sollen oder ob es konkrete Pläne gibt, in die angekündigte Richtung zu gehen. Vielleicht treffen beide Intentionen zu. Jedenfalls sind die BRICS-Länder nicht willens, den Status quo der internationalen Finanzen und deren Vorherrschaft zu akzeptieren.

Insbesondere haben die BRICS-Staaten appelliert, Brasilien und Indien als ständige Mitglieder in den Weltsicherheitsrat aufzunehmen. Russland und China sind bereits ständige Mitglieder. Das würde dazu führen, dass es sieben ständige Mitglieder gäbe, darunter vier BRICS-Länder, was diesen eine knappe Mehrheit verschaffen würde. Das Vetorecht der USA würde in diesem Szenario nicht abgeschafft, aber die Hinzufügung eines Vetorechts für Brasilien und Indien wäre eine signifikante Steigerung des Gewichts der BRICS-Gruppe in Verhandlungen, die vor formalen Abstimmungen des Sicherheitsrats stattfinden. Die Aufnahme Brasiliens und Indiens würde dazu führen, dass der rotierende Vorsitz im Sicherheitsrat öfter von BRICS-Staaten eingenommen wird. Dieser Vorsitz verleiht der betreffenden Nation die Fähigkeit, die Agenda vorzugeben und die Prozesse im Sicherheitsrat zu beeinflussen.

Die BRICS-Staaten, vor allem China, haben zudem auf Abstimmungsreformen im IWF gedrängt. Wenn die Bevölkerung, die Reserven und die Produktion die relevanten Kriterien sind, dann ist das derzeitige Stimmrecht im IWF zugunsten Westeuropas und zum Nachteil der BRICS-Gruppe verzerrt. Die Führung des IWF erkennt dies an und Direktorin Christine Lagarde hat sich für eine Reform der Stimmrechte ausgesprochen, vor allem im Hinblick auf China. Das Problem dabei ist, Länder wie Belgien und die Niederlande davon zu überzeugen, zugunsten Chinas Stimmrechte abzugeben. Dieser Prozess zieht sich nun schon über Jahre hin. Die BRICS-Länder haben ihre Karten sorgfältig ausgespielt, indem sie Zusicherungen für dringend benötigte Kreditvergabemöglichkeiten des IWF von Fortschritten der Stimmrechtsreform abhängig machten. Die Trumpfkarte der BRICS-Gruppe in diesem Spiel ist die Aufstellung einer alternativen multilateralen Kreditvergabe-Institution, wenn der IWF ihre Abstimmungsmacht nicht erhöht.

Eine Blaupause der BRICS-Alternativen zum IWF und zur Weltbank war ein grundlegendes Ergebnis der Gipfelkonferenz im März 2013 im südafrikanischen Durban. Am Ende dieses Gipfels gaben die BRICS-Länder ein Communiqué heraus, das so lautete:

Wir haben unseren Finanzministern die Aufgabe zugewiesen, die Durchführbarkeit der Gründung einer neuen Entwicklungsbank zur Mobilisierung von Ressourcen für Infrastruktur zu untersuchen und ... wir sind zufrieden damit, dass die Etablierung einer neuen Entwicklungsbank realisierbar ist. Wir haben uns darauf geeinigt, die neue Entwicklungsbank zu gründen. ...

Wir haben unsere Finanzminister und Zentralbankchefs beauftragt, den Aufbau eines finanziellen Sicherheitsnetzes durch die Gründung eines Reserve-Arrangements (CRA) im Kreis der BRICS-Länder zu prüfen. Wir sind der Ansicht, dass der Aufbau des CRA mit einem Gründungsvolumen von 100 Milliarden Dollar durchführbar ist. ...

Wir fordern eine Reform der internationalen Finanzinstitutionen, um sie repräsentativer zu machen und das zunehmende Gewicht der BRICS-Staaten zu reflektieren. ... Wir machen uns weiterhin Sorgen über das langsame Tempo der Reform des IWF.[121]

Das BRICS-Gipfeltreffen sprach auch ausdrücklich die Rolle des Dollar als führende Reservewährung der Welt und seine mögliche Ablösung durch SDRs an:

Wir unterstützen die Reform und Verbesserung des internationalen Währungssystems mit einem internationalen Reservewährungssystem auf breiter Basis, das Stabilität und Sicherheit gewährleistet. Wir begrüßen die Diskussion über die Rolle der SDRs im existierenden internationalen Währungssystem, ebenso die Zusammensetzung des SDR-Währungskorbs.[122]

Schließlich, um keinen Zweifel an der Rolle der BRICS-Gruppe als eher politisches als ökonomisches Projekt zu lassen, verwendete der Gipfel in Durban viel Zeit auf Diskussionen über Themen wie die Krise in Syrien, einen Palästinenserstaat, israelische Siedlungen, die Entwicklung iranischer Kernwaffen, den Krieg in Afghanistan, die Instabilität im Kongo und andere rein politische Fragen.

Die BRICS-Länder bekräftigten ihr Festhalten an ihrer neuen multilateralen Kreditinstitution beim Gipfeltreffen in St. Petersburg am 5. September 2013, das im Zusammenhang mit dem Gipfel der G20-Führer abgehalten wurde. Bei diesem Treffen einigten sich die BRICS-Staaten, dass 41 Prozent der Finanzmittel für den neuen Fonds aus China kommen sollten, je 18 Prozent aus Russland, Brasilien und Indien und 5 Prozent aus Südafrika.

In einem überraschenden Zusatz zu den Enthüllungen Edward Snowdens über das Ausspionieren von Verbündeten durch die USA kündigte Brasilien im September 2013 Pläne an, ein 20 000 Meilen umfassendes unterseeisches optisches Kabelnetzwerk von Fortaleza in Brasilien bis Wladiwostok in Russland zu bauen, mit Verbindungen in Kapstadt, Südafrika, Chennai, Indien und Shantou, China. Es sollte bis 2015 fertig sein. Dieses System ist entscheidend für ein BRICS-Internet frei von Überwachung durch die USA. Die USA haben schon seit langer Zeit ausgezeichnete Fähigkeiten, Unterseekabel anzuzapfen, daher mag die tatsächliche Sicherheit des neuen Systems problematisch sein. Die eigenständige Erstellung dieses Systems könnte dennoch genutzt werden, um ein Interbanken-Zahlungssystem der BRICS-Staaten aufzunehmen. Das würde die Nutzung der von den BRICS-Ländern geförderten Alternativen zu Zahlungen in Dollar erleichtern.[123]

Neben den regelmäßigen Treffen der BRICS-Führer sind rund um die BRICS-Staaten eine ganze Menge Neben- und Schatteninstitutionen entstanden. Dazu gehören unter anderem das BRICS Think Tank Council, das BRICS Business Council und ein virtuelles BRICS-Sekretariat. Zudem koordinieren die BRICS-Länder ihre Außenpolitik durch Treffen ihrer Außenminister anlässlich der jährlichen UN-Generalversammlung in New York. Diese Initiativen haben eine neue Klasse internationaler Vermittler hervorgebracht: die »BRICS-Sherpas« und ihre »Untersherpas«. Diese Institutionen der BRICS-Gruppe bilden einen eigenen Ausschuss inmitten anderer internationaler Foren wie IWF, UN und G20.

Heute muss man die BRICS-Gruppe als einflussreiche ökonomische und politische Macht betrachten, obwohl das Wachstum in einigen Mitgliedsländern jüngst zurückgegangen ist, vor allem in China. Den globalen Einfluss in Bezug auf Territorium, Bevölkerung, Produktion, Rohstoffe und finanzielle Reserven kann man unmöglich ignorieren. Die Welt sollte eine allmähliche

Konvergenz der Zukunftsvisionen der BRICS-Staaten und den alten Institutionen des Westens antizipieren, denn heute haben sie politische Maßnahmen und Prozesse gefunden, die sie vereinen.

Diese Konvergenz hat viele Facetten, die man zu einem einzigen Thema zusammenfassen kann: die Schwächung der internationalen Rolle des Dollar und der Fähigkeit der USA sowie ihrer engsten Verbündeten, die Ergebnisse bedeutender Foren und geopolitischer Streitfragen zu beeinflussen. Die BRICS-Staaten hatten in O'Neills Studie vielleicht bescheidene Anfänge, aber diese Gruppe führt nun ihr eigenständiges Leben.

Die Shanghai Cooperation Organization

Die Wall-Street-Analysten sind nicht die Einzigen, die in den Volkswirtschaften der Emerging Markets auf Gemeinsamkeiten gestoßen sind. Andere regionale Gruppen sind in den vergangenen Jahren ins Rampenlicht gerückt. Diese Verbindungen, basierend auf geografischer Nähe und gemeinsamen Interessen, werden langsam zur Herausforderung für die nach dem Zweiten Weltkrieg vereinbarten Arrangements der führenden westlichen Volkswirtschaften. Dazu gehören die Shanghai Cooperation Organization (SCO) und das Gulf Cooperation Council (GCC). Auch diese Gruppierungen neigen dazu, die Rolle des US-Dollar als führende Reservewährung zu schwächen. Ihre Pläne reichen über Freihandelszonen und gemeinsame Märkte hinaus, die man überall auf der Welt findet, und beinhalten strategische, militärische, rohstoffbezogene und internationale monetäre Initiativen. Abhängig davon, wie gut diese Gruppen ihre Pläne umsetzen und interne Rivalitäten überwinden, werden sie bei jeder Reform oder Weiterentwicklung des internationalen Währungssystems eine wichtige Rolle spielen.

Die Shanghai Cooperation Organization wurde im Juni 2001 als Fortsetzung der Vorgängerorganisation Shanghai Five gegründet. Die SCO-Mitglieder sind die ursprünglichen fünf Mitglieder dieser Gruppe – Russland, China, Kasachstan, Kirgistan und Tadschikistan – und das neue Mitglied Usbekistan. Die SCO zählt aber auch Indien, Iran und Pakistan zu seinen Beobachterstaaten und lädt regelmäßig die früheren Sowjetrepubliken und die ASEAN Staaten zu ihren Treffen ein.

Ihren Ursprung hatte die SCO in Sicherheitsfragen, die ihre Mitgliedsstaaten betrafen, darunter die Unterdrückung von Abspaltungstendenzen im Kaukasus, in Tibet und in Taiwan. Die Mitglieder hatten auch das gemeinsame Interesse, Al-Qaida und andere terroristische Gruppen in Tschetschenien und im Westen Chinas zu besiegen. Aber die SCO entwickelte sich schnell zu einem asiatischen Gegengewicht zur NATO. Russland gewann Chinas Unterstützung bei seiner Konfrontation mit der NATO in Osteuropa, China gewann Russlands Unterstützung bei der Konfrontation mit den USA in Ostasien. In diesem Zusammenhang kam es nicht überraschend, dass die SCO eine Bewerbung der USA um einen Beobachterstatus ablehnte.[124]

Neben der Durchführung gemeinsamer Militärmanöver und der Kooperation bei Dutzenden großer Infrastrukturprojekte auf den Gebieten Energie, Telekommunikation und Wasser hat die SCO auch Initiativen im Bankwesen und bei multilateraler Finanzierung gestartet, die die Zukunft des internationalen monetären Systems prägen werden. Der Rat der Premierminister der SCO unterzeichnete beim Gipfeltreffen in Moskau am 26. Oktober 2005 eine Vereinbarung zur Gründung des SCO-Interbankenkonsortiums. Es soll die wirtschaftliche Zusammenarbeit zwischen den Zentralbanken, gemeinsame Finanzierung von Infrastruktur und die Vergabe spezieller Entwicklungskredite an die Mitglieder erleichtern.[125]

Beim Gipfeltreffen der SCO-Premierminister in Astana, Kasachstan, im Oktober 2008 begrüßten der chinesische Premier Wen Jiabao und der russische Premierminister Wladimir Putin den Antrag Irans auf Vollmitgliedschaft. Bei diesem Gipfeltreffen bemerkte der iranische Vizepräsident Parviz Davoudi: »Die SCO ist eine gute Zusammenkunft für den Entwurf eines neuen Bankensystems, das von den internationalen Bankensystemen unabhängig ist.«[126] Der SCO-Gipfel im Juni 2009 wurde Seite an Seite mit dem BRICS-Gipfel im russischen Jekaterinburg durchgeführt. Der chinesische Präsident Hu Jintao und der russische Präsident Dimitri Medwedew nutzten die Gelegenheit der SCO- und BRICS-Gipfel, um eine chinesisch-russische Deklaration zu unterschreiben, die auf eine Reform des globalen Finanzsystems und internationaler finanzieller Institutionen sowie stärkere Repräsentation der sich entwickelnden Länder im IWF abzielte.[127]

Der neu gewählte iranische Präsident Hassan Rouhani gab beim SCO-Gipfel in Kirgistans Hauptstadt Bishkek am 13. September 2013 eine Art internationale Coming-out-Party. Bei diesem Gipfeltreffen erhielt Iran starke Unterstützung von Russland, China und dem Rest der SCO für die Nichteinmischung in Irans Urananreicherungsprogramm.

Da Geopolitik zunehmend auf dem Gebiet der internationalen Ökonomie statt in rein militärisch-diplomatischen Sphären stattfindet, kann man damit rechnen, dass sich die SCO von einem Sicherheitsbündnis immer mehr zu einer monetären Zone entwickelt. Das ist durch die Rolle russischer und chinesischer Banken bei der Erleichterung der iranischen Hartwährungstransaktionen eigentlich schon passiert, trotz der Sanktionen der USA und der EU wegen des iranischen Geldtransfers.

Die Konvergenz der Agenden von BRICS und SCO bezüglich internationaler monetärer Angelegenheiten sollte die westlichen Eliten in höchste Besorgnis versetzen. Die Antreiber sind Russland und China, die beiden mächtigsten Mitglieder beider Organisationen. Die BRICS-Staaten und die SCO haben vielleicht verschiedene Agenden auf militärischem und strategischem Gebiet, aber sie sind sich einig bei Themen wie Stimmrechten im IWF und sie haben eine gemeinsame, wachsende Antipathie gegen die dominante Rolle des Dollar.

Der Golf

Eine weitere strategische und geografisch zusammenhängende Allianz, das Gulf Cooperation Council (GCC) hat das Potenzial, ein Gebiet mit einer Einheitswährung zu bilden, was die Rolle des US-Dollar schwächen würde.

Das GCC wurde am 25. Mai 1981 gegründet, als Bahrain, Kuwait, Oman, Katar, Saudi-Arabien und die Vereinigten Arabischen Emirate in Riad, Saudi-Arabien, einen Pakt unterzeichneten. Weitere Beitritte gab es bislang nicht, Marokko und Jordanien haben allerdings Kandidatenstatus.

Das GCC hat keine Verbindungen zu Irak oder Iran, obwohl beide, ebenso wie alle GCC-Mitglieder, am Persischen Golf liegen. Die Gründe liegen auf der Hand. Irak ruinierte 1990 seine Beziehungen zum GCC durch seine

Invasion im Mitgliedsstaat Kuwait. Iran ist kein Kandidat für eine Mitgliedschaft, weil sich das Land ethnisch und in religiöser Hinsicht von den arabischen Staaten unterscheidet, mit denen es den Persischen Golf teilt, und mit Saudi-Arabien bitter verfeindet ist. Aber die mögliche Erweiterung durch Jordanien und Marokko ist sinnvoll. Alle derzeitigen GCC-Mitglieder sind arabische Monarchien. Jordanien ist eine arabische Monarchie und Marokko ist eine arabisch sprechende Monarchie sowie Mitglied der Arabischen Liga. Das GCC vertritt zwar eine relativ liberale Wirtschafts- und Handelspolitik, aber de facto ist es immer noch ein Club für die verbliebenen arabischen Könige.

Das GCC hat einen ähnlichen Weg eingeschlagen wie die EU, indem es 2008 mit Erfolg einen gemeinsamen Markt eingerichtet hat und nun auf dem Weg zu einer gemeinsamen Währung ist. Die Bedeutung des GCC für das internationale Währungssystem liegt eher in der Initiative hin zu einer Einheitswährung als in anderen Facetten der strategischen und ökonomischen Kooperation, die hauptsächlich von regionaler, nicht von internationaler Bedeutung sind. Wie es beim Euro der Fall war, wird die Umsetzung einer Einheitswährung im GCC ein Jahrzehnt oder länger dauern. Wichtige Fragen, die beantwortet werden müssen, beinhalten die Konvergenzkriterien für die Fiskal- und Währungspolitik der Mitglieder und die Befugnisse der Zentralbank. Kurzfristig am ärgerlichsten sind die unvermeidlichen politischen Maßnahmen im Umkreis von Themen wie dem Sitz des Zentralbank-Hauptquartiers sowie die Mitgliedschaft und Leitung des Verwaltungsrats.

Die GCC-Mitglieder befinden sich schon in einer Quasi-Währungsunion, weil ihre Landeswährungen an den US-Dollar und somit auch mit fixen Wechselkursen aneinander gebunden sind. Dennoch hat noch jedes GCC-Mitglied seine eigene Zentralbank. Dieses Arrangement ähnelt dem Europäischen Wechselkursmechanismus (ERM), der von 1979 bis 1999 bestand und ein Vorläufer des Euro war, obwohl das GCC mehr Erfolg hatte als der ERM, denn dort gab es zahlreiche Verstöße der Mitglieder gegen die vorgesehenen Wechselkursparitäten.

Die Umwandlung des GCC-Arrangements zu einer Einheitswährung scheint ein unkomplizierter Prozess zu sein. Aber die jüngsten Probleme in der Eurozone haben die GCC-Mitglieder gebremst und den monetären Integrationsprozess behindert. Das größte Problem ist die Umsetzung der Politik einer Einheitswährung mit divergenter Fiskalpolitik. Dieses Problem war einer der wichtigsten Gründe der Schuldenkrise in Europa. Länder wie Griechenland und Spanien betrieben eine unhaltbare Fiskalpolitik, finanziert mit Anleihen, die auf eine starke Währung lauteten, den Euro. Investoren setzten irrtümlich darauf, auf Euro lautende Schulden hätten die implizite Unterstützung aller Euro-Mitglieder. Das Kernproblem jeder geplanten Währungsunion (wie die der GCC) ist, wie man bei den Mitgliedern für fiskalische Disziplin sorgt, wenn es eine einzige Zentralbank und eine einzige Geldpolitik gibt. Man muss eine Wiederkehr des leichtsinnigen Vorgehens Griechenlands im Vertrauen auf die fiskalische Disziplin der stärkeren Mitglieder verhindern.

Das GCC kennt dieses Problem seit dem Zusammenbruch von Dubai World 2009. Dubai gehört neben sechs anderen Fürstentümern, deren bekanntestes Abu Dhabi ist, zu den Vereinigten Arabischen Emiraten (VAE). Die Emirate haben eine gemeinsame Währung, den Dirham, herausgegeben von einer Zentralbank mit Sitz in Abu Dhabi.

Dubai World, ein Investment-Holdingunternehmen wurde 2006 von Dubais Herrscher Scheich Mohammed bin Rashid Al Maktoum gegründet. Obwohl Dubai World darauf bestand, dass seine Schulden nicht von der Regierung garantiert waren, hielten Investoren seine Anleihen für gleichbedeutend mit Staatsanleihen der VAE. Zwischen 2006 und 2009 borgte sich Dubai World etwa 60 Milliarden Dollar zur Finanzierung von Infrastrukturprojekten, darunter Bürogebäude, Wohnungen und Transportsysteme, von denen viel noch heute leer stehen oder kaum benutzt werden.

Am 27. November 2009 meldete Dubai World unerwartet, dass Dubai um ein »Stillhalten« der Gläubiger und um Laufzeitverlängerungen sämtlicher Schulden bat. Eher als bestimmte Ereignisse in Europa war dieser Zahlungsausfall der Auslöser der Schuldenkrise, die sich schnell in Europa ausbreitete und von 2010 bis 2012 dauerte. Schließlich intervenierten Abu Dhabi und die VAE-Zentralbank, um Dubai World ungefähr auf die Weise zu retten, wie die EU und die Europäische Zentralbank intervenierten, um Griechenland, Portugal, Irland und Spanien aus der Patsche zu helfen. Diese Lektionen der VAE und Europas sind an Saudi-Arabien, Katar und den anderen GCC-Mitgliedern nicht spurlos vorbeigegangen. Ein durchsetzbarer GCC-Fiskalpakt mit Begrenzungen der Haushaltsdefizite ist wahrscheinlich notwendig, ehe sich das Projekt der Einheitswährung nach vorn bewegt.

Das andere große Thema der GCC-Einheitswährung ist die Frage nach einem ersten Wechselkurs gegenüber dem US-Dollar. Ein zu niedriger Wert wäre inflationär, ein zu niedriger deflationär. Vor diesem Dilemma stand auch das Vereinigte Königreich, als es 1925 zum Goldstandard zurückkehrte, nachdem es ihn 1914 abgeschafft hatte, um den Ersten Weltkrieg auszutragen. Das Vereinigte Königreich machte den Fehler, den Kurs des Pfunds gegenüber Gold zu hoch anzusetzen, was extreme Deflation auslöste und zur Großen Depression beitrug.

Wenn ein Land oder eine Gruppe von Ländern ihre Währung an den Dollar koppeln, überlassen sie ihre Geldpolitik praktisch der Federal Reserve. Wenn die Fed eine lockere Geldpolitik verfolgt und das andere Land einen Handelsüberschuss aufweist oder Kapitalzuflüsse verzeichnet, muss das Land selbst Geld drucken, um die hereinfließenden Dollars zu kaufen und die Koppelung aufrechtzuerhalten. Tatsächlich wird die von der Fed betriebene Politik des leichten Geldes durch den Wechselkursmechanismus exportiert, was das andere Land dazu zwingt, selbst eine Politik des leichten Geldes zu betreiben. Wenn die Wirtschaft dieses Landes stärker ist als die der USA, führt diese Politik des leichten Geldes zu Inflation, wie es in China und in den GCC-Ländern seit 2008 der Fall war. Die einfachste Lösung ist, die Koppelung aufzugeben und zuzulassen, dass die lokale Währung gegenüber dem Dollar aufwertet. Solche Wertverluste des Dollar sind das Ziel der Politik des niedrigen Geldes der Fed.[128]

Eine alternative Lösung ist eine Einheitswährung, deren Wert an eine *andere* Währung als den Dollar gekoppelt ist. Experten haben mehrere Kandidaten für eine alternative Koppelung vorgeschlagen. Ein offensichtlicher Kandidat sind die SDRs des IWF. Das SDR selbst wird relativ zu einem Währungskorb bewertet, der den Dollar beinhaltet, aber auch dem Euro, dem Pfund und dem Yen signifikante Gewichtungen einräumt. Dabei ist wichtig: Der IWF ist bemächtigt, die Zusammenstellung des SDR-Korbs von Zeit zu Zeit zu verändern, neue Währungen einzuführen, um Handelsmuster, Veränderungen der komparativen Vorteile und die relative ökonomische Performance der Länder besser zu reflektieren, deren Währungen in diesem Korb enthalten sind. Eine SDR-Koppelung würde die zukünftige GCC-Währung enger mit den Volkswirtschaften der Handelspartner verbinden und den Einfluss der Fed auf die Geldpolitik der GCC-Länder vermindern.

Die Volkswirtschaften der GCC-Länder sind, was Umsätze und Wachstum betrifft, stark von Ölexporten abhängig. Die Volatilität des Ölpreises in Dollar überträgt sich auf die Volatilität der wirtschaftlichen Performance, wenn die GCC-Währung an den Dollar gekoppelt ist. Also wäre es eine logische Erweiterung der SDR-Methode, den Ölpreis in Dollar in den Währungskorb aufzunehmen. Auf diese Weise würde sich der Wechselkurs der GCC-Währung im Gleichschritt mit dem Ölpreis in Dollar entwickeln. Wenn die Fed eine Politik des billigen Geldes vertritt und der Ölpreis in Dollar wegen der daraus resultierenden Inflation steigt, würde die GCC automatisch zulegen, was die Inflation in den GCC-Staaten abmildern würde. Auf diese Weise könnte die GCC-Währung sowohl gekoppelt als auch frei von der Fed-Politik sein.[129]

Eine verlockendere Lösung des Koppelungsproblems – und eine mit schwerwiegenden Implikationen für das internationale Währungssystem – ist radikaler: *Man legt die Preise der Öl- und Erdgasexporte in der GCC-Währung selbst fest* und ermöglicht so freie Wechselkurse der GCC-Währung gegenüber anderen Währungen. Das könnte tatsächlich den Anfang vom Ende des Dollar als Benchmark-Währung für die Ölpreise bedeuten und es würde sofort für weltweite Nachfrage nach der GCC-Währung sorgen.

Dieser Trend zur Aufgabe des Dollar als Benchmark für den Ölpreis wurde 2013 dramatisch beschleunigt, weil sich das Weiße Haus bemühte, den Iran als vorherrschende Macht des Nahen Ostens zu legitimieren. Implizit seit 1945 und explizit seit 1974 haben die USA Saudi-Arabiens Sicherheit garantiert, um im Gegenzug die Unterstützung Saudi-Arabiens für den Dollar als einziges Tauschmedium für Energie-Exporte zu erhalten und das Versprechen der Saudis, Waffen und Infrastruktur von den USA zu kaufen. Diese fast 70 Jahre während Beziehung wurde Ende 2013 durch Präsident Obamas Umgang mit dem Iran und die implizite Tolerierung der iranischen Bemühungen auf dem Gebiet der Nukleartechnologie schwer in Zweifel gezogen.

Die Annäherung zwischen den USA und dem Iran erfolgte, als sich die Beziehungen zwischen Saudi-Arabien und den USA schon stark abgekühlt hatten, nachdem Präsident Obama 2011, während der Unruhen im arabischen Frühling, den saudischen Verbündeten Hosni Mubarak in Ägypten fallen gelassen hatte. Hinzu kam, dass der Präsident im syrischen Bürgerkrieg die mit den Saudis verbündeten Rebellen nicht unterstützte. Dann gaben die Saudis

Milliarden Dollar aus, um die Militärherrschaft in Ägypten wiederherzustellen und die ägyptische Muslimbruderschaft zu zerschlagen, die Präsident Obama favorisierte. Kürzlich demonstrierten die Saudis öffentlich ihre Unzufriedenheit mit den USA und sicherten sich entschlossen Waffen aus Russland, Nukleartechnologie aus Pakistan und Sicherheitsassistenz aus Israel. Die daraus entstandene Allianz zwischen Saudi-Arabien, Ägypten und Russland entzieht dem Dollar eine weitere Stütze und schafft eine Interessengemeinschaft zwischen Saudi-Arabien und Russland, die bereits angekündigt hat, ein internationales Währungssystem ohne Hegemonie des Dollar zu bevorzugen.

Wenn eine GCC-Währung eine echte globale Reservewährung statt nur einer Handelswährung werden soll, ist eine weitere Vertiefung der GCC-Finanzmärkte und der Infrastruktur erforderlich. Dennoch gilt: Saudi-Arabiens Neubewertung seiner Sicherheitsbeziehungen zu den USA, kombiniert mit der Expansion des Euro und den Anstrengungen der BRICS-Staaten und der SCO, Gold zu kaufen und der Dollardominanz zu entkommen, könnte zu einer schnellen Schwächung der Rolle des Dollar als internationale Reservewährung führen.

Die beiden Inseln

Zwei Länder stehen abseits von diesem Überblick über monetären Multilateralismus und der steigenden Unzufriedenheit mit dem internationalen Währungssystem: das Vereinigte Königreich und Japan. Das Vereinigte Königreich ist Mitglied der NATO und der EU, während Japan ein wichtiger und langjähriger Verbündeter der USA ist.

Keine der beiden Nationen ist einer Währungsunion beigetreten oder hat sich gegen die US-Dominanz in internationalen monetären Institutionen ausgesprochen. Sowohl Japan als auch das Vereinigte Königreich haben ihre eigenen Währungen und Zentralbanken behalten mit den Finanzzentren Tokio und London. Der japanische Yen und das Pfund Sterling sind beide als offizielle Reservewährungen vom IWF anerkannt und beide Länder haben große, robuste Anleihenmärkte, die gebraucht werden, um diese Ausrichtung zu stützen.

Allerdings haben beide nur geringe Goldreserven und besitzen nur etwa 25 Prozent des Goldes, das nötig wäre, die Gold-zu-BIP-Relation der USA oder

Russlands zu erreichen. Japan und das Vereinigte Königreich weisen sogar eine noch niedrigere Gold-zu-BIP-Relation auf als China, das selbst nur unzureichende Goldreserven hat. Die USA, die Eurozone und Russland haben alle ausreichend Gold, um im Fall einer Krise das Vertrauen in ihre Währungen zu bewahren. Im Gegensatz dazu sind Japan und das Vereinigte Königreich die beiden reinsten Beispiele für das Vertrauen auf Fiat Money. Beide Länder sind sehr exponiert, mit Druckerpressen, unzureichenden Goldreserven, und haben keine monetären Verbündeten und keinen Plan B.

Japan und das Vereinigte Königreich sind Teil eines globalen monetären Experiments, orchestriert von der amerikanischen Federal Reserve und dargelegt vom früheren Fed-Chairman Ben Bernanke in zwei Reden, am 14. Oktober 2012 in Tokio und am 25. März 2013 in London. Bei seiner Rede in Tokio machte Bernanke klar, dass die USA ihre lockere Geldpolitik mit Quantitative Easing in absehbarer Zukunft fortsetzen würden. Die Handelspartner hätten daher zwei Wahlmöglichkeiten. Sie könnten ihre Währungen an den Dollar koppeln, was Inflation auslösen würde – so wie es in den GCC-Ländern der Fall war. Oder, so meinte Bernanke, diese Handelspartner könnten eine Aufwertung ihrer Währungen zulassen – das gewünschte Ergebnis seiner Politik des billigen Dollar –, was allerdings ihren Exporten schaden würde. Handelspartnern, die sich beklagten, dies sei nur eine Wahl zwischen Inflation und reduzierten Exporten, erklärte Bernanke, die Folgen für die Handelspartner wären noch übler, sollte die Fed *keine* Politik des billigen Geldes betreiben: eine kollabierende US-Wirtschaft, die die weltweite Nachfrage ebenso schwächen würde wie den Welthandel und sowohl die entwickelten Länder als auch die Emerging Markets in eine globale Depression stürzen würde.[130]

Trotz Bernankes Überlegungen hatte seine Politik des billigen Dollar das Potenzial, eine Runde von Währungsabwertungen auszulösen – einen Währungskrieg, der zu einem Handelskrieg führen könnte, wie es in den 1930er-Jahren geschah. Bernanke sprach dieses Thema in seiner Rede 2013 in London an. Ein Problem mit den Abwertungen in den 1930er-Jahren, so sagte er, habe darin bestanden, dass sie nacheinander und nicht gleichzeitig auftraten. Jedes Land, das in den 1930er-Jahren abgewertet hatte, erreichte vielleicht Wachstum und Marktanteile bei den Exporten, allerdings auf Kosten der Länder, die nicht abgewertet hatten. Das erwünschte Wachstum durch die Abwertung war suboptimal, weil mit hohen Kosten verbunden.

Bernankes Lösung war eine *gleichzeitige* statt einer sequentiellen Lockerungs-politik der USA, Japans, des Vereinigten Königreichs und der EZB. Theore-tisch würde dies die großen Volkswirtschaften stimulieren, ohne den Han-delspartnern zwischenzeitliche Kosten aufzubürden:

> Heute bleiben die am weitesten entwickelten Industriestaaten ... im Griff einer langsamen Erholung von der großen Rezession. Da die Inflation generell un-ter Kontrolle ist, liefern die Zentralbanken in diesen Ländern eine begleitende Geldpolitik, um das Wachstum zu fördern. Enthält diese Politik kompetitive Ab-wertungen? Im Gegenteil, denn die Geldpolitik ist in der großen Mehrheit der fortgeschrittenen Industriestaaten gleich und man würde keine großen und dau-erhaften Veränderungen ... der Wechselkurse zwischen diesen Staaten erwar-ten. Die Vorteile einer monetären Übereinkunft in den hoch entwickelten Volks-wirtschaften werden nicht auf signifikante Weise durch Veränderungen der Wechselkurse verursacht; stattdessen sind sie das Ergebnis der Unterstützung der Inlandsnachfrage in jedem Land und jeder Region. Und weil sich stärkeres Wachstum in jeder Volkswirtschaft positiv auf die Handelspartner auswirkt, geht es hier nicht darum, die Nachbarn anzubetteln, sondern sie zu bereichern.[131]

Bernankes Rhetorik ignorierte allerdings die Nachbarn in den Emerging Markets wie China, Korea, Brasilien, Thailand und anderswo, deren Währun-gen aufwerten müssten und deren Exporte leiden würden, wenn Bernankes »Stimulus« in den hoch entwickelten Ländern funktionieren soll. Mit ande-ren Worten: Die japanischen Exporte könnten profitieren, aber das könnte auf Kosten der koreanischen Exporte gehen – und so weiter. Es könnte kein Währungskrieg aller gegen alle werden, aber einer, der die USA, das Verei-nigte Königreich und Japan gegenüber den anderen G20-Staaten bevorzu-gen würde.

Japan und das Vereinigte Königreich hatten noch einen anderen Grund, das Gelddrucken und die resultierende Abwertung zu unterstützen, auf die die Fed drängte. Geld wurde nicht nur gedruckt, um die Exporte zu fördern, son-dern auch, um die Importpreise zu erhöhen. Diese teureren Importe würden dazu führen, dass die Inflation sich gegen die Deflation durchsetzt, Deflation war eine Gefahr für die USA und das Vereinigte Königreich und sie herrsch-te schon lange vor. Im Fall Japans würde die Inflation hauptsächlich durch höhere Preise für Energieimporte kommen, in den USA und im Vereinigten

Königreich durch höhere Preise für Kleidung, elektronische Geräte, bestimmte Rohstoffe und Nahrungsmittel.

Die USA und das Vereinigte Königreich weisen beide Relationen der Staatsverschuldung gegenüber dem BIP von etwa 100 Prozent auf, mit steigender Tendenz. In Japan liegt diese Relation bei über 220 Prozent. Diese Niveaus sind im historischen Vergleich hoch. Der Trend dieser Relationen ist für Investoren wichtiger als das absolute Niveau und dieser Trend sieht immer schlechter aus. Alle drei Nationen bewegen sich auf eine Schuldenkrise zu, wenn sie es nicht schaffen, den Trend nach unten zu drehen.

Relationen der Staatsverschuldung zum BIP werden nicht in realen, sondern in nominalen Beträgen berechnet. Nominale Schulden müssen mit nominalem Wachstum der Einkommen zurückgezahlt werden. Nominales Wachstum entspricht realem Wachstum plus Inflation. Da das reale Wachstum schwach ist, *müssen* die Zentralbanken Inflation verursachen, um hoffen zu dürfen, das nominale Wachstum zu erhöhen und die Relationen von Schulden zum BIP zu verringern. Wenn Zinssenkungen nicht mehr möglich sind, weil die Zinsen praktisch am Nullpunkt angelangt sind, ist Quantitative Easing zum Zweck des Inflationsimports durch Währungsabwertung die bevorzugte Technik der Zentralbanker.

Die Bank of England (BOE) hat vier Runden des Quantitative Easing (QE) durchgeführt. Das begann im März 2009, weitere Runden folgten im Oktober 2011, im Februar 2012 und im Juli 2012. Größere Aufkäufe haben zwischenzeitlich nachgelassen, aber die Nahe-null-Zinspolitik der BOE wurde fortgesetzt. Die BOE ist erfrischend ehrlich, was die Tatsache betrifft, dass sie eher nominales als reales Wachstum anstrebt, obwohl sie hofft, dass reales Wachstum eine Art Nebenprodukt sein wird. Ihre offizielle Erklärung für den Aufkauf von Staatsanleihen im Rahmen des Quantitative Easing lautet: »Der Zweck der Käufe war und ist, der Wirtschaft auf direkte Weise Geld zuzuführen, um die nominale Nachfrage nach oben zu treiben. Trotz dieser verschiedenen Maßnahmen der Geldpolitik bleibt das Ziel unverändert – das Inflationsziel von 2 Prozent gemessen am Verbraucherpreisindex zu erreichen.«[132]

In Japan ist die Situation anders. Japan steckt seit Dezember 1989, als die Aktien- und Immobilienblase der 1980er-Jahre platzte, in einer langen Depression.

Während der 1990er-Jahren verließ sich Japan hauptsächlich auf fiskalische Anreize, um seine Wirtschaft am Laufen zu halten, aber in den späten 1990er-Jahren begann eine noch schädlichere Phase der Depression. Japans nominales BIP erreichte 1997 sein Hoch und sank bis 2012 um fast 12 Prozent. Der japanische Verbraucherpreisindex erreichte 1998 sein Hoch und ist seither stetig gesunken, wobei es nur wenige positive Quartale gab. Natürlich kann eine Volkswirtschaft mit sinkendem *nominalem* BIP dennoch *reales* Wachstum aufweisen, wenn Inflation zu Deflation wird. Aber diese Art des realen Wachstums hilft der Regierung hinsichtlich Schulden, Defiziten und Steueraufkommen nicht weiter, weil diese auf nominalem Wachstum basieren.

Die Haltung der Bank of Japan (BOJ) zu QE, Inflation und nominalem BIP ist weniger klar als die der Bank of England. Die Bemühungen der BOJ zur Lockerung der Geldpolitik vor 2001 waren halbherzig und selbst innerhalb der BOJ umstritten. Ein bescheidenes QE-Programm startete im März 2001, war aber zu klein, um sich auszuwirken. Eine detaillierte IWF-Studie über die Auswirkungen des QE in Japan von 2001 bis 2011 kam zu der Schlussfolgerung: »Die Auswirkungen der ökonomischen Aktivität ... erwiesen sich als begrenzt.«[133]

Am 16. Dezember 2012, als die Parlamentswahlen mit einem Erdrutschsieg für die Liberaldemokratische Partei endeten und Shinzo Abe zum Premierminister gewählt wurde, änderte sich die Politik und insbesondere die monetäre Politik Japans. Abes Partei errang eine überwältigende Mehrheit, die Vetos des Senats zurückweisen konnte. Abe hatte sich im Wahlkampf ausdrücklich für das Drucken von neuem Geld ausgesprochen und drohte auch, die Gesetze bezüglich der BOJ zu ändern, sollte sie das Gelddrucken verweigern. »Die monetäre Politik steht nur selten im Fokus einer Wahl«, sagte Abe. »Wir haben Wahlkampf betrieben, um die Deflation zu bekämpfen, und unsere Argumente haben starke Unterstützung gefunden. Ich hoffe, die Bank of Japan akzeptiert die Ergebnisse und trifft eine angemessene Entscheidung.«[134]

Sogar Abes Wahl überzeugte die Märkte nicht vollständig, dass die BOJ tatsächlich außergewöhnliche Maßnahmen ergreifen würde angesichts der indifferenten Haltung der Bank gegenüber monetärer Lockerung in den 20 Jahren zuvor. Am 20. März 2013 wurde der von Abe ausgewählte Kandidat Haruhiko Kuroda Gouverneur der BOJ. Innerhalb weniger Tage überzeugte Kuroda den Verwaltungsrat der BOJ davon, das größte QE-Programm zu starten, das die Welt je gesehen hatte. Die BOJ versprach, 2013 und 2014 insgesamt japanische Staatsanleihen im Volumen von 1,4 Billionen Dollar zu kaufen – mit frisch gedrucktem Geld.[135] Gleichzeitig kündigte Japan einen Plan an, die Laufzeitstruktur der Anleihen zu ändern, die gekauft wurden; vergleichbar mit der »Operation Twist« der Fed. Relativ zur Größe der US-Volkswirtschaft war das Gelddruckprogramm Japans mehr als doppelt so umfangreich wie das 2012 angekündigte QE3-Programm der Fed. Ebenso wie die Bank of England ließ auch die BOJ keinen Zweifel an ihrem Ziel, die Inflation zu erhöhen, um das nominale, wenn auch nicht das reale, BIP zu erhöhen: »Die Bank wird ... so früh wie möglich ... das Ziel einer jährlichen Veränderung des Verbraucherpreisindexes um 2 Prozent erreichen.«[136]

2014 war es so, als befänden sich die Federal Reserve, die BOJ und die BOE in einer monetären Pokerpartie und hätten alles auf ihre jeweiligen Wetten gesetzt. Alle drei Zentralbanken hatten das Drucken von Geld und Leitzinsen nahe null genutzt, um Inflation zu fördern und das nominale BIP zu erhöhen. Ob sich das nominale BIP in ein reales BIP verwandeln würde, stand auf einem anderen Blatt. Tatsächlich war das reale Wachstum in allen drei Ländern auf einem Weg, der charakteristisch für eine Depression ist. Die Inflation und das nominale BIP waren die expliziten und wichtigsten Ziele der Geldpolitik der drei Länder.

Der US-Dollar, das britische Pfund und der japanische Yen machen zusammen 70 Prozent der globalen Währungsreserven und 65 Prozent des SDR-Korbs aus. Wenn die Federal Reserve der Ankerpunkt des internationalen Währungssystems ist, dann sind die BOJ und die BOE die zusätzlichen Sicherungspunkte. Aber alle drei Banken, die nun ein noch nie dagewesenes monetäres Experiment durchführen, stehen vor höchst unsicheren Ergebnissen. Ihr erklärtes Ziel ist nicht reales Wachstum, sondern Inflation und nominales Wachstum zur Tilgung der Staatsschulden.

Die Gläubiger und Inhaber von Währungsreserven in den BRICS-Staaten, der SCO, dem GCC und anderen Emerging Markets beobachten dieses Gelddrucken mit unverhohlener Frustration und wachsender Entschlossenheit, ein internationales Währungssystem zu beenden, das solche ökonomischen Abenteuer auf Kosten von Inflation, verlorenen Exporten und schwindendem Reichtum in ihren eigenen Ländern zulässt. Es bleibt abzuwarten, ob das internationale Währungssystem unter seinem eigenen Gewicht zusammenbricht oder von den Verlierern aus den Emerging Markets gestürzt wird – als Reaktion auf dieses Jahrhundertverbrechen der Zentralbanken der USA, Japans und des Vereinigten Königreichs.

TEIL III
GELD UND WOHLSTAND

Kapitel 7: Schulden, Defizite und der Dollar

Vorwärtsgerichtete Steuerung ... sollte ermöglichen, dass die Geldpolitik das kalte Buffet nicht abräumt, sondern sicherstellt, dass die Party bis spät in die Nacht dauern kann, damit jeder eine gute Zeit hat.
Charles I. Plosser, Präsident der Federal Reserve Bank of Philadelphia,
12. Februar 2013

Die Übernahme eines nominalen Einkommensziels wird nur von denjenigen für innovativ gehalten, die mit der Geldpolitik der vergangenen Jahrzehnte nicht vertraut sind. Noch niemand hat herausgefunden, wie das funktionieren soll ... Eher könnte man ... ein solches Ziel als schlecht verbrämte Methode betrachten, auf höhere Inflation abzuzielen.
Charles Goodhart, 18. März 2013

Die Bedeutung des Geldes

Was ist ein Dollar? Die Beantwortung dieser Frage ist nicht leicht. Die meisten Leute würden antworten, dass ein Dollar Geld ist, also etwas, das sie verdienen, ausgeben oder sparen. Das führt zu einer weiteren Frage: Was ist Geld? Experten zitieren die dreiteilige Definition von Geld als Tauschmittel, Wertspeicher und Kontoeinheit. Der letztgenannte Teil der Definition ist nützlich, aber fast trivial. Kronkorken können ebenso solche Einheiten sein wie Knoten in einer Schnur. Eine Kontoeinheit ist lediglich ein Mittel, wahrgenommenen Wert zu addieren oder zu substrahieren. *Tauschmittel* bezieht sich ebenfalls indirekt auf den Wert, weil jede Partei eines Tauschgeschäfts einen Wert in dem sehen muss, das gegen Güter oder Dienstleistungen getauscht wird. Zwei von drei Teilen der Definition beziehen sich implizit auf einen Wert. Daher kann man die gesamte Standarddefinition im dritten Teil zusammenfassen: *Wertspeicher*.

Wenn aber Geld Wert ist, was ist dann *Wert?* An diesem Punkt dringt die Analyse ins Philosophische und Moralische vor. Werte können im Besitz von Individuen sein, aber auch innerhalb einer Kultur oder Gemeinschaft geteilt werden. Werte können subjektiv sein (wie in der Ethik) oder absolut (wie in der Religion). Um Werte kann es Konflikte geben, wenn konkurrierende oder benachbarte Gruppen sehr verschiedene Wertvorstellungen haben.

Trotz dieser unterschiedlichen Bedeutungen des Begriffs Wert stechen zwei Eigenschaften heraus: Die erste ist die Idee eines Maßstabs, also dass es möglich ist, die Anwesenheit, die Abwesenheit oder das Ausmaß von Wert zu messen. Die zweite ist die Idee des Vertrauens: Wenn man einem Individuum oder einer Gruppe Werte zuschreibt, vertraut man darauf, dass sich das Individuum oder die Gruppe gemäß diesen Werten verhalten wird. Vertrauen beinhaltet konsistentes Verhalten in Form reziproker oder altruistischer Handlungen.

Im Grunde genommen ist ein Dollar Geld, Geld ist Wert und Wert ist beständiges Vertrauen. Wenn man irgendwo auf der Welt eine Flasche Coca-Cola kauft, vertraut man darauf, dass das Getränk nach dem Originalrezept hergestellt wurde und die Zutaten nicht verfälscht sind. In dieser Hinsicht enttäuscht Coca-Cola nicht. Das ist ständig bestätigtes Vertrauen und bedeutet, dass eine Flasche Coke einen Wert hat.

Wenn ein Kunde eine Flasche Coke kauft, gibt er dem Verkäufer einen Dollar. Das ist kein reiner Tauschhandel, sondern ein Austausch von Wert. Aber was ist die Quelle des Werts eines Dollars? Wie besteht er den Test des ständig bestätigten Vertrauens?

Um diese Frage zu beantworten, muss man tiefer schürfen. Der Dollar selbst, ob als Banknote oder in digitaler Form, ist ein gegenständliches Objekt. Was repräsentiert der Dollar? Wem gilt das Vertrauen? Wenn Vertrauen erforderlich ist, gilt Ronald Reagans Spruch: *Vertraue, aber prüfe nach.* Das System der Federal Reserve, im Besitz von Privatbanken, emittiert den Dollar. Aber wie können wir prüfen, ob das Vertrauen gerechtfertigt ist?

In einem Rechtsstaat ist ein schriftlicher Vertrag die übliche Methode, Vertrauen zu sichern. Das lernt schon ein Jurastudent im ersten Semester. Die Ansichten und Erwartungen der Vertragsparteien werden schriftlich festgehalten und dann von beiden Parteien gelesen. Wenn beide Parteien zustimmen, wird der Vertrag unterzeichnet und von nun an verkörpert der Vertrag das Vertrauen. Manchmal gibt es Meinungsverschiedenheiten über die Bedeutung bestimmter Worte im Vertrag oder die Auslegung der Bestimmungen. Es gibt Gerichte, die solche Streitigkeiten klären. Dieses System aus Verträgen, Gerichten und Entscheidungen, das durch die Verfassung des Landes festgelegt ist, ist das, was wir meinen, wenn wir von einem Rechtsstaat sprechen.

Wie passt die Federal Reserve in dieses System? Auf einem bestimmten Niveau folgt die Fed dem Modell des schriftlichen Vertrags. Man kann damit beginnen, das Kleingedruckte auf einer Dollarnote zu lesen. Dort findet man den schriftlichen Geldvertrag. Die Vertragsparteien werden als »The Federal Reserve« und in Vertretung des Volkes »The United States of America« genannt.

Ein-Dollar-Verträge werden von jeder der zwölf Regionalbanken der Fed abgeschlossen, manche von der Fed in Philadelphia, manche von der Fed in Dallas und so weiter. Größere Verträge, zum Beispiel über 20 Dollar, werden vom »System« abgeschlossen. Diese Verträge sind allesamt vom Finanzminister im Namen des Volkes unterzeichnet.

Die wichtigste Klausel im schriftlichen Dollarvertrag erscheint oben auf der Vorderseite jeder Banknote. Es ist der Ausdruck »Federal Reserve Note«. Hierbei handelt es sich um eine Obligation, also eine Art Schuldverschreibung. So verbucht die Fed emittiertes Geld in ihrer Bilanz. Bilanzen zeigen die Vermögensgegenstände auf der linken, die Verbindlichkeiten auf der rechten Seite und das Kapital, also die Vermögensgegenstände abzüglich der Verbindlichkeiten, am Ende. Die von der Fed herausgegebenen Banknoten stehen auf der rechten Seite der Bilanz als Verbindlichkeiten, also dort, wo man Schulden verbuchen würde.

Die Banknoten der Fed sind eine ungewöhnliche Art von Schulden, weil sie weder eine Verzinsung noch ein Laufzeitende aufweisen. Unter Anwendung der Vertragstheorie gibt es noch eine weitere Möglichkeit, den Dollar zu beschreiben, nämlich als unverzinste Obligation mit unbegrenzter Laufzeit, emittiert von der Fed. Jeder Schuldner wird bestätigen, dass eine unbegrenzte, unverzinsliche Schuld die beste Art der Verschuldung ist, denn man braucht sie nie zu tilgen und in der Zwischenzeit kostet sie nichts. Dennoch handelt es sich um eine Schuld.

Also ist der Dollar Geld, Geld ist Wert, Wert ist Vertrauen, Vertrauen ist ein Vertrag und der Vertrag entspricht einer Verschuldung. Wenn man das Transitivitätsgesetz der Arithmetik anwendet, ist der Dollar eine Schuld, die die Fed in vertraglich geregelter Form dem Volk schuldet. Diese Betrachtungsweise kann man als Vertragstheorie des Geldes bezeichnen. Auf den Dollar angewendet kann man diese Theorie verstehen, indem man stets das Wort *Geld* durch *Schulden* ersetzt. Dann sieht die Welt ganz anders aus; es ist eine Welt voller Schulden.[137]

Diese Sicht des Geldes als Vertrag ist eine von vielen monetären Theorien. Die einflussreichste von ihnen ist die Quantitätstheorie oder der *Monetarismus*, der im 20. Jahrhundert von Irving Fisher und Milton Friedman vertreten wurde. Der Monetarismus ist eine der Anleitungen der Fed zur Erschaffung von Geld, obwohl die ursprüngliche Formulierung Friedmans nicht mehr aktuell ist.[138]

Ein anderer Zugang ist die Staatstheorie des Geldes, die behauptet, Papiergeld ohne Deckung besitze einen Wert, weil der Staat dieses Geld in Form von Steuererzahlungen verlangen kann.[139] Der Staat kann äußersten Zwang anwenden, um Steuern einzutreiben. Daher arbeiten die Bürger für Geld und schätzen es, weil es den Staat zufriedenstellen kann. Dieses Verhältnis von Geld und Staat bedeutet, dass Papiergeld einen extrinsischen Wert hat, der höher ist als der intrinsische, eben wegen der Macht des Staats. In den 1920er-Jahren argumentierte John Maynard Keynes auch mit dem Chartalismus für die Abschaffung von Goldstandards.[140] Jüngere Vertreter der Theorie des Geldes als Waffe des Staats sind Paul McCulley, früher Manager beim Anleihengiganten PIMCO, und Stephanie Kelton, Wirtschaftswissenschaftlerin an der University of Missouri, die unter dem Banner der modernen Geldtheorie marschieren.[141]

Relativ neu ist die Quantitätstheorie des Kredits. Diese Theorie, von Richard Duncan formuliert, ist eine Variante der Quantitätstheorie des Geldes. Duncan meint, Kreditschaffung sei derart verbreitet und alles durchdringend geworden, dass man die Vorstellung von Geld heute unter der Idee von Kredit subsumieren kann und dass die Kreditschöpfung der Mittelpunkt monetärer Studien und Maßnahmen sein sollte. Duncan legt eindrucksvolle statistische und forensische Analysen von Regierungsdaten zum Studium der Kreditexpansion vor.[142] Man könnte seine Arbeiten rechtens als *Kreditismus* betiteln, obwohl sie in Wirklichkeit eine aus dem 20. Jahrhundert stammende Version einer Betrachtungsweise des Geldes ist, die man im 19. Jahrhundert als British Banking School bezeichnet hat.[143]

Monetarismus und Kreditismus haben eine gemeinsame Grundidee: den Glauben an Fiat Money. Das Wort *fiat* ist lateinischen Ursprungs und bedeutet »Lass es geschehen«. Auf Geld bezogen beschreibt *fiat* den Fall, dass der Staat eine bestimmte Art von Geld als Währung einsetzt und anordnet, dass sie als gesetzliches Zahlungsmittel dient. Alle drei Kategorien stimmen darin überein, dass Geld keinen intrinsischen Wert haben muss, solange es extrinsischen, vom Staat gestützten Wert hat. Wenn die Gegner des Fiat Money sagen, das Geld sei »durch nichts gedeckt«, antworten diese Theoretiker: »Na und?« Nach ihrer Meinung hat Geld einen Wert, weil der Staat es so bestimmt, und ansonsten ist nichts erforderlich, dem Geld seinen Wert zu geben.

Eine Theorie ist nur insoweit nützlich, als sie mit den Phänomenen der realen Welt übereinstimmt und den Beobachtern hilft, Ereignisse auf dieser Welt zu verstehen und zu antizipieren. Geldtheorien, die auf der Macht des Staates beruhen, sind unzuverlässig, weil die Anwendung der Staatsmacht Veränderungen unterliegt. In dieser Hinsicht kann man sagen, dass diese konkurrierenden Geldtheorien zusammenhängen.

Kehren wir zum Ausgangspunkt zurück. Die Vertragstheorie des Geldes konzentriert sich auf dessen intrinsischen Wert. Das Geld ist vielleicht nur Papier, aber auf dem Papier steht etwas, und zwar eine gesetzliche Vereinbarung. Ein Bürger kann den Vertrag aus eigener Kraft und unabhängig von staatlichen Bestimmungen für wertvoll halten. Diese Theorie ist nützlich für das Verständnis nicht nur des Dollar, sondern auch dafür, ob der Dollarvertrag eingehalten wird, jetzt und in Zukunft.

Obwohl der Dollar als Schuldtitel weder Zinsen bringt noch jemals getilgt wird, enthält er vertragliche Pflichten der Fed und des Finanzministeriums, der beiden genannten Vertragsparteien. Die Performance manifestiert sich in der Wirtschaft. Wenn die Wirtschaft gut läuft, ist der Dollar nützlich und die Performance des Vertrags ist befriedigend oder wertvoll. Wenn die Wirtschaft nicht funktioniert, kann die Performance so schlecht sein, dass es zur Gefahr der Zahlungsunfähigkeit kommt.

Ein Goldstandard ist eine Möglichkeit, den Geldvertrag durchzusetzen. Die Anhänger des Goldes sagen, dass kein Papiergeld intrinsischen Wert hat, der nur durch greifbares Edelmetall in Form von Gold oder vielleicht auch Silber gewährleistet werden kann. Diese Sichtweise entspricht nicht der Rolle des Goldes in einem Goldstandard, abgesehen von den wenigen Leuten, die fordern, Münzen oder Barren sollten das einzige Tauschmedium sein – was ein höchst unpraktischer Zustand wäre. Alle Goldstandards beinhalten eine Relation zwischen physischem Gold und Papiergold wie Obligationen, Aktien oder Anteilsscheinen. Sobald diese Relation akzeptiert wird, ist man schnell wieder in der Welt der Verträge.

In dieser Hinsicht ist Gold der Gegenwert, der eine gute Performance des Geldvertrags sicherstellen soll. Wenn der Staat zu viel Geld druckt, kann der Bürger den Geldvertrag kündigen und sein Papiergeld zum jeweils aktuellen Wechselkurs in Gold umtauschen. Letztlich zieht der Bürger seine Sicherheiten zurück.

Goldfans argumentieren, dass der Wechselkurs zwischen Papiergeld und Gold fixiert und aufrechterhalten werden sollte. Es spricht einiges für diese Idee, aber ein fester Wechselkurs ist für ein vertraglich geregeltes Geldsystem nicht entscheidend. Notwendig ist nur, dass die Bürger jederzeit Gold kaufen und verkaufen können. Jeder Bürger kann sich seinen persönlichen Goldstandard schaffen, indem er mit Papierdollars Gold kauft. Und jeder, der das nicht tut, erklärt zunächst sein Einverständnis mit dem Papiergeldvertrag.

Der Goldpreis in Geldeinheiten ist daher ein Maß für die Performance der Fed und des Finanzministeriums. Wenn diese Performance befriedigend ist, sollte der Goldpreis stabil sein, weil die Bürger mit dem Papiergeld zufrieden sind. Wenn die Performance schlecht ist, wird der Goldpreis stark steigen, weil die Bürger den Vertrag kündigen und ihre Sicherheiten durch Goldkäufe am offenen Markt zurückverlangen. Wie jeder Schuldner wünscht sich die Fed, dass die Bürger und Gläubiger gar nicht wissen, dass sie das Recht haben, ihre Sicherheiten einzufordern. Die Fed wettet darauf, dass die Bürger nicht massenhaft ihre Sicherheiten in Gold zurückverlangen werden. Diese Wette hängt von einem hohen Grad an Selbstgefälligkeit der Bürger ab, was die Natur des Geldkontrakts, des Goldes und ihres Rechts betrifft, wegen der schlechten Performance ihre Sicherheiten zurückzufordern.

Das ist ein Grund, warum die Fed und Fiat-Money-Ökonomen zur Beschreibung von Gold Ausdrücke wie »barbarisches Relikt« oder »Tradition« verwenden und behaupten, Gold habe in einem modernen Geldsystem keinen Platz. Die Sicht der Fed ist absurd. Ebenso gut könnte man sagen, dass Grundstücke und Gebäude für Hypotheken keine Rolle spielen. Geld ist eine Schuld auf dem Papier, mit Gold als Sicherheit. Diese Sicherheit kann durch direkte Goldkäufe eingelöst werden.

Die Fed zieht es vor, dass Investoren diese Verbindung nicht sehen, aber ein Investor, der das tat, war Warren Buffett. Er investierte allerdings nicht in Gold, sondern in harte Vermögensgegenstände, und sein Vorgehen lässt tief blicken.

Im November 2009, nicht lange nach den Tiefs des Crashs nach der Panik 2008, gab Buffett bekannt, dass er 100 Prozent der Aktien von Burlington Northern Santa Fe gekauft hatte. Buffett beschrieb diesen Kauf als »Wette auf dieses Land«.[144]

Vielleicht. Eine Eisenbahn ist das ultimative harte Asset. Eisenbahnen bestehen aus vielen harten Assets wie Wegerechten, Schürfrechten, Gleisen und so weiter. Eisenbahnen verdienen Geld, indem sie andere harte Assets transportieren, zum Beispiel Weizen, Stahl, Erz und Vieh. Eisenbahnen sind harte Assets, die harte Assets bewegen.

Durch den Kauf von 100 Prozent des Aktienkapitals machte Buffett die Eisenbahn von einem börsennotierten Unternehmen zu einem Privatunternehmen. Das bedeutet: Wenn die Börsen in einer Finanzpanik geschlossen werden, wirkt sich das auf Buffetts Eigentum nicht aus, weil er keine Liquidität braucht. Andere wären geschockt wegen der plötzlichen Illiquidität ihrer Bestände, aber Buffett könnte das aussitzen.

Buffetts Kauf lässt sich wohl am besten wie folgt interpretieren: ein Tausch von Papiergeld gegen harte Vermögensgegenstände, inklusive einer Immunisierung dieser Assets gegen eine Schließung der Börsen. Das kann eine »Wette auf das Land« sein, aber es ist auch ein Schutz vor Inflation und Finanzpanik. Der kleine Investor, der sich keine ganze Eisenbahngesellschaft leisten kann, kann die gleiche Wette eingehen, indem er Gold kauft. Buffett ist dafür bekannt, dass er nicht viel von Gold hält, aber er ist der König der Investitionen in harte Assets, und was die Megareichen betrifft, konzentriert man sich besser auf deren Handlungen als auf das, was sie sagen. Papiergeld ist ein durch Gold abgesicherter Vertrag. Gold ist ein hartes Asset ohnegleichen.

Schulden, Defizite und Dauerhaftigkeit

Die Federal Reserve ist nicht der einzige mit der Regierung verbundene Schuldner im monetären System der USA und sie ist bei Weitem nicht der größte. Das Schatzamt hat Schuldverschreibungen in Form von kurz- oder langlaufenden Staatsanleihen im Volumen von über 17 Billionen Dollar ausgegeben, verglichen mit Schuldverschreibungen der Fed im Umfang von 4 Billionen Dollar.

Im Gegensatz zu den Schuldtiteln der Federal Reserve gelten die Titel des Finanzministeriums allerdings nicht als Geld, obwohl die liquidesten unter ihnen in Unternehmensbilanzen oft als »Bargeld-Äquivalente« bezeichnet werden. Ein weiterer Unterschied besteht darin, dass die Titel des Finanzministeriums eine festgelegte Laufzeit haben und Zinsen abwerfen. Fed-Schuldtitel können in unbegrenzten Mengen emittiert werden und haben eine theoretisch unbegrenzte Laufzeit, aber die Schuldverschreibungen des Finanzministeriums unterliegen stärker der Disziplin des Anleihenmarkts, wo Investoren täglich solche Titel im Volumen von mehr als 500 Milliarden Dollar handeln.

Zur Marktdisziplin gehört die ständige Auswertung durch die Investoren, ob die Schuldenlast des Finanzministeriums *nachhaltig* ist. Bei dieser

Auswertung geht es darum, ob das Schatzamt die ausstehenden Schulden wie vereinbart tilgen kann. Wenn die Antwort positiv ausfällt, wird der Markt weitere Schuldtitel, die ordentlich verzinst werden, freudig aufnehmen. Wenn nicht, wird der Markt diese Titel fallen lassen und die Zinsen werden in die Höhe schießen. In Fällen extremer Unsicherheit mangels Finanzmitteln oder mangels Willen, die Schulden zu tilgen, können Staatsanleihen fast wertlos werden, wie es in den USA nach dem Revolutionskrieg und in anderen Ländern zuvor und danach schon oft der Fall war.

Am schwierigsten ist die Analyse von Staatsanleihen, wenn die Antwort weder »Ja« noch »Nein«, sondern »Vielleicht« lautet. An diesen Wendepunkten, die Komplexitätstheoretiker Übergangsphasen nennen, steht der Anleihenmarkt auf der Kippe zwischen Vertrauen und Panik und Zahlungsausfälle scheinen eine reale Möglichkeit zu sein. Die Märkte für europäische Staatsanleihen erreichten diesen Punkt Ende 2011 und standen bis September 2012 auf der Kippe, als Mario Draghi, Chef der Europäischen Zentralbank, verkündete, die Rettung werde erfolgen, »egal, was es kostet«. Er meinte damit, dass die EZB ihre monetäre Verschuldung in Anleihen tauschen würde, und zwar im nötigen Volumen, um die Besitzer von Staatsanleihen abzusichern. Das funktionierte und die europäischen Anleihenmärkte erholten sich.

In den vergangenen Jahren entsprachen Käufe von Staatsanleihen mit frisch gedrucktem Geld seitens der Federal Reserve einem hohen Prozentsatz der neuen Nettoverschuldung des Schatzamts in den USA. Die Fed betont, ihre Käufe seien eine politische Maßnahme zur Auflockerung des monetären Umfelds und nicht dazu da, die Staatsverschuldung zu monetarisieren. Gleichzeitig betont das Finanzministerium, es sei der beste Schuldner der Welt und habe keine Probleme, die Finanzierung der US-Regierung sicherzustellen. Dennoch könnte ein Beobachter den Eindruck gewinnen, dass die Fed die Staatsverschuldung monetarisiert, indem sie das Geld entwertet – in historischer Hinsicht ein Schritt auf dem Weg zum Zusammenbruch ökonomischer und politischer Systeme, vom Rom der Antike bis zum heutigen Argentinien. Das große Vertrauensspiel der Fed besteht darin, ihre unverzinsten Schuldtitel gegen die verzinsten Anleihen des Schatzamts zu tauschen und die vereinnahmten Zinsen dann dem Schatzamt wieder zukommen zu lassen. Die Anleihenmärkte und die Investoren müssen nun entscheiden, welches Volumen von Anleihenemissionen nachhaltig ist und in welchem Maß der Austausch von Fed-Schuldtiteln gegen Staatsanleihen akzeptabel ist, bevor es zur Übergangsphase kommt und ein Zusammenbruch einsetzt.

Die Dynamik der Staatsverschuldung und der Defizite ist komplexer, als sie allgemein diskutiert wird. Nur zu oft degeneriert die Debatte über Verschuldung und Defizite zu einer Wahl zwischen zwei Möglichkeiten: Sind Schulden gut oder schlecht für die Wirtschaft? Ist das US-Staatsdefizit zu hoch oder können wir uns das leisten? Die Konservativen von der Tea Party vertreten die Meinung, dass Ausgaben auf Pump generell schlecht sind, dass ein ausgeglichener Haushalt grundsätzlich wünschenswert ist und dass die USA auf dem besten Weg sind, so wie Griechenland zu werden. Liberale im Geiste Krugmans sind der Meinung, dass Schulden notwendig sind, um bestimmte wünschenswerte Programme zu realisieren, und dass die USA schon einmal ein ebenso hohes Verhältnis zwischen Staatsverschuldung und BIP hatten. Nach dem Zweiten Weltkrieg lag es bei 100 Prozent, also etwa dort, wo es auch heute liegt. Die USA reduzierten es dann allmählich in den 1950er- und 1960er-Jahren und die Liberalen sagen, mit etwas höheren Steuern könne das Land dies auch heute wieder schaffen.

An beiden Positionen ist etwas dran, aber man kann auch viele Gegenargumente anführen. Das politische Problem dabei ist, dass eine solche Debatte zu falschen Dichotomien führt, die zwar die Rhetorik fördern, aber keine Lösung bieten. Im Prinzip sind Schulden weder positiv noch negativ. Der Nutzen von Schulden wird davon bestimmt, was der Schuldner damit anfängt. Verschuldungsniveaus sind nicht automatisch zu hoch oder zu niedrig. Für Gläubiger entscheidend ist ihre Nachhaltigkeit.

Schulden können ruinös sein, wenn man sie dazu verwendet, Defizite zu finanzieren, und keinen Plan hat, die Schulden zu tilgen – außer durch neue Schulden. Schulden können produktiv sein, wenn sie Projekte finanzieren, die mehr produzieren, als sie kosten, und sich im Lauf der Zeit von selbst finanzieren. Die Relation zwischen Staatsverschuldung und BIP kann relativ niedrig, aber dennoch problematisch sein, wenn sie ansteigt. Sie kann auch relativ hoch, aber unproblematisch sein, wenn sie sinkt.

Die Verschuldungsdebatte

Die Formulierungen im Rahmen der Schulden- und Defizitdebatten werfen weitere Fragen auf. Welches sind die angemessenen Richtlinien zur Bestimmung, ob Schulden für einen wünschenswerten Zweck eingesetzt werden und ob die Trends der Schulden-zu-BIP-Relation in die richtige Richtung laufen? Zum Glück lassen sich beide Fragen auf rigorose, unideologische Weise beantworten, ohne auf die Rhetorik der Konservativen oder der Liberalen Bezug zu nehmen.

Schulden zur Finanzierung von Staatsausgaben sind akzeptabel, wenn drei Bedingungen erfüllt sind: Die Vorteile der Ausgaben müssen größer sein als die Kosten, die Regierungsausgaben müssen sich auf Projekte beziehen, die der private Sektor nicht selbst leisten kann, und das Gesamtniveau der Verschuldung muss nachhaltig sein. Man muss diese Tests unabhängig voneinander durchführen und alle müssen ein befriedigendes Ergebnis bringen. Sogar wenn die Staatsausgaben unter dem Strich zu Vorteilen führen, sind sie nicht gerechtfertigt, wenn man diese Aufgaben durch private Initiativen besser erledigen kann. Wenn Staatsausgaben zu Nettokosten führen, zerstören sie den Wohlstand einer Gesellschaft und sind nie gerechtfertigt, abgesehen von existenziellen Krisen wie Kriegen.

Krisen tauchen auf, wenn Kosten und Vorteile nicht ordentlich definiert sind und wenn im Entscheidungsfindungsprozess Ideologie an die Stelle der Analyse tritt. Zwei Fälle illustrieren diese Probleme – das Internet und der Obama-Stimulus von 2009.

Die Befürworter von Staatsausgaben betonen, dass der Staat die Frühphase der Entwicklung des Internets finanziert hat. In der Tat hat der Staat ARPANET gefördert, eine stabiles Nachrichtenübermittlungssystem zwischen großen Computern an Universitäten, das dafür gedacht war, die Zusammenarbeit im Bereich der Forschung während des Kalten Kriegs zu erleichtern. Dennoch wurde die Entwicklung von ARPANET zum heutigen Internet durch die Schaffung des World Wide Web, des Web-Browsers und vieler anderer Innovationen vom privaten Sektor vorangetrieben. Diese Geschichte zeigt, dass bestimmte Staatsausgaben sehr vorteilhaft sein können, wenn sie Innovationen im privaten Sektor auslösen. ARPANET hatte nach heutigen Maßstäben recht bescheidene Ambitionen, aber es war ein Erfolg. Die Regierung fror AR-PANET nicht für alle Zeiten ein, sondern machte die Protokolle privaten Entwicklern zugänglich und gab den Weg frei. Das Internet ist ein Beispiel dafür, dass die Regierung eine Aufgabe dem privaten Sektor überlässt.

Ein Beispiel für zerstörerische Staatsausgaben ist der Anreizplan Präsident Obamas im Jahr 2009. Die erwarteten Vorteile basierten auf falschen Annahmen über sogenannte keynesianische Multiplikatoren. In der Tat richtete sich der Obama-Stimulus größtenteils auf den Ersatz staatlicher und kommunaler Jobs in Verwaltungen und Schulen, von denen viele redundant und unproduktiv sind und Wohlstand zerstören. Ein großer Teil vom Rest ging an ineffiziente, nicht skalierbare Technologien wie Solarpaneele, Windturbinen und Elektroautos. Diese Ausgaben brachten nicht nur keine der mythischen Multiplikatoren, sondern produzierten nicht einmal nominales Wachstum, das den nominalen Ausgaben entsprach. Der Obama-Stimulus ist ein Beispiel für Staatsausgaben, die den Kosten-gegen Vorteile-Test nicht bestehen.[145]

Ein Beispiel für eine Regierungsinitiative, die alle Prüfungen für akzeptable Ausgaben besteht, ist das Interstate-Highway-System. 1956 leitete Präsident Eisenhower dieses System, das, auf heutige Kaufkraft umgerechnet, 450 Milliarden Dollar kostete, und der Kongress billigte es. Die Vorteile des Straßennetzes überwogen die Kosten bei Weitem und akkumulieren sich bis zum heutigen Tag. Man kann kaum sagen, dass der private Sektor so etwas hätte produzieren können wie diese Matrix von Fernstraßen. Bestenfalls hätten wir heute ein Durcheinander von Mautstraßen mit großen regionalen Lücken. Nur die Regierung konnte das Projekt landesweit verwirklichen und die Relation zwischen Verschuldung und BIP war damals stabil. Daher besteht das Fernstraßennetz den dreiteiligen Test effizienter Staatsausgaben, die eine Verschuldung rechtfertigen.

Heute liegen die Langfristzinsen nahe an ihren historischen Tiefs und die USA könnten sich problemlos 150 Milliarden Dollar für sieben Jahre zu 2,5 Prozent Zinsen borgen. Mit diesem Geld könnte die Regierung zum Beispiel neben dem Fernstraßennetz eine neue Erdgaspipeline und Gastankstellen in der Nähe der schon bestehenden Einrichtungen bauen. Diese Interstate-Pipeline könnte mit großen Gaspipelines an Knotenpunkten verbunden werden und dann könnte die Regierung verlangen, dass innerhalb von zehn Jahren der gesamte Lkw-Verkehr auf dem Fernstraßennetz von Diesel auf Erdgas umgestellt wird.

Mit dieser Pipeline und dem Tankstellensystem könnten dann Privatunternehmen wie Cheyron, ExxonMobil und Ford die Innovation und Expansion des Transports mit durch Erdgas angetriebene Fahrzeuge übernehmen; ein Übergang vom öffentlichen auf den privaten Sektor, wie es auch nach ARPANET der Fall war. Der Übergang zu mit Erdgas angetriebenen Lkws könnte das Wachstum von Autos mit der gleichen Antriebstechnik fördern. Die Nachfrage nach Erdgas würde dann der Exploration und der Produktion Auftrieb geben, zudem auch damit verbundenen Technologien, bei denen die USA führend sind.

Ähnlich wie beim Fernstraßensystem wären auch die Ergebnisse eines Erdgas-Betankungssystems übertragbar. Der Anschub für die Wirtschaft würde sich sofort einstellen – nicht durch mythische Multiplikatoren, sondern durch direkte und produktive Investitionen. Schon beim Bau der Pipeline würden Hunderttausende Jobs geschaffen, weitere entstünden durch die Umstellung der Fahrzeuge von Benzin auf Erdgas. Die Abhängigkeit von Öl aus dem Ausland wäre vorbei, das US-Handelsdefizit würde sich in Luft auflösen und das Wachstum anschieben. Die Vorteile für die Umwelt liegen auf der Hand, weil Erdgas sauberer verbrennt als Diesel oder Benzin.

Wird das geschehen? Es ist zweifelhaft. Die Republikaner konzentrieren sich eher auf Schuldenreduktion als auf Wachstum und die Demokraten sind aus ideologischen Gründen gegen eine Energiewirtschaft, die allein aus fossilen Brennstoffen beruht, was auch Erdgas miteinschließt. Die führenden Politiker scheinen alle gegen diese naheliegende Lösung zu sein. Dennoch bleibt es eine Tatsache, dass Staatsausgaben akzeptabel sein können, wenn sie den dreiteiligen Test bestehen: positive Renditen, kein Ersatz für Investitionen des privaten Sektors und nachhaltige Verschuldungsniveaus. Dieser dritte Punkt ist heute der problematischste.

Nachhaltige Verschuldung

Noch eine weitere wesentliche Frage muss gestellt werden: Sind die Niveaus der Verschuldung nachhaltig? Das wiederum führt zu weiteren Fragen: Wie können Politiker wissen, ob sie die Relation zwischen Schulden und BIP in die erwünschte Richtung lenken? Welche Rolle spielt die Fed dabei, dass Defizite tragbar und Schulden erschwinglich sind?

Das Verhältnis zwischen der Geldpolitik der Federal Reserve zur Staatsverschuldung und den Defiziten ist mit schweren Risiken belastet. Auf einem primitiven Niveau kann die Fed jede beliebige Menge an Schulden zu Geld machen, die das Schatzamt emittiert, bis zu dem Punkt, an dem das Vertrauen in den Dollar kollabiert. Das politische Thema ist eine der Begrenzungen der Fähigkeit der Fed, Geld zu drucken. Wie sehen die Richtlinien einer eigenständigen Geldpolitik aus?

Historisch gesehen war ein Goldstandard eine Möglichkeit, aufzudecken, wann die Geldpolitik aus dem Ruder lief. Unter dem klassischen Goldstandard zeigten die Goldabflüsse zu den Handelspartnern, dass die Geldpolitik zu locker war und verschärft werden musste. Das förderte Rezessionen, senkte die Produktionskosten je Einheit, verbesserte die Wettbewerbsfähigkeit bei Exporten und förderte den Zufluss von physischem Gold. Dieser Prozess war selbstregulierend wie ein automatischer Thermostat. Der klassische Goldstandard hatte seine Probleme, aber er war besser als das zweitbeste System.

In den vergangenen Jahrzehnten war die Taylor-Regel, benannt nach ihrem Schöpfer, dem Ökonomen John B. Taylor, ein praktischer Leitfaden für die Geldpolitik der Fed. Sie hatte den Vorteil rekursiver Funktionen, sodass Daten aus Ereignissen der jüngeren Vergangenheit in die nächsten politischen Entscheidungen einflossen und das produzierten, was Netzwerkwissenschaftler ein vom Weg abhängiges Ergebnis nennen. Die Taylor-Regel war ein Werkzeug im breiteren Ansatz des von Paul Volcker und Ronald Reagan in den frühen 1980er-Jahren geschaffenen Systems des gesunden Dollar. Diese Politik wurde in den späten 1980er- und 1990er-Jahren von demokratischen wie konservativen Administrationen fortgesetzt, mit so verschiedenen Finanzministern wie James Baker und Robert Rubin. Wenn der Dollar auch nicht ganz so gut war wie Gold, bewahrte er doch seine Kaufkraft, gemessen an Preisindizes, und er diente als Anker für andere Länder, die nach einem monetären Referenzpunkt suchten.

Heute sind alle Referenzpunkte verschwunden. Es gibt keinen Goldstandard, keinen Dollarstandard und keine Taylor-Regel. Es gibt nur noch das, was der Finanzautor James Grant den »Akademikerstandard« nennt, der von Neo-Keynesianern und Neo-Monetaristen der Elite-Universitäten ausgeht.

Von akademischen Politikern verwendete Regeln zur Definition tragbarer Defizite werden von Spitzenökonomen diskutiert und in Reden, Studien und öffentlichen Kommentaren dargelegt. In einem defizitären Umfeld ist eines der wichtigsten Werkzeuge die primäre Nachhaltigkeit der Defizite, *primary deficit sustainability* oder PDS. Dieses Maß, das man als Gleichung oder als Einheit darstellen kann, ermittelt, ob die Staatsverschuldung und die Defizite tragbar sind oder, anders ausgedrückt, wann der Trend der Defizite einen Vertrauensverlust auslösen und zu rapide steigenden Kreditkosten führen würde. PDS ist eine Möglichkeit, um festzustellen, ob Amerika Griechenland wird.

Dieses Rahmenwerk wird schon seit Jahrzehnten verwendet, aber die aktuelle Anwendung wurde vom Ökonomen John Makin festgelegt, einem der scharfsinnigsten Analysten der Geldpolitik. 2012 beschäftigte sich Makin intensiv mit dem Verhältnis zwischen US-Staatsschulden sowie Defiziten und dem Bruttoinlandsprodukt (BIP), wobei er die PDS als Anleitung verwendete.[146]

Die Schlüsselfaktoren der PDS sind die Kreditkosten (B), der reale Output (R), die Inflation (I), die Steuern (T) und die Ausgaben (S). Insgesamt: BRITS. Der reale Output plus Inflation (R + I) ist der Gesamtwert der in der US-Volkswirtschaft produzierten Güter und Dienstleistungen, auch nominales Bruttoinlandsprodukt (NGDP) genannt. Die Steuern abzüglich der Ausgaben (T – S) nennt man *primäres Defizit*. Primäres Defizit entsteht, wenn die Staatsausgaben die Steuereinnahmen übersteigen. Die Berechnung des primären Defizits bezieht die Zinsen auf die Staatsschulden *nicht* mit ein. Nicht weil Zinsausgaben keine Rolle spielen; im Gegenteil, sie spielen eine wichtige Rolle. Letztlich ist es der ganze Zweck des PDS-Rahmenwerks, das Ausmaß zu zeigen, in dem die USA sich die Zinszahlungen und damit auch die Schulden leisten können. Die Zinsen werden aus der Berechnung des primären Defizits eliminiert, um zu sehen, ob die anderen Faktoren besagen, dass die Zinszahlungen tragbar sind. Zinszahlungen auf die Schulden gehen allerdings unter dem Buchstaben B als Kreditkosten in die Formel ein.

Einfach ausgedrückt: Die Defizite der USA sind nachhaltig und tragbar, wenn der wirtschaftliche Output minus Zinsausgaben *größer* ist als das primäre

Defizit. Das bedeutet, dass die US-Volkswirtschaft Zinsen bezahlt und ein wenig darüber hinaus produziert, um die Schulden zu tilgen. Wenn aber die wirtschaftliche Produktion minus Zinsausgaben *niedriger* ist als das primäre Defizit, werden die Defizite im Lauf der Zeit die Wirtschaft überwältigen und die USA werden auf eine Schuldenkrise zulaufen, sogar auf einen finanziellen Kollaps.

Bis zu einem gewissen Punkt ist nicht das *Niveau* der Schulden und Defizite entscheidend, sondern der *Trend* als Prozentsatz des BIP. Wenn der Trend nach unten weist, hat man die Situation im Griff und die Kreditmärkte werden genug Zeit gewähren, um auf diesem Weg zu bleiben. Nachhaltigkeit bedeutet nicht, dass die Defizite verschwinden müssen. Sie können sogar höher werden. Entscheidend ist, dass die Gesamtverschuldung als Prozentsatz des BIP *kleiner* wird, weil das nominale BIP *schneller* wächst als die Defizite plus Zinsen.

Stellen Sie sich das nominale BIP als Ihr persönliches Einkommen vor und das primäre Defizit als das, womit Ihre Kreditkarte belastet wird. Die Kreditkosten sind die Zinsen auf der Kreditkarte. Wenn das persönliche Einkommen schnell genug wächst, um die Zinsen auf der Kreditkarte zu bezahlen, und genug übrig bleibt, um die Schulden zu tilgen, kann man die Situation managen. Wenn das Einkommen aber nicht steigt und nach der Zahlung der *alten* Zinsen *neue* Schulden angehäuft werden, ist die Pleite nur eine Frage der Zeit.

Das PDS-Rahmenwerk ist die ökonomische Formulierung des Beispiels mit der Kreditkarte. Wenn das Volkseinkommen die Schuldzinsen bezahlen kann und genug übrig bleibt, um die Gesamtverschuldung als Prozentsatz des BIP zu reduzieren, sollte die Situation stabil bleiben. Das soll nicht heißen, dass Schulden vorteilhaft sind, sondern nur, dass sie finanzierbar sind. Wenn aber nach den Zinszahlungen nicht mehr genug Volkseinkommen übrig ist, um die Verschuldung als Prozentsatz des BIP zu senken, und wenn diese Situation von Dauer ist, werden die USA schließlich pleitegehen.

In Form einer Gleichung ausgedrückt sieht Nachhaltigkeit so aus:

$$\text{Wenn } (R + I) - B > (T - S),$$
dann sind die Defizite der USA tragbar.
$$\text{Wenn } (R + I) - B < (T - S),$$
dann sind sie es nicht.

Das PDS/BRITS-Rahmenwerk und das Kreditkartenbeispiel verkörpern das jüngste Drama, das Gehabe und die Rhetorik der großen wirtschaftspolitischen Debatten in den USA. Wenn Demokraten und Republikaner über Steuern, Staatsausgaben, Defizite, Schuldenobergrenzen und dergleichen streiten, dann streiten sie in Wirklichkeit über den relativen Umfang von BRITS.

PDS selbst erklärt nicht, welche Maßnahmen man ergreifen sollte oder wie die ideale Politik aussähe. Sie ermöglicht allerdings das Verständnis der Konsequenzen bestimmter Maßnahmen. Anhand der PDS kann man Gedankenexperimente über bestimmte politische Kombinationen durchführen und sie fungiert als Brücke zur Verbindung fiskalischer und geldpolitischer Lösungen. Anhand von BRITS kann man verstehen, wie alle diese politischen Entscheidungen zusammenwirken.

Ein Mittel, Verschuldung besser schultern zu können, sind zum Beispiel Steuererhöhungen. Wenn die Steuern höher sind, dann ist das primäre Defizit geringer; ein bestimmter BIP-Betrag bringt die USA also der Nachhaltigkeit näher. Wenn die Steuern aber konstant bleiben, während die Staatsausgaben sinken, sinkt das primäre Defizit ebenfalls, was einen Schritt hin zur Nachhaltigkeit bedeutet. Eine Kombination aus Ausgabenkürzungen und Steuererhöhungen bringt die gleichen vorteilhaften Ergebnisse. Ein weiterer Weg hin zur Nachhaltigkeit ist die Steigerung des realen Wachstums. Das bedeutet, dass nach den Zinskosten mehr Mittel zur Verfügung stehen, um die Verschuldung als Prozentsatz des BIP zu reduzieren.

Die Fed hat auch Möglichkeiten, die PDS-Faktoren zu beeinflussen. Sie kann repressive Maßnahmen ergreifen, um die Kreditkosten zu deckeln. Niedrigere Kreditkosten haben dieselbe Wirkung wie höheres reales Wachstum, was die Erhöhung des BIP nach Zinskosten betrifft. Die Fed kann Inflation verursachen, die das *nominale* Wachstum stärkt, auch wenn es kein *reales* Wachstum gibt. Das nominale Wachstum abzüglich der Kreditkosten ist die linke Seite der PDS-Gleichung. Inflation erhöht die Mittel, die nach den Zinsausgaben übrig bleiben, was ebenfalls dabei hilft, die Verschuldung als Prozentsatz des BIP zu reduzieren.

Alle diese möglichen finanzpolitischen Maßnahmen beinhalten die Veränderung einer BRITS-Komponente und sie nehmen an, dass die anderen

Komponenten unverändert bleiben, aber die reale Welt ist komplexer. Veränderungen einer BRITS-Komponente können die Veränderung einer anderen nach sich ziehen, was dann den gewünschten Effekt der ursprünglichen Veränderung verstärkt oder zunichte macht. Demokraten und Republikaner sind nicht nur verschiedener Meinung, was höhere Steuern und geringere Staatsausgaben betrifft, sondern auch über den Einfluss solcher Maßnahmen auf die anderen BRITS. Die Demokraten glauben, dass man die Steuern erhöhen kann, ohne dem Wachstum zu schaden, die Republikaner sind vom Gegenteil überzeugt. Die Demokraten glauben, dass Inflation in einer Depression hilfreich sein kann, die Republikaner glauben, dass Inflation zu höheren Zinskosten führt, was die Situation noch verschlimmern würde.

Das Ergebnis dieser Meinungsverschiedenheiten ist politischer Stillstand und Dysfunktionalität. Der politische Stillstand wirkte sich in Form einer langen Reihe von Debatten und schneller Lösungen aus, beginnend mit dem Debakel der Schuldendeckelung im August 2011, setzte sich im Januar 2013 mit dem Drama um die fiskalischen Klippen fort und endete mit der Ausgabensperre und den Schuldenbegrenzungen Ende 2013 und Anfang 2014.

Man kann die PDS dazu verwenden, Trends zu quantifizieren, aber sie kann nicht das exakte Niveau prognostizieren, auf dem ein Trend untragbar wird. Das ist die Aufgabe der Anleihenmärkte. Die Anleihenmärkte werden von Investoren angetrieben, die jeden Tag Geld auf die zukünftige Richtung der Zinsen, der Inflation und der Defizite verwetten. Diese Märkte sind vielleicht für lange Zeit tolerant gegenüber politischem Stillstand und geduldig mit Politikern, aber letztlich können die Anleihenmärkte ein hartes Urteil fällen. Wenn sich anhand der PDS erweist, dass die USA auf einem nicht nachhaltigen Weg sind und dass sich dieser Weg nach unten beschleunigt, ohne dass ein Ende in Sicht ist, können die Märkte plötzliche und unerwartete Zinssteigerungen auslösen. Diese Zinsanstiege machen die PDS weniger nachhaltig, was die Zinsen noch weiter steigen lässt. Es entsteht ein Feedback-Zyklus zwischen schlechter werdenden PDS-Ergebnissen und zunehmend steigenden Zinsen. Letztlich kann das System kollabieren – mit der Folge einer echten Pleite oder einer Hyperinflation.

Die Politik der Fed und der Geldvertrag

Heute hat es die Fed mit einer herausfordernden Mischung aus gnadenloser Mathematik, ängstlichen Märkten und nicht funktionierender Politik zu tun. Die US-Wirtschaft ist wie ein kranker Patient. Die Politiker als besorgte Verwandte sitzen am Bett des Patienten und diskutieren darüber, was sie nun tun sollen. Das PDS-Rahmenwerk ist das Thermometer, das anzeigt, ob sich der Zustand des Patienten verschlechtert, und die Anleihenmärkte sind der Totengräber, der darauf wartet, den Patienten ins Grab zu schieben. In diesem dramatischen Szenario tritt nun Dr. Fed auf. Er hat vielleicht nicht die für eine Heilung erforderliche Medizin, aber frisch gedrucktes Geld ist wie Morphium für die Wirtschaft. Es kann die Schmerzen lindern, solange es den Patienten nicht umbringt.

Als Eigentümer des Schulden-gleich-Geld-Vertrags mit dem amerikanischen Volk und Gläubigern auf der ganzen Welt kann sich die Fed nicht nachsagen lassen, dass sie das Vertrauen nicht verdient, das die Eigentümer der Fed-Schuldverschreibungen in sie haben. Aus der Perspektive des internationalen Währungssystems gibt es nur ein Szenario, das noch schlechter wäre als der Kollaps des Vertrauens in die Staatsanleihen, nämlich ein Zusammenbruch des Vertrauens in den Dollar selbst. Verschuldung, Defizite und der Dollar gehören zu einem Knoten, der das weltweite Finanzsystem absichert. Durch die unbegrenzte Emission von Dollars zur Stützung der Verschuldung des Schatzamts riskiert die Fed, diesen Knoten aufzuknüpfen und das Vertrauen in den Dollar aufs Spiel zu setzen. Es gibt eine feine Grenzlinie zwischen Erfolg und Misserfolg der Fed.

Man kann sich die Staatsfinanzen als zwei große Kreise in einem klassischen Venn-Diagramm vorstellen. Der eine Kreis ist die Welt der klassischen Geldpolitik, kontrolliert von der Federal Reserve. Der andere Kreis ist die Fiskalpolitik, bestehend aus Steuern und Ausgaben, kontrolliert vom Kongress und vom Weißen Haus. Wie in einem Venn-Diagramm gibt es eine Schnittmenge zwischen den beiden Kreisen. Dieses Gebiet entspricht der Inflation. Wenn die Fed genug Inflation schaffen kann, schmilzt der reale Wert der Schulden und man kann weiterhin Geld ausgeben, ohne die Steuern zu erhöhen. Der Trick dabei: Man muss die Inflation steigern, ohne die Kreditkosten zu erhöhen, weil höhere Kreditkosten zu höheren Schulden führen. Das PDS-Rahmenwerk zeigt, wie man das schaffen kann.

Um das zu verstehen, ist es sinnvoll, sich die PDS-Bedingungen genauer anzusehen. Eine ideale Situation für die Fed sieht so aus: 4 Prozent reales Wachstum, 1 Prozent Inflation, 2 Prozent Zinskosten (gemessen als Prozentsatz des BIP) und ein primäres Defizit von 2 Prozent (ebenfalls gemessen als Prozentsatz des BIP). Wenn man diese Zahlen in den PDS-Rahmen einsetzt, resultiert:

$$(4 + 1) -2 > 2 \text{ oder}$$
$$3 > 2.$$

Mit anderen Worten: Das reale Wachstum plus Inflation, minus Zinskosten ist höher als das primäre Defizit, was bedeutet, dass die Schulden als Prozentsatz des BIP *sinken*. In diesem Umfeld starken realen Wachstums und niedriger Inflation ist die Verschuldung tragbar und nachhaltig.

Leider beschreibt dieses Beispiel nicht das, womit die Fed an den heutigen Märkten konfrontiert ist. Die Zinskosten sind niedrig, liegen bei 1,5 Prozent des BIP, was besser ist als im ersten Beispiel, aber die anderen Aspekte sind *schlechter* für die Nachhaltigkeit. Das reale Wachstum liegt in der Nähe von 2,5 Prozent und das primäre Defizit beträgt etwa 4 Prozent (die Inflation beläuft sich auf etwa 1 Prozent). Wenn man diese Daten in die Formel einsetzt, ergibt sich:

$$(2,5 + 1) - 1,5 < 4 \text{ oder}$$
$$2 < 4.$$

In diesem Fall ist das reale Wachstum plus Inflation minus Zinsausgaben *geringer* als das primäre Defizit, was bedeutet, dass die Verschuldung als Prozentsatz des BIP *steigt*. Das ist keine nachhaltige und tragbare Situation. Noch einmal: In diesem Modell ist nicht das *Niveau* entscheidend, sondern der *Trend*, wie es schon in der Dynamik der BRITS und ihrer Interaktionen beschrieben wurde. Im Gegensatz zur oft zitierten These von Carmen Reinhart und Kenneth Rogoff löst nicht das absolute Verhältnis von Staatsschulden zum BIP eine Krise aus. Es ist der Trend zur Unhaltbarkeit.[147]

Ein Vorteil der PDS liegt darin, dass die Mathematik simpel ist. Wenn man auf einem Niveau von 2 < 4 anfängt, muss, um Nachhaltigkeit zu erreichen, entweder die 2 steigen oder die 4 sinken – oder beides. Das reale Wachstum in den USA steckt heute bei 2,5 Prozent fest, teilweise wegen politischer Unsicherheit. Das primäre Defizit der USA kann wegen der Steuererhöhungen 2013 und der Ausgabendeckelung auf 3 Prozent sinken, aber ansonsten scheint sich der Stillstand von Steuern und Ausgaben fortzusetzen. Die Mathematik ist einfach, aber gnadenlos: Wenn das reale Wachstum 2,5 Prozent beträgt, das primäre Defizit 3 Prozent und die Zinskosten nicht sinken, gibt es für die Fed nur einen einzigen Weg zur Nachhaltigkeit: *eine Erhöhung der Inflation über das Niveau der Zinskosten.* Natürlich tendiert Inflation dazu, die Zinskosten zu steigern; ein gutes Beispiel von Feedback-Zyklen innerhalb der BRITS.

Zum Beispiel könnte die Fed die Kreditkosten auf 2 Prozent begrenzen und die Inflation auf 3 Prozent erhöhen. Mit all diesen neuen Eingaben sieht das PDS-Rahmenwerk so aus:

$$(2,5 - 3) - 2 > 3 \text{ oder}$$
$$3,5 > 3$$

Dieses Ergebnis erfüllt die Bedingungen der Nachhaltigkeit und die Anleihenmärkte sollten nicht in Panik verfallen, sondern Geduld zeigen und den USA mehr Zeit geben, um das reale Wachstum zu steigern und das primäre Defizit zu reduzieren – oder beides.

Mit PDS und BRITS wird es möglich, die Aggressivität, die politischen Fehlfunktionen und die im Fernsehen übertragenen Streitgespräche zu entwirren. Eine politische Lösung ist unvermeidlich. Wenn es kein höheres reales Wachstum gibt, *müssen die Politiker entweder die Defizite reduzieren oder die Fed muss Inflation produzieren.* Es gibt keine andere Möglichkeit, eine Schuldenkrise abzuwenden.

Die politischen Erfolge bei der Defizitreduzierung waren bislang bescheiden und unzureichend und die Steigerungen des realen Wachstums enttäuschen nach wie vor die Erwartungen. Daher fällt die Last der Vermeidung einer Schuldenkrise der Fed zu, und zwar in Form höherer Inflation mit den Mitteln der Geldpolitik. Inflation ist eine wichtige Lösung im PDS-Rahmenwerk, trotz der Ungerechtigkeiten, die sie kleinen Sparern aufbürden würde.

Sparer haben vielleicht nur wenige Alternativen, aber Anleihenkäufer haben viele. Die Frage lautet, ob Anleihenkäufer die Erosion ihres Kapitals tolerieren, die mit Inflation verbunden ist. Wenn die Inflation höher ist als die nominale Verzinsung, kommt es zu *negativen Realzinsen*. Ein Beispiel: Wenn die Nominalverzinsung bei 2 Prozent liegt, die Inflationsrate aber bei 3 Prozent, resultiert eine negative Verzinsung von 1 Prozent. In normalen Märkten würden Anleihenkäufer höhere Zinsen verlangen, um die Inflation abzufedern, aber dies sind keine normalen Märkte. Der Anleihenmarkt will vielleicht höhere Nominalzinsen, aber die Fed lässt das nicht zu. Die Fed fördert negative Realzinsen durch finanzielle Repression.

Die Theorie der finanziellen Repression wurde 2011 von Carmen Reinhart und M. Belen Sbrancia auf scharfsinnige Weise in ihrer Studie »The Liquidation of Government Debt«[48] vorgestellt. Der Schlüssel zur finanziellen Repression ist die Anwendung von Gesetzen und politischen Maßnahmen, um zu verhindern, dass die Zinsen die Inflationsrate übersteigen. Man kann diese Strategie auf mancherlei Weise durchführen. In den 1950er- und 1960er-Jahren geschah dies durch die Bankenregulierung, die es für Banken illegal machte, mehr als einen festgelegten Zinsbetrag auf Spareinlagen zu zahlen. Gleichzeitig organisierte die Fed eine milde Form der Inflation, ein wenig höher als die Zinsen auf Spareinlagen, was diese entwertete. Das wurde derart subtil durchgeführt, dass es die Sparer kaum bemerkten. Zudem hatten sie kaum Alternativen, denn damals gab es noch keine Geldmarktkonten und auch keine 401(k)-Konten. Der Aktiencrash 1929 war für viele noch eine lebhafte Erinnerung und die meisten Anleger hielten Aktien für zu spekulativ. Geld auf der Bank war eine wichtige Form der Wohlstandswahrung. Solange die Fed das Geld nicht zu schnell oder zu offensichtlich stahl, blieb das System stabil.

Das Umfeld geringfügig negativer Realzinsen über einen längeren Zeitraum wirkte sich auch auf die Relation der Staatsverschuldung zum BIP aus. In diesem goldenen Zeitalter der finanziellen Repression sank die Staatsverschuldung von über 100 Prozent des BIP 1945 bis auf weniger als 30 Prozent in den frühen 1970er-Jahren.

In den späten 1960er-Jahren war das Spiel mit der finanziellen Repression vorbei. Die Inflation wurde so beherrschend, dass man sie nicht mehr ignorieren konnte. Der Diebstahl an den traditionellen Sparern war schmerzhaft geworden. Merrill Lynch reagierte in den 1970er-Jahren mit der Schaffung höher verzinslicher Geldmarktfonds und andere folgten diesem Beispiel schnell. Fonds wie Fidelity vereinfachten das Eigentum an Aktien. Die Anleger befreiten sich von der finanziellen Repression, kehrten den Banken den Rücken und widmeten sich riskanteren Assets.

Heute steht die Fed vor dem Problem, per finanzieller Repression die Zinsen zu deckeln, ohne die Vorteile der 1950er-Jahre zu haben, also regulierte Bankzinsen und Sparer ohne Alternativen. Das Ziel der Fed ist das gleiche wie in den 1950er-Jahren – höhere Inflation und eine Deckelung der Zinsen, aber die Taktik ist eine andere. Die Inflation kommt vom Gelddrucken und die Zinsdeckelungen kommen von Anleihenkäufen. Zum Vorteil der Fed sind Gelddrucken und Anleihenkäufe zwei Seiten derselben Medaille, weil die Fed die Anleihen mit gedrucktem Geld kauft.

Diese Vorgehensweise nennt man Quantitative Easing (QE). Das erste von mehreren QE-Programmen begann 2008 und bis 2012 wurden über 2 Billionen Dollar neues Geld gedruckt. Anfang 2014 war das Volumen schon auf über eine Billion Dollar pro Jahr gestiegen.

Geld, das als überschüssige Reserve bei Banken liegt, verursacht keine Inflation. Preisinflation entwickelt sich nur, wenn Konsumenten und Unternehmen sich das neue Geld leihen und es ausgeben. Aus Sicht der Fed ist die Manipulation des Verbraucherverhaltens, um Kreditaufnahmen und Ausgaben zu steigern, eine entscheidende politische Komponente. Die Fed manipuliert die Konsumenten mit Zuckerbrot und Peitsche. Die Peitsche ist der Inflationsschock, der Konsumenten zu Ausgaben verleiten soll, bevor die Preise steigen. Das Zuckerbrot sind die negativen Realzinsen, die zur Aufnahme von Krediten verführen sollen, um riskante Assets wie Immobilien und Aktien zu kaufen. Die Fed wird die negativen Realzinsen sicherstellen, indem sie ihre Kraft zum Kauf von Anleihen nutzt, wenn notwendig auch die Macht der Geschäftsbanken, um die Nominalzinsen zu drücken.

Wenn Zuckerbrot und Peitsche effektiv sein sollen, ist eine Inflation von mindestens 3 Prozent nötig. Auf diesem Niveau sind die Realzinsen negativ und die Konsumenten sollten genug Anregungen haben, ihr Geld auszugeben. Diese mächtigen Anreize zur Kreditaufnahme und zum Konsum sollen das nominale BIP mit einer Rate wachsen lassen, die näher an historischen Trends liegt. Die Fed hofft, dass sich dieser Trend im Lauf der Zeit verselbstständigt. Dann kann sie ihre Politik ändern und durch einen sich beschleunigenden Prozess des realen Wachstums das nominale BIP zum realen BIP werden lassen. Die Fed wendet eine Politik der Nullzinsen und der Lockerungsmaßnahmen an, um ihre Ziele einer höheren Inflation und negativer Realzinsen zu erreichen.

Banken können beachtliche Gewinne erzielen, indem sie zu null Prozent Zinsen kurzfristige Kredite aufnehmen und sie langfristig zu höheren Zinsen weitergeben. Aber diese Art der Kreditaufnahme kann zu Verlusten führen, wenn die Kurzfristzinsen schnell steigen und die Banken in langfristigen Assets wie Hypotheken und Unternehmensanleihen feststecken. Die Lösung der Fed für dieses Problem nennt sich *forward guidance*. Im Prinzip sagt die Fed den Banken, dass sie sich für längere Zeit keine Sorgen über steigende Zinsen zu machen brauchen.

Im März 2009 kündigte die Fed an, die kurzfristigen Zinsen würden »für einen längeren Zeitraum« bei null bleiben. In August 2011 wurde diese Formulierung präzisiert. Ein bestimmtes Datum für den frühestmöglichen Zeitpunkt einer Zinserhöhung wurde genannt, nämlich »Mitte 2013«. 2012 wurde dieses Datum auf »Ende 2014« verschoben. Und schließlich, im September 2012, verkündete die Fed, die Zinsen würden frühestens »Mitte 2015« erhöht.

Selbst diese Versicherung genügte nicht allen Banken und Anlegern. Man machte sich Sorgen darüber, dass die Fed die Zinserhöhung ebenso vorziehen könnte, wie sie sie zuvor verschoben hatte. Es war nicht klar, aufgrund welcher Kriterien die Fed ihre Meinung ändern könnte. Innerhalb der Fed tobte eine Debatte, ob man die Ankündigungen von einer sich ständig verändernden Datenreihe hin zu harten numerischen Daten verändern sollte, die leichter zu verfolgen waren.

Diese Debatte wurde in allen historischen und analytischen Details in einer Studie von Michael Woodford von der Columbia University zusammengefasst, die er beim Symposium der Fed in Jackson Hole Ende August 2012 präsentierte. Seine Argumentation war ausgefeilt, lässt sich aber in einem Wort zusammenfassen – *Verpflichtung*. Sein wichtigstes Argument war, dass

Forward Guidance das heutige Verhalten viel effektiver verändern kann, wenn sie eindeutig und so formuliert ist, dass die Zentralbank sie in Zukunft nicht zurückweisen kann.

> Ein ... Grund, warum Forward Guidance vielleicht benötigt wird ... ist es, die *Verpflichtung* seitens der Zentralbank zu erleichtern. ... In der Praxis ist es die logischste Möglichkeit, eine solche Verpflichtung erreichbar und glaubhaft zu machen, die Verpflichtung öffentlich zu verkünden in einer so unmissverständlichen Art und Weise, die es für Politiker peinlich machen würde, bei späteren Entscheidungen die Existenz der Verpflichtung einfach zu ignorieren.[149]

Die Auswirkungen von Woodfords Studie ließen nicht lange auf sich warten. Am 12. Dezember 2012, nur drei Monate nach dem Symposium in Jackson Hole, gab die Fed ihre Taktik, zeitliche Ziele zu nennen, auf und ersetzte sie durch strikte zahlenmäßige Ziele. In der Sprache der Fed wurden die neuen Ziele wie folgt beschrieben:

> Insbesondere entschied sich das Komitee dafür, den Zielkorridor der Federal Funds Rate bei 0 bis 1/4 Prozent zu belassen und ist derzeit der Auffassung, dass dieser außergewöhnlich niedrige Zinssatz so lange angemessen ist, wie die Arbeitslosenquote über 6,5 Prozent liegt, die Inflation auf Sicht von ein bis zwei Jahren voraussichtlich nicht mehr als einen halben Prozentpunkt über dem längerfristigen Ziel des Komitees von 2 Prozent liegt und die langfristigen Inflationserwartungen weiterhin gut verankert bleiben.[150]

Jetzt hat sich die Fed öffentlich zu einem Set numerischer Ziele verpflichtet, ebenso zu Nullzinsen, bis diese Ziele erreicht sind und vielleicht noch länger.

Dabei stechen drei Elemente hervor. Das erste ist, dass die numerischen Ziele einer Arbeitslosenquote von 6,5 Prozent und eine Inflationsrate von 2,5 Prozent Schwellenwerte sind, aber keine Auslöser. Die Fed sagte nicht, sie werde die Zinsen erhöhen, *wenn* diese Niveaus erreicht werden. Sie sagte, sie werde die Zinsen nicht erhöhen, *ehe* sie erreicht werden. Das lässt viel Raum, mit der Politik des leichten Geldes fortzufahren, sogar wenn die Arbeitslosenquote auf 6 Prozent fällt oder die Inflationsrate auf 3 Prozent steigt. Zweitens sagte die Fed, *beide* Kriterien müssten erfüllt sein, ehe sie die Zinsen erhöhen würde, nicht nur eines von beiden. Wenn die Arbeitslosenquote also bei 7 Prozent liegt, kann die Fed ihre Politik des leichten Geldes fortsetzen, auch wenn die Inflationsrate auf 3 Prozent oder noch höher steigt. Und schließlich basiert das Inflationsziel der Fed auf der *projizierten* und nicht auf der tatsächlichen Inflation. Das bedeutet: Wenn die tatsächliche Inflation bei 4 Prozent liegt, kann die Fed so lange ihre Politik des leichten Geldes fortsetzen, wie ihre subjektive Inflation bei 2,5 Prozent oder niedriger liegt.

Diese neue Politik ist ein brillanter Kunstgriff der Fed. Oberflächlich lobt sie Woodfords Empfehlung, sich zu unmissverständlichen Zielen zu bekennen, aber in der Realität sind ihre Ziele unklar und schlecht definiert. Niemand weiß, ob die Fed bei 3 Prozent Inflation auf die Bremse treten wird, falls die Arbeitslosenquote immer noch 7 Prozent beträgt. Niemand weiß, wie viel Zeit zwischen dem Ende des Gelddruckens und einer Zinserhöhung vergehen wird. Dennoch ist die Politik der Fed mit ihrer heimlichen Drei-Prozent-Inflationspolitik konsistent, wenn man die Methode von Zuckerbrot und Peitsche einbezieht. Die Fed kann höhere Inflation rechtfertigen, wenn das Ziel der Arbeitslosenquote nicht erreicht wird. Sie kann eine höhere Inflation rechtfertigen, wenn die prognostizierte Inflation niedriger ist. Sie kann höhere Inflation in jeder Hinsicht rechtfertigen, weil die numerischen Ziele Schwellenwerte und keine Auslöser sind. Die neue Politik beschränkt höhere Inflation in keiner Weise.

Das PDS- und BRITS-Rahmenwerk und die neue Politik der Fed nähern sich einander an angesichts des Schreckgespensts der Inflation, das sich hinter den akademischen Theorien und den öffentlichen Ankündigungen verbirgt. Niedrige Kreditkosten und höhere Inflation sind die einzigen Möglichkeiten, wie die Fed die Nachhaltigkeit der Defizite verbessern kann. Finanzielle Repression verringert die Kreditkosten und quantitative Erleichterungen können zu höherer Inflation führen, wenn der Markt annimmt, dass sie fortgesetzt werden. Die Politik der Fed im Dezember 2012 ist eine verworrene Version von Woodfords Empfehlungen. Die Fed gibt vor, numerische Ziele zu verfolgen, bewahrt sich aber das Maß an Freiheit, das sie braucht, um jedes Inflationsziel zu erreichen, das sie für notwendig hält. Aber das erfordert eine gewisse Fingerfertigkeit.

Die Art, wie die Fed die Sparer bestiehlt, hat einen Namen: Ökonomen nennen sie *Geldillusion*. Die Idee dahinter ist, dass Gelddrucken an sich kein reales Wachstum schaffen kann, sondern nur die Illusion von Wachstum, indem es die nominalen Preise und das nominale BIP erhöht. Am Ende wird diese Illusion erschüttert, wie es in den späten 1970er-Jahren der Fall war, aber sie kann ein Jahrzehnt oder noch länger andauern, ehe sich mit Verzögerung Inflation entwickelt und die vermeintlichen Gewinne stiehlt.

Die Ziele der Fed, höhere Inflation und steigendes nominales BIP, sind zwar klar, aber es gibt gute Gründe für die Annahme, dass die Fed diese Ziele nicht erreichen wird. Ihre diesbezüglichen Versuche könnten für die USA sogar katastrophale Folgen haben. Sogar Angehörige der Fed haben Zweifel ausgesprochen, ob Forward Guidance in allen Zeitrahmen funktioniert, die die Fed verwendet.[151] Der prominente Wirtschaftswissenschaftler Charles Goodhart hat gesagt, das Abzielen auf das nominale BIP sei »eine schlecht verkleidete Maßnahme, auf höhere Inflation abzuzielen«[152], und dass »noch niemand herausgefunden hat, wie das funktionieren soll«.[153]

Die vielleicht überzeugendste Kritik, auf das nominale BIP und damit verbunden auf die Inflation abzuzielen, kommt aus dem Verwaltungsrat der Fed selbst. Im Februar 2013 äußerte der Fed-Gouverneur Jeremy Stein sehr detaillierte Kritik an der Politik des leichten Geldes und wies auf den größten Schwachpunkt hin: Erhöhter Umsatz ist nicht die einzige Möglichkeit der Geldschöpfung; zu den anderen gehören Asset-Blasen und finanzielle Steuerungsmaßnahmen.

Steins These lautet, dass ein Umfeld niedriger Zinsen zu einer Suche nach höheren Renditen führt, die viele Formen annehmen kann. Die offensichtlichste Form ist die Preissteigerung riskanter Assets wie Aktien und Wohnimmobilien. Das kann man direkt beobachten. Weniger offensichtlich sind Missverhältnisse zwischen Assets und Zahlungsverpflichtungen, wenn Finanzinstitute sich kurzfristig verschulden und langfristige Kredite vergeben, um einen Spread zu erreichen. Noch undurchsichtiger sind gegenseitige Tauschgeschäfte, wenn ein Finanzinstitut wie die Citibank über Nacht einem Vertragspartner minderwertige Anleihen verpfändet, im Tausch gegen Staatsanleihen, und die Staatsanleihen dann als Sicherheiten für ein Derivat mit höherer Rendite verwendet, das außerhalb der Bilanz geführt wird. Solche Transaktionen bereiten den Boden für einen Run auf die Citibank oder andere, wenn die Vertragspartner plötzlich ihre Wertpapiere zurückverlangen und die Citibank andere Assets zu Ausverkaufspreisen auf den Markt werfen muss, um ihren Zahlungsverpflichtungen nachzukommen. Das unsichtbare Netz der Risiken zwischen den Vertragspartnern erhöht das systemische Risiko – und bringt das System näher an eine Wiederholung der Panik von 2008, nur in größerem Ausmaß.

Die von Stein beschriebenen Szenarien würden die Anstrengungen der Fed zunichte machen, sollte es zu derartigen Ereignissen kommen. Eine Marktpanik, verursacht durch exzessiven Hebeleinsatz und Risiken so schnell nach der Panik 2008, würde den Bemühungen der Fed zuwiderlaufen, die Verbraucher wieder, wie in den frühen 2000er-Jahren, zu verstärkter Kreditaufnahme und höheren Ausgaben zu veranlassen.

Steins Studie wurde hinzugezogen, um aufzuzeigen, dass die Fed ihre QE-Programme eher früher als später beenden muss, um den Aufbau verborgener Risiken in Finanzinstituten zu vermeiden. Es gibt aber noch eine andere Interpretation. Stein selbst warnt: Wenn Banken den Hinweis nicht akzeptieren und riskante finanzielle Operationen nicht einschränken, könnte die Fed sie mit strengerer Regulierung dazu zwingen. Die Federal Reserve hat unbegrenzte Macht über die Banken, was Rückstellungen für Verluste, Dividendenpolitik, Belastungstests, Akquisitionen, Kapitalausstattung und dergleichen betrifft. Bankmanager wären tollkühn, würden sie die Fed auf den von Stein genannten Gebieten herausfordern. Steins Studie empfiehlt die teilweise Rückkehr zu einer älteren Art der finanziellen Repression durch Regulierung.

Die Fed hat sich durch ihre Manipulationen in die Situation eines Seiltänzers ohne Netz gebracht, der seine ganze Energie darauf verwenden muss, einfach weiterzugehen, auch wenn der geringste Ausrutscher oder unerwartete Windstoß eine Katastrophe verursachen und das Unternehmen beenden könnte. Die Fed muss die Inflation fördern (ohne sie anzuerkennen) und die Asset-Preise nach oben treiben (ohne Blasen zum Platzen zu bringen). Sie muss Zuversicht ausstrahlen, ohne eine Vorstellung davon zu haben, ob ihre Politik funktionieren oder wann sie enden wird.

Kurz gesagt: Die Fed ist gefangen zwischen ihrer Rolle als Eigentümer von Schulden-gleich-Geld-Kontrakten und der Rolle als einziger Retter der Staatsverschuldung. Es ist unwahrscheinlich, dass die Fed in nur einer dieser Rollen Erfolg haben wird. Sie wird entweder Erfolg haben oder scheitern, und zwar mit beiden Rollen.

Kapitel 8: Die Zentralbank der Welt

Das optimale Währungsgebiet ist die Welt.
Robert A. Mundell, Nobelpreisträger für Wirtschaftswissenschaften

Ich habe den Vorschlag des Gouverneurs nicht gelesen. ... Aber so wie ich es verstehe ... handelt es sich um einen Vorschlag, die Verwendung der Spezialziehungsrechte des IWF zu fördern ... äh ... und ... äh ... wir stehen dem in der Tat sehr aufgeschlossen gegenüber.
Timothy Geithner, US-Finanzminister, als Antwort auf die Frage eines Reporters nach einem Vorschlag der chinesischen Regierung, am 25. März 2005

Der IWF hat sein Instrumentarium neu definiert, einem neuen Zweck gewidmet und ausgebaut.
Christine Lagarde, Leitende Direktorin des IWF, 19. September 2013

Eine Welt

Wenn man Dr. Min Zhu begegnet, sieht man die Zukunft der globalen Finanzen. Er fällt in einer Menschengruppe auf, denn mit seinen mehr als ein Meter neunzig erinnert er die Finanziers an die mächtigsten Bankiers des späten 20. Jahrhunderts, Paul Volcker und Walter Wriston, die einen Raum nicht nur mit ihrem Intellekt, sondern auch mit ihrer physischen Präsenz dominierten. Min Zhu gehört nicht zum 20., sondern zum 21. Jahrhundert. Und es ist schwierig, jemand anderen zu nennen, der die gegensätzlich wirkenden Kräfte, die heute die Welt prägen – der Osten gegen den Westen, Gold versus Papiergeld, der Staat gegen die Märkte –, besser personifiziert als er.[154]

Min Zhu ist stellvertretender Direktor des IWF, hat also eine der höchsten Positionen im IWF inne und berichtet direkt an die Direktorin Christine Lagarde. Der IWF ist eine der Schlüsselinstitutionen, die 1944 bei der Konferenz in Bretton Woods gegründet wurden. Dort wurde das Fundament des internationalen Währungssystems nach der großen Depression geschaffen, als sich der Zweite Weltkrieg seinem Ende näherte. Seit seiner Gründung ist der IWF das große Rätsel des internationalen Finanzsystems.

Der IWF macht kein großes Geheimnis aus seinen Operationen und Zielen. Dennoch wird er selbst von Experten kaum verstanden, teils wegen seiner einzigartigen Rolle, teils wegen der höchst technischen Ausdrucksweise, deren er sich bedient. Eine spezielle Universitätsausbildung, zum Beispiel an der School of Advanced International Studies in Washington, D. C., ist eine typische Eintrittskarte für eine Position im IWF. Diese Kombination aus Offenheit und Undurchsichtigkeit ist entwaffnend; der IWF ist auf transparente Weise intransparent.

Die Mission des IWF hat sich im Lauf der Jahrzehnte seit Bretton Woods mehrmals verändert. In den 1950er- und 1960er-Jahren war er der Hüter des Goldstandards mit festen Umtauschkursen und trat immer wieder als Kreditgeber für Länder auf, die Probleme mit ihren Zahlungsbilanzen hatten. In den 1970er-Jahren war er ein Forum des Übergangs vom Goldstandard zu freien Wechselkursen und engagierte sich auf Drängen der USA in massiven Goldverkäufen, um den Goldpreis nicht zu hoch steigen zu lassen. In den 1980er- und 1990er-Jahren war der IWF wie ein Arzt, der Hausbesuche durchführt und schlechte Medizin in Form inkompetenter Ratschläge an die sich entwickelnden Volkswirtschaften verteilt. Diese Rolle endete abrupt, als in den Straßen von Jakarta und Seoul Blut floss und Dutzende Menschen getötet wurden, weil der IWF die globale Finanzkrise 1997 und 1998 falsch managte. Die frühen 2000er-Jahre waren eine Periode des Übergangs, in der das Mandat des IWF unklar war und Experten meinten, diese Institution sei nicht mehr nützlich. Der IWF tauchte dann 2008 wieder auf, als De-facto-Sekretariat und ausführende Institution der G20, und koordinierte die politischen Reaktionen auf die Finanzpanik in jenem Jahr. Heute profitiert der IWF von seiner neuen Rolle als finaler globaler Kreditgeber: Er ist zur Zentralbank der Welt geworden.

Min Zhu hat die höchste Position inne, die je ein chinesischer Bürger beim IWF, der Weltbank oder der Bank für internationalen Zahlungsausgleich hatte, den drei multilateralen Säulen des internationalen Währungssystems. Seine Karriere personifiziert Chinas finanziellen Aufstieg *in nuce*. Er machte

1982 an der Universität Fudan in Shanghai seinen Abschluss. Diese ist eine der angesehensten Schulen in China. Er promovierte in den USA im Fach Wirtschaftswissenschaften, später hatte er verschiedene Aufgaben in der Weltbank und der internationalen Abteilung der Bank of China. 2009 wurde er stellvertretender Gouverneur der chinesischen Zentralbank. Im Mai 2010 ernannte ihn Dominique Strauss-Kahn, der damalige IWF-Chef, zu seinem persönlichen Berater. Und 2011 wählte ihn Strauss-Kahns Nachfolgerin Christine Lagarde zum stellvertretenden Direktor des IWF.

Zhu gibt sich entspannt und humorvoll, aber wenn man ihm kritische Fragen zu politischen Maßnahmen stellt, die er stark befürwortet, kann er plötzlich heftig werden, als hielte er eine Vorlesung vor Studenten, statt an einer Debatte teilzunehmen. Er spricht ausgezeichnet Englisch, mit leichtem Akzent, aber seine leise Stimme ist manchmal schwer zu verstehen. Sein Hintergrund ist einzigartig: Er hat in den höchsten Positionen einer Zentralbank unter der Kontrolle der Kommunistischen Partei Chinas und in den höchsten Positionen des IWF gearbeitet, also einer Institution, die angeblich für freie Märkte und offene Kapitalkonten steht.

Zhu ist ständig offiziell im Dienst des IWF unterwegs, zu Vorträgen an Universitäten und zu prestigeträchtigen internationalen Konferenzen wie dem Weltwirtschaftsforum in Davos. Privatbankiers und Regierungsvertreter suchen eifrig seinen Rat im IWF-Hauptquartier in Washington, D. C, und am Rande von G20-Gipfeltreffen. Genau das tun die Mitglieder des Zentralkomitees der Kommunistischen Partei bei seinen regelmäßigen Besuchen in Peking auch. Von Ost nach West, vom Kommunismus zum Kapitalismus bewegt sich Min Zhu durch die widerstreitenden Kräfte des heutigen Weltfinanzsystems, mit je einem Fuß in beiden Lagern.

Niemand, einschließlich der Zentralbankchefs und Madame Lagarde selbst, kennt die verborgenen Wahrheiten des internationalen Finanzsystems besser als Zhu, was seine globalen ökonomischen und finanziellen Ansichten besonders wichtig macht. Er ist ein bekennender Globalist, was seine Position zwischen den Welten des Staatskapitalismus und der freien Märkte reflektiert. Er sieht die Welt nicht in traditionellen Kategorien wie Nord-Süd oder Ost-West, sondern als unterschiedliche Gruppen von Ländern, basierend auf ökonomischen Faktoren, Versorgungsketten und historischen Verbindungen.

Diese Gruppen überlappen sich. Österreich gehört zum Beispiel zu einem europäischen Industriecluster, das Deutschland und Italien einschließt, aber es ist auch Teil eines mitteleuropäischen Clusters der Länder, die früher zur österreichisch-ungarischen Monarchie gehörten, darunter Ungarn und Slowenien. Als Gruppenführer ist Österreich der »Torwächter«, der der österreichisch-ungarischen Gruppe den Zugang zum europäischen Industriecluster gewährt, und zwar durch ein Netz von Subkontrakten, Versorgungsketten und Bankkrediten. Diese Verbindungen können zum Beispiel die Verkäufe eines slowenischen Autoteileherstellers an Fiat in Italien erleichtern. Die slowenisch-italienische Verbindung wird durch Österreich vermittelt.

Dieses Paradigma von Clustern, Überlappungen und Torwächtern führt zu unerwarteten Gruppierungen. Zhu platziert Südamerika in eine China und die westliche Hemisphäre umfassende Versorgungskette. Dem stimmt auch Riordan Roett zu, ein führender Experte für die lateinamerikanischen Volkswirtschaften. Zhu ist der Ansicht, dass die wirtschaftliche Hegemonie der USA am Panamakanal ihre Grenze findet, weil der größte Teil Südamerikas heute mit Recht als chinesische Einflusssphäre gilt.[155]

Zhus Cluster-Paradigma ist nicht nur von akademischem Interesse, weil es sich allmählich direkt auf die Politik des IWF auswirkt, was die Überwachung der 188 Mitgliedsstaaten betrifft. Das Paradigma liefert eine Basis der Studie über die »Nebenwirkungen« nationaler Politik, wie der IWF das nennt. Der IWF behandelt diese Effekte so, wie die Risikomanager der Banken über Ansteckung reden – die schnelle und unkontrollierte Übertragung des Zusammenbruchs von einem Markt auf einen anderen und ein dichtes Netz gegenseitiger Verpflichtungen und Sicherheitsversprechen in einem wilden Rennen um Liquidität in einer Finanzpanik. Solche Übertragungseffekte geschehen innerhalb der Cluster, wenn die Volkswirtschaften der einzelnen Länder eng miteinander verbunden sind, und zwischen den Clustern, wenn die Torwächter Probleme haben. Min Zhu hilft dem IWF bei der Entwicklung eines funktionierenden Risikomanagementmodells auf Basis der Komplexität, das viel weiter entwickelt ist als diejenigen, die von einzelnen Zentralbanken oder privaten Finanzinstitutionen verwendet werden.

Eine Aktualisierung von Keynes

Zhu zeigt traditionellen Keynesianern, wie obsolet ihr Modell politischer Aktivität im Zusammenhang mit der Reaktion von Individuen oder Unternehmen ist. Dieses zweiteilige Aktions-Reaktions-Modell muss modifiziert werden, denn die finanzielle Vermittlung zwischen dem Politiker und dem ökonomisch Handelnden spielt eine wichtige Rolle. Diese Unterscheidung lässt sich wie folgt illustrieren:

Das klassische keynesianische Modell
Fiskal-/Geldpolitik > Reaktion von Individuen und Unternehmen

Das neue IWF-Modell
Fiskal-/Geldpolitik > Finanzieller Mittelsmann > Reaktion von Individuen und Unternehmen

In früheren Jahrzehnten waren Finanzinstitutionen berechenbare und passive Spieler in der Vermittlung der Politik an individuelle ökonomische Akteure. Heute sind die finanziellen Mittelsmänner aktiver. Sie lassen die Wünsche der Politiker verstummen oder lauter werden. Privatbanken können Verbriefungen, Derivate und andere Hebelinstrumente einsetzen, um die Auswirkungen politischer Lockerungsmaßnahmen wesentlich zu verstärken. Sie können auch ihre Kreditstandards verschärfen oder sich sicheren Assets wie US-Staatsanleihen zuwenden, um die Auswirkungen abzumildern. Banken sind zudem die wichtigsten Übertragungskanäle für Nebenwirkungen. Zhu weist darauf hin, dass die keynesianische Analyse zum Teil deshalb scheitert, weil sie die Rolle der Banken nicht vollständig in ihre Funktionen einbezieht.

Die Clusterbildung, die beschriebenen Nebenwirkungen und die finanzielle Übertragung sind die drei theoretischen Säulen, die die Plattform tragen, von der aus der IWF das internationale Finanzsystem überwacht. Neue Konzepte dieser Art können in den wirtschaftswissenschaftlichen Fakultäten der Universitäten schon jahrzehntelang durchgesickert sein, ehe sie praktische Auswirkungen zeitigen. Obwohl es in den Reihen des IWF viele promovierte Wissenschaftler gibt, ist er keine Universität. Er ist eine machtvolle Institution mit der Fähigkeit, politische Regimes mit seinen Entscheidungen über Kredite und die damit verbundenen Bedingungen entweder zu retten oder zu verdammen. Zhus Paradigma gibt einen Einblick in die Pläne des IWF: Clusterbildung impliziert, dass ökonomische Verbindungen wichtiger sind als Souveränität. Übertragungseffekte bedeuten, dass eine Kontrolle von oben nach unten notwendig ist, um Risiken zu begrenzen. Finanzielle Übertragungen legen nahe, dass die Banken der wichtigste Knotenpunkt bei der Ausübung von Kontrolle sind. Kurz gesagt: Der IWF versucht, die Finanzen zu kontrollieren, die Risiken zu begrenzen und die weltweite ökonomische Entwicklung zu kontrollieren.

Diese Eine-Welt-Mission erfordert die Hilfe der talentiertesten und politisch mächtigsten Partner. Die Führung des IWF ist ein exquisit ausbalancierter Mikrokosmos der Weltwirtschaft. Neben Min Zhu und der Direktorin Christine Lagarde besteht das Topmanagement des IWF aus David Lipton aus den USA, Naoyuki Shinohara aus Japan und Nemat Shafik aus Ägypten. Die Diversität in dieser Gruppe ist mehr als eine Übung in Multinationalismus. Lagarde repräsentiert die europäischen Interessen, Min Zhu die chinesischen, Lipton die amerikanischen, Shinohara die japanischen und Shafik diejenigen der Emerging Markets. Die fünf Topmanager des IWF sprechen effektiv für die ganze Welt, wenn sie an einem Konferenztisch sitzen.

David Lipton ist dabei die mächtigste Stimme, mächtiger als Christine Lagarde, weil die USA bei allen wichtigen Aktionen des IWF ein Vetorecht haben. Das bedeutet nicht, dass Lipton kein Teamplayer ist. Bei vielen Themen sind sich der IWF und die USA völlig einig – auch was die eventuelle Ablösung des Dollar als globale Währung betrifft. Liptons Vetomacht bedeutet, dass die USA das Tempo sämtlicher Veränderungen bestimmen.

Lipton ist einer von zahlreichen Schützlingen Robert Rubins. Dazu zählen auch Timothy Geithner, Jack Lew, Michael Froman, Larry Summers und Gary Gensler. Diese Männer haben die ökonomische Strategie der USA auf internationalem Gebiet jahrelang kontrolliert. Robert Rubin war von 1995 bis 1999 Finanzminister, nachdem er jahrelang unter Präsident Clinton als Direktor des nationalen Wirtschaftsrats gearbeitet hatte. Vor seiner Tätigkeit für die US-Regierung war Rubin Co-Verwaltungsratschef von Goldman Sachs. Er arbeitete von 1999 bis 2009 im Büro des Chairman der Citigroup und für kurze Zeit, zu Beginn des Zusammenbruchs der Finanzmärkte 2007, als deren Chairman. Lipton, Froman, Geithner, Summers und Gensler arbeiteten in den späten 1990er-Jahren alle für Rubin im US-Finanzministerium, Lew war im Weißen Haus. Lipton, Lew und Froman folgten Robin später zu Citigroup, Summers arbeitete später als Berater für Citigroup.

Nachdem man es in den 1990er-Jahren in mittleren Positionen sorgfältig vorbereitet hatte, wurde dieses bürokratische Team in den 2000er-Jahren im Weißen Haus, im Finanzministerium, beim IWF und anderswo sorgfältig platziert und befördert, um Rubins einflussreiches Netzwerk und seine Rolle als De-facto-Pate des globalen Finanzwesens zu sichern. Geithner war früher Finanzminister und Präsident der Federal Reserve Bank of New York. Lew ist derzeit Finanzminister. Froman war von 2009 bis 2013 eine mächtige Figur im Hintergrund im nationalen Wirtschaftsrat und im nationalen Sicherheitsrat, später Handelsbeauftragter der USA. Larry Summers war früher Finanzminister und Vorsitzender von Präsident Obamas nationalem Wirtschaftsrat. Während seiner Jahre im Weißen Haus war Froman bei G20-Treffen der »Sherpa« der USA. Manchmal flüsterte er einem Präsidenten ins Ohr, kurz bevor ein entscheidender politischer Disput mit dem chinesischen Präsidenten Hu Jintao oder einem anderen weltweit wichtigen politischen Führer ausgetragen wurde. Von 2009 bis 2013 war Gensler Chairman der Commodity Futures Trading Commission; der Agentur, die den Handel von Staatsanleihen und Gold-Futures reguliert.[156]

Die Mitlieder der Rubin-Clique waren außergewöhnlich, was ihre Inkompetenz betrifft, die sie in ihrer Zeit im öffentlichen und privaten Sektor zeigten, und hinsichtlich der finanziellen Verwüstungen, die sie anrichteten. Rubin und sein Untergebener und späterer Nachfolger Larry Summers trieben die beiden finanziell zerstörerischsten Gesetzesänderung des vergangenen Jahrhunderts voran: die Aufhebung des Glass-Steagall Act 1999, was den Banken erlaubte, wie Hedgefonds zu agieren, und 2000 die Zurücknahme der Regulierung von Derivaten, was dem Einsatz massiver Hebelinstrumente durch die Banken Tür und Tor öffnete. Geithner, der von 2003 bis 2008 für die Fed of New York tätig war, übersah die ungesunden und unsicheren Bankenpraktiken unter seiner direkten Aufsicht, die zum Zusammenbruch der minderwertigen Hypotheken 2007 und zur Panik von 2008 führten. Froman, Lipton und Lew arbeiteten alle mit Rubin für Citigroup und trugen zum katastrophalen Scheitern des Risikomanagements bei, das 2008 zum Zusammenbruch der einst so stolzen Bank und ihrer Übernahme durch die

US-Regierung führte, wobei allein bei Citigroup über 50 000 Jobs verloren gingen. Gensler leistete einen wichtigen Beitrag zur Sarbanes-Oxley-Gesetzgebung, die in den folgenden Jahren eine wichtige Rolle dabei spielte, Kapitalbildung und die Entstehung von Arbeitsplätzen zu unterdrücken. Auch bei der Commodity and Futures Trading Commission 2012 trug er während des katastrophalen Zusammenbruchs von MF Global, eines Anleihen- und Goldbrokers, die Verantwortung. Vor kurzer Zeit hat Gensler mehr Verstand bewiesen, weil er sich für eine Regulierung von Derivaten einsetzte.

Den verlorenen Wohlstand und die persönlichen Schwierigkeiten, die aus der Politik der Rubin-Clique resultierten, kann man nicht berechnen, aber ihr ökonomischer Einfluss bleibt weiterhin bestehen. Heute kümmert sich Rubin als Co-Chairman des Council on Foreign Relations immer noch um internationale Angelegenheiten, David Lipton, der Rubin-Schützling par excellence mit dem geringsten Bekanntheitsgrad aller Gruppenmitglieder, sitzt im Vorstand des IWF, an einem entscheidenden Kreuzungspunkt der Entwicklung des internationalen Finanzsystems.

Rubins Einflussnetz ist keine Verschwörung. Echte Verschwörungen involvieren nur selten mehr als ein paar Individuen, denn es gibt ständig das Risiko des Verrats, der Aufdeckung oder grober Fehler. Eine große Gruppe wie die Rubin-Clique hört sogar gern Verschwörungsgerüchte, weil sie leicht zu widerlegen sind. Das erlaubt den Insidern, in Ruhe und fast anonym weiterzuarbeiten. Das Rubin-Netz ist eher so etwas wie ein diffuses Netzwerk gleichgesinnter Personen, die an elitäres Gedankengut glauben und davon überzeugt sind, mit ihrem Klüngel im besten Interesse der Welt zu agieren. Sie üben weltweite Kontrolle nicht so plump und gewaltsam aus wie Hitler, Stalin oder Mao, sondern in Institutionen wie dem IWF, hinter einer Fassade nichtssagender Namen und milder Aussagen über ihre Mission. Tatsächlich ist die Fähigkeit des IWF, ein Regime zu stürzen, indem er ihm in einer Krise die Finanzierung entzieht, nicht weniger real als die Macht von Stalins KGB oder Maos roter Garden.

Das Führungsteam des IWF ist, mit einem klareren Blick als jede Zentralbank, der Ansicht, dass das internationale Finanzsystem erheblich aus dem Gleichgewicht geraten ist. Wegen des massiven Gelddruckens seit 2008 könnte es jederzeit zu einem neuen Zusammenbruch kommen – ausgelöst nicht nur durch das Scheitern finanzieller Institutionen oder Regierungen, sondern durch einen Vertrauensverlust in den US-Dollar selbst. Die institutionellen Investoren erinnern sich noch an den Dollar-Crash im Oktober 1978. Aufgelöst wurde er nur durch die Politik des starken Dollar durch den Fed-Chairman Paul Volcker, die im August 1979 begann, und die Emission der IWF-Weltwährung, der SDRs, von 1979 bis 1981. In den folgenden Jahrzehnten gewann der Dollar an Stärke, aber der IWF lernte, wie fragil das Vertrauen in den Dollar sein konnte, wenn die US-Politik nachlässig gemanagt wurde.

Min Zhu sieht diese Risiken auch, obwohl er während des letzten Dollarzusammenbruchs noch College-Student war. Er weiß, dass China bei Weitem am meisten zu verlieren hat, wenn der Dollar wieder kollabiert, weil es die weltweit größten Reserven an auf Dollar lautende Schuldverschreibungen außerhalb der USA besitzt. Zhu glaubt, dass sich die Welt in einer echten Depression befindet, der schlimmsten seit den 1930er-Jahren. Die Gründe nennt er unverblümt. Er sagt, die Probleme in den hoch entwickelten Volkswirtschaften seien nicht zyklisch, sondern strukturell.[157]

In der Öffentlichkeit sind sich Ökonomen nicht einig, ob die aktuelle ökonomische Malaise zyklisch oder strukturell ist. Eine zyklische Abwärtsbewegung wird als vorübergehend gesehen, als eine Phase, die man mit Ausgaben im klassischen keynesianischen Sinn beheben kann. Ein struktureller Abschwung ist im Gegensatz dazu fest verankert und von unbegrenzter Dauer, wenn es keine Veränderungen der Schlüsselfaktoren gibt – etwa Arbeitskosten, Mobilität der Arbeitskräfte, Steuern, Belastungen durch Regulierung oder andere politische Maßnahmen. In den USA haben die Federal Reserve und der Kongress so gehandelt, als sei die Differenz zwischen potenziellem und tatsächlichem Wachstum in den USA vorübergehend und zyklisch. Diese Überlegung kommt den meisten Politikern sehr entgegen, denn man vermeidet damit die Notwendigkeit harter Entscheidungen im Bereich der Politik.

Zhu ist anderer Meinung. »Die Zentralbanker sagen gern, das Problem sei hauptsächlich zyklisch und nur teilweise strukturell«, meinte er kürzlich. »Ich sage ihnen, dass es hauptsächlich strukturell und nur teilweise zyklisch ist. Aber im Prinzip ist es strukturell.«[158] Die Implikation ist, dass ein strukturelles Problem strukturelle statt monetärer Lösungen erfordert.

Der IWF ist derzeit mit einer ganzen Menge von Widersprüchen konfrontiert. IWF-Ökonomen wie José Vinals haben wiederholt davor gewarnt, dass die Banken hohe Risiken eingehen, aber der IWF hat keine Regulierungsmacht über die Banken in den Mitgliedsstaaten.[159] Schwaches globales Wachstum löst den Ruf nach stimulierenden politischen Maßnahmen aus, aber Anreize funktionieren nicht, wenn dem Wachstum strukturelle Hindernisse entgegenstehen. Jeder Anreiz erfordert weitere Regierungsausgaben, aber Ausgaben sind mit höherer Verschuldung zu einer Zeit verbunden, wenn die Verschuldungskrisen akut werden. Christine Lagarde plädiert für kurzfristige Anreize, kombiniert mit langfristiger fiskalischer Konsolidierung. Aber die Märkte trauen langfristigen Versprechungen der Politiker nicht. Es gibt wenig Appetit auf die Kürzung von Wohltaten und das gilt selbst für Länder am Rand des Zusammenbruchs wie Griechenland. Alle vorgeschlagenen Lösungen sind entweder politisch nicht durchführbar oder ökonomisch zweifelhaft.

Min Zhus neues Paradigma zeigt einen Ausweg. Seine Analyse über Clusterbildung und Torwächter besagt, dass politische Maßnahmen global und nicht national sein sollten, und seine Analyse der Nebeneffekte kommt zum Ergebnis, dass mehr direkte globale Bankenregulierung erforderlich ist, um Krisen im Zaum zu halten. Das Schreckgespenst der Schuldenkrise legt nahe, dass neue Liquiditätsquellen nötig sind, wenn es wieder einmal zu einer Liquiditätskrise kommt – größere Quellen als die, die Zentralbanken zur Verfügung stellen können. Die Logik führt schnell von einer Welt zu einer Bank, zu einer Währung für den ganzen Planeten. Die Kombination aus Christine Lagardes charismatischer Führerschaft, Min Zhus neuem Paradigma und David Liptons undurchsichtiger Macht hat dafür gesorgt, dass der IWF eine größere Rolle spielt als je zuvor.

Die eine Bank

Der Status der Federal Reserve als Zentralbank ist schon lange offensichtlich, aber in den Anfangszeiten, von 1909 bis 1913, nach der Panik von 1907, gaben sich die Unterstützer große Mühe, die Tatsache zu verbergen, dass die Fed eine Zentralbank war. Der auffälligste Teil dieser Übung ist der Name selbst, Federal Reserve. Sie heißt nicht Bank der Vereinigten Staaten von Amerika, nach dem Vorbild der Bank of England und der Bank of Japan. Der Name enthält auch nicht den entscheidenden Ausdruck »Zentralbank«, wie es bei der Europäischen Zentralbank der Fall ist.

Diese Vernebelung war gewollt. Das amerikanische Volk hatte schon zweimal zuvor Zentralbanken abgewiesen. Die erste Zentralbank, die Bank of the United States, 1791 vom Kongress gegründet, wurde 1811 geschlossen, weil ihre 20-jährige Konzession abgelaufen war. Eine Second Bank of the United States, ebenfalls eine Zentralbank, existierte von 1817 bis 1836, aber auch ihre Konzession lief ab, inmitten eines heftigen Streits zwischen Unterstützern und Gegnern. Von 1836 bis 1913, einer Periode großer Prosperität und vieler Erfindungen, hatten die USA keine Zentralbank. Die Architekten der Federal Reserve, allen voran Senator Nelson Aldrich aus Rhode Island, waren sich dieser Geschichte und des tiefen Misstrauens der Amerikaner gegenüber Zentralbanken wohl bewusst. Sie verbargen ihre Absichten sorgfältig, indem sie einen neutralen Namen wählten.

So gesehen kann man den IWF am besten als die De-facto-Zentralbank der Welt verstehen, obwohl der Ausdruck »Zentralbank« nicht in seinem Namen auftaucht. Der Test des Status als Zentralbank ist nicht der Name, sondern der Zweck. Eine Zentralbank spielt drei wichtige Rollen: Sie setzt Hebelwirkung ein, vergibt Kredite und schafft Geld. Ihre Fähigkeit, diese Funktion zu erfüllen, ermöglicht es ihr, in einer Krise als finaler Kreditgeber aufzutreten. Seit 2008 hat der IWF alle drei Funktionen in einem rapide steigenden Ausmaß erfüllt.

Ein entscheidender Unterschied zwischen einer Zentralbank und normalen Banken besteht darin, dass eine Zentralbank diese drei Funktionen für andere Banken erfüllt statt für Privatkunden wie Individuen oder Unternehmen. Im 123 Seiten umfassenden Leitdokument des IWF findet sich die Feststellung: »Jedes Mitglied soll nur über ... seine Zentralbank ... mit dem Fonds in Verbindung treten oder über andere fiskalische Agenturen und der Fonds soll nur mit oder über diese Agenturen handeln.«[160] Gemäß seiner Satzung soll der IWF also als Zentralbank der Welt fungieren. Durch die Namensgebung und das Auftreten von Offiziellen des IWF als internationale Bürokraten, die bedürftigen Nationen objektiv technische Hilfe gewähren, wird diese Tatsache sorgfältig verschleiert.

Am leichtesten erkennt man die Funktionen des IWF an seiner Rolle als Kreditgeber im Stil einer Zentralbank. Das war schon seit der Gründung in den späten 1940er-Jahren die Mission des IWF und sie wird auch heute noch ausposaunt. Diese Funktion entstand in einer Zeit, als die meisten bedeutenden Währungen noch fixe Wechselkurse zum Dollar und die Länder geschlossene Kapitalkonten hatten. Wenn es zu Handelsdefiziten oder Kapitalflucht kam, die Zahlungsbilanzprobleme verursachten, konnten die Länder nicht über eine Abwertung zu einer schnellen Lösung kommen, wenn sie dem IWF nicht darlegen konnten, dass die Probleme strukturell und von Dauer waren. In solchen Fällen konnte der IWF einer Abwertung zustimmen. Meist agierte der IWF als Kreditgeber, lieferte dem defizitären Land für gewisse Zeit Liquidität, typischerweise für drei bis fünf Jahre, damit dieses Land politische Veränderungen durchführen konnte, die notwendig waren, um seine Wettbewerbsfähigkeit auf dem Gebiet der Exporte zu steigern. Der IWF erfüllte für eine Volkswirtschaft die Funktion, die eine Kreditkarte für eine Person erfüllt, die vorübergehend einen Kredit für ihre Ausgaben aufnehmen muss, aber plant, diesen mit einem zukünftigen Gehaltsscheck zu tilgen.

Als Gegenleistung für den Kredit verlangte der IWF strukturelle Veränderungen; zum Beispiel Arbeitsmarktreformen, fiskalische Disziplin zur Reduzierung der Inflation oder niedrigere Lohnkosten pro Einheit, die alle darauf abzielten, das Land auf den Weltmärkten wettbewerbsfähiger zu machen. Wenn die Anpassungen stattgefunden hatten, würden sich die Defizite in Überschüsse verwandeln und die IWF-Kredite getilgt werden. Diese Theorie lief in der Praxis allerdings selten so glatt, und weil es in bestimmten Mitgliedsstaaten weiterhin Handelsdefizite, Haushaltsdefizite und Inflation gab, wurden Abwertungen zugelassen. Eine Abwertung kann zwar die Wettbewerbsfähigkeit steigern, sie kann den Investoren auf den lokalen Märkten aber auch hohe Verluste bescheren, weil sie bei ihren ursprünglichen Investitionen auf attraktive Wechselkurse gegenüber dem Dollar gesetzt hatten. Andererseits kann der IWF nach Belieben auch Kredite ausreichen, um Ländern zu helfen, eine Abwertung zu vermeiden und damit Investoren wie JP Morgan Chase, Goldman Sachs und deren favorisierte Kunden zu schützen.

Heute stellt der IWF auf seiner Website Kredite an Länder wie Jemen, Kosovo und Jamaika als Beispiele seiner positiven Rolle bei der ökonomischen Entwicklung heraus.[161] Aber solche Kredite sind Schönfärberei und die

Kreditbeträge sind trivial im Vergleich zur wichtigsten Kreditoperation des IWF, nämlich der Stützung des Euro. Im Mai 2013 entfielen 45 Prozent aller Kredite und Verpflichtungen des IWF auf nur vier Länder – Irland, Portugal, Griechenland und Zypern. Das war ein Teil der Eurorettung. Weitere 46 Prozent entfielen auf lediglich zwei Länder: Mexiko, dessen Stabilität für die USA sehr wichtig ist, und Polen, dessen Stabilität für die NATO und die EU entscheidend ist. Weniger als 10 Prozent aller IWF-Kredite gingen an die bedürftigsten Volkswirtschaften in Asien, Afrika oder Südamerika. Wer sich ab und zu die Website des IWF ansieht, sollte sich nicht von den Fotos dunkelhäutiger Frauen in Landestracht täuschen lassen. Der IWF funktioniert als Club reicher Nationen und vergibt Kredite, um die ökonomischen Interessen dieser Nationen zu schützen.

Die Kreditvergabefunktion des IWF als Zentralbank ist transparent, aber sein Umgang mit Guthaben ist undurchsichtig. Der IWF funktioniert nicht wie eine normale Geschäftsbank mit Bankschaltern, an denen Menschen eine Einzahlung vornehmen oder ein Sparkonto einrichten können. Stattdessen gibt es ein hoch kompliziertes Programm für das Management von Assets und Zahlungsverpflichtungen, in dem die Kreditkapazitäten durch eine Kombination von »Quoten« und »Kreditvereinbarungen« finanziert werden. Die Quoten ähneln Bankkapital, die Kreditvereinbarungen ähneln Anleihen und Einlagen, die eine normale Bank dazu verwendet, die von ihr vergebenen Kredite zu refinanzieren. Die finanziellen Aktivitäten des IWF laufen meistens außerhalb der Bilanz ab, was das Kreditwesen betrifft. In dieser Hinsicht ähnelt der IWF einer modernen Geschäftsbank wie JP Morgan Chase, deren außerbilanzielle Verbindlichkeiten diejenigen in der Bilanz winzig aussehen lassen.

Um die tatsächliche finanzielle Situation des IWF zu verstehen, muss man jenseits der Bilanz die Fußnoten und andere Quellen studieren. Die finanziellen Berichte des IWF sind in seiner eigenen Währung abgefasst, dem SDR, der sich leicht in Dollar darstellen lässt. Der IWF berechnet und veröffentlicht den Wechselkurs zwischen SDR und Dollar täglich. Im Mai 2013 verfügte der IWF über fast 600 Milliarden Dollar ungenutzter Kapazitäten zur Schuldenaufnahme, was in Kombination mit den vorhandenen Ressourcen eine Kreditvergabekapazität von 750 Milliarden Dollar ergab. Würden beide Kapazitäten voll in Anspruch genommen, läge die Verschuldungsrate des IWF lediglich bei 3 zu 1, wenn man die Quoten als Eigenkapital wertet. Das ist extrem konservativ im Vergleich zu den meisten Großbanken, deren Verschuldungsgrad eher bei 20 zu 1 liegt – oder noch höher, wenn man die Beträge außerhalb der Bilanz miteinbezieht.[162]

Der interessante Aspekt der Verschuldung des IWF ist nicht, dass sie heute hoch ist, sondern dass sie überhaupt existiert. Der IWF operierte jahrzehntelang fast ohne Fremdkapital; Fortschritte wurden durch die Quoten der Mitgliedsländer erzielt. Die Idee war, dass die Mitglieder ihre Quoten in einen Pool einzahlten und einzelne Mitglieder sich aus diesem Pool bedienen konnten, wenn es vorübergehend notwendig war. Solange die Gesamtsumme der Kreditaufnahme den Pool der Quoten nicht überstieg, war das System stabil und weitere Aufnahme von Fremdkapital war nicht erforderlich. Das ist nicht mehr der Fall. Als Unternehmen und Privatpersonen nach der Panik 2008 ihre Verschuldung reduzierten, nutzten die Zentralbanken und der IWF die Aufnahme von Fremdkapital, um das globale Finanzsystem am Laufen zu halten. Tatsächlich hat die öffentliche Verschuldung die private Verschuldung ersetzt.

Die gesamte Schuldenlast ist nicht geringer geworden. Sie ist gewachsen, weil sich das globale Schuldenproblem nach oben bewegt hat. Der IWF ist das Penthouse; von dort aus kann das Problem nicht mehr weiter nach oben gereicht werden. Bislang war der IWF in der Lage, den offiziellen Verschuldungsprozess als Ausgleich des privaten Schuldenabbaus zu erleichtern. Öffentliche Verschuldung fand meist auf dem Niveau der nationalen Zentralbanken wie der Federal Reserve und der Bank of Japan statt. Aber weil diese Zentralbanken praktische und politische Grenzen der Verschuldung erreichen, wird der IWF als *letzter* aller finalen Kreditgeber übrig bleiben. In der nächsten globalen Liquiditätskrise wird der IWF die einzige saubere Bilanz der Welt haben, weil die Bilanzen der nationalen Zentralbanken mit langlaufenden Assets überschuldet sind.

Die größte Steigerung der Verschuldungs- und Kreditkapazität des IWF erfolgte am 2. April 2009, sehr nahe an den Tiefs der Crashs am Aktienmarkt, die 2008 begannen. Damals herrschte an den Finanzmärkten durchdringende Furcht. Anlass war das G20-Gipfeltreffen in London, dessen Gastgeber der britische Premierminister Gordon Brown war. Anwesend waren US-Präsident

Obama, der französische Staatspräsident Sarkozy, die deutsche Bundeskanzlerin Angela Merkel, Chinas Hu Jintao und andere politische Führer. Der Gipfel entschied sich dafür, die Kreditkapazität des IWF auf 750 Milliarden Dollar zu erhöhen. Für jeden Dollar, den der IWF verleiht, muss er zuvor einen Dollar von seinen Mitgliedern erhalten. Eine höhere Kreditkapazität implizierte also eine höhere Schuldenaufnahme. Der IWF brauchte mehr als ein Jahr, um den größten Teil der erforderlichen Mittel zu erhalten, obwohl aus einer Reihe von Gründen die volle Summe noch immer nicht eingezahlt worden ist.

Die größten IWF-Beiträge kamen aus der Europäischen Union und Japan mit jeweils 100 Milliarden Dollar und China mit 50 Milliarden. Weitere große Beiträge von je 10 Milliarden Dollar kamen von den anderen BRIC-Nationen Russland, Indien und Brasilien sowie aus Kanada, der Schweiz und Korea.

Am umstrittensten waren die Beiträge der USA. Am 16. April 2009, wenige Tage nach dem G20-Gipfel, schickte Präsident Obama Briefe an die wichtigsten Politiker im Kongress und warb um deren Unterstützung für einen Beitrag der USA in Höhe von 100 Milliarden Dollar. Der Präsident, angeleitet von Rubins Schützling Mike Froman, hatte beim Gipfel schon für einen Beitrag in dieser Höhe plädiert, aber er brauchte die politische und juristische Zustimmung. In den Briefen an den Kongress stand, dass die neue Kapitalausstattung ein kombinierter Deal war mit dem Ziel, Chinas Einfluss im IWF zu stärken und Goldverkäufe durch den IWF zu erhöhen. Präsident Obamas Briefe plädierten auch für »eine spezielle, einmalige Allokation von SDRs, vom IWF geschaffener Reserve-Assets ... die die weltweite Liquidität erhöhen werden.« Die Briefe des Präsidenten waren erfrischend offen, was die Fähigkeit des IWF betraf, das Geld der Welt zu drucken.[163]

China wollte zusätzliche Stimmrechte im IWF und höhere Goldverkäufe, weil es eine Preissteigerung in einer Zeit vermeiden wollte, in der das Land heimlich Gold kaufte. Die USA wollten, dass der IWF mehr Geld für die Welt druckte. Der IWF wollte von den USA und China eine harte Währung, um finanzielle Rettungsmaßnahmen durchführen zu können. Diese Vereinbarung, die für jeden etwas zu bieten hatte, war von Mike Froman und anderen Sherpas beim Gipfeltreffen sorgfältig ausgearbeitet und von Geithner, Obama und den politischen Führern der G20-Staaten unterzeichnet worden.

Bei genauerer Betrachtung enthielten Obamas Briefe an den Kongress eine weitere Komplikation. Die neuen Verpflichtungen gegenüber dem IWF waren keine Quoten, sondern Kredite, was mit der zunehmenden Rolle des IWF als mit Fremdkapital agierender Bank übereinstimmte. Der Präsident versuchte, dem Kongress zu versichern, dass der Kredit an den IWF keine Ausgabe war und sich somit auch nicht auf das US-Haushaltsdefizit auswirken werde. Im Brief des Präsidenten stand: »Wenn die USA dem IWF Dollars transferieren ... erhalten sie im Gegenzug ... eine liquide, verzinsliche Forderung gegenüber dem IWF, die von der starken finanziellen Position des IWF, einschließlich ... Gold ..., abgesichert ist.«[164] Diese Feststellung ist völlig zutreffend. Der IWF hat tatsächlich eine starke finanzielle Position und nach den USA und Deutschland die dritthöchsten Goldreserven der Welt. Es war kurios, dass der Präsident gegenüber dem Kongress Gold als Vertrauenspolster erwähnte, als die Offiziellen der Federal Reserve gerade in aller Öffentlichkeit die Rolle des Goldes im Währungssystem herunterspielten. Trotz der Schmähungen des Goldes durch Akademiker und Zentralbanker hat Gold seine Rolle als Fundament des globalen Finanzwesens niemals ganz verloren.

Wenn man tiefer nachbohrt, stößt man auf ein kurioses Merkmal des IWF-Kreditvorschlags. Gäben die USA dem IWF die 100 Milliarden Dollar in bar, erhielte man im Gegenzug einen verzinslichen Titel vom IWF. Er würde aber nicht auf Dollars, sondern auf SDRs lauten. Da das SDR eine andere Weltwährung ist, schwankt sein Wert gegenüber dem Dollar. Der Wechselkurs des SDR wird teilweise relativ zum Dollar, aber auch relativ zu einem Währungskorb berechnet, der den japanischen Yen, den Euro und das britische Pfund enthält. Das bedeutet: Wenn der IWF-Schuldtitel fällig wird, erhalten die USA *nicht* die ursprünglichen 100 Milliarden Dollar zurück, sondern eine andere Summe, abhängig von der Fluktuation des Dollar gegenüber dem SDR. Wenn der Dollar gegenüber den anderen Währungen im SDR-Korb stärker wird, erhalten die USA als Rückzahlung *weniger* als die ursprünglichen 100 Milliarden Dollar, weil die anderen Komponenten des Korbs weniger wert sind. Wenn sich der Dollar gegenüber den anderen Währungen im SDR-Korb allerdings abschwächt, erhalten die USA als Rückzahlung *mehr* als 100 Milliarden Dollar, weil die anderen Komponenten mehr wert sind. Bei dieser Kreditvergabe wettete das US-Finanzministerium *gegen* den Dollar, weil nur ein *Wertverlust* des Dollar bedeuten würde, dass die USA ihr Geld wiederbekommen. Diese 100-Milliarden-Dollar-Wette gegen den Dollar wurde im Brief des

Präsidenten nicht erwähnt und vom Kongress damals auch größtenteils nicht bemerkt. Sie sollte sich als politische Zeitbombe erweisen, die den IWF und die USA vor den Präsidentschaftswahlen 2012 bedrohte.

Die Briefe des Präsidenten führten den Kongress zudem in die Irre, was den Zweck dieses Kredits betraf. An mehreren Stellen wird erwähnt, dass der IWF den Kredit für Hilfszwecke verwenden werde, »hauptsächlich in Entwicklungs- und Schwellenländern«. In Wirklichkeit wurden die neuen Finanzmittel des IWF hauptsächlich dafür verwendet, die Eurozonen-Mitglieder Irland, Portugal, Griechenland und Zypern zu retten. Nur ein geringer Teil des Geldes floss in Kredite für Schwellenländer. Die irreführende Sprache sollte Kritik aus dem Kongress abblocken, dass das Geld amerikanischer Steuerzahler dazu verwendet wurde, um griechische Bürokraten zu retten, die mit 50 Jahren in den Ruhestand treten und dann ihr Leben lang Pensionszahlungen beziehen, während Amerikaner noch mit über 70 Jahren arbeiten, um über die Runden zu kommen.

Diese Täuschungen und die Wette des Finanzministeriums gegen den Dollar gingen unter in all dem Trubel über die Rettung von Autoherstellern und Anreizpaketen. Unter der Führerschaft des Demokraten Barney Frank und des Republikaners Richard Lugar wurde der Kredit an den IWF am 16. Juni 2009 vom Kongress verabschiedet. Der IWF veröffentlichte eine Presseerklärung mit Anmerkungen des damaligen Direktors Dominique Strauss-Kahn, der die Gesetzgebung lobte und sie als »wichtigen Schritt nach vorn«[165] bezeichnete.

Die Kreditverpflichtung über 100 Milliarden Dollar war nun zwar gesichert, aber der IWF zog die Summe nicht sofort ein. Die Verpflichtung war wie eine Kreditlinie auf einer MasterCard, die der Karteninhaber noch nicht genutzt hat. Aber der IWF konnte die 100 Milliarden Dollar aus den USA jederzeit anfordern.

Im November 2010 wurde Obamas Plänen durch die Kongresswahlen und die neue Mehrheit der Republikaner im Repräsentantenhaus der Boden unter den Füßen weggezogen. Der Erfolg der Republikaner wurde durch den Widerstand der Tea Party gegen frühere Maßnahmen zur Rettung der Wall-Street-Banken Goldman Sachs und JP Morgan Chase angefeuert. Barney Frank verlor den Vorsitz des Financial Services Committee im Repräsentantenhaus und die neue republikanische Führung untersuchte die Implikationen der US-Kreditverpflichtung gegenüber dem IWF.

Anfang 2011 hatte die Staatsschuldenkrise in Europa ein kritisches Stadium erreicht und es war unmöglich, die Tatsache zu verschleiern, dass die Finanzmittel aus den USA, wenn der IWF sie anfordern sollte, dazu verwendet würden, griechische und portugiesische Bürokraten zu retten. In konservativen Publikationen gab es Schlagzeilen wie: »Warum finanzieren die USA Rettungsmaßnahmen in Europa?«[166] Am 28. November 2011 kündigte Barney Frank seinen Ruhestand an. Ebenfalls 2011 regte der republikanische Senator Jim DeMint aus South Carolina eine Gesetzesinitiative an, die Verpflichtungen der USA gegenüber dem IWF zurückzufahren. Seine Initiative wurde im Senat mit 55 zu 45 Stimmen abgelehnt. Dafür waren Stimmen von Republikanern nötig. Sie kamen von Richard Lugar aus Indiana und einigen anderen. Am 8. Mai 2012 schlug die Tea Party zurück, indem sie Richard Mourdock unterstützte, der dann Lugar in einer Wahl besiegte und diesen damit zwang, sich nach 36 Jahren als Senator zurückzuziehen. Die Unterstützer des IWF im Kongress traten beiseite, einer nach dem anderen, oder sie wurden hinausgedrängt. Zum Abgang von Frank und Lugar aus dem Kongress meinte die IWF-Direktorin mit einem gallischen Schulterzucken: »Wir werden sie vermissen.«[167]

Ende 2013 war der Streit zwischen dem Weißen Haus und dem Kongress über die Finanzmittel für den IWF noch intensiver geworden. Nach dem G20-Gipfel in London hatte der IWF weitere Schritte unternommen, um seine Kapazitäten zur Aufnahme von Fremdkapital auszuweiten. Er wandelte einen Teil der US-Kreditverpflichtungen von Verschuldung zu einem Quotenzuwachs um. Letztlich machte er damit einen Teil des amerikanischen Geldes von einem zeitlich beschränkten Kredit zu permanentem Kapital. Diese Veränderungen im Jahr 2010, die ebenfalls auf die Verpflichtungen vom Gipfel in London folgten, die Stimmkraft Chinas zu erhöhen, erforderten die Zustimmung des Kongresses, was die Summen betraf, die über die von Barney Frank initiierte Gesetzgebung von 2009 hinausgingen. Hunderte prominente internationale Ökonomen und bekannte frühere Offizielle wie Finanzminister Hank Paulson, der 2008 die Rettung von Goldman Sachs organisiert hatte, appellierten öffentlich an den Kongress, dem Gesetzesvorschlag zuzustimmen. Präsident Obama nahm die neuen Anforderungen allerdings nicht in die Haushalte 2012 und 2013 auf, um zu vermeiden, dass die Unterstützung von Rettungsmaßnahmen in Europa durch amerikanische Steuerzahler zum Wahlkampfthema werden könnte.[168]

An diesem Punkt begann Christine Lagardes Ungeduld wegen dieses Verlaufs überzuschäumen. Beim Weltwirtschaftsforum in Davos am 28. Januar 2012 erhob sie ihre Louis-Vuitton-Handtasche und sagte: »Ich bin mit meiner kleinen Tasche hier, um ein wenig Geld einzusammeln.«[169] In einem Interview mit der *Washington Post*, am 29. Juni 2013 veröffentlicht, wurde sie deutlicher und sagte: »Wir konnten unsere Ressourcen erheblich erhöhen ... obwohl die USA diese Bewegung nicht unterstützt oder etwas dazu beigetragen haben. ... Ich denke, jeder würde sich wünschen, dass dieser Prozess vervollständigt wird. Sagen wir es offen: Das alles dauert schon lange Zeit.«[170]

Zum Glück für den IWF wurden die umstrittenen Kreditzusagen der USA kurzfristig nicht benötigt. Ende 2012 hatte sich die europäische Staatsverschuldungskrise stabilisiert; das Wachstum in den USA und China setzte sich fort, wenn auch langsamer als vom IWF erhofft. Aber nach der Geschichte der Schuldenkrisen in Dubai, Griechenland, Zypern und anderswo von 2009 bis 2013 schien es nur eine Frage der Zeit zu sein, bevor sich die Situation in anderen Ländern destabilisierte und die Kreditzusage der USA benötigt würde, um ein weiteres Rettungspaket zu finanzieren.

Die Rolle des IWF als mit Fremdkapital ausgestatteter Kreditgeber, also im Prinzip als Bank, ist jetzt institutionalisiert. Der IWF hat sich von einem auf Quoten basierenden kurzfristigen Kreditgeber zu einem mit Schulden belasteten finalen Kreditgeber entwickelt, vergleichbar mit der Federal Reserve. Wirtschaftsexperten verstehen seine Kapazitäten zur Kreditaufnahme und -vergabe sehr gut, die Öffentlichkeit weiß weniger davon. Aber selbst Experten sind größtenteils nicht vertraut damit oder sogar verwirrt durch die größte Macht des IWF – die Fähigkeit, Geld zu schaffen. Tatsächlich erscheint schon der Name der IWF-Weltwährung, SDR, eher geeignet zu verwirren, als das Verständnis zu fördern. Die Druckerpresse des IWF steht bereit und kann in der nächsten globalen Liquiditätskrise benutzt werden. Sie wird ein entscheidendes Werkzeug dabei sein, den Niedergang des Dollar zu organisieren.

Eine Währung

John Maynard Keynes meinte einmal, nicht einmal einer unter 1 Million Menschen sei in der Lage, den Prozess zu verstehen, wie Inflation Wohlstand zerstört. Ebenso wahrscheinlich ist, dass keine Frau und kein Mann unter 10 Millionen die Special Drawing Rights oder SDRs versteht. Dennoch sind die SDRs auf dem Weg, ein Vorläufer von Inflation par excellence zu werden. Die Kombination von Undurchsichtigkeit und Unverantwortlichkeit erlaubt den globalen Geldeliten, Probleme der Staatsverschuldung mit einem inflationären Medium zu lösen, das es den einzelnen Regierungen erlaubt, politische Verantwortlichkeit zu leugnen.

Das beginnt schon bei der Bezeichnung der SDRs. Wie bei *Federal Reserve* und *Internationaler Währungsfonds* wurde der Name gewählt, um den wahren Zweck zu verschleiern. So wie die Federal Reserve und der IWF heimliche Zentralbanken sind, ist das SDR eine heimliche Weltwährung.

Einige Währungsexperten, vor allem Barry Eichengreen von der University of California in Berkeley, lehnen die Bezeichnung *Geld* für die SDRs ab, weil sie diese als rein buchhalterische Einheiten zur Verschiebung von Reserven zwischen den Mitgliedern sehen.[171] Aber die Finanzberichte des IWF selbst weisen diese Ansicht zurück. Im Jahresbericht steht Folgendes:

> Das SDR kann vom IWF als Ergänzung zu existierenden Währungsreserven eingesetzt werden. ... Sein *Wert* als Reserve-Asset erwächst aus der Verpflichtung der Teilnehmer, SDRs zu halten und zu akzeptieren. ... Das SDR wird zudem von einigen internationalen und regionalen Organisationen als *Verrechnungseinheit* verwendet. ... Die Teilnehmer und Inhaber können SDRs bei *Transaktionen* untereinander *verwenden und erhalten.*[172]

Da Geld klassischerweise durch drei Eigenschaften definiert wird – Wertspeicher, Berechnungseinheit und Tauschmedium –, spricht diese Äußerung dafür, dass SDRs Geld sind. Der IWF sagt selbst, dass das SDR einen Wert hat, eine Berechnungseinheit ist und als Tauschmedium zwischen den Mitgliedsstaaten verwendet werden kann. Die dreiteilige Gelddefinition ist vollständig erfüllt.

Das Volumen der umlaufenden SDRs ist winzig im Vergleich zu nationalen und regionalen Währungen wie dem Dollar und dem Euro. Die Anwendung von SDRs ist auf die Mitgliedsstaaten des IWF und gewisse andere offizielle Institutionen beschränkt und wird vom Special Drawing Rights Department des IWF kontrolliert. Außerdem werden SDRs vielleicht nie in Form von Banknoten emittiert und nie auf alltäglicher Basis von Bürgern auf der ganzen Welt verwendet werden. Doch diese eingeschränkte Anwendung ändert nichts an der Tatsache, dass das SDR eine von Eliten kontrollierte Weltwährung ist. In der Praxis verstärken sie diese Rolle noch, weil sie das SDR für die Bürger unsichtbar machen.

SDRs können im Überfluss an die Mitglieder des IWF ausgegeben werden und in Zukunft für eine Auswahl der wichtigsten Transaktionen auf der Welt verwendet werden, darunter Zahlungsbilanzausgleich, Ölpreis und die Finanzkonten der weltgrößten Unternehmen wie ExxonMobil, Toyota und Royal Dutch Shell. Jede durch massive Emission von SDRs verursachte Inflation wäre für die Menschen nicht sofort erkennbar. Letztlich würde die Inflation in Dollar, Yen oder Euro an der Tankstelle und im Lebensmittelgeschäft spürbar werden, aber die nationalen Zentralbanken könnten die Verantwortung problemlos ableugnen und mit dem Finger auf den IWF zeigen. Da sich der IWF keiner Wahl stellen muss und eine sich selbst erhaltende supranationale Organisation ist, könnte man niemanden zur Verantwortung ziehen.

Die Geschichte des SDR ist ebenso bunt wie seine erwartete Zukunft. Es war kein Teil der Währungsarchitektur, auf die man sich 1944 in Bretton Woods geeinigt hat. Es war eine Notfallreaktion auf die Dollarkrise, die 1969 begann und sich stufenweise bis 1981 fortsetzte.

In den frühen Jahrzehnten des Systems von Bretton Woods, von 1945 bis 1965, sorgten sich die internationalen Währungsexperten wegen eines sogenannten Dollarmangels. Damals war der Dollar die dominierende globale Reservewährung und für den internationalen Handel unentbehrlich. Die industrielle Basis Europas und Japans war im Zweiten Weltkrieg zerstört worden. Europa und Japan verfügten zwar über Humankapital, besaßen aber weder Dollars noch Gold zum Kauf der Maschinen und Rohstoffe, die sie brauchten, um ihre Industrien wiederzubeleben. Die Dollarknappheit wurde durch die Hilfe des Marshall-Plans und die Ausgaben für den Krieg in Korea teilweise abgemildert, den größten Schub verursachte allerdings der neue Appetit der amerikanischen Verbraucher auf hochwertige und preiswerte Importwaren. Amerikanische Baby Boomer erinnern sich vielleicht noch daran, dass sie als Teenager in einem VW Käfer mit einem Toshiba-Radio in der Hand zum Strand gefahren sind. 1965 erwarben wettbewerbsfähige Exportnationen wie Deutschland und Japan schnell die damals vorherrschenden Reservewährungen, Dollar und Gold. Die USA verstanden, dass sie substanzielle Handelsdefizite brauchten, um den Rest der Welt mit Dollars zu versorgen und den Welthandel zu erleichtern.

Das internationale Währungssystem fiel schnell seinem eigenen Erfolg zum Opfer. Aus dem Dollarmangel wurde eine Dollarflut und die Handelspartner wurden wegen der US-Handelsdefizite und der potenziellen Inflation allmählich unruhig. Diese Situation war eine Illustration von Triffins Dilemma, benannt nach dem belgischen Ökonomen Robert Triffin, der es in den frühen 1960er-Jahren als Erster beschrieben hat: Wenn eine Nation die globale Reservewährung herausgibt, muss sie ständig ein Handelsdefizit aufweisen, um den Handelspartnern diese Währung zur Verfügung zu stellen. Wenn die Defizite aber zu lange andauern, geht das Vertrauen in die Währung schließlich verloren.

Paradoxerweise führen sowohl ein Dollarmangel als auch eine Dollarflut zum Nachdenken über alternative Reserve-Assets. Im Fall eines Dollarmangels wird ein neues Asset gesucht, um Liquidität zur Verfügung zu stellen. Bei einer Dollarflut braucht man ein neues Asset, um Ersatz zur Verfügung zu haben und Vertrauen wiederherzustellen. So oder so: Der IWF beschäftigt sich schon lange mit Überlegungen zu Alternativen zum Dollar.

In den späten 1960er-Jahren kollabierte das Vertrauen in den Dollar. Der Grund war eine Kombination von US-Handelsdefiziten, Haushaltsdefiziten und Inflation durch die »Gewehre und Butter«-Politik von Präsident Lyndon Johnson. Die Handelspartner der USA, allen voran Frankreich und die Schweiz, begannen, Dollars gegen Gold auf den Markt zu werfen. Es begann ein Run auf Fort Knox und die Goldvorräte der USA schmolzen mit alarmierender Geschwindigkeit dahin, was zu Präsident Nixons Entscheidung führte, am 15. August 1971 die Konvertibiliät von Dollars gegen Gold zu beenden.

Als Aufseher über das internationale Währungssystem war der IWF mit kollabierendem Vertrauen in den Dollar und einem wahrgenommenen Mangel an Gold konfrontiert. Das britische Pfund hatte bereits 1967 abgewertet und litt seinerseits unter einer Vertrauenskrise. Die deutsche Mark galt als attraktiv, aber die deutschen Kapitalmärkte waren viel zu klein, um globale Reserve-Assets in ausreichender Menge zur Verfügung zu stellen. Der Dollar war schwach, Gold war rar und alternative Assets waren nicht verfügbar. Der IWF fürchtete, die weltweite Liquidität könnte zur Neige gehen, einen Zusammenbruch des Welthandels und eine Depression auslösen, wie es in den 1930er-Jahren geschehen war. In diesem angespannten Umfeld beschloss der IWF 1969, ein neues globales Reserve-Asset zu schaffen, das SDR.

Das SDR war von Anfang an das Fiat Money der Welt. Kenneth W. Dam, ein führender Währungsexperte und ehemaliger führender US-Regierungsbeamter, der im Finanzministerium, im Weißen Haus und im Verteidigungsministerium tätig war, erklärt in seinem Buch über die Geschichte des IWF:

> In einem entscheidenden Aspekt unterscheidet sich das SDR von fast allen früheren Vorschlägen. Früher hatte man es für entscheidend gehalten, dass alle neuen vom Fonds geschaffenen internationalen Reserven, vor allem Reserve-Assets, von einem anderen Asset »abgesichert« sein müssen. ... Das SDR wurde dagegen sozusagen aus dem Ärmel gezogen. Man teilte es Mitgliedsländern einfach entsprechend ihre Quoten zu. Daher wird es auch oft als »Manna vom Himmel« bezeichnet. Danach existierte es und wurde ohne jede Absicherung transferiert. ... Eine naheliegende Analogie lautet: »Fiat« Money, geschaffen von Staatsregierungen, aber nicht in Assets wie Gold umtauschbar.[73]

Ursprünglich wurde das SDR als Äquivalent zu 0,888671 Gramm Feingold bewertet, aber dieser IWF-Goldstandard wurde 1973 aufgegeben, nicht lange nachdem die USA selbst den Dollar-Goldstandard abgeschafft hatten. Seit 1973 wird der Wert des SDR relativ zu einem Korb von Reservewährungen berechnet. Das bedeutet nicht, dass das SDR von harten Währungen *abgesichert* ist, wie Dam darlegt, sondern nur, dass sein *Wert* bei Transaktionen und Bilanzierungen auf diese Weise berechnet wird. Heute besteht dieser Korb aus Dollars, Euros, Yens und Britischen Pfund in spezifischen Gewichtungen.

Seit ihrer Entstehung wurden SDRs bei vier Gelegenheiten an die Mitglieder des IWF ausgegeben. Die erste Emission hatte ein Volumen von 9,3 Milliarden SDRs, die zwischen 1970 und 1972 ausgegeben wurden. Die zweite

Emission umfasste 12,1 Milliarden SDRs, die, ebenfalls in einzelnen Tranchen, von 1979 bis 1981 vergeben wurden. Dann, von 1981 bis 2009, gab es fast 30 Jahre lang keine neuen SDRs. Das war die Ära von König Dollar, organisiert von Paul Volcker und Ronald Reagan, die sich während der Amtszeiten von George Bush, Bill Clinton und George W. Bush fortsetzte. Dann 2009, kurz nach der Finanzkrise und in den Tiefen einer neuen Depression, emittierte der IWF am 28. August 161,2 Milliarden und am 9. September 21,5 Milliarden SDRs. Insgesamt wurden bislang 204,1 Milliarden SDRs ausgegeben, die beim aktuellen Wechselkurs über 300 Milliarden Dollar wert sind.

Die Geschichte zeigt, dass es einen engen Zusammenhang zwischen den Phasen der SDR-Emissionen und den Phasen kollabierenden Vertrauens in den Dollar gibt. Der beste Indikator für Stärke oder Schwäche des Dollar ist der preisbereinigte Broad Dollar Index, der von der Federal Reserve berechnet und veröffentlicht wird. Die Indexreihe der Fed beginnt im Januar 1973 und basiert auf einem Indexwert von 100,00. Die ersten SDRs wurden zwar schon zuvor (1970 bis 1972) emittiert, wurden aber an den damaligen Wertverlust des Dollar von 20 Prozent gegenüber Gold angepasst.[74]

Die zweite SDR-Emission von 1979 bis 1981 folgte unmittelbar auf einen Einbruch des Dollar von einem Fed-Index-Niveau von 94,2780 im März 1977 auf 84,1326 im Oktober 1978 – ein Rückgang von 11 Prozent in 19 Monaten. Nach der Emission erholte sich der Dollar und der Index stieg bis März 1982 auf 103,2159. Das war der Beginn des Zeitalters von König Dollar.

Die dritte und die vierte Emission begannen im August 2009, nicht lange nachdem der Dollar im April 2008 auf ein Indexniveau von 84,1730 abgestürzt war, also etwa auf den Stand während der Krise 1978. Die Zeitverzögerungen von etwa einem Jahr zwischen den Indextiefs und den SDR-Emissionen spiegeln die Zeit, die der IWF braucht, ehe der Verwaltungsrat eine neue Emission genehmigt.

Anders als die SDR-Ausgabe in der König-Dollar-Phase der 1980er-Jahre führte die massive Emission von 2009 nicht zu einer Erholung des Dollar. Der Dollarindex erreichte im Juli 2011 sein historisches Tief von 80,5178, kurz bevor Gold am 5. September auf sein Allzeithoch von 1895,00 Dollar stieg. Der Unterschied zwischen 2011 und 1982 besteht darin, dass die Fed und das Finanzministerium eine Politik des schwachen Dollar verfolgten, im Gegensatz zu Paul Volckers Politik des starken Dollar. Dennoch erfüllte die SDR-Emission von 2009 ihren Zweck, weil sie die internationalen Finanzmärkte nach der Panik von 2008 beruhigte. Ende 2012 kamen die Märkte wieder in Gang wegen der Stabilisierung der Staatsverschuldungskrise in Europa, nachdem Mario Draghi in Bezug auf die EZB gesagt hatte, Kosten spielten keine Rolle. 2012 war die globale Liquidität wiederhergestellt und SDRs wurden in Erwartung der nächsten globalen Liquiditätskrise erneut ins Regal gestellt.

Das SDR ist zwar ein nützliches Werkzeug zur Schaffung von Liquidität in Krisensituationen, aber bislang hat der Dollar seinen Status als führende Reservewährung der Welt behalten. Die Rolle als Reservewährung erfordert mehr, als einfach nur Geld zu sein; sie erfordert einen Pool von Assets, in die man investieren kann, vor allem einen großen und liquiden Anleihenmarkt. Wenn die Handelspartner bereit sind, eine Währung als Tauschmedium zu akzeptieren, kann jede Währung im internationalen Handel verwendet werden. Allerdings entsteht ein Problem, wenn ein Handelspartner durch seinen Handel große Fremdwährungsbestände besitzt. Er muss sie nämlich in liquide Assets investieren, die marktgerechte Renditen abwerfen und ihren Wert behalten. Wenn die Bestände groß sind – zum Beispiel Chinas Reserven in Höhe von 3 Billionen Dollar –, müssen auch die Assets, in die man investieren kann, entsprechend groß sein. Heute sind die Märkte auf US-Dollar lautender Staatsanleihen die einzigen der Welt, die groß und diversifiziert genug sind, um die Investitionen von Ländern mit Handelsbilanzüberschüssen wie China, Korea oder Taiwan zu absorbieren. Der SDR ist im Vergleich dazu verschwindend klein.

Der IWF macht dennoch kein Geheimnis aus seinen Ambitionen, die SDRs in eine Reservewährung zu verwandeln, die den Dollar ersetzen könnte. Erklärt wurde dies in einer im Januar 2001 veröffentlichten IWF-Studie, bestehend aus einem viele Jahre und viele Schritte umfassenden Plan, das SDR als führendes globales Reserve-Asset zu etablieren. Die Studie empfiehlt, das SDR-Volumen zu erhöhen, um es für potenzielle Marktteilnehmer aus dem Privatsektor wie Goldman Sachs und Citigroup attraktiver zu machen. Wichtig ist, dass in dieser Studie die Rolle der logischen Verkäufer auf SDR lautender Anleihen wie Volkswagen und IBM anerkannt wird. Staatliche Fonds werden als wahrscheinlichste Käufer solcher Anleihen bezeichnet, wegen der Währungsdiversifizierung.

Die IWF-Studie empfiehlt, dass der SDR-Anleihenmarkt die Infrastruktur des US-Anleihenmarkts nachbilden sollte mit all den an den Finanzmärkten üblichen Mechanismen.[175]

Abgesehen davon empfiehlt die Studie, dass der IWF die Zusammensetzung des SDR-Währungskorbs ändern könnte, um die Gewichtung des Dollar zu reduzieren und die anderer Währungen wie des chinesischen Yuan zu erhöhen. Das ist ein verdeckter Mechanismus, um die Rolle des Yuan als Reservewährung zu stärken, lange bevor China selbst einen Yuan-Anleihenmarkt einrichtet. Wenn der SDR-Markt liquide wird und der Yuan Eingang in das SDR findet, werden die Händler der Banken Wege finden, Arbitrage zwischen der einen und der anderen Währung zu betreiben und so die Verwendung und die Attraktivität des Yuan zu erhöhen.[176] Mit Blick auf einen zukünftigen SDR-Anleihenmarkt kommt die IWF-Studie ganz offen zu der Schlussfolgerung: »Wenn es den politischen Willen dazu gäbe, könnten diese Wertpapiere der Embryo einer Weltwährung sein.«[177] Dieses Fazit ist höchst signifikant, denn damit ist der IWF zum ersten Mal über die Idee des SDR als Liquiditätsstütze hinausgegangen und präsentierte es als führende Form einer Weltwährung.

Die Vergabe von SDRs ist in der Praxis nicht auf die Mitglieder des IWF begrenzt. Artikel XVII der Satzung des IWF erlaubt die Vergabe von SDRs an »Nichtmitglieder ... und andere offizielle Körperschaften«,[178] darunter die Vereinten Nationen und die Bank für internationalen Zahlungsausgleich (BIS) in Basel. Die BIS ist dafür bekannt, die Geschäfte mit Nazi-Gold erleichtert zu haben, als sie im Zweiten Weltkrieg vom Amerikaner Thomas McKittrick geführt wurde, und gilt als Zentralbank der Zentralbanken.[179] Der IWF kann bis heute SDRs an die BIS ausgeben, um die fortlaufenden Manipulationen am Goldmarkt zu finanzieren. Gemäß Artikel XVII könnte der IWF auch an die Vereinten Nationen SDRs ausgeben, die sie zum Zweck der Bevölkerungsregulierung oder zum Umgang mit dem Klimawandel einsetzen könnten.

Weitere Funktionen der SDRs könnten erst in einigen Jahren eine Rolle spielen. Noch ist das SDR nicht in der Lage, den Dollar als wichtigste Reservewährung abzulösen, aber es bewegt sich langsam in diese Richtung. Dennoch spielt die Rolle der SDRs als Liquitätsquelle in finanziellen Panikphasen eine wichtige Rolle. Die SDR-Emission 2009 kann man als Test einer noch viel größeren Emission in einer zukünftigen Liquiditätskrise verstehen.

SDRs, die einem IWF-Mitgliedsstaat gewährt werden, sind immer von unmittelbarem Nutzen, denn dieser Staat muss vielleicht Schulden in Dollar oder Euro tilgen. Allerdings kann man SDRs mit anderen Mitgliedsstaaten gegen Dollars tauschen, die dazu bereit sind. Der IWF hat eine eigene Abteilung, die diese Tauschgeschäfte erleichtert. Wenn zum Beispiel Österreich Zahlungsverpflichtungen in Schweizer Franken hat und SDRs erhält, kann Österreich die SDRs mit China gegen Dollars tauschen. Dann verkauft Österreich die Dollars gegen Schweizer Franken und erfüllt damit seine Zahlungsverpflichtungen. China wird SDRs bereitwillig gegen Dollars tauschen, um seine Währungsreserven zu diversifizieren. Tatsächlich hat China bis zum 30. April 2012 über seine Zuteilungen hinaus SDRs im Gegenwert von 1,24 Milliarden Dollar erworben.[180] Min Zhu, stellvertretender Direktor des IWF, fasste die Rolle der SDRs bezüglich der Liquidität folgendermaßen kryptisch zusammen: »Sie sind Falschgeld, aber sie sind eine Art von Falschgeld, das zu echtem Geld werden kann.«[181]

Der IWF ist transparent, wenn es um den Sinn und Zweck von SDR-Emissionen geht. Die ganze Architektur von Bretton Woods, die zur Gründung des IWF führte, war eine Reaktion auf die Depression und Deflation der 1930er-Jahre. Die IWF-Satzung erklärt dieses Thema explizit:

> In all seinen Entscheidungen bezüglich der Zuteilungen ... spezieller Bezugsrechte wird der Fonds danach streben, die langfristigen globalen Bedürfnisse zu erfüllen und ... die bereits existierenden Reserven in einer Weise zu ergänzen, die ... Deflation ... vermeidet.

Deflation ist die schlimmste Bedrohung jeder Zentralbank, weil sie nur schwierig zu revidieren und unmöglich zu besteuern ist und Staatsschulden unbezahlbar macht, weil sie deren realen Wert erhöht. Durch die explizite Anerkennung seiner Mission, Deflation zu vermeiden, stimmen die Aktionen des IWF mit den Zielen anderer Zentralbanken überein.[182]

Mit seiner diversifizierten Führung, der ausgeglichenen Bilanz und dem SDR ist der IWF bereit, seine Vision von *einer* Welt, *einer* Bank und *einer* Währung zu realisieren und seine beabsichtigte Rolle als Zentralbank der Welt auszufüllen. Die nächste weltweite Liquiditätskrise wird die Stabilität des internationalen Währungssystems bis ins Mark erschüttern. Sie kann auch der

Auslöser sein, dass die Vision des IWF Wirklichkeit wird. Das SDR ist der perfekte Anwärter auf den Thron des Dollar.

Kapitel 9: Die Rolle des Goldes

Gold und Silber sind die einzigen Substanzen, die als universelle Währung zivilisierter Nationen gedient haben und dies noch immer tun. Es ist gar nicht nötig, all die bekannten Eigenschaften aufzuzählen, die sie zu einem allgemeinen Tauschmittel gemacht haben. Sie wurden schon ... seit frühesten Zeiten ... verwendet. Und wenn wir sehen, dass Nationen, die sich hinsichtlich Sprache, Religion, Bräuchen und auch ansonsten in fast jeder Hinsicht voneinander unterscheiden, fast vier Jahrtausende lang in dieser Hinsicht einig waren und dass Gold und Silber ununterbrochen bis zum heutigen Tag die universelle Währung der kommerziellen und der zivilisierten Welt waren, kann man mit Sicherheit sagen, dass sie, was die Dauerhaftigkeit ihres Werts betrifft, jeder anderen Substanz überlegen waren.
Albert Gallatin, Finanzminister mit der längsten Amtszeit (1801–1814)

Wenn ein Goldstandard effektiv sein soll, muss man den Goldpreis fixieren und sich wirklich daran halten. ... Wenn man heute einen klassischen Goldstandard einführen möchte und all die Dollars, die in ausländischem Besitz sind, durch Gold ersetzen würde ... müsste der Goldpreis enorm hoch sein.
Paul Volcker, früherer Chef der Federal Reserve, 15. Oktober 2012

Geld ist Gold – und nichts anderes.

J. P. Morgan, 1912

Gold: Realität und Mythen

Intelligente Diskussionen über Gold sind so selten wie das Metall selbst. Das Thema scheint emotional zu aufgeladen zu sein, um einen rationalen Diskurs zu erlauben. Einerseits scheinen die Gegner des Goldes und seiner Rolle im internationalen Währungssystem in ihren Bemühungen, das Thema lächerlich zu machen und zu marginalisieren, ebenso bereit zu persönlichen Angriffen wie zu ökonomischen Analysen zu sein. In einer 2013 veröffentlichten Kolumne eines bekannten Ökonomen wurden Worte wie *paranoid, verängstigt, rechtsradikal* und *Fanatiker*[83] zur Beschreibung von Goldinvestoren verwendet. Zudem brachte er eine Reihe altbekannter Einwände vor, die einer seriösen Überprüfung nicht standhalten.

Andererseits sind viele sogenannte *Gold Bugs* auch nicht nuancierter in ihren Vorwürfen, dass die Gewölbe in Fort Knox leer sind, das Gold schon vor langer Zeit an Banken wie JP Morgan verkauft und durch mit Wolfram gefüllte, gefälschte Barren ersetzt wurde. Dieser Betrug, so der Vorwurf, sei Teil einer massiven, jahrzehntelangen Verschwörung, Goldinvestoren um die Profite ihrer Weitsicht zu betrügen und Gold seinen angemessenen Platz im monetären Kosmos zu verweigern.

Natürlich gibt es auch legitime Bedenken über den Gebrauch von Gold im Zusammenhang mit eigenständiger Geldpolitik und es gibt Beweise für staatliche Eingriffe am Goldmarkt. Beides spricht für eine Untersuchung des Themas, in der Fakten und Fantasie voneinander unterschieden werden. Wenn man die wirkliche Rolle des Goldes im Währungssystem verstehen will, muss man auf die Geschichte und nicht auf das theatralische Getue blicken. Eine Analyse sollte auf nachweisbaren Daten und vernünftigen Schlussfolgerungen basieren, nicht auf Anklage und Spekulation. Wenn man das Thema Gold genau untersucht, erweist sich die Wahrheit als interessanter als das, was einen die Goldhasser einerseits und die Goldfans andererseits glauben machen möchten.

Lord Nathan Rothschild, Goldbroker für die Bank of England und Chef der legendären Londoner Bank N. M. Rothschild & Sons, soll einmal gesagt haben: »Ich kenne nur zwei Männer, die den Wert des Goldes wirklich verstehen – einen obskuren Angestellten in den Kellergewölben der Banque de Paris und einen der Direktoren der Bank of England. Leider sind sie verschiedener Meinung.«[184] Dieser Kommentar zeigt, wie wenige wirklich fundierte Ansichten es zum Thema Gold gibt und wie undurchsichtig die Sache ist.

Ganz grundsätzlich ist Gold ein Element, Ordnungszahl 79, das man in der Erdkruste findet; im Erz, manchmal als Nuggets und in geringer Menge. Die Tatsache, dass Gold ein chemisches Element ist, ist wichtig, denn das bedeutet, dass es immer und überall gleichförmig ist. Viele Rohstoffe wie Öl, Mais oder Weizen gibt es in verschiedenen Formen, mehr oder weniger rein, was sich auf den Preis auswirkt. Abgesehen von Legierungen und unverarbeiteten Produkten ist Feingold überall gleich.

Wegen seiner Reinheit, Gleichförmigkeit, Seltenheit und Formbarkeit ist Gold Geld in reinster und nicht vergleichbarer Weise. Gold ist seit mindestens 4000 Jahren Geld, vielleicht noch viel länger. Im Buch Genesis wird der Patriarch Abraham als »sehr reich an Vieh, Gold und Silber« beschrieben. König Kroisos prägte die ersten Goldmünzen in Lydien, das in der heutigen Türkei lag, im 6. Jahrhundert v. Chr. Der U.S. Coinage Act von 1792, nur drei Jahre nach der amerikanischen Verfassung verabschiedet, ermächtigte das neu gegründete Münzamt, Münzen aus Feingold zu prägen, die man Eagles, Half Eagles und Quarter Eagles nannte. Die lange Geschichte des Goldes bedeutet nicht, dass man es heute als Geld verwenden muss. Es bedeutet aber, dass jeder, der Gold als Geld ablehnt, von größerer Weisheit geprägt sein muss als die Bibel, die Antike und die Gründerväter der USA zusammengenommen.

Um Gold zu verstehen, ist es nützlich zu wissen, was Gold *nicht* ist.

Gold ist kein Derivat. Ein an der New York Stock Exchange gehandelter ETF ist kein Gold. Ein Gold-Futureskontrakt, der an der COMEX gehandelt wird, ist kein Gold. Ein Forward-Kontrakt am Londoner Goldmarkt ist kein Gold. Diese und viele andere Finanzinstrumente sind Kontrakte, mit denen man sich am Goldmarkt engagieren kann, und Teil eines Systems, das mit physischem Gold zu tun hat. Aber es handelt sich eben um Kontrakte, nicht um Gold.

Kontrakte, die sich auf Gold beziehen, weisen viele Risiken auf, die nicht direkt mit Gold zu tun haben. Das beginnt schon mit der Möglichkeit, dass Kontrahenten ihre Verpflichtungen nicht erfüllen könnten. Die Börsen, an denen die Goldkontrakte notiert sind, könnten wegen Panik, Kriegen, Terrorakten, Stürmen und anderen Formen höherer Gewalt geschlossen werden. Die New York Stock Exchange war 2012 wegen des Wirbelsturms Sandy und nach den Angriffen auf das World Trade Center am 11. 9. 2001 geschlossen. Die Börsenregeln können auch abrupt geändert werden, wie es 1980 an der COMEX der Fall war, als die Brüder Hunt versuchten, den Silberpreis in die Höhe zu jagen.

Banken können sich auf höhere Gewalt berufen und Kontrakte in Bargeld statt in Gold abwickeln. Außerdem können Regierungen anordnen, dass bestehende Kontrakte annulliert werden. Stromausfälle und Zusammenbrüche des Internets können dazu führen, dass man an der Börse gehandelte Kontrakte nicht glattstellen kann. Veränderungen der Margin-Anforderungen einzelner Börsen können Liquidationen erzwingen und zu Panikverkäufen führen. Alle diese Dinge betreffen denjenigen nicht, der physisches Gold hält.

Das Eigentum an physischem Gold, ohne Verpflichtungen und Retentionsrechte, außerhalb des Bankensystems aufbewahrt, ist die einzige Form von Gold, die echtes Geld ist, denn jede andere Form ist nur eine bedingte Goldforderung.

Gold ist kein Rohstoff. Das liegt daran, dass es weder konsumiert noch zu etwas anderem verarbeitet wird; es ist nur Gold. Es wird an Rohstoffbörsen gehandelt und auch von vielen Marktteilnehmern für einen Rohstoff gehalten, aber es ist etwas anderes. So unterschiedliche Ökonomen wie Adam Smith und Karl Marx haben Rohstoffe allgemein als undifferenzierte Güter definiert, die produziert werden, um verschiedene Bedürfnisse oder Wünsche zu erfüllen. Auf Öl, Weizen, Mais, Aluminium, Kupfer und zahllose andere Rohstoffe trifft diese Definition zu. Rohstoffe werden als Nahrungsmittel oder Energie verbraucht oder sie sind Bestandteile anderer Güter, die zum Verbrauch nachgefragt werden. Im Gegensatz dazu gibt es für Gold kaum industrielle Verwendung und es ist weder ein Nahrungsmittel noch ein Energieträger. Es trifft zu, dass Gold fast von allen Menschen begehrt wird, aber als Geld in seiner Funktion als Wertspeicher und in keiner anderen Funktion. Sogar die Schmuckherstellung ist kein echter Konsum, obwohl sie so eingeordnet wird, denn Goldschmuck ist ornamentaler Wohlstand; eine Art Geld, das man am Körper tragen kann.

Gold ist kein Investment. Ein Investment umfasst den Umtausch von Geld in ein Instrument, das Risiken und Renditen enthält. Echtes Geld, so wie Gold, hat keine Rendite, weil es auch keine Risiken birgt. Am einfachsten kann man das verstehen, wenn man einen Dollarschein aus der Brieftasche zieht und ihn sich ansieht. Der Dollarschein bringt keine Rendite. Um eine Rendite zu erhalten, muss man das Geld in ein Investment tauschen und ein Risiko eingehen. Ein Anleger, der seine Dollarscheine zur Bank bringt und dort einzahlt, kann eine Rendite erzielen, aber das ist keine Rendite auf das Geld, sondern auf das

Bankkonto. Die Risiken eines Bankkontos sind vielleicht recht niedrig, aber sie sind nicht gleich null. Es gibt ein Tilgungsrisiko, wenn es einen fixen Rückzahlungstermin gibt. Es gibt ein Kreditrisiko, wenn die Bank insolvent wird. Eine Kontoversicherung kann dieses Risiko abmildern, aber auch das Versicherungsunternehmen kann zahlungsunfähig werden. Wer glaubt, diese Risiken seien eine Sache aus der Vergangenheit, sollte an die Ereignisse in Zypern 2013 denken, als bestimmte Bankkonten zwangsweise in Bankaktien umgewandelt wurden, nachdem ein früherer Plan zurückgewiesen worden war, die Einlagen durch Besteuerung zu konfiszieren. Diese Umwandlung von Bankguthaben in Aktien, um insolvente Banken zu retten, wurde in Europa und in den USA positiv beurteilt, um zukünftige Bankenkrisen managen zu können.

Es gibt zahllose Möglichkeiten, durch das Eingehen von Risiken eine Rendite zu erzielen. Aktien, Anleihen, Immobilien, Hedgefonds und viele andere Investments enthalten sowohl Risiken als auch Renditen. Ein ganzer Zweig der Wirtschaftswissenschaften, vor allem die Optionspreistheorie, beruhte auf der falschen Annahme, eine kurzfristige Staatsanleihe sei ein »risikofreies« Investment. Vor Kurzem haben die Abstufung der Bonität der USA unter das AAA-Niveau, eine steigende Relation zwischen Staatsverschuldung und BIP und der ständige Streit im Kongress über eine Gesetzgebung zur Schuldenbegrenzung gezeigt, dass das Etikett »risikolos« ein Mythos ist.

Keines der Risiken dieser Investments trifft auf Gold zu. Es gibt kein Tilgungsrisiko, weil es kein Datum in der Zukunft gibt, an dem Gold mit Gold getilgt wird. In erster Linie handelt es sich eben um Gold. Gold weist auch kein Kontrahentenrisiko auf, denn es ist ein Asset seines Eigentümers, aber keine Zahlungsverpflichtung einer anderen Person. Niemand »emittiert« Gold so, wie Banknoten ausgegeben werden; es ist einfach Gold. Sobald man Gold besitzt, gibt es Abwicklungsrisiken. Banken können insolvent werden, Börsen können schließen und der Frieden kann verloren gehen, aber diese Ereignisse haben keinen Einfluss auf den inneren Wert von Gold. Aus diesem Grund ist Gold das wirklich risikolose Asset.

Verwirrung über die Rolle des Goldes entsteht, weil es in der Regel als Investment behandelt wird. In den Finanzmedien wird auch so darüber berichtet. Kein Tag vergeht, an dem nicht eine Finanzreporterin ihr Publikum darüber informiert, dass Gold an diesem Tag »gestiegen« oder »gesunken« ist, und was den Goldpreis in Dollar betrifft, trifft das ja auch zu. Aber schwankt der Goldwert oder der Dollarkurs? Wenn Gold um 3,3 Prozent von 1500 auf 1550 Dollar je Unze »steigt«, könnte man auch Gold als Konstante sehen und sagen, dass der Dollar von 1/1500 auf 1/1550 einer Unze Gold »gesunken« ist. Mit anderen Worten: Man kann mit einem Dollar weniger Gold kaufen, also ist der Dollar gesunken. Dies betont die Rolle des *Numeraire* oder der Rechnungseinheit, die zur Standarddefinition des Geldes gehört. Wenn Gold der *Numeraire* ist, dann ist es korrekter, den Dollar und andere Währungen als fluktuierende Assets zu betrachten, nicht aber Gold.

Man kann diese Frage auch anhand des folgenden Beispiels illustrieren. Nehmen wir an, dass sich der Goldpreis in Dollar an einem Tag von 1500 auf 1495 Dollar je Unze bewegt. Das ist ein Rückgang von 0,3 Prozent. Am selben Tag bewegt sich der Wechselkurs des Yen gegenüber dem Dollar von 100 auf 101. Wenn man den Dollar in den Yen tauscht, wird ersichtlich, dass sich der Goldpreis in Yen von 150 000 (1500 x 100) auf 150 995 Yen (1495 x 101) bewegt hat, was einem *Anstieg* um 0,6 Prozent entspricht. Am *selben* Tag *sinkt* der Goldpreis in Dollar also um 0,3 Prozent, während er in Yen um 0,6 Prozent *steigt*. Ist Gold jetzt gestiegen oder gesunken? Wenn man den Dollar als einzige Form des Geldes auf der Welt betrachtet, ist es gesunken. Wenn man aber Gold als *Numeraire* oder monetären Standard einordnet, ist es zutreffender, zu sagen, dass Gold konstant war und der Dollar im Vergleich dazu gestiegen, der Yen aber gesunken ist. Das löst den Widerspruch auf, ob Gold gestiegen oder gesunken ist. Nichts dergleichen ist geschehen; stattdessen fluktuierten die Währungen. Es illustriert auch die Tatsache, dass Gold einen inneren Wert hat, der keine bloße Funktion der Wechselkurse der Währungen dieser Welt ist. Es sind die Währungen, die volatil sind und keinen inneren Wert haben.

Wenn Gold kein Derivat ist, kein Rohstoff und kein Investment, *was ist es dann?* Der legendäre Bankier J. P. Morgan hat es am besten ausgedrückt: »Geld ist Gold – nichts anderes.«[185]

Für J. P. Morgan – und für jeden anderen – war Geld 4000 Jahre lang Gold, aber 1974 war Geld plötzlich kein Gold mehr, zumindest nach der Auffassung des IWF. Nixon beendete 1971 die Umtauschbarkeit des Dollar gegen Gold durch ausländische Zentralbanken, aber erst 1974 empfahl ein Reformkomitee des IWF auf Drängen der USA die Demonetisierung des Goldes und die Aufnahme von SDRs in das internationale Währungssystem.[186] Von 1975 bis 1980 arbeiteten die USA eifrig daran, die monetäre Rolle des Goldes einzuschränken, indem sie massive Goldverkäufe aus ihren offiziellen Reserven vornahmen. Noch 1979 warfen die USA 412 Tonnen Gold auf den Markt, um den Goldpreis zu drücken und die Bedeutung des Goldes zu beschränken.[187] Letztlich scheiterten diese Anstrengungen. Im Januar 1980 stieg der Goldpreis kurzfristig auf 800 Dollar je Unze. Seither gab es keine nennenswerten offiziellen Goldverkäufe der USA mehr.

Die Degradierung des Goldes als monetäres Asset durch die USA und den IWF Ende der 1970er-Jahre bedeutet, dass die wirtschaftswissenschaftlichen Lehrpläne der führenden Universitäten fast zwei Generationen lang die Rolle des Goldes nicht ernsthaft untersucht haben. Über Gold wurde vielleicht in Geschichtskursen unterrichtet und es gibt viele autodidaktische Goldexperten, aber jeder nach 1952 geborene Ökonom hat fast mit Sicherheit keine formale Ausbildung, was die monetäre Funktion des Goldes betrifft. Daher sind Mythen über Gold an die Stelle seriöser Analysen getreten.

Der erste Mythos ist, dass Gold nicht die Basis eines modernen Währungssystems sein kann, *weil es nicht genug Gold gibt*, um die Anforderungen des Handels und des Finanzwesens auf der Welt zu erfüllen. Dieser Mythos ist ganz offensichtlich falsch, aber er wird so oft zitiert, dass er einer Widerlegung wert ist.

Die gesamten heutigen Goldvorräte auf der Welt, abgesehen von den noch nicht geförderten Reserven, belaufen sich auf etwa 163 000 Tonnen. Offizielle Institutionen wie Zentralbanken, nationale Schatzämter und der IWF besitzen davon 31 868,8 Tonnen. Bei einem Goldpreis von 1500 Dollar je Unze haben die offiziellen Goldbestände der Welt einen Wert von 1,7 Billionen Dollar. Das ist viel weniger als die summierten Geldmengen der im Handel und im Finanzwesen führenden Nationen der Welt. Ein Beispiel: Wenn man den M1-Maßstab der Federal Reserve anlegt, betrug allein die Geldmenge in den USA 2013 2,5 Billionen Dollar. Die breiter gefasste Geldmenge M2 lag gleichzeitig bei 10,6 Billionen Dollar. Addiert zu der Geldversorgung der EZB, der Bank of Japan und der chinesischen Zentralbank, erhöht sich die globale Geldmenge der vier großen Wirtschaftszonen auf 20 Billionen Dollar (M1) und 48 Billionen Dollar (M2). Wäre die globale Geldmenge auf 1,7 Billionen

Dollar in Gold statt auf 48 Billionen Dollar Papiergeld in Form von M2-Geld beschränkt, käme es zu einer katastrophalen Deflation und einer schweren Depression.[188]

Das Problem dieses Szenarios ist nicht die Menge, sondern der *Preis* des Goldes. Zum richtigen Preis gibt es jede Menge Gold. Bei einem Goldpreis von 17 500 Dollar je Unze entsprächen die offiziellen Goldreserven in etwa der kombinierten Geldmenge M1 der Eurozone, Japans, Chinas und der USA. Es geht nicht darum, den Goldpreis zu prognostizieren oder einen Goldstandard zu antizipieren, sondern nur um die Darstellung, dass die *Quantität* des Goldes niemals ein Hindernis für einen Goldstandard ist, solange der *Preis* der angestrebten Geldmenge angemessen ist.

Der zweite Mythos lautet, dass man Gold in einem Währungssystem nicht verwenden kann, *weil Gold die große Depression der 1930er-Jahre verursacht und zu deren Dauer und Ausmaß beigetragen hat*. In diesem Mythos steckt ein wahrer Kern, aber diese Halbwahrheit führt zu großer Verwirrung. Vor der großen Depression, die man allgemein auf 1929 bis 1940 datiert, gab es den »Goldwährungsstandard«, der sich phasenweise von 1922 bis 1925 entwickelte und unter größten Schwierigkeiten bis 1939 funktionierte. Im Prinzip einigte man sich auf der Konferenz von Genua 1922 auf diesen Standard, aber die entscheidenden Schritte zu seiner Einführung wurden den beteiligten Ländern überlassen, die sie dann in den folgenden Jahren ausarbeiteten.

Wie der Name nahelegt, war der Goldwährungsstandard kein reiner Goldstandard der Art, wie er von 1870 bis 1914 existiert hatte. Er war eine Mischform, in der sowohl *Gold* als auch Fremd*währungen* – vor allem Dollar, Britisches Pfund und der Französische Franc – als Reserven dienen und für die Abwicklungen jeglicher Zahlungen verwendet werden konnten. Nach dem Ersten Weltkrieg gab es in den meisten großen Volkswirtschaften keine Goldmünzen mehr, die vor 1914 verbreitet waren.

Theoretisch waren die Fremdwährungsreserven eines Landes in Gold umtauschbar, wenn der Eigentümer sie dem betreffenden Land präsentierte. Auch war Goldbesitz für die Bürger erlaubt. Aber internationale Zahlungen sollten die Ausnahme bleiben und der Besitz physischen Goldes durch Bürger war auf große Barren beschränkt, was für alltägliche Transaktionen allgemein nicht geeignet war. Die Idee war, einen Goldstandard zu schaffen, aber so wenig Gold wie möglich im Umlauf zu haben. Das verfügbare Gold sollte hauptsächlich in den Gewölben der Federal Reserve Bank of New York, der Bank of England und der Banque de France verbleiben, während sich die Bürger daran gewöhnten, Papiergeld statt Goldmünzen zu verwenden, und die Zentralbanker lernten, die Banknoten ihrer Handelspartner zu akzeptieren, statt physisches Gold zu verlangen. Der Goldwährungsstandard war bestenfalls eine blasse Imitation eines echten Goldstandards und im schlechtesten Fall ein massiver Betrug.

Vor allem aber mussten die einzelnen Länder einen Umtauschkurs zwischen Gold und ihrer Währung wählen und sich dann daran halten, während sich das neue System entwickelte. Angesichts der ungeheuer wachsenden Mengen an Papiergeld während des Ersten Weltkriegs von 1914 bis 1918 wählten die meisten teilnehmenden Nationen einen Kurs, der weit unter dem Umtauschverhältnis vor dem Krieg lag. Sie werteten ihre Währungen also gegen Gold ab und kehrten auf dem neuen, niedrigeren Umtauschverhältnis zu einem Goldstandard zurück. Frankreich, Belgien, Italien und andere Mitglieder der Gruppe, die man als Goldblock bezeichnete, wählten diesen Weg. Die USA waren später als die europäischen Mächte in den Krieg eingetreten und ihre Volkswirtschaft war vom Krieg weniger betroffen. Zudem flossen den USA während des Kriegs große Mengen an Gold zu und sie hatten folglich keine Probleme, den Vorkriegs-Umtauschkurs von 20,67 Dollar je Unze beizubehalten. Nach den Abwertungen des Goldblocks und weil die USA nicht unter Druck standen, hing der zukünftige Erfolg des Goldwährungsstandards nun von der Festlegung eines Umtauschkurses zwischen Gold und dem Britischen Pfund ab. Das Vereinigte Königreich, unter Führung von Finanzminister Winston Churchill, entschloss sich dazu, den Vorkriegskurs beizubehalten, der 4,86 Pfund je Unze entsprach.[89] Er tat dies, weil er sich verpflichtet fühlte, den ursprünglichen Wert der Banknoten der Bank of England beizubehalten, aber auch aus pragmatischen Gründen, die damit zu tun hatten, Londons Stellung als verlässliches Weltfinanzzentrum des gesunden Geldes zu bewahren. Angesichts der hohen Geldsummen, die die Bank of England gedruckt hatte, um den Krieg zu finanzieren, war das Pfund zu diesem Umtauschkurs stark überbewertet und das erforderte einen drastischen Rückgang, um zur alten Parität zurückzukehren. Ein Umtauschkurs von 7,50 Pfund je Unze wäre realistischer gewesen und hätte dem Vereinigten

Königreich eine wettbewerbsfähigere Position im Handel verschafft. Stattdessen schadete die Überbewertung des Pfunds dem britischen Handel und zwang zu deflationären Lohnkürzungen. Dieser Prozess ähnelte den strukturellen Anpassungen, die Griechenland und Spanien heute durchmachen. Das Ergebnis war 1926 eine Depression im Vereinigten Königreich, Jahre vor dem üblicherweise genannten Datum 1929, das man mit der großen Depression und dem Crash am US-Aktienmarkt in Verbindung bringt.

Wegen des überbewerteten Pfunds und der Wettbewerbsnachteile im Handel begann Gold, in die USA und nach Frankreich abzufließen. Die angemessene Reaktion der USA wäre gewesen, kontrolliert durch die Federal Reserve die Geldpolitik zu lockern und eine höhere Inflation in den USA zuzulassen, was die Handelsposition des Vereinigten Königreichs verbessert und der britischen Wirtschaft einen Schub gegeben hätte. Stattdessen verfolgte die Fed eine strenge Geldpolitik, was zum Crash von 1929 beitrug und dabei half, die große Depression zu beschleunigen. 1931 war der Druck auf das überbewertete Pfund so stark geworden, dass das Vereinigte Königreich die Parität von 1925 abschaffte und das Pfund abwertete. Das machte den Dollar zur am stärksten überbewerteten Währung der Welt. Diese Situation wurde 1933 berichtigt, als die USA ebenfalls von 20,67 auf 35,00 Dollar je Feinunze abwerteten. Das verbilligte den Dollar und dämpfte den Effekt der Pfund-Abwertung zwei Jahre zuvor.

Die Abfolge der Ereignisse von 1922 bis 1933 zeigt, dass die große Depression nicht vom Gold, sondern eher *durch politische Maßnahmen der Zentralbanken* verursacht wurde. Der Goldwährungsstandard hatte fatale Fehler, weil er den Goldpreis am freien Markt nicht berücksichtigte. Die Bank of England überbewertete das Pfund 1925. Die Federal Reserve verfolgte 1927 eine unangemessen strenge Geldpolitik. Diese Probleme haben mit Gold per se nichts zu tun, aber mit dem Gold*preis*, seinen Manipulationen und Verzerrungen durch die Zentralbanken. Der Goldwährungsstandard hat zur großen Depression beigetragen, weil er kein wirklicher Goldstandard war. Er war eine schlecht entworfene Mischung, manipuliert und schlecht gemanagt durch die eigenständige Politik der Zentralbanken, vor allem im Vereinigten Königreich und in den USA. Die große Depression ist kein Argument gegen Gold; sie ist eine mahnende Erinnerung an die Inkompetenz der Zentralbanken und die Gefahren, die entstehen, wenn man die Märkte ignoriert.

Der dritte Mythos lautet, *dass Gold Marktpaniken verursacht* und dass moderne Volkswirtschaften stabiler sind, wenn man Gold meidet und die Zentralbanken monetäre Instrumente anwenden, um periodische Panikausbrüche abzumildern. Dies ist einer der Lieblingsmythen des Ökonomen Paul Krugman und er wiederholt ihn in seinen Schriften gegen Gold und pro Inflation immer und immer wieder.[190]

Tatsächlich gibt es Paniken bei einem Goldstandard und *ebenso*, wenn es keinen Goldstandard gibt. Krugman zitiert gern eine Liste von Paniken, die während des klassischen Goldstandards und des Goldwährungsstandards auftraten. Dazu gehören die Marktpaniken oder Crashs 1873, 1884, 1890, 1893, 1907 und die große Depression. Zugegeben, aber zu Paniken kam es auch ohne einen Goldstandard. Zu den Beispielen zählen der Aktiencrash 1987, als der Dow Jones Industrial Index an einem einzigen Tag um 22 Prozent abstürzte, der Zusammenbruch des mexikanischen Peso 1994, die auf Asien und Russland bezogene Long-Term-Capital-Panik 1997 und 1998, der Kollaps der Technologieaktien 2000, der Zusammenbruch des Immobilienmarkts 2007 und die Finanzpanik um Lehman und AIG 2008.

Paniken werden durch Gold weder verhindert noch verursacht. Sie werden durch überzogene Kreditvergabe und übermäßigen Optimismus ausgelöst. Darauf folgen ein plötzlicher Vertrauensverlust und ein verrücktes Ringen um Liquidität. Paniken zeichnen sich durch den rapiden Wertverlust von Assets aus, durch Margin Calls der Gläubiger, das Verramschen von Assets, um an Cash zu gelangen und an einen positiven Feedback-Zyklus, in dem weitere Asset-Verkäufe weitere Wertverluste verursachen, gefolgt von mehr und mehr Margin Calls und Verkäufe von Wertgegenständen. Dieser Prozess erschöpft sich schließlich selbst durch Bankrotte, Rettung durch solvente Marktteilnehmer, Regierungsinterventionen oder ein Zusammenwirken aller drei Faktoren. Paniken sind ein Produkt der menschlichen Natur, das Pendel schwingt zwischen Furcht und Gier und zurück zur Furcht. Paniken verschwinden nicht. Der entscheidende Punkt ist aber, dass sie nichts mit Gold zu tun haben.

In der Praxis haben Goldstandards in der Vergangenheit gut funktioniert und sind auch heute noch uneingeschränkt anwendbar. Dennoch wirft die Schaffung jedes Goldstandards schwierige Fragen auf. Der Entwurf eines

Goldstandards ist auf die gleiche Art schwierig, wie es das Design eines digitalen Prozessors ist. Es gibt gutes und schlechtes Design. Es gibt technische Fragen, die ernsthafte Überlegungen erfordern, und fadenscheinige Aspekte, die dies nicht tun. Es gibt genug Gold auf der Welt – es ist nur eine Frage des Preises. Nicht Gold, sondern das Versagen der Zentralbankpolitik hat die große Depression verursacht. Paniken sind nicht das Ergebnis von Gold, sondern das Ergebnis der menschlichen Natur und zu lockerer Kreditvergabe. Man muss diese Mythen zerstören, um zu einer ehrlichen Debatte zu gelangen, was für und was gegen Gold spricht.

Der Drang zum Gold

Während Akademiker und Experten über den Sinn des Goldes als monetärer Standard debattieren, sind die Zentralbanken schon über diese Debatte hinaus. Für die Zentralbanken ist die Debatte vorbei – Gold ist Geld. Heute kaufen Zentralbanken Gold als Reserve-Asset mit einer Geschwindigkeit, die man seit den frühen 1970er-Jahren nicht mehr gesehen hat, und dieses Gerangel um Gold hat tief gehende Implikationen für die zukünftige Rolle jeder Währung, vor allem des US-Dollar.

Die Fakten sprechen für sich und erfordern eine ausführlichere Erörterung. Zentralbanken und andere offizielle Institutionen wie der IWF waren in jedem Jahr von 2002 bis 2009 Nettoverkäufer von Gold, obwohl die Verkäufe in diesem Zeitraum kräftig zurückgingen, von über 500 Tonnen 2002 bis auf weniger als 50 Tonnen 2009. Ab 2010 wurden die Zentralbanken zu Nettokäufern. Die Käufe stiegen stark an, von weniger als 100 Tonnen 2010 bis auf über 500 Tonnen 2012. Im Zehn-Jahres-Zeitraum von 2002 bis 2012 betrug die Verschiebung von Nettoverkäufen zu Nettokäufen mehr als 1000 Tonnen jährlich; das ist mehr als ein Drittel der jährlichen weltweiten Goldförderung. Immer öfter wandert Gold direkt von den Minen in die Gewölbe der Zentralbanken.[191]

Tabelle 1 zeigt den Anstieg der Goldreserven ausgewählter Länder vom ersten Quartal 2004 bis zum ersten Quartal 2013, gemessen in Tonnen:

Land	Q1 2004 (metrische Tonnen)	Q1 2013 (metrische Tonnen)	Veränderung in Prozent
Argentinien	28,61	61,74	+ 216 %
Weißrussland	12,44	49,29	+ 396 %
China	599,98	1054,09	+176 %
Indien	357,75	557,75	+156 %
Kasachstan	54,70	22,89	+ 225 %
Südkorea	14,05	104,44	+733 %
Laos	3,64	8,88	+244 %
Mexiko	6,80	124,24	+2043 %
Russland	389,79	981,62	+ 252 %
Thailand	80,87	152,41	+ 188 %
Türkei	116,10	408,86	+ 352 %
Ukraine	19,60	36,08	+ 184 %
Gesamt	1684,33	3662,29	+ 217 %

Tabelle 1: Goldreserven ausgewählter Länder

Alle diese großen Zentralbank-Goldkäufer haben ihren Sitz in Asien, Lateinamerika und Osteuropa. Im selben Zeitraum, von 2004 bis 2013, waren die westlichen Zentralbanken Nettoverkäufer von Gold, obwohl diese Verkäufe 2009 abrupt endeten. Seither mussten die sich entwickelnden Volkswirtschaften Gold aus der Minenproduktion, dem Recycling oder am freien Markt kaufen, inklusive IWF-Verkäufen von 400 Tonnen Ende 2009 und Anfang 2010. Wenn man alle nationalen Zentralbanken, unter Ausschluss des IWF, berücksichtigt, stiegen die offiziellen Goldreserven vom vierten Quartal 2009 bis zum ersten Quartal 2013 um 1481 Tonnen oder 5,4 Prozent. Zentralbanken sind zu wichtigen Goldkäufern geworden und das Gold wandert vom Westen in den Osten.

Alle diese Statistiken muss man unter dem Vorbehalt des kuriosen Falles China sehen. Über 20 Jahre lang, von 1980 bis Ende 2001 gab China seine Goldreserven mit 395 Tonnen an. Dann stiegen die angegebenen Bestände plötzlich auf 500 Tonnen, wo sie ein Jahr lang blieben. Ende 2002 stiegen sie erneut bis auf 600 Tonnen, wo sie über sechs Jahre lang stagnierten. Schließlich, im April 2009, gab China Goldreserven von 1054 Tonnen bekannt. Auf diesem Niveau verblieben sie fast fünf Jahre lang bis Anfang 2014.

Offiziell hat China eine Reihe plötzlicher Anstiege seiner Goldbestände von 105 Tonnen 2001, 100 Tonnen 2002 und 454 Tonnen 2009 bekannt gegeben. Anstiege in dieser Größenordnung lassen sich durch eine einzelne Transaktion nur extrem schwer durchführen, außer durch eine Vereinbarung zwischen zwei Zentralbanken oder mit dem IWF. Über solche Geschäfte ist aber nichts berichtet worden und keine Zentralbank- oder IWF-Bestände weisen die nötigen deutlichen Rückgänge zu den betreffenden Zeitpunkten auf, die solche Anstiege der chinesischen Bestände erklären könnten. Die Schlussfolgerung ist unvermeidlich, dass China tatsächlich über lange Zeiträume Gold in kleineren Mengen akkumuliert und die Veränderungen dann als Gesamtsumme und unregelmäßig bekannt gibt.[192]

Diese verborgenen Goldkäufe in kleinen Mengen sind absolut sinnvoll. Physisches Gold ist in dem Sinn markttauglich, als man es problemlos kaufen oder verkaufen kann, aber die Handelsumsätze sind gering und der Preis ist volatil. In jedem umsatzschwachen Markt versuchen große Käufer, ihre Absichten zu verbergen, um Auswirkungen auf den Markt zu vermeiden, in dem Bankhändler den Preis in Erwartung großer, unflexibler Kauforders zum Nachteil des Käufers beeinflussen.

China minimiert die Auswirkungen seiner Kaufprogramme auf den Markt durch den Einsatz geheimer Händler und den direkten Kauf bei Minenunternehmen. Die Händler sitzen hauptsächlich im HSBC-Hauptquartier in Hongkong und der Niederlassung der ANZ Bank in Shanghai, obwohl das Netzwerk der Händler die ganze Welt umspannt. Diese Agenten platzieren Gold-Kauforders in handelsüblichen Mengen von mehreren Tonnen bei Londoner Banken. Die wahre Identität des Käufers bleibt verborgen. Bezahlt wird das Gold von einem der chinesischen Reservefonds, der State Administration of Foreign Exchange, der vom früheren PIMCO-Anleihenhändler Zhu

Changhong gemanagt wird. Nach dem Kauf wird das Gold per Luftfracht in sichere Tresore in Shanghai gebracht. Die Agenten sind bei ihren Kaufaktivitäten höchst diszipliniert und geduldig. Sie kaufen in der Regel bei Preisrückgängen, die an der COMEX in New York angezeigt werden.[193] In einem Meisterstück der Geschicklichkeit am Markt kaufte China in der Nähe des Markttiefs bei 1200 Dollar von April bis Juli 2013 600 Tonnen Gold direkt von der australischen Münzprägegesellschaft in Perth. Zum Teil wegen dieser verborgenen Operationen im großen Stil, zusätzlich zu eher marktüblichen Goldkäufen, hat China 2012 und 2013 geschätzt etwa 1000 Tonnen Gold pro Jahr importiert.[194]

Chinas direkte Käufe von goldhaltigem Erz stammen hauptsächlich von Goldminen in China, aber die Chinesen haben kräftig expandiert und Minen in Südafrika und im Westen Australiens aufgekauft. Noch 2001 produzierte China in seinen eigenen Minen weniger als 200 Tonnen Gold pro Jahr. Der Output stieg von 2001 bis 2005 stetig, erhielt 2006 einen Schub und 2007 überholte China Südafrika als größter Goldproduzent der Welt. Diese Position hat es seither verteidigt. 2013 lag Chinas Goldproduktion bei mehr als 400 Tonnen pro Jahr – etwa 14 Prozent der weltweiten Förderung. Golderz in von China kontrollierten Minen, ob sie in China selbst liegen oder nicht, wird zu Verarbeitungsanlagen in China, Australien, Südafrika und der Schweiz geschickt, wo es zu Feingold raffiniert, zu Ein-Kilo-Barren gegossen und zu den Tresoren in Shanghai geschickt wird. Durch diese Kanäle umgeht das chinesische Gold den Londoner Markt, was die Auswirkungen auf den Markt minimiert und das exakte Volumen der chinesischen Goldreserven zu einem Staatsgeheimnis macht.[195]

Die Kombination aus Goldproduktion in China selbst und Importen aus dem Ausland bedeutet, dass China seine heimischen Goldbestände erhöht hat, und zwar im öffentlichen wie im privaten Bereich, um etwa 4500 Tonnen seit der letzten Veröffentlichung von Chinas Zentralbank-Goldreserven 2009. Beobachter außerhalb der chinesischen Regierung können unmöglich einschätzen, welcher Anteil dieses Anstiegs den offiziellen Reserven zugerechnet wird und welcher für die chinesische Inlandsnachfrage in Form von Schmuck, Barren und Münzen gebraucht wird. Es ist allgemein bekannt, dass die Bürger Chinas eifrige Goldkonsumenten sind – zur Bewahrung ihres Wohlstands und weil Gold ein bequemes Medium für Fluchtkapital ist.

Gold in verschiedener Form wird in Tausenden Bankfilialen und Boutiquen in ganz China verkauft.

In Ermangelung einer besseren Idee kann man schätzen, dass die Hälfte des chinesischen Goldzuwachses seit 2009 in den einheimischen Konsum geflossen ist und die andere Hälfte, 2250 Tonnen, heimlich den offiziellen Reserven hinzugefügt wurde. Wenn diese Schätzung korrekt ist, lagen die chinesischen Goldreserven Anfang 2014 nicht bei den offiziell gemeldeten 1054 Tonnen, sondern eher bei 3300 Tonnen. Beim gegenwärtigen Tempo der Produktion in den Minen und unter der Annahme, dass die Hälfte des verfügbaren Goldes in die offiziellen Reserven fließt, wird China 2014 seinen Reserven weitere 700 Tonnen hinzufügen, was die Gesamtreserven bis Anfang 2015 auf 4000 Tonnen steigen ließe. China wartete mehrere Jahre, von Ende 2002 bis Anfang 2009, ehe es den letzten Anstieg seiner offiziellen Reserven veröffentlichte. Wenn China in diesem Tempo fortfährt, kann man 2015 die nächste Aktualisierung der Zahlen erwarten.

Selbst diese Schätzungen, die auf bekannter Minenproduktion und bekannten Importen basieren, werden durch die Tatsache eingeschränkt, dass bestimmte Goldimporte nach China überhaupt nicht berichtet werden. Ein leitender Manager von G4S, einem der weltweit führenden Unternehmen für Sicherheitslogistik, enthüllte kürzlich einem wichtigen Mann aus der Goldbranche, dass er persönlich Gold nach China gebracht hatte – auf dem Landweg, über Bergpässe in Zentralasien, an der Spitze einer Kolonne der Volksbefreiungsarmee mit Panzern und gepanzerten Transportfahrzeugen. Dieses Gold war in Form von 400-Unzen-Barren gegossen, die bei Zentralbanken begehrter sind als die kleineren Ein-Kilo-Barren, die über reguläre Kanäle importiert werden und von kleineren Händlern bevorzugt werden. Aus alledem geht hervor, dass sämtliche Schätzungen der offiziellen Goldreserven Chinas eher zu niedrig als zu hoch sind.

Eine Meldung Chinas 2015, dass es 4000 Tonnen Gold an offiziellen Reserven hält, wird die Sichtweise westlicher Experten und Ökonomen diskreditieren, dass Gold kein monetäres Asset ist. Mit 4000 Tonnen wird China Frankreich, Italien, Deutschland und den IWF als weltweit größte Goldeigentümer überholen und auf Platz zwei hinter den USA vorrücken. Das würde Chinas Status als zweitgrößter Volkswirtschaft entsprechen.

Chinas verborgene Goldkäufe stehen in scharfem Gegensatz zu Russlands weit transparenteren Anstrengungen, seine Goldreserven zu erhöhen. In den neun Jahren von Anfang 2004 bis Ende 2013 stiegen die russischen Reserven um über 250 Prozent, von etwa 390 auf über 1000 Tonnen. Anders als in China basierte dieser Zuwachs fast ausschließlich auf der Produktion einheimischer Minen und nicht auf Importen. Russland ist der viertgrößte Goldproduzent der Welt, mit einer Förderung von etwa 200 Tonnen pro Jahr. Zudem erfolgte der Anstieg der russischen Reserven in stetigen Schritten von etwa fünf Tonnen pro Monat, was regelmäßig auf der Website der russischen Zentralbank veröffentlicht wurde. Weil Russland zur Steigerung seiner Goldreserven nicht auf Importe oder den Londoner Goldmarkt angewiesen ist, kann es sich das Land leisten, transparenter als China zu sein, weil es weniger anfällig gegen Manipulation und Frontrunning der Londoner Banken ist. Russlands Kaufprogramm geht weiter und seine offiziellen Goldreserven sollten 2014 über 1100 Tonnen steigen. Das ist mehr als ein Achtel der US-Goldreserven, aber die US-Volkswirtschaft ist auch etwa acht Mal so groß wie die russische. Gemessen an der Größe der jeweiligen Volkswirtschaften haben die russischen Goldreserven die amerikanischen bereits überholt.[196]

Viele Analysten waren verblüfft wegen des Paradoxons einer starken Nachfrage nach physischem Gold und der gleichzeitigen Schwäche der an der CO-MEX gehandelten Goldkontrakte seit dem Hoch der Goldpreise im August 2011. Physische Käufe kommen nicht nur von Zentralbanken, sondern auch von Privatpersonen, was die Nachfrage nach Ein-Kilo-Barren im Vergleich zu den von den Zentralbanken favorisierten 400-Unzen-Barren bewies. Schweizer Raffinerien leisteten Überstunden zu dem Zweck, die großen Barren in kleinere umzuschmelzen, um diese Nachfrage zu erfüllen. Dieses scheinbare Paradoxon lässt sich leicht erklären. Wenn der Preis eines Guts, sei es Gold oder Brot, durch Interventionen unter seinen inneren Wert gedrückt wird, dann besteht die Reaktion darin, die Regale abzuräumen.

Das Gedrängel um Gold, verkörpert durch die Zentralbankkäufe Chinas und Russlands, zeigt sich auch in der Dringlichkeit, mit der Zentralbanken versuchen, ihr Gold aus Tresoren im Ausland in die Heimat zurückzuholen.

Abgesehen vom Goldschatz der USA wird fast die Hälfte der offiziellen Goldreserven weltweit *nicht* im jeweiligen Land aufbewahrt, sondern in den

Gewölben der Federal Reserve Bank in New York und der Bank of England in London. In den Tresoren der New Yorker Federal Reserve lagern etwa 6400 Tonnen Gold, bei der Bank of England etwa 4500 Tonnen. Von dem Gold in den Gewölben der New Yorker Fed gehört fast nichts den USA, weniger als 300 Tonnen des Goldes in der Bank of England gehören dem Vereinigten Königreich. Das Gold der USA wird hauptsächlich in zwei Einrichtungen der Armee aufbewahrt, nämlich in Ford Knox, Kentucky, und West Point, New York. Eine kleinere Menge lagert noch im Münzamt in Denver, Colorado. Die Federal Reserve und die Bank of England halten gemeinsam etwa 10 600 Tonnen an offiziellen Goldreserven, die Deutschland, Japan, den Niederlanden, dem IWF und anderen großen Goldeigentümern sowie vielen kleineren Ländern auf der ganzen Welt gehören. Die Fremdbestände bei der Fed und der Bank of England entsprechen 33 Prozent der offiziellen globalen Goldreserven.[197]

Diese Konzentration der offiziellen Goldreserven in New York und London ist größtenteils das Erbe der verschiedenen Goldstandards zwischen 1870 und 1971. Als Gold noch zum Zahlungsausgleich zwischen Ländern verwendet wurde, war es einfacher, das Gold in Finanzzentren wie New York und London aufzubewahren und das Eigentum daran zu übertragen, als das Gold rund um die Welt zu transportieren. Heute werden Zahlungen meist in Dollar oder Euro abgerechnet, nicht über Gold, und daher gibt es keinen Grund mehr, das Gold zentral aufzubewahren.

Zentralisierte Goldbestände sind auch die Folge des Kalten Kriegs (1946–1991), als Deutschland es für sicherer hielt, sein Gold in New York aufzubewahren, statt die Konfrontation mit den bewaffneten sowjetischen Streitkräften zu riskieren, die rund um Berlin stationiert waren. Länder wie Deutschland haben keinen überzeugenden Grund mehr, ihr Gold in New York oder London aufzubewahren, und dies birgt auch signifikante Risiken. Sollten die USA oder das Vereinigte Königreich es plötzlich für notwendig erachten, ausländisches Gold zu konfiszieren, um ihre Papierwährungen in einer Krise zu verteidigen, würde dieses Gold von den ursprünglichen Eigentümern in den Besitz der USA und des Vereinigten Königreichs übergehen.

Als Ergebnis dieser veränderten Umstände und der sich entwickelnden Risiken haben die Gold besitzenden Nationen begonnen, ihr Gold zu repatriieren.

Die erste größere Aktion dieser Art wurde von Venezuela initiiert, das im August 2011 die Bank of England anwies, 99 Tonnen Gold von London nach Caracas zurückzubringen. Die ersten Lieferungen fanden im November 2011 statt und bei ihrer Ankunft ließ Präsident Hugo Chávez unter dem Jubel der Venezolaner die mit Gold gefüllten Panzerwagen durch die Straßen von Caracas paradieren.

Ein größeres und bedeutenderes Repatriierungsprogramm startete Deutschland 2013. Deutschland hält offizielle Reserven von 3391 Tonnen und ist derzeit der weltweit zweitgrößte Goldeigentümer nach den USA. Ende 2012 war das deutsche Gold wie folgt verteilt: 1051 Tonnen in Frankfurt, 1526 Tonnen in New York, 441 Tonnen in London und 374 Tonnen in Paris. Am 16. Januar 2013 kündigte die Deutsche Bundesbank, die Zentralbank Deutschlands, einen Acht-Jahres-Plan an, um alles in Paris gelagerte Gold und 300 Tonnen des Goldes in New York nach Frankfurt zurückzuholen. Das Gold in London wollte man an Ort und Stelle belassen. Am Ende des Repatriierungsplans im Dezember 2020 befände sich das deutsche Gold dann zu 50 Prozent in Frankfurt, zu 37 Prozent in New York und zu 13 Prozent in London.[198]

Kommentatoren fiel schnell auf, dass der Transfer von 300 Tonnen von New York nach Frankfurt acht Jahre dauern sollte. Sie verstanden das als klaren Hinweis darauf, dass die New Yorker Fed das deutsche Gold gar nicht in seinen Gewölben hatte oder in anderer Weise durch diese Anforderung unter Druck geraten war. Aber es ist die Deutsche Bundesbank, die *nicht will*, dass das Gold schnell zurücktransportiert wird. Sie lässt es lieber in New York liegen, wo es effizienter für Marktmanipulationen eingesetzt werden kann. Die Deutsche Bundesbank wollte den Transfer eigentlich gar nicht, wurde von den politischen Unterstützern Angela Merkels aber dazu gezwungen, die vor der Wiederwahl im September 2013 stand. Die physische Sicherheit des deutschen Goldes war im Bundestag zum politischen Thema geworden. Der verkündete Plan der Bundesbank war nur ein Weg, das politische Thema abzumildern und dennoch einen Großteil des deutschen Goldes in New York zu belassen. Sogar nach der vollständigen Umsetzung des Plans 2020 wird Deutschland noch 1226 Tonnen Gold in New York haben. Das ist mehr als die gesamten Reserven jedes Landes der Welt, mit drei Ausnahmen. Für die Bundesbank ist es bequemer, ihr Gold in New York zu belassen, wo es für Gold-Swaps und Gold-Leasinggeschäfte verwendet werden kann als Teil der Bemühungen der Zentralbanken, die Goldmärkte zu manipulieren. Dennoch ist ein signifikanter Teil des Goldes auf dem Weg nach Frankfurt – ein Teil des weltweiten Trends, die nationalen Goldreserven zu repatriieren.

Der gleiche populistische Druck, der die deutsche Zentralbank dazu zwang, einen Teil ihres Goldes zu repatriieren, kam auch in der Schweiz auf. Während die Zentralbanken Chinas, Russlands und anderer Nationen eifrig Gold kauften, gehörte die Schweiz zu den größten Verkäufern. Anfang 2000 lagen die Goldreserven der Schweiz bei mehr als 2590 Tonnen. Diese Menge sank ständig, während der Goldpreis rapide anstieg. Ende 2008 hielt die Schweiz nur noch 1040 Tonnen, 60 Prozent weniger als acht Jahre zuvor. Seither sind die Schweizer Goldreserven auf diesem Niveau geblieben, während der Goldpreis signifikant höher ist als 2008.

Auf diese massiven Verkäufe trotz steigender Preise gab es im Schweizer Parlament eine scharfe Reaktion. Am 20. September 2011 führten vier Schweizer Parlamentarier unter der Führung von Luzi Stamm von der Schweizer Volkspartei eine Gesetzesinitiative an, die forderte, das gesamte Gold der Schweiz in der Schweiz zu lagern und der Zentralbank die Vollmacht zu entziehen, das Gold der Schweiz zu verkaufen. Diese Initiative fordert zudem, dass die Zentralbank mindestens 20 Prozent ihrer Assets in Gold halten muss. Letzteres könnte tatsächlich erfordern, dass die Schweiz physisches Gold hinzukauft, weil Gold im Juli 2013 nur 8,9 Prozent der gesamten Schweizer Reserven ausmachte. Die Anführer der Initiative verkündeten am 20. März 2013, man habe die nötigen 100 000 Unterschriften gesammelt, um eine Abstimmung der Schweizer Bürger durchzuführen – ein entscheidendes Merkmal der Schweizer Demokratie. Das exakte Datum des Schweizer Referendums ist noch nicht bekannt, aber es wird für 2015 erwartet.[199]

Als 2003 Kaspar Villiger, der damalige Schweizer Finanzminister, im Parlament gefragt wurde, wo das Schweizer Gold aufbewahrt wird, antwortete er zu seiner Schande: »Ich weiß es nicht ... ich muss es nicht wissen und will es nicht wissen.«[200] Eine solche Arroganz, typisch für die Finanzeliten dieser Welt, wird von den Bürgern immer weniger akzeptiert, die zusehen müssen, wie ihre Goldreserven von Bürokraten verschwendet werden, die hinter den verschlossenen Türen der Zentralbanken und in Enklaven wie dem IWF und der BIS operieren. Die Aktionen der Schweizer Zentralbankmanager kosteten die Bürger über 35 Milliarden Dollar an verlorenem Wohlstand, verglichen mit dem Wert, falls die Schweiz ihre Goldreserven behalten hätte.

Die Venezolaner, die Deutschen und die Schweizer sind vielleicht die prominentesten Mitglieder der Bewegung, Gold zu repatriieren, aber sie sind nicht allein. 2013 holte der Reservefonds von Aserbeidschan, einem wichtigen Energieexporteur, seine Goldreserven von JP Morgan in London nach Baku in Aserbeidschan. 2013 wurde das auch in Mexiko zum Thema. In den Niederlanden haben Politiker verschiedener Parteien eine Petition eingereicht, dass die Nederlandsche Bank (die holländische Zentralbank) 612 Tonnen Gold zurück ins Land holt. Nur 11 Prozent des niederländischen Goldes (67 Tonnen) befindet sich derzeit im Land. 312 Tonnen werden in New York, 122 Tonnen in Kanada und 110 Tonnen in London aufbewahrt. 2012 fragte man Klaas Knot, den damaligen Zentralbankpräsidenten, ob das in New York gelagerte Gold von den USA konfisziert werden könnte. Er antwortete: »Wir werden regelmäßig mit den extraterritorialen Funktionen amerikanischer Gesetze konfrontiert und diese werden in Europa meist nicht begrüßt.« Eine kleine Bewegung in Polen mit der Bezeichnung »Gebt uns unser Gold zurück«, gegründet im August 2013, konzentrierte sich darauf, Polens 100 Tonnen Gold zu repatriieren, die bei der Bank of England aufbewahrt werden. Natürlich lagern viele Länder wie Russland, China und Iran ihr Gold bereits im Inland und sind daher keinen Konfiszierungsrisiken ausgesetzt.[201]

Die Themen des Kaufs und der Repatriierung von Gold durch die Zentralbanken sind eng miteinander verbunden. Sie sind zwei Facetten des größeren Bildes, dass Gold seine frühere Rolle als Kern des internationalen Währungssystems wieder einnimmt. Bedeutende Goldeigentümer wollen das nicht zur Kenntnis nehmen, weil sie lieber das Papiergeldsystem so bewahren wollen, wie es jetzt ist. Kleinere Goldeigentümer wollen es nicht wahrhaben, weil sie Gold zu attraktiven Preisen kaufen und den Preisanstieg vermeiden wollen, zu dem es kommen wird, wenn das Gerangel um Gold außer Kontrolle gerät. Es gibt eine Konvergenz der Interessen zwischen denen, die Gold diskreditieren, und denen, die es schätzen, das Thema Gold zunächst einmal auf die lange Bank zu schieben. Das wird nicht von Dauer sein, denn die Welt wird gerade Zeuge der unaufhaltsamen Remonetarisierung des Goldes.

Die Rückkehr des Goldes

Es gibt noch erheblich mehr tendenziöse Kommentare über Gold als die grundsätzliche Feststellung, ein Goldstandard könne heute nicht funktionieren. Ein gut geplanter Goldstandard könnte problemlos funktionieren, würde der politische Wille existieren, ihn in Kraft zu setzen und seiner gegen die Inflation gerichteten Wirkung treu zu bleiben. Ein Goldstandard ist das ideale Währungssystem für diejenigen, die Wohlstand durch Einfallsreichtum, Unternehmergeist und harte Arbeit schaffen. Goldstandards werden von denjenigen abgelehnt, die anderen durch Inflation, Insider-Informationen und Marktmanipulation ihren Wohlstand entziehen wollen. Die Debatte über Goldstandard versus Fiat Money ist in Wirklichkeit eine Debatte zwischen Unternehmern und Rentiers.

Es gibt viele mögliche Ausprägungen eines neuen Goldstandards und er wäre effektiv, wenn auch abhängig von der gewählten Gestaltung und den Bedingungen, unter denen man ihn einführen würde. Der klassische Goldstandard von 1870 bis 1914 war enorm erfolgreich und mit einer Periode der Preisstabilität, mit starkem Wachstum und großartigen Erfindungen verbunden. Im Gegensatz dazu versagte der Goldwährungsstandard von 1922 bis 1939 und trug zur großen Depression bei. Der Dollar-Goldstandard von 1944 bis 1971 war zwei Jahrzehnte lang ein mittelmäßiger Erfolg, ehe er wegen mangelnder Unterstützung der USA, seines Hauptsponsors, abgeschafft wurde. Diese drei Episoden aus den letzten 150 Jahren beweisen, dass es viele Formen von Goldstandards gibt und dass der Erfolg nicht vom Gold als solchem abhängt, sondern von der Planung des Systems und dem Willen der Beteiligten, sich an die Spielregeln zu halten.

Das Nachdenken über einen neuen Goldstandard beginnt mit der Einsicht, dass der alte Goldstandard nie völlig aufgegeben wurde. Als im August 1971 das System von Bretton Woods zusammenbrach, weil Präsident Nixon die Konvertibilität des Dollar für ausländische Zentralbanken abschaffte, wurde der Goldstandard nicht sofort verlassen. Stattdessen wurde der Dollar im Dezember 1971 um 7,89 Prozent abgewertet und damit stieg der offizielle Goldpreis von 35 auf 38 Dollar je Unze. Am 12. Februar 1973 wurde der Dollar um weitere 10 Prozent abgewertet. Damit lag der neue offizielle Goldpreis bei 42,22 Dollar je Unze. Für manche Zentralbanken, das US-Finanzministerium und Bilanzzwecke des IWF ist das noch heute der offizielle Goldpreis, obwohl er mit dem weit höheren Marktpreis nichts zu tun hat. In diesem Zeitraum, zwischen 1971 und 1973, bewegte sich das internationale Währungssystem allmählich hin zu einem Regime freier Wechselkurse, das heute noch vorherrscht.

1972 rief der IWF das Komitee der 20 (C20) zusammen, bestehend aus den 20 Mitgliedsstaaten seines Verwaltungsrats, um über die Reform des internationalen Währungssystems zu beraten. Im Juni 1974 veröffentlichte das C20 seinen Bericht *The Outline of Reform*. Er enthielt Richtlinien für ein neues System freier Wechselkurse und empfahl, das SDR von einem mit Gold gesicherten Reserve-Asset zu einem Asset zu machen, das sich auf einen Korb von Papierwährungen bezieht. Die C20-Empfehlungen wurden 1975 innerhalb des IWF heiß diskutiert, aber damals akzeptiert. Bei einem Treffen in Jamaika im Januar 1975 initiierte der IWF substanzielle Reformen gemäß den Richtlinien des C20-Reports. Die neuen Bestimmungen traten am 1. April 1978 in Kraft.

Die internationale Währungsdebatte, vom C20-Projekt 1972 bis zu den Bestimmungen von 1978, war von der Disposition der IWF-Goldbestände geprägt. Die USA wollten, dass Gold im internationalen Finanzwesen keinerlei Rolle mehr spielen sollte. Das US-Schatzamt warf während der Carter-Administration 300 Tonnen Gold auf den Markt, um den Preis zu drücken und das Desinteresse der USA an Gold zu demonstrieren. Frankreich und Südafrika bestanden darauf, dass Gold als internationale Reservewährung weiterhin eine Rolle spielen sollte. Der Kompromiss von Jamaika war ein Durcheinander, in dem 710 Tonnen IWF-Gold an die Mitgliedsstaaten zurückgegeben wurden. Weitere 710 Tonnen wurden auf dem Markt verkauft, den Rest, etwa 2800 Tonnen, behielt der IWF. Der IWF verwendete nun das SDR als neue Rechnungseinheit, die Preisberechnung wurde von Gold auf einen Währungskorb umgestellt. Die USA waren zufrieden damit, dass die Rolle des Goldes zurückgestuft wurde; Frankreich war zufrieden damit, dass Gold ein Reserve-Asset blieb, und der IWF hielt weiterhin eine substanzielle Menge Gold. Der Kern dieses Kompromisses zwischen den USA und Frankreich existiert bis heute.[202]

Zu Beginn der Reagan-Administration 1981 änderte sich die Einstellung der USA zum Gold ganz erheblich. Von 1981 bis 2006 verkauften sie nur 1 Prozent der verbliebenen Bestände und seither gar nichts mehr. Es gibt also noch immer einen Schatten-Goldstandard, weil die USA und der IWF seit 1981 ihre Bestände zurückhalten und Deutschland, Italien, Frankreich, die Schweiz und andere noch immer große Goldschätze horten.

Die fortwährende Rolle des Goldes als globales monetäres Asset machte Mario Draghi, Chef der EZB, in einer erstaunlich offenherzigen Rede an der Kennedy School of Government am 9. Oktober 2013 deutlich. Der Reporter Tekoa Da Silva hatte nach der Einstellung der Zentralbank zu Gold gefragt und Draghi antwortete:

> Sie stellen diese Frage jemandem ... der Gouverneur der italienischen Zentralbank war. Diese Bank hält die viertgrößten Goldreserven der Welt. ...

> Ich habe es nie für klug gehalten, (Gold) zu verkaufen, denn es ist für Zentralbanken eine Sicherheitsreserve. Das Land sieht es als solche. Was andere Währungen als den Dollar betrifft, gibt es einem Land eine recht gute Absicherung gegen Schwankungen des Dollar. Es gibt also mehrere Gründe, zum Beispiel Risikodiversifizierung. Das ist der Grund, warum Zentralbanken, die vor einigen Jahren Goldverkaufsprogramme gestartet haben, im Wesentlichen ... damit aufgehört haben. Allgemein verkaufen sie es nicht mehr. Zudem waren die Erfahrungen einiger Zentralbanken, die vor zehn Jahren ihre gesamten Goldbestände verkauft haben, nicht besonders gut.[203]

Frankreichs Nachdrücklichkeit (1976 in Jamaika), dass Gold eine Reservewährung bleibt, ist wie Banquos Geist zum monetären Bankett des IWF zurückgekehrt. So wie Banquo in Macbeth versprach, er werde eine Dynastie von Königen zeugen, so könnte Gold als einzige und zukünftige Währung überdauern.

Ein neuer Goldstandard

Wie sollte ein Goldstandard des 21. Jahrhunderts strukturiert sein? Natürlich müsste er global sein und zumindest die USA, die Eurozone, Japan,

China, das Vereinigte Königreich und andere Volkswirtschaften umfassen. Die USA sind wegen ihrer riesigen Goldreserven in der Lage, aus eigener Kraft einen durch Gold gedeckten Dollar zu emittieren, aber wenn wir das täten, wären andere Währungen auf der Welt im Vergleich zum neuen goldgestützten Dollar unattraktiv. Das Resultat wäre deflationär, mit einem Rückgang der Transaktionen in diesen anderen Währungen und reduzierter Liquidität. Nur ein globaler Goldstandard könnte die Deflation vermeiden, die eine Initiative der USA begleiten würde, wenn sie es auf eigene Faust versuchen würden.

Der erste Schritt wäre eine globale Währungskonferenz, ähnlich wie in Bretton Woods, wo sich die Teilnehmer darauf einigen würden, eine neue globale Währungseinheit zu etablieren. Da das SDR bereits existiert, ist es ein perfekt geeigneter Kandidat als neue globale Währungseinheit. Aber dieses neue SDR wäre mit Gold gesichert und frei in Gold oder die lokalen Währungen aller Teilnehmer konvertierbar. Es wäre nicht mehr das Papier-SDR von heute.

Zudem müsste das System auf zwei Säulen beruhen. Die erste wäre das SDR, das als bestimmte Menge Gold definiert ist. Die zweite würde aus den jeweiligen Währungen der teilnehmenden Nationen bestehen, zum Beispiel Dollar, Euro, Yen oder Pfund Sterling. Jede lokale Währung wäre als bestimmte SDR-Quantität definiert. Da die lokalen Währungen in SDRs definiert sind, die wiederum in Gold definiert sind, wäre jede nationale Währung eine bestimmte Menge Gold wert. Und schließlich: Da jede lokale Währung eine fixe Relation zu SDRs und Gold hat, gäbe es auch feste Relationen der einzelnen Währungen zueinander. Ein Beispiel: Wenn SDR 1,00 = € 1,00 und SDR 1,00 = $ 1,50, dann gilt: € 1,00 = $ 1,50 – und so weiter.

Um am neuen Gold-SDR-System teilzunehmen, müsste eine Mitgliedsnation ein offenes Kapitalkonto haben. Das bedeutet, dass ihre Währung frei in SDRs, Gold oder Währungen der anderen Teilnehmerstaaten konvertibel ist. Für die USA, Japan, die Eurozone und andere, die bereits offene Kapitalkonten haben, sollte das keine Belastung sein, aber es könnte ein Hindernis für China sein, das kein solches Konto hat. Allerdings könnte China den Reiz einer neuen, goldgedeckten Währung außerhalb des Dollar attraktiv genug finden, um ein Kapitalkonto zu eröffnen, damit das Land teilnehmen und dem neuen System zum Erfolg verhelfen kann.

Die Teilnehmer würden ermutigt, das neue Gold-SDR in möglichst breitem Sinn als Rechnungseinheit zu übernehmen. Man würde die Weltmarktpreise von Öl und anderen Rohstoffen nicht mehr in Dollar, sondern in SDRs ermitteln. Die Bilanzen der größten Unternehmen der Welt, wie IBM und Exxon, würde man in SDRs veröffentlichen und verschiedene ökonomische Maße wie weltweite Produktion und Zahlungsbilanzen würde man in SDRs berechnen und veröffentlichen. Und schließlich würde sich auch ein SDR-Anleihenmarkt entwickeln, mit Emissionen souveräner Nationen, weltweit tätiger Unternehmen und regionaler Entwicklungsbanken sowie mit Käufen nationaler Fonds und großer Pensionsfonds. Der Markt könnte von den weltweit größten Banken wie Goldman Sachs unter der Aufsicht des IWF gemanagt werden.

Eine der schwierigeren technischen Fragen in diesem globalen Gold-SDR-System ist die Festlegung der angemessenen Wechselkurse. Ein Beispiel: Sollte ein Euro 1,30, 1,40, 1,50 Dollar oder einem anderen Betrag entsprechen? Im Prinzip ist das die gleiche Frage, mit der sich die Gründer des Euro konfrontiert sahen, nachdem 1992 der Vertrag von Maastricht unterzeichnet worden war und die einzelnen Länder dazu verpflichtete, aus verschiedenen Währungen wie der Italienischen Lira, der Deutschen Mark und dem Französischen Franc eine Gemeinschaftswährung zu schaffen. Im Fall des Euro widmete man dieser Aufgabe jahrelange technische Studien und von spezialisierten Institutionen entwickelte ökonomische Theorien. Auch heute sind technische Erwägungen erforderlich, aber die beste Methode wäre, das Problem mithilfe von Marktsignalen zu lösen. Die Teilnehmer am neuen System könnten ankündigen, dass die fixen Wechselkurse in vier Jahren festgelegt werden, und zwar auf der Basis des gewichteten Durchschnitts der Fremdwährungstransaktionen der Banken in den zwölf Monaten vor dem Datum der Festlegung. Dieser Zeitraum von vier Jahren gäbe den Märkten genügend Zeit, sich an das neue System anzupassen, und die Durchschnittsbildung über zwölf Monate würde kurzfristige Anomalien oder Marktmanipulationen glätten.

Die schwierigste Frage betrifft den Wert des SDR, gemessen in Gold-Gewichtseinheiten, und die Menge an Goldreserven, die erforderlich ist, wenn das System funktionieren soll. Man kann das Problem auf ein einziges Thema reduzieren: den angemessenen, keine Deflation auslösenden Goldpreis in einem globalen, goldgedeckten Währungssystem. Könnte man dieses Problem in Hinblick auf einen einzigen *Numeraire* lösen, wäre die Umwandlung zu anderen Rechnungseinheiten mit fixen Umtauschkursen trivial.

Zunächst würde das neue System ohne Ausweitung der globalen Geldmenge funktionieren. Jede Nation, die SDRs haben will, könnte sie von Banken oder Händlern kaufen, durch Handelsgeschäfte erwerben oder sie beim IWF gegen die eigene Landeswährung eintauschen. Lokale Währungen, die im Tausch gegen SDRs an den IWF geliefert würden, könnten dem Zahlungsverkehr entzogen werden, damit die globale Geldmenge nicht wächst. Eigenständige Geldpolitik wäre auf nationale Zentralbanken wie die Fed und die EZB beschränkt, um fixe Wechselkurse gegenüber Gold, SDRs und anderen Währungen aufrechtzuerhalten. Der IWF würde nur unter außergewöhnlichen Umständen und mit der Zustimmung einer großen Mehrheit der IWF-Mitglieder, die am neuen System teilnehmen, neue SDRs emittieren.

Angesichts dieser Einschränkungen der Schaffung neuer SDRs würde das System mit dem SDR als Anker und Rechnungseinheit, aber mit einer recht kleinen Menge von SDRs starten. Die kombinierten Geldmengen der Teilnehmerstaaten würden eine globale Geldmenge bilden, so wie heute auch, und diese Geldmenge wäre der Referenzpunkt zur Bestimmung des angemessenen Goldpreises.

Ein weiteres entscheidendes Thema wäre die Bestimmung der Goldmenge, die man braucht, um die globale Geldmenge zu stützen. Ökonomen der Österreichischen Schule bestehen auf einer 100-Prozent-Deckung, aber diese ist nicht zwingend erforderlich. In der Praxis erfordert das System nur genug Geld, um jeden versorgen zu können, der physisches Gold dem durch Gold gedeckten Papiergeld vorzieht, und eine angemessene Absicherung, dass sich der festgelegte Goldpreis nicht mehr ändern wird, nachdem er bestimmt worden ist. Diese beiden Ziele sind miteinander verbunden: Je stärker die Absicherung der Stabilität ist, desto weniger Gold ist erforderlich, um das Vertrauen aufrechtzuerhalten. Im historischen Vergleich haben Goldstandards erfolgreich funktioniert, wenn zwischen 20 und 40 Prozent der Geldmenge durch Gold gedeckt war. Angesichts des Abschieds vom Gold 1914, 1931 und 1971 wird man eine hohe Prozentzahl brauchen, um das Vertrauen verständlicherweise zynischer Bürger zu erwerben. Nehmen wir zur Veranschaulichung

50 Prozent der Geldmenge als angestrebte Absicherung; die USA, die Eurozone, China und Japan als teilnehmende Volkswirtschaften; die offiziellen globalen Goldbestände als Goldmenge und M1 als Geldmenge. Wenn man die Geldmenge durch die Goldmenge dividiert, erhält man einen angemessenen, nicht deflationären Goldpreis von ungefähr 9000 Dollar je Unze bei einem goldgedeckten SDR-Standard.

Über die einzelnen Werte in dieser Berechnung kann man debattieren, aber 9000 Dollar je Unze sind ein guter Näherungswert, was den nicht deflationären Goldpreis in einem globalen, goldgedeckten SDR-Standard betrifft. Natürlich bewegt sich nichts im luftleeren Raum. Wenn eine Unze Gold 9000 Dollar kostet, dann kostet auch ein Barrel Öl 600 Dollar, eine Unze Silber 120 Euro und kleine Häuser in den USA eine Million Dollar. Dieser neue Goldstandard würde keine Inflation auslösen, aber die Inflation ehrlich zur Kenntnis nehmen, die es beim Papiergeld schon seit 1971 gegeben hat. Dieser einmalige Preisanstieg wäre die Abrechnung der Gesellschaft mit den Verzerrungen, die der Gebrauch von Fiat-Währungen in den vergangenen 40 Jahren angerichtet hat. Die Teilnehmerländer bräuchten Gesetze, um Rentenzahlungen an die Bedürftigsten in Form von Pensionen, Annuitäten, Sozialhilfe und Sparguthaben auf das zugesicherte Niveau anzuheben. Der Nominalwert von Schulden bliebe unverändert, was das Rätsel der weltweiten Verschuldung sofort lösen würde. Banken und Rentiers wären ruiniert – ein gesunder Schritt hin zu gesundem Wachstum. Diebstahl durch Inflation wäre eine Sache der Vergangenheit, denn solange das System besteht, würde der Entzug von Wohlstand durch die Schaffung von Wohlstand ersetzt und der Triumph des Einfallsreichtums könnte beginnen.

Die eigenständige Geldpolitik der nationalen Zentralbanken bliebe in diesem neuen System gewahrt. Man könnte den Prozentsatz des physischen Goldes zur Deckung der Währungen, falls nötig, sogar von Zeit zu Zeit erhöhen oder absenken. Die am System Beteiligten müssten den festgelegten Goldpreis in ihren Währungen aufrechterhalten, indem sie physisches Gold kaufen und verkaufen. Bei jeder Zentralbank, die zu lange eine zu lockere Geldpolitik betreibt, würden die Bürger Schlange stehen und ihr problemlos ihr Gold abnehmen. Gold-Swap-Linien des IWF, gestützt von den anderen Nationen, wären verfügbar, um mit vorübergehenden Anpassungen umgehen zu können – ein Echo des alten Systems von Bretton Woods. Diese Operationen am

Goldmarkt würden transparent durchgeführt werden, um das Vertrauen in den Prozess zu fördern.

Wichtig: Der IWF hätte Notfallmaßnahmen zur Verfügung, mit Zustimmung einer großen Mehrheit der Mitglieder die SDR-Menge zu erhöhen, um mit einer globalen Liquiditätskrise umgehen zu können, aber SDRs und die Landeswährungen wären jederzeit frei in Gold umtauschbar. Wenn die Bürger Vertrauen in die Notfallmaßnahmen hätten, bliebe das System stabil. Wenn die Bürger aber merkten, dass Geld geschaffen wird, um Eliten und Rentiers zu retten, würde ein Ansturm auf Gold beginnen. Diese Marktsignale würden Missbrauch durch den IWF und die Zentralbanken bremsen. Letztlich würde zum ersten Mal seit dem Ersten Weltkrieg eine demokratische, von den Marktmechanismen vermittelte Stimme in die globalen Währungsangelegenheiten eingeführt werden.

Die Unterstützer der Österreichischen Schule eines traditionellen Goldstandards werden diesen neuen Goldstandard wohl kaum gutheißen, weil er nur eine teilweise und sogar variable Golddeckung aufweist. Die Verschwörungstheoretiker werden ihn wohl auch nicht unterstützen, weil er den Eindruck einer neuen Weltordnung erweckt. Sogar mildere Kritiker werden darauf hinweisen, dass dieses System vollständig von Versprechen der Regierungen abhängig ist und solche Versprechen in der Vergangenheit ständig gebrochen wurden. Dennoch ist er umsetzbar; man könnte ihn tatsächlich einführen. Er geht direkt die Inflationsprobleme an, die auftreten würden, wenn die USA zu einem Alleingang ansetzten, und mildert den hyperinflationären Schock, zu dem es ohne eine teilweise Golddeckung käme. Der neue Goldstandard kommt Mundells Rezept nahe, dass die ideale Währungszone die Welt ist, und erneuert eine Version von Keynes' Vision in Bretton Woods, ehe die USA auf einer Dollarhegemonie bestanden.

Die weitreichendste Auswirkung aber wäre, dass ein neuer Goldstandard die drei wichtigsten ökonomischen Probleme der heutigen Welt angehen würde: den Wertverfall des Dollar, den Schuldenüberhang und den Drang zum Gold. Das US-Finanzministerium und die Fed haben beschlossen, dass eine Politik des schwachen Dollar das Heilmittel gegen den Mangel an weltweitem Wachstum ist. Ihr Plan ist, die Inflation anzuheizen, die nominale Gesamtnachfrage zu steigern und sich darauf zu verlassen, dass die USA die Weltwirtschaft aus dem Graben ziehen werden wie ein John-Deere-Traktor einen Mähdrescher herauszieht, der bis zu den Achsen im Schlamm steckt. Das Problem dabei: Die US-Lösung ist auf zyklische Probleme zugeschnitten, nicht auf die strukturellen Probleme, mit denen es die Welt jetzt zu tun hat. Zur Lösung struktureller Probleme gehören neue Strukturen, beginnend mit dem internationalen Währungssystem.

In weniger als zehn Jahren wird keine Papierwährung auch nur annähernd den Dollar als internationale Reservewährung ersetzen können. Sogar jetzt schon wird mit zunehmendem Tempo der Dollar ausrangiert und Gold remonetarisiert. Beide Reaktionen auf die Politik des schwachen Dollar durch die USA sind völlig vernünftig. Die USA und der IWF sollten die Welt zum goldgedeckten SDR führen, was chinesische und russische Bedürfnisse erfüllen würde, während die USA und Europa weiter die größten Reserven halten könnten. Die Welt kann nicht zehn Jahre lang darauf warten, dass das Papier-SDR, der Yuan und der Euro zu Barry Eichengreens »Kumbaya«-Welt mehrerer Reservewährungen konvergieren. Die Folgen fehlgeleiteter monetärer Führung werden schon in weit weniger als zehn Jahren zu sehen sein.

Kapitel 10: Am Scheideweg

Ich bin der Kerl, der die Punschschüssel wegnimmt, wenn die Party gerade beginnt gut zu werden.
William McChesney Martin Jr., Chairman des Verwaltungsrats der Federal Reserve, 1951 bis 1970

Das Problem ist, dass dies keine gewöhnliche Rezession ist und dass viele Leute das noch nicht zu spüren bekommen haben.
Kenneth Rogoff, 6. Juni 2013

Entwickelte Länder haben keinen Grund für einen Staatsbankrott. Sie können immer Geld drucken.
George Soros, 9. April 2013

Das Inflations-Deflations-Paradoxon

Die Politik der Federal Reserve steht am Scheideweg und jeder mögliche Weg ist unerfreulich. Die Geldpolitik auf der ganzen Welt hat den Punkt erreicht, an dem die Widersprüche, die in der jahrelangen Marktmanipulation wurzeln, keine Wahlmöglichkeit mehr lassen, die nicht entweder mit Schrumpfung oder katastrophalen Risiken verbunden ist. Weitere monetäre Lockerungsmaßnahmen könnten den Vertrauensverlust in Geld beschleunigen, höhere Zinsen würden den Zusammenbruch der Asset-Werte, der 2007 begann, erneut in Gang setzen. Nur strukturelle Änderungen der US-Wirtschaft, etwas, das nicht unter der Aufsicht der Fed steht, können diesen Stillstand durchbrechen.

Das war 2013 sehr klar, als traurige Ökonomen und Politiker auf die robuste Erholung warteten, die sie seit dem Beginn der Aktienrallye 2009 antizipiert hatten. Das jährliche Wirtschaftswachstum in den USA betrug im vierten Quartal 2009 fast 4 Prozent und löste Gespräche über eine bessere Zukunft aus, weil es Anzeichen gab, dass sich die Wirtschaft von der schwersten Rezession seit der großen Depression erholte. Sogar als die jährliche Wachstumsrate im zweiten Quartal 2010 auf 2,2 Prozent sank, blieb die Stimmung optimistisch und Finanzminister Timothy Geithner sprach fröhlich von einem »Sommer der Erholung« 2010. Dann machte sich allmählich die Realität bemerkbar. 2011 sank das jährliche Wachstum auf blutleere 1,8 Prozent und lag damit nur wenig schlecher als 2012 (2,2 Prozent). Trotz aller Prognosen der Fed und privater Analysten, 2013 werde ein Jahr des Aufschwungs, fiel das Wachstum im ersten Quartal noch einmal auf 1,1 Prozent, erhöhte sich dann aber auf 4,1 Prozent im dritten Quartal.

Die Wirtschaft befand sich in einer Phase, wie man es seit 80 Jahren nicht mehr gesehen hatte. Der technischen Definition nach war das keine Rezession, aber auch nicht die allgemein erwartete robuste Erholung. Es war eine Depression, exakt wie Keynes sie definiert hatte: »Ein chronischer Zustand subnormaler Aktivitäten über einen beträchtlichen Zeitraum ohne merkliche Tendenz zur Erholung oder zum völligen Zusammenbruch.«[204] Es gab keine zyklische Erholung, weil die Probleme der Wirtschaft nicht zyklisch waren, sondern strukturell. Man kann erwarten, dass diese Depression ohne strukturelle Veränderungen unendlich anhalten wird.

Die Prognostiker der Fed und die meisten privaten Analysten verwenden Modelle, die auf Kredit- und Wirtschaftszyklen der letzten 70 Jahre seit dem Ende des Zweiten Weltkriegs basieren. Depressionen sind in diesem Zeitraum nicht enthalten. Man muss 80 Jahre zurückblicken, bis in die Zeit von 1933 bis 1936, eine Erholung innerhalb einer Depression, um eine vergleichbare Phase zu finden. Die Große Depression endete 1940 mit strukturellen Veränderungen, weil man die Wirtschaft auf Kriegsproduktion umstellte. Anfang 2014 drohte kein Krieg und man dachte nicht über strukturelle Veränderungen nach. Stattdessen waren das für eine Depression typische niedrige Wachstum und die hohe Arbeitslosigkeit in der US-Wirtschaft normal geworden.

John Makin vom American Enterprise Institute, der eine unheimliche Bilanz richtiger Prognosen von Wirtschaftszyklen aufweist, legte Folgendes dar: Auf Basis historischer Muster könnten die USA 2014 tatsächlich vor einer Rezession stehen – der zweiten innerhalb der Depression seit 2007; eine erschreckende Wiederholung der großen Depression. Makin führte aus, dass trotz unterdurchschnittlichen Wachstums seit 2009 die Expansion über vier Jahre angehalten hat und sich nun der durchschnittlichen Dauer jüngerer ökonomischer Expansionsphasen in den USA nähert. Nicht wegen der Stärke, sondern wegen der Dauer des realen Wachstums in den USA sollte man erwarten, dass es in naher Zukunft negativ wird.[205]

Auch wenn 2014 in den USA keine technische Rezession beginnt, wird sich die Depression fortsetzen. Der stärkste Beweis dafür ist die Arbeitslosenquote. Trotz des Jubels Ende 2013 über die Schaffung von 200 000 neuen Jobs pro Monat und die sinkende Arbeitslosenzahl sieht die Wirklichkeit hinter den Schlagzeilen düster aus. Analyst Dan Alpert weist darauf hin, dass fast 60 Prozent der in der ersten Jahreshälfte 2013 geschaffenen Jobs in den niedrigsten Lohnsegmenten der US-Wirtschaft lagen. Auf diese Sektoren entfällt normalerweise ein Drittel aller Jobs. Die Schaffung neuer Arbeitsplätze in den niedrigen Lohnsektoren war also fast doppelt so hoch wie üblich. Niedriglohnjobs sind Positionen wie die des Mannes, der bei McDonald's die Bestellungen aufnimmt, die des Barkeepers bei Applebee's oder der Kassiererin bei Walmart. Jede Arbeit hat ihre Würde, aber nicht alle sind gut genug bezahlt, um eine sich selbst tragende ökonomische Erholung zu zünden.[206]

Etwa 50 Prozent der im ersten Halbjahr 2013 geschaffenen Arbeitsplätze waren Teilzeitjobs, definiert als 35 Wochenarbeitsstunden oder weniger. Manche umfassen nur eine Stunde pro Woche. Würde man bei der Berechnung der Arbeitslosenquote die Teilzeitkräfte einbeziehen, die einen Vollzeitjob suchen, und diejenigen, die einen Job wollen, aber die Suche aufgegeben haben, läge die Quote Mitte 2013 bei 14,3 statt der offiziell veröffentlichten 7,1 Prozent. Diese 14,3 Prozent sind vergleichbar mit den Quoten während der großen Depression. Dieses Niveau entspricht einer ökonomischen Depression.

Die Neueinstellungen seit 2009 entsprachen in etwa den damaligen Zahlen der Berufsanfänger, was bedeutet, dass sie nichts dazu beigetragen haben, die Gesamtzahl derjenigen zu reduzieren, die in der akuten Panik- und Abschwungphase 2008 und 2009 arbeitslos wurden. Alpert zeigt zudem, dass sogar die sogenannte »gute Nachricht« über eine sinkende Arbeitslosenquote irreführend ist, weil die sinkende Quote diejenigen reflektiert, die gänzlich aus dem Erwerbsleben ausscheiden, nicht aber die Schaffung neuer Jobs angesichts einer expandierenden Zahl von Arbeitskräften. Der Prozentsatz der Amerikaner, die dem Arbeitsmarkt zur Verfügung standen, fiel von einem neuen Hoch von 66,1 Prozent vor der Depression auf 63,5 Prozent Mitte 2013. Trotzdem gab es keine inflationsbereinigten Lohnzuwächse. In der Tat sinken die Reallöhne schon seit 15 Jahren.

Zu diesem trostlosen Bild bei der Beschäftigung gesellt sich der auffällige Zuwachs der Abhängigkeit von Regierungsprogrammen. Ende 2013 bezogen mehr als 50 Millionen US-Bürger Essensmarken. Über 26 Millionen waren arbeitslos, unterbeschäftigt, entmutigt durch die Suche nach Arbeit und über 11 Millionen waren permanent auf Hilfe angewiesen; viele von ihnen, weil ihr Arbeitslosengeld abgelaufen war. Diese Zahlen sind eine nationale Schande. Kombiniert mit schwachem Wachstum, einer rezessionsähnlichen Lage und fünf Jahren Nullzinsen widerlegen diese Zahlen das Gerede von einer ökonomischen Erholung.

Obwohl die Gesamtsituation für eine neue Depression spricht, fehlt doch ein Element, nämlich Deflation, definiert als allgemeiner Rückgang von Verbraucherpreisen und Asset-Werten. In der dunkelsten Phase der großen Depression, von 1930 bis 1933, betrug die kumulierte Deflation in den USA 26 Prozent und war Teil eines breiteren, weltweiten deflationären Zusammenbruchs. Es gab in den USA 2009 im Vergleich zu 2008 eine leichte Deflation, die mit der großen Depression aber gar nicht zu vergleichen war. In der Tat gab es während der neuen Depression leichte Inflation. Der offizielle Verbraucherpreisindex stieg von Anfang 2008 bis Mitte 2013 um 10,6 Prozent. Der Kontrast zwischen der extremen Deflation in der großen Depression und der milden Inflation in der neuen Depression ist der offensichtlichste Unterschied zwischen beiden Episoden und auch die Quelle der größten Herausforderung, vor der die Fed jetzt steht. Sie wirft die quälende Frage auf, wann und wie man das Gelddrucken reduzieren sollte.

Der natürliche Zustand in einer Depression ist Deflation. Unternehmen mit sinkenden Umsätzen und Personen, die arbeitslos werden, verkaufen schnell Assets, um ihre Schulden zu reduzieren; man nennt diesen Prozess auch Deleveraging. Wenn sich die Asset-Verkäufe fortsetzen und die Ausgaben sinken, fallen die Preise weiter, was die unmittelbare Ursache von Deflation ist. Diese Preisrückgänge bringen weitere ökonomische Belastungen, führen zu weiteren Asset-Verkäufen, zu mehr Arbeitslosigkeit und so weiter. Es entsteht ein Teufelskreis. In einer Deflation steigt der reale Wert von Bargeld, also horten Menschen und Unternehmen Geld, statt es auszugeben oder in Land, Fabriken und Maschinen zu investieren.

Diesen ganzen Prozess der Verkäufe, des Hortens und der sinkenden Preise nennt man Liquiditätsfalle, anschaulich beschrieben von Irving Fisher in seinem Buch *The Debt-Deflation Theory of Great Depressions* (1933) und von John Maynard Keynes in seinem einflussreichsten Werk *The General Theory of Employment, Investment and Money*. In einer Liquiditätsfalle ist die Reaktion auf das Gelddrucken allgemein schwach und aus einer keynesianischen Sichtweise ist Fiskalpolitik die beste Medizin.

Die Reaktion auf das Gelddrucken ist vielleicht schwach, aber nicht gleich null. Die Fed hat mit einer massiven Gelddruck-Operation potenzielle Deflation bekämpft. In den sechs Jahren von 2008 bis 2014 hat die Fed die Geldbasis von etwa 800 Milliarden auf über 4 Billionen Dollar erhöht; ein Anstieg von mehr als 400 Prozent. Während die Umlaufgeschwindigkeit des Geldes stark gesunken ist, explodierte die Menge des Geldes, was dazu beitrug, die geringere Geschwindigkeit der Ausgaben abzudampfen. Die Kombination aus massivem Gelddrucken und Nullzinsen hat auch die Asset-Preise nach oben getrieben, ab 2009 zu einer Aktienrallye und zu einer starken Erholung am Häusermarkt geführt. Aber die Asset-Preise werden auch aus anderen Quellen inflationiert.

Die Rallye der Studienkredite

Ein weiterer Grund, warum trotz schwachen Wirtschaftswachstums die Deflation die Inflation nicht überwältigt hat: Das US-Finanzministerium hat der Wirtschaft eine neue Geldspritze injiziert, größer als die Finanzierung von Häusern durch minderwertige Hypothekenkredite von 2002 bis 2007. Diese Spritze hat die Form von Studienkrediten.

Studienkredite sind die neuen minderwertigen Hypotheken: noch eine von der Regierung subventionierte Blase, die platzen wird. Studenten neigen stark zu Ausgaben, zum Beispiel für Studiengebühren, Wohnungen, Möbel und Bier. Wenn man Studenten Geld gibt, werden sie es ausgeben. Die Gefahr ist gering, dass sie dafür Gold kaufen oder das Geld anderweitig als Ersparnisse horten. Studienkredite sind nur ein Verbindungskanal, da die Kredite als Gehälter an die Angestellten der Fakultät oder an die Universität weiterfließen.

Die jährliche Kreditvergabe in allen Kreditprogrammen für Studenten stieg 2012 auf über 100 Milliarden Dollar pro Jahr. Am Beginn der Depression 2007 waren es etwa 65 Milliarden. Im August 2013 lag das Gesamtvolumen aller von der Regierung abgesicherten Studienkredite über einer Billion Dollar. Dieser Betrag hat sich seit 2009 verdoppelt. Eine Bestimmung in der Obamacare-Gesetzgebung von 2010 gab dem US-Finanzministerium fast ein Monopol auf die Schaffung von Studienkrediten und schob die meisten privaten Kreditgeber ins Abseits, die zuvor an diesem Markt partizipiert hatten. Das bedeutete, dass das Finanzministerium die Kreditregeln lockern konnte, um den Fluss billigen Geldes aufrechtzuerhalten.[207]

Der Markt für Studienkredite ist politisch unantastbar, weil eine höhere Bildung Bürger mit zusätzlichen Fähigkeiten hervorbringt, die ihre Kredite tilgen und im Lauf der Zeit höhere Einkommen erzielen. Kein Kongressmitglied möchte eine Gesetzgebung unterstützen, die Johnny oder Susie daran hindern würden, ein College zu besuchen. Aber das Programm erinnert daran, wie sich historisch produktive Hypothekenprogramme zwischen 1994 und 2007 zu einer Immobilienblase verwandelten. Auf dem Hypothekenmarkt nutzten Fannie Mae (Federal National Mortgage Association, FNMA) und Freddie Mac staatliche Subventionen, um Hauseigentum über das Niveau hinauszutreiben, das sich die Käufer leisten konnten. So entstanden minderwertige Hypotheken ohne Dokumentation oder Eigenkapital. Der Hypothekenmarkt kollabierte 2007 und markierte den Beginn der Depression.

Studienkredite zeigen nun eine ähnliche Dynamik. Die meisten Kredite sind gesund und werden wie vereinbart getilgt werden. Aber viele werden auch platzen, weil die Studenten nicht die benötigten Fähigkeiten erworben haben und in einer lustlosen Wirtschaft keine Jobs finden. Solche Pleiten werden die Staatsverschuldung verschlimmern und diese Entwicklung kommt in den offiziellen Haushaltsprojektionen nicht voll zum Ausdruck. Letztlich werden Studienkredite vom US-Finanzministerium hinausgepumpt und an Schuldner vergeben, die sehr gern Geld ausgeben, aber nur begrenzt dazu in der Lage sind, es zurückzuzahlen.

Diese Kreditvergaben halfen der US-Wirtschaft ein wenig auf die Beine, aber die Dollarflut ist nicht nachhaltig. Ökonomisch ist das nichts anderes, als wenn die Chinesen mit geliehenem Geld, das nicht zurückgezahlt werden kann, Geisterstädte bauen. Chinesische Geisterstädte und amerikanische Diplome sind real, aber der Anstieg der Produktivität und die Fähigkeit zur Tilgung der Kredite sind es nicht.

Studienkredite können den Konsum vielleicht kurzfristig ein wenig steigern, aber die langfristigen Auswirkungen exzessiver Verschuldung, kombiniert mit dem Mangel an Jobs, sind eine weitere Behinderung der Wirtschaft. Eine Rekordzahl von 21 Millionen junger Erwachsener zwischen 18 und 31 lebt noch bei den Eltern. Viele dieser Nesthocker haben kürzlich ein Studium abgeschlossen, können wegen der Studienkredite aber keine Mieten und kein Eigenkapital aufbringen, um eine eigene Wohnung zu kaufen. Bislang haben die Zahlungsflüsse aus den Studienkrediten und die Ausgaben geholfen, die Deflationsgefahr abzuwenden, aber in den kommenden Jahren wird diese Blase platzen und die Verschuldungs- und Defizitkrisen verschlimmern.

Das Inflationsrätsel

Der frühere Fed-Chef Bernanke sagte einmal, die Federal Reserve könne die Deflation bekämpfen, indem sie Geld aus Hubschraubern abwirft. Mit dieser Metapher meinte er, die Leute würden das Geld fröhlich aufsammeln und es ausgeben. Geld aufheben bedeutet in der realen Welt allerdings Schuldenaufnahme in Form von Unternehmenskrediten, Hypotheken oder Kreditkarten. Unternehmen und Privatpersonen sind nicht willens, sich zu verschulden – wegen politischer Unsicherheit und der Bedrohung durch noch höhere Deflation.

2009 haben Bernankes Kritiker behauptet, das Quantitative Easing werde zu unannehmbar hoher Inflation führen, sogar zu einer drohenden Hyperinflation. Diese Kritiker konzentrierten sich ausschließlich auf das Gelddrucken, ohne zu erkennen, dass Inflation nur teilweise eine Funktion der Geldversorgung ist. Der andere entscheidende Faktor ist das Verhalten in Bezug auf Kredite und Konsum. Die anhaltende Wirtschaftsschwäche, extreme Unsicherheit über Steuer- und Gesundheitspolitik, Umweltgesetze und andere Determinanten von Unternehmenskosten führten zu einer Stagnation der Konsumausgaben und der Unternehmensinvestitionen, die beide Hauptantriebskräfte wirtschaftlichen Wachstums sind.

Der Gleichstand in der Schlacht zwischen Deflation und Inflation bedeutet keine anhaltende Preisstabilität. Die gegnerischen Kräfte haben sich vielleicht bislang neutralisiert, aber beide sind immer noch da. Kollabierendes Wachstum in China und ein erneutes Auftreten der Schuldenkrise in Europa könnte der Deflation die Oberhand verleihen. Andererseits könnte ein Krieg im Nahen Osten, gefolgt von einem Rohstoffpreisschock, steigenden Ölpreisen und panischen Goldkäufen den Dollar drücken und eine Inflationswelle auslösen, die die Fed nicht unter Kontrolle hätte. Beide Extreme sind möglich.

Dieses Dilemma drückt sich in Form von Meinungsverschiedenheiten im Federal Open Market Committee (FOMC) aus, dem politischen Arm der Fed. Manche favorisieren eine Reduzierung des Gelddruckens, andere sind für eine Fortsetzung oder sogar für eine Ausdehnung der Geldmenge durch Asset-Käufe der Fed. Die erstgenannte Gruppe, die das sogenannte Tapering favorisiert und von Fed Gouverneur Jeremy Stein angeführt wird, behauptet, fortgesetztes Gelddrucken habe nur begrenzte positive Auswirkungen, könnte aber zu Asset-Blasen und systemischen Risiken führen. Da Geld wegen der Nullzinspolitik praktisch kostenlos ist und da gehebelte Kredite die Renditen der Investoren erhöhen, könnten sie der Versuchung nur schwer widerstehen, sich Geld zu leihen und auf steigende Asset-Preise zu setzen. Für Aktien-Trader sind gehebelte Kredite in Form von Margin-Krediten verfügbar, für Hauskäufer in Form billiger Hypotheken. Da steigende Aktienkurse und Häuserpreise eher auf billigem Geld als auf wirtschaftlichen Fundamentaldaten basieren, bilden sich an beiden Märkten neue Blasen, die schließlich platzen und das Vertrauen erneut schädigen werden.

In bestimmten Szenarien könnte das Resultat schlimmer sein als eine platzende Blase, zu systemischen Risiken und regelrechter Panik führen. Dem Aktienmarkt steht ein schlimmerer Crash als 2000 oder 2008 bevor. Fernsehmoderatoren und Analysten von der Verkaufsseite freuen sich nur zu sehr, jedes neue »Hoch« der Aktienindizes zu verkünden. In Wirklichkeit sind diese Hochs meist nominal – ganz real sind sie nicht. Wenn die veröffentlichten Indexniveaus inflationsadjustiert werden, erscheint ein anderes Bild. Das Hoch 2008 lag tatsächlich real gemessen unter dem Hoch von 2000. Auf das nominale Hoch 1973 folgte 1974 einer der schlimmsten Aktiencrashs der US-Geschichte. Die Vergangenheit ist nicht unbedingt ein Vorspiel; aber dennoch setzt die Kombination aus extremem Hebeleinsatz, wirtschaftlicher Schwäche und einer drohenden Rezession den Aktienmarkt dem Risiko eines historischen Crashs aus. Jeder solche Crash würde zu einem Vertrauensverlust führen, den die Fed mit noch so viel Gelddrucken nicht beheben könnte. Er würde eine Extremversion von Fishers Schulden-Deflations-Zyklus auslösen. In diesem Szenario würde die Deflation schließlich die Oberhand über die Inflation gewinnen und die wirtschaftliche Dynamik der frühen 1930er-Jahre würde sich mit Wucht wiederholen.

Ein weiterer Faktor, der zu einem Worst-Case-Szenario beitragen könnte, ist die verborgene Hebelwirkung auf die Bankbilanzen in Form von Derivaten und Asset-Swaps. Sorgen bereitet hier nicht ein Crash am Aktienmarkt, sondern der Ausfall eines Kontrahenten, der zu einer Liquiditätskrise an den Finanzmärkten führen und Panik auslösen könnte.

Die Fed-Gruppe um Gouverneur Stein versteht, dass reduziertes Gelddrucken dem Wachstum schaden könnte, befürchtet aber, dass ein Aktiencrash oder eine Finanzpanik das Wachstum durch Vertrauensverlust noch weit stärker beschädigen könnte. Ihrer Meinung nach ist reduziertes Gelddrucken ein Weg, ein wenig Luft aus den Blasen zu lassen, ohne sie vollständig zu entleeren.

Im Gegensatz zu dieser Sichtweise stehen FOMC-Mitglieder wie Fed-Chefin Janet Yellen, die keine unmittelbaren Inflationsrisiken infolge der Überkapazitäten auf dem Arbeitsmarkt und in der Industrie erkennen und weiterhin umfangreiche Asset-Käufe im großen Stil als einzige Hoffnung für fortgesetztes Wachstum sehen, vor allem wegen der kürzlich strenger gewordenen Fiskalpolitik. Aus Yellens Sicht sollte weiterhin Geld gedruckt werden, bis die Inflationsrate dauerhaft über 2,5 Prozent steigt *und* die Arbeitslosenquote höchstens noch 6,5 Prozent beträgt. Yellen favorisiert fortgesetztes Gelddrucken, selbst wenn die Inflation über 3 Prozent steigt, solange die Arbeitslosenquote über 6,5 Prozent liegt. Sie hält die Risiken einer Finanzpanik für weit entfernt und ist zuversichtlich, dass man die Inflation mit den geeigneten Instrumenten in Schach halten kann, falls sie tatsächlich zu stark steigen sollte.

Yellens Vertrauen in die geringe Inflationsgefahr und in die Fähigkeit der Fed, die Inflation zu kontrollieren, falls sie auftritt, basiert auf ihrer Anwendung konventioneller Modelle des allgemeinen Gleichgewichts. In diesen Modellen sind die neuesten Studien über die Komplexitätstheorie, die Verbindung der einzelnen Elemente an den Finanzmärkten und das plötzliche Auftauchen systemischer Risiken nicht enthalten. Andererseits machte ihre Einsicht, dass wegen des Überflusses an Arbeitskräften und industrieller Kapazitäten keine Inflation drohte, ihre Prognosen von 2011 bis 2013 beständig zuverlässiger als die ihrer Kollegen und der Fed-Experten. Diese erfolgreichen Prognosen erhöhten ihre Glaubwürdigkeit innerhalb der Fed und waren wichtig für ihre Wahl als deren Vorsitzende. Folglich haben ihre Ansichten über die Notwendigkeit fortgesetzten Gelddruckens bei der Fed und im FOMC großes Gewicht.

Es kann nicht überraschen, dass die FOMC-Mitglieder sehr unterschiedlicher Meinung über die gegensätzlichen Ansichten sind, die von Stein und Yellen vertreten werden. Stein hat zweifellos recht mit seiner Ansicht, dass sich im Bankensektor durch Transaktionen außerhalb der Bilanz noch nie dagewesene systemische Risiken aufbauen und neue Blasen entstehen. Yellen hat zweifellos recht damit, dass die Wirtschaft fundamental schwach ist und jede politische Unterstützung braucht, damit Rezession und Deflation verhindert werden. Die Tatsache, dass in dieser Debatte beide Seiten recht haben, bedeutet, dass auch beide insofern falschliegen, als sie die zutreffenden Argumente des Gegenübers nicht in ihre Sichtweise integrieren können. Die daraus resultierende Zusammenhangslosigkeit der Politik ist das unvermeidliche Ergebnis der Marktmanipulationen durch die Fed. Valide Preissignale werden missachtet oder unterdrückt, was Banken dazu verleitet, riskante Positionen einzugehen, die keinen anderen geschäftlichen Zweck haben, als einem Nullzins-Umfeld Gewinne abzuringen. Gleichzeitig kommt es zu einer Inflationierung der Asset-Werte. Das bedeutet, dass Kapital nicht in die produktivsten Objekte investiert wird, sondern kurzfristigen Gewinnen am Aktien- und Häusermarkt hinterherjagt. *Sowohl* die Fortsetzung *als auch* die Reduzierung des Gelddruckens bergen Risiken, wenn auch Risiken verschiedener Art.

Das Ergebnis ist ein Stillstand zwischen natürlicher Deflation und von der Politik herbeigeführter Inflation. Die Wirtschaft ist wie ein Kletterer im Hochgebirge, der sich ohne Sauerstoff langsam und methodisch in 8000 Meter Höhe an einem Felsgrat entlangarbeitet. Auf der einen Seite des Grats ist ein vertikaler, eine Meile tiefer Abgrund. Auf der anderen Seite ist ein steiler Gletscher, der keine Möglichkeit bietet, einen Griff zu sichern. Der Fall auf eine der beiden Seiten bedeutet den sicheren Tod. Voranzukommen wird aber mit jedem Schritt schwieriger, ein Absturz wird immer wahrscheinlicher. Umzukehren wäre eine Option, aber das würde bedeuten, den Schmerz aushalten zu müssen, den die Wirtschaft 2009 vermieden hat, als das Gelddrucken begann.

Der große amerikanische Schriftsteller F. Scott Fitzgerald schrieb 1936: »Das Testkriterium herausragender Intelligenz ist die Fähigkeit, gleichzeitig zwei widersprüchliche Ideen im Kopf zu haben und dennoch weiter zu funktionieren.«[208] 2014 sahen sich die Fed-Mitglieder mit Fitzgeralds Test konfrontiert. Inflation und Deflation sind gegensätzliche Vorstellungen, ebenso wie die Fortführung und die Reduktion des Gelddruckens. Kein Zweifel: Die Fed-Mitglieder beginnen mit herausragender Intelligenz, denn sie sind jetzt mit zwei gegensätzlichen Ideen konfrontiert. Die Frage lautet, ob sie, wie Fitzgerald es ausdrückte, »dennoch weiter funktionieren.«

Vertrauen

Paul Volcker, der frühere Chairman der Fed, begann seine Karriere bei der Fed 1952 als Wirtschaftswissenschaftler und hat seither jede signifikante monetäre und finanzielle Entwicklung begleitet oder angeführt. Im Finanzministerium war er an der Seite Präsident Nixons, als die Konvertibilität des Dollar 1971 abgeschafft wurde. Nachdem Präsident Carter ihn 1979 zum Chef der Fed ernannt hatte, erhöhte er 1981 die Leitzinsen auf 19 Prozent, um der drohenden Hyperinflation das Genick zu brechen, die Amerika ab 1977 ergriffen hatte. 2009 machte ihn Präsident Obama zum Chef des Economic Recovery Advisory Board, wo er Reaktionen auf den schlimmsten wirtschaftlichen Niedergang seit der großen Depression formulieren sollte. Von dieser Plattform aus brachte er die Volcker-Regel ins Spiel; einen Versuch, wieder ein gesundes Bankenwesen zu schaffen, das mit der Abschaffung des Glass-Steagall Act 1999 verloren gegangen war. 2013 akzeptierten die Lobbyisten der großen Banken diese Regel. Volcker erkannte treffsicher die riskanteste Facette des Bankensystems und verdient große Anerkennung für seine Arbeit, sie zu korrigieren. Kein Banker und kein Politiker weiß mehr über Geld und seine Funktionen als Volcker.

Wenn man ihn nach der Rolle des Dollar im heutigen Währungssystem fragt, erkennt Volcker die Probleme der US-Wirtschaft und insbesondere des Dollar an, und zwar mit der Einstellung »Alles schon mal dagewesen«. Er legt dar, dass die Lage nicht so kritisch ist wie 1971, als es einen Run auf Fort Knox gab, oder 1978, als internationale Gläubiger den US-Dollar als Wertanlage abzulehnen begannen und das Schatzamt die berüchtigten Carter Bonds emittierte, die auf Schweizer Franken lauteten.

Wenn man ihn dringlicher befragt, spricht Volcker offen über den Aufstieg Chinas und die Gerüchte, der Dollar werde seine Rolle als weltweit führende Reservewährung verlieren. Aber ebenso schnell legt er dar, dass trotz aller Gerüchte keine Währung mit dem Dollar konkurrieren kann, was das riesige Angebot von Assets mit Investmentqualität betrifft, das für den Status einer wirklichen Reservewährung erforderlich ist. Volcker ist kein Anhänger des Goldstandards und hält eine Rückkehr zum Gold weder für durchführbar noch für wünschenswert.

Wenn es um Themen wie Schuldverschreibungen, massive Sozialleistungen, fortgesetzte Defizite und das Versagen der Legislative geht, was nahelegt, dass die Ablösung des Dollar schon begonnen hat, wird sein Blick strenger und er sagt nur ein Wort: »Vertrauen.«

Seiner Meinung nach kann der Dollar jeden Sturm überstehen, wenn die Menschen Vertrauen in ihn haben. Wenn die Menschen dieses Vertrauen verlieren, kann eine ganze Armee von Akademikern den Dollar nicht retten. In diesem Punkt hat Volcker sicherlich recht, aber niemand kann sagen, ob der Dollar wegen der Fehler der Fed, der Debakel bezüglich der Schuldendeckelung und der Vorbehalte der Russen und Chinesen den entscheidenden Punkt des Vertrauensverlusts nicht schon überschritten hat.

Leider gibt es immer mehr Anzeichen, dass das Vertrauen in den Dollar schwindet. Im Oktober 2013 stand der preisadjustierte Broad Dollar Index der Fed, der beste Maßstab für die Stellung des Dollar an den Devisenmärkten, bei 84,05. Das war mehr als das Allzeittief von 80,52 im Juli 2011, entsprach aber in etwa den früheren Tiefs im Oktober 1978, im Juli 1995 und im April 2008. Die Nachfrage nach physischem Gold, ein Maßstab für das verloren gegangene Vertrauen in den Dollar, begann Mitte bis Ende 2013 stark zu steigen, was ein weiteres Anzeichen einer Dollarschwäche war. Die Zusammensetzung der globalen Devisenreserven zeigt einen stetigen Rückgang des Gebrauchs des Dollar als Reservewährung von etwa 70 Prozent 2000 auf etwa 60 Prozent heute. Alle diese Daten deuten nicht auf eine unmittelbare Krise hin, aber alle drei sprechen für nachlassendes Vertrauen.

Andere Indikatoren sind nur schwer zu quantifizieren, aber nicht weniger aussagekräftig. Dazu gehört der Aufstieg alternativer virtueller oder digitaler Währungen wie Bitcoin. Digitale Währungen existieren innerhalb privater Computernetzwerke und werden von keiner Regierung oder Zentralbank emittiert oder gestützt. Das Bitcoin-Phänomen begann 2008 mit der Publikation eines Papiers von Satoshi Nakamoto, in dem die Protokolle für die Erschaffung einer neuen elektronischen digitalen Währung beschrieben wurden. Im Januar 2009 wurden mit Nakamotos Software die ersten Bitcoins geschaffen. Er lieferte weiterhin technische Beiträge zum Bitcoin-Projekt, bis er sich 2010 von der aktiven Teilnahme zurückzog. Zu diesem Zeitpunkt hatten aber schon viele Entwickler, libertär eingestellte Menschen und Unternehmer das Projekt aufgegriffen. Ende 2013 waren über 11,5 Millionen Bitcoins im Umlauf, mit steigender Tendenz. Der Wert jedes Bitcoin schwankt je nach

Angebot und Nachfrage, aber er war im November 2013 auf mehr als 700 Dollar je Bitcoin gestiegen. Es bleibt abzuwarten, ob Bitcoins als virtuelle Währung langfristig tauglich sind, aber die schnelle und breite Akzeptanz kann man als Zeichen werten, dass Gemeinschaften auf der ganzen Welt Alternativen zum Dollar und traditionellen Fiat-Währungen suchen.[209]

Neben der Welt der alternativen Währungen existiert die Welt der Transaktionen ohne Währungen: der elektronische Tauschhandel. Der Tauschhandel gehört zu den am wenigsten verstandenen ökonomischen Konzepten. Ein großer Teil der einschlägigen Fachliteratur widmet sich der Ineffizienz des Tauschhandels, der ja gleichzeitige Bedürfnisse beider Tauschparteien erfordert. Wenn eine Partei Weizen gegen Nägel tauschen will, die Gegenpartei Weizen will, aber nur Seile hat, kann die erste Partei die Seile akzeptieren und jemanden suchen, der Nägel besitzt und Seile haben will. In dieser Hinsicht war Geld ein effizientes Medium, das das Simultanitätsproblem vermied, denn man konnte Weizen gegen Geld verkaufen und dann Nägel damit kaufen, ohne Seile tauschen zu müssen. Aber wie der Autor David Graeber darlegt, ist die Geschichte des Tauschhandels größtenteils ein Mythos.[210]

Ökonomen seit Adam Smith haben angenommen, Tauschhandel sei der historische Vorläufer des Geldes, aber es gibt keine empirischen, archäologischen oder sonstigen Beweise für einen verbreiteten Tauschhandel vor der Einführung von Geld. Tatsächlich sieht es so aus, als basierten Wirtschaften in dieser Zeit hauptsächlich auf Krediten – auf dem Versprechen, für heute zur Verfügung gestellten Wert in der Zukunft Wert zurückzugeben. Das Kreditsystem der Antike erlaubte zwischenzeitlichen Handel, so wie heute, und löste das Problem der simultanen Koinzidenz von Bedürfnissen. Der historische Tauschhandel ist ein weiteres Beispiel, dass Ökonomen Theorien entwickeln, die mit der Realität wenig zu tun haben.

Abgesehen davon *ist* der Tauschhandel heute eine rasch wachsende Form des ökonomischen Austauschs, weil vernetzte Computer das Simultanitätsproblem lösen. Bei einem der jüngsten Beispiele spielten China Railway Corporation, General Electric und Tyson Foods eine Rolle. China Railway hatte einen Kunden, einen Geflügelverarbeiter, der Insolvenz anmeldete, was dazu führte, dass China Railway tiefgefrorene Puten als Sicherheit erhielt. General Electric verkaufte Lokomotiven an die Eisenbahn und China Railway fragte nach, ob sie diese mit den gefrorenen Puten bezahlen könne. GE, wo 18 Angestellte für elektronischen Tauschhandel zuständig sind, stellte schnell sicher, dass Tyson Foods die Puten gegen Bargeld kaufen würde. China Railway lieferte die Puten an Tyson Foods, Tyson Foods zahlte Bargeld an GE und GE lieferte die Lokomotiven an China Railway. Die Transaktion zwischen GE und China Railway war im Prinzip ein Tausch von Puten gegen Turbinen, wobei kein Geld den Besitzer wechselte. Bargeldloser Tauschhandel war vielleicht kein Teil der Vergangenheit, aber er wird ein Teil der Zukunft sein.

Die Beispiele von Bitcoins und Tauschhandel zeigen beide, dass der Dollar jeden Tag an Bedeutung verliert. Man erkennt das auch am Aufstieg regionaler Handelswährungsblöcke wie in Nordostasien und an der Verbindung zwischen China und Südamerika. Der Handel zwischen China, Japan und Korea und der bilaterale Handel zwischen China und seinen jeweiligen Partnern in Südamerika gehören zu den größten und am schnellsten wachsenden Handelsbeziehungen der Welt. Keine der beteiligten Währungen – Yuan, Yen, Won, Real oder Peso – sind dem Status einer Reservewährung nahe. Aber alle funktionieren perfekt als Handelswährungen für Transaktionen, die man früher auf Dollarbasis durchgeführt hätte. Handelswährungen dienen vorübergehend zum Ausgleich der Handelsbilanz, während Reservewährungen ein breites Angebot an Assets mit Investmentqualität bieten, die als Wertspeicher dienen. Auch wenn diese lokalen Währungen für den Handel und nicht für Reserven genutzt werden, repräsentiert jede Transaktion eine Verminderung der Rolle des Dollar.

Das Vertrauen in den Dollar geht zunächst langsam und dann schnell verloren. Virtuelle Währungen, neue Handelswährungen und das Fehlen einer Währung (im Fall des Tauschhandels) sind Symptome des langsamen und graduellen Verlusts des Vertrauens in den Dollar. Sie sind Symptome, aber nicht die Ursache. Die Gründe des Vertrauensverlusts in den Dollar sind die gleichzeitige Bedrohung durch Inflation *und* Deflation, die Wahrnehmung vieler Menschen, dass der Dollar kein Wertspeicher mehr ist, sondern ein Lotterielos, das möglicherweise viel mehr oder viel weniger wert ist, als es sein Nominalwert besagt, und zwar aus Gründen, die der Käufer nicht kontrollieren kann. Panische Goldkäufe und die Notfall-Emission von SDRs zur Wiederherstellung der Liquidität werden – wenn es so weit kommen sollte – das Stadium des rapiden Vertrauensverlusts signalisieren.

Volcker hatte recht mit seiner Überzeugung, dass Vertrauen für die Stabilität jedes Fiat-Währungssystems unentbehrlich ist. Leider konzentrieren sich die Akademiker, die heute für die Geldpolitik zuständig sind, ausschließlich auf Gleichgewichtsmodelle und gehen viel zu selbstverständlich von anhaltendem Vertrauen aus.

Das Scheitern der Vorstellungskraft

Nach den Attacken auf New York und Washington, D. C., warf man den US-Geheimdiensten vor, die Attentatspläne nicht entdeckt und verhindert zu haben. Diese Kritik wurde immer lauter, als bekannt wurde, dass CIA und FBI Erkenntnisse über Terroristen und Flugunterricht hatten, die Informationen aber nicht untereinander ausgetauscht hatten.

Tom Friedman, Kolumnist der *New York Times*, lieferte die beste Beschreibung dessen, was da schiefgegangen war: »Der 11. September war kein Scheitern der Geheimdienste oder der Koordination. Er war ein Scheitern der Vorstellungskraft.«[211] Friedmans Argument war folgendes: Selbst wenn alle Fakten bekannt gewesen wären und die Geheimdienste sie einander mitgeteilt hätten, hätte man dennoch nicht an diese Verschwörung geglaubt, weil sie zu ungewöhnlich und zu bösartig war, um zu den vorgefassten Meinungen der Analysten über die Fähigkeiten der Terroristen zu passen.

Heute sind die US-Wirtschaftspolitiker mit einer ähnlichen Herausforderung konfrontiert. Daten über die Entwicklung der Konjunktur, der Arbeitslosigkeit und den Aufbau von Derivaten innerhalb der Megabanken sind problemlos erhältlich. Konventionelle ökonomische Modelle gibt es im Überfluss und die Analysten, die diese Modelle verwenden, gehören zu den besten und intelligentesten auf ihrem Gebiet. Es gibt keinen Mangel an Informationen und Intelligenz; das fehlende Stück ist die Vorstellungskraft. Die Fed und die Analysten an der Wall Street, die an die Verwendung von Modellen gewöhnt sind, die auf Konjunkturzyklen aus der Vergangenheit basieren, scheinen unfähig, sich die Gefahren vorzustellen, die der amerikanischen Wirtschaft derzeit drohen. Die Attacken vom 11. September haben gezeigt, dass die Unfähigkeit, sich das Schlimmste vorstellen zu können, dazu führt, dass man es nicht verhindern kann.

Die schlimmste ökonomische Gefahr, die den USA droht, ist täuschend simpel. Sie sieht so aus:

$$(-1) - (-3) = 2$$

In dieser Gleichung repräsentiert der erste Term das nominale Wachstum, der zweite repräsentiert Inflation oder Deflation und die rechte Seite der Gleichung stellt das reale Wachstum dar. Eine vertrautere Darstellung dieser Gleichung geht so:

$$5 - 2 = 3$$

In dieser vertrauten Form besagt die Gleichung, dass wir mit 5 Prozent nominalem Wachstum beginnen und dann 2 Prozent Inflation abziehen, um 3 Prozent reales Wachstum zu erreichen. Das nominale Wachstum ist der Bruttowert der Güter und Dienstleistungen, die in einer Volkswirtschaft erzeugt werden, Inflation ist die Veränderung des Preisniveaus, das kein reales Wachstum repräsentiert. Um zum realen Wachstum zu gelangen, zieht man die Inflation vom Nominalwert ab. Diese Inflationsadjustierung kann man auch auf Asset-Werte, Zinsen und viele andere Daten anwenden. Man muss die Inflation vom Nominalwert abziehen, um den realen Wert zu erhalten.

Wenn Inflation zu Deflation wird, dann führt die Preisanpassung nicht zu einem positiven, sondern zu einem negativen Wert, weil die Preise in einem deflationären Umfeld sinken. Der Ausdruck $(-1) - (-3) = 2$ beschreibt ein nominales Wachstum von -1 Prozent, abzüglich einer Preisveränderung von -3 Prozent, was zu einem realen Wachstum von 2 Prozent führt. Die Auswirkungen sinkender Preise gleichen das sinkende nominale Wachstum mehr als aus und führen daher zu realem Wachstum. So etwas hat es in den USA seit dem Ende des 19. Jahrhunderts fast nie gegeben. Aber in anderen Ländern ist es nicht selten und in den USA ist es nicht unmöglich. In Japan trat es in den vergangenen 25 Jahren immer wieder auf.

An der Gleichung fällt zunächst auf, dass es ein *reales Wachstum* von 2 Prozent gibt. Das ist im historischen Vergleich schwach, entspricht aber in etwa dem US-Wachstum seit 2009. Ein alternatives Szenario unter Anwendung der oben genannten Formel ist, eine jährliche Deflation von 4 Prozent anzunehmen, wie es von 1931 bis 1933 der Fall war. Jetzt sieht die Formel so aus: (-1) – (-4) = 3. In diesem Fall läge das *reale* Wachstum bei 3 Prozent, viel näher am Trend und wohl nicht auf dem Niveau einer Depression. Dennoch ähnelt ein Umfeld mit *hoher Deflation, Nullzinsen und fortgesetzt hoher Arbeitslosigkeit deutlich einer Depression*. Das ist ein Beispiel für die Scheuklappen-Qualität ökonomischer Analysen in einer Welt der Deflation.

Trotz möglichen realen Wachstums fürchten das US-Finanzministerium und die Federal Reserve Deflation mehr als jedes andere ökonomische Ergebnis. Deflation bedeutet einen anhaltenden Rückgang der Preise von Gütern und Dienstleistungen. Niedrigere Preise ermöglichen selbst bei unveränderten Löhnen einen höheren Lebensstandard, weil Konsumgüter weniger kosten. Das sieht nach einem wünschenswerten Zustand aus, weil Fortschritte der Technologie und der Produktivität dazu führen, dass bestimmte Produkte wie Computer und Mobiltelefone im Lauf der Zeit billiger werden. Warum fürchtet die Fed Deflation so sehr, dass sie außergewöhnliche politische Maßnahmen ergreift, um die Inflation zu fördern? Es gibt vier Gründe für diese Furcht.

Der erste betrifft die Auswirkungen der Deflation auf die Rückzahlung der Staatsschulden. Der reale Wert der Schulden schwankt mit Inflation und Deflation, aber der Nominalwert ist vertraglich fixiert. Wenn sich jemand eine Million Dollar leiht, muss er eine Million Dollar plus Zinsen zurückzahlen, ganz unabhängig davon, ob der reale Wert dieser Million wegen Inflation und Deflation gestiegen oder gesunken ist. Die US-Staatsverschuldung hat ein Niveau erreicht, auf dem keine durchführbare Kombination von realem Wachstum und Steuern die Rückzahlung der geschuldeten Summe mehr ermöglichen kann. Aber die Fed kann Inflation verursachen. Zunächst langsam, um eine Geldillusion zu schaffen, dann schneller. In diesem Fall könnte man die Verschuldung managen, weil sie in weniger wertvollen nominalen Dollars zurückgezahlt würde. Bei einer Deflation geschieht das Gegenteil, der reale Wert der Schulden steigt und die Rückzahlung wird schwieriger.

Das zweite Problem mit der Deflation ist ihre Wirkung auf die Relation von Verschuldung zum BIP. Diese Relation stellt die Verschuldung dividiert durch das BIP dar, wobei beide in Nominalwerten dargestellt werden.

Nominal steigen die Schulden ständig, weil anhaltende Haushaltsdefizite neue Finanzierung erfordern und Zinszahlungen mit neuen Schulden finanziert werden. Wie oben dargelegt kann das reale Wachstum aber sogar dann positiv sein, wenn das nominale BIP sinkt, vorausgesetzt, dass die Deflation höher ist als das nominale Wachstum. Die Relation zwischen Schulden und BIP steigt, wenn die Schulden wachsen und das BIP schrumpft. Selbst wenn man die Sozialleistungen nicht miteinbezieht, liegt diese Relation in den USA schon jetzt auf dem höchsten Niveau seit dem Zweiten Weltkrieg. Wenn man die Sozialleistungen berücksichtigt, sieht sie noch viel schlechter aus. Im Lauf der Zeit könnte die Wirkung der Deflation diese Relation über die in Griechenland und in die Nähe der japanischen treiben. In der Tat ist diese deflationäre Dynamik ein Grund, warum das Verhältnis der Staatsschulden zum BIP in Japan über 220 liegt, weit höher als in jedem anderen entwickelten Land. Ein Effekt einer solchen extrem hohen Relation ist letztlich ein Vertrauensverlust; hinzu kommen höhere Zinsen, höhere Defizite wegen dieser höheren Zinsen und letztlich die Zahlungsunfähigkeit.

Das dritte Deflationsproblem hat mit der Gesundheit des Bankensystems und systemischen Risiken zu tun. Deflation erhöht den realen Wert des Geldes und daher auch den realen Wert der Forderungen von Kreditgebern gegenüber Schuldnern. Das scheint zunächst ein Vorteil für die Kreditgeber zu sein und anfangs ist es auch so. Wenn sich die Deflation fortsetzt, wird die reale Schuldenlast aber zu schwer und immer mehr Schuldner werden zahlungsunfähig. Das führt zu Verlusten der Kreditbanken und zu Bankinsolvenzen. Daher bevorzugt die Regierung Inflation, weil sie das Bankensystem stützt, indem sie Banken und Schuldner solvent bleiben lässt.

Das vierte und letzte Problem mit der Inflation ist ihre Auswirkung auf das Steueraufkommen. Hierzu ein Vergleich: Stellen wir uns einen Arbeiter vor, der 100 000 Dollar pro Jahr verdient – in zwei verschiedenen Szenarien. Im ersten Szenario bleiben die Preise konstant und der Arbeiter erhält eine Lohnerhöhung von 5000 Dollar. Im zweiten sinken die Preise um 5 Prozent und der Arbeiter erhält keine Lohnerhöhung. Vor Steuern hat der Arbeiter in beiden Fällen eine Erhöhung seines Lebensstandards um 5 Prozent. Im ersten Szenario ist das die Folge eines höheren Lohns, im zweiten die Folge niedrigerer Preise, aber das ökonomische Resultat ist gleich. Nach Steuern führen diese Szenarien aber zu völlig verschiedenen Ergebnissen. Die Regierung besteuert die Lohnerhöhung mit, sagen wir, 40 Prozent, aber sie *kann* sinkende Preise *nicht* besteuern.

Im ersten Szenario bleiben dem Arbeiter nach Steuern nur 60 Prozent seiner Lohnerhöhung. Im zweiten behält er 100 Prozent wegen der sinkenden Preise. Wenn man im ersten Beispiel von Inflation ausgeht, ist der Arbeiter vielleicht noch schlechter dran, weil der Teil seiner Lohnerhöhung, der ihm nach Steuern bleibt, durch die Inflation vermindert wird. Die Regierung ist besser dran, weil sie mehr Steuern vereinnahmt und der reale Wert der Staatsverschuldung sinkt. Da Inflation die Regierung, Deflation aber den Arbeiter bevorzugt, wird die Regierung immer Inflation favorisieren.

Fazit: Die Federal Reserve bevorzugt Inflation, weil sie die Staatsverschuldung senkt, das Verhältnis zwischen Schulden und BIP reduziert, die Banken stützt und besteuert werden kann. Deflation hilft vielleicht den Verbrauchern und den Arbeitern, aber sie schadet dem Finanzministerium und den Banken. Daher wird sie von der Fed mit allen Mitteln bekämpft. Das erklärt Alan Greenspans Politik ungewöhnlich niedriger Zinsen 2002 und Ben Bernankes Nullzinspolitik seit 2008. Aus Sicht der Fed sind die Hilfen für die Wirtschaft und die Reduzierung der Arbeitslosigkeit Nebenprodukte einer Erhöhung der Inflation. Die Konsequenz dieser deflationären Dynamik ist, dass die Regierung Inflation braucht *und die Fed dafür sorgen muss.*

Die Dynamik steigert sich zu einer historischen Kollision zwischen den natürlichen Kräften der Deflation und dem Inflationsbedürfnis der Regierung. Solange Preisindexdaten zeigen, dass Deflation eine Bedrohung ist, wird die Fed ihre Nullzinspolitik fortsetzen, weiterhin Geld drucken und sich bemühen, den Dollar an den Devisenmärkten zu schwächen, um durch höhere Importpreise Inflation zu importieren. Wenn die Daten einen Trend zur Inflation zeigen, wird die Fed eine Fortsetzung dieses Trends in der Hoffnung zulassen, dass sich das nominale Wachstum selbst tragen wird. So führt die Inflation ein Eigenleben durch Feedback-Zyklen, die in den Modellen der Fed nicht auftauchen.

Japan ist in dieser Hinsicht ein interessanter Fall. Das asiatische Land hat seit 1999 eine ständige Deflation erlebt, aber es gab auch positives reales Wachstum von 2003 bis 2007 und negatives nominales Wachstum 2001 und 2002. Japan hat die exakte Kombination aus negativem nominalem Wachstum, Deflation und positivem realem Wachstum zwar nicht über einen längeren Zeitraum durchgemacht, aber es hat in den letzten 15 Jahren mit allen diesen Elementen seine Erfahrungen gemacht. Um aus dieser Situation herauszukommen, hat Japans neuer Premierminister Shinzo Abe, gewählt im Dezember 2012, seine Politik der »drei Pfeile« erklärt: Geld drucken, um Inflation zu verursachen, Verschuldung durch Investitionen und strukturelle Reformen. Ein Nebenprodukt dieser Politik war die Schwächung des Yen-Wechselkurses, um Inflation zu importieren, hauptsächlich durch höhere Preise für Energieimporte.

Die erste Reaktion auf die »Abenomics« war höchst positiv. In den fünf Monaten nach Abes Wahl fiel der Wechselkurs des Yen gegen den Dollar um 17 Prozent von 85 : 1 auf 102 : 1, während der japanische Nikkei-Aktienindex um 50 Prozent stieg. Der billigere Yen, der Wohlstandseffekt durch die höheren Aktienkurse und das Versprechen weiteren Gelddruckens und Investitionen war wie eine Seite aus dem Lehrbuch eines Zentralbankers, wie man aus einer deflationären Spirale ausbrechen kann.

Trotz der Begeisterung für die Abenomics an den Finanzmärkten gab es eine Mahnung zur Vorsicht. Das geschah am 31. Mai 2013 in Seoul, Südkorea, bei einer Rede von Eisuke Sakakibara, einem der führenden japanischen Finanzexperten. Er war früher stellvertretender Finanzminister und trug den Spitznamen »Mr. Yen«. Sakakibara betonte die Bedeutung realen Wachstums selbst in Zeiten ohne nominales Wachstum und sagte, das japanische Volk sei wohlhabend und habe jahrzehntelang trotz niedrigen nominalen Wachstums prosperiert. Er erwähnte den oft übersehenen Punkt, dass wegen Japans schrumpfender Bevölkerung das reale BIP *pro Kopf* schneller wachsen wird als das reale *gesamte* BIP. Japan sei weit von einer Katastrophe entfernt. Trotz Deflation, schrumpfender Bevölkerung und sinkendem nominalem BIP kann Japan ein robustes BIP-Wachstum pro Kopf produzieren. Kombiniert mit dem akkumulierten Wohlstand des japanischen Volkes kann dies zu einer Gesellschaft führen, der es gut geht trotz eines nominalen Wachstums, das die meisten Zentralbanker dazu veranlassen würde, die Volkswirtschaft mit Geld zu überfluten.

Sakakibara kennt die Auswirkungen der Deflation auf den realen Wert von Schulden. Das Verhältnis von Staatsschulden zum BIP in Japan wird durch

Nullzinsen abgemildert, was verhindert, dass sich die Schulden schnell an-häufen. Den größten Teil der japanischen Staatsverschuldung besitzen die Japaner selbst und daher ist eine Finanzkrise unwahrscheinlich, wie sie Thailand 1997 und Argentinien 2000 erlebten. Sakakibaras aufschlussreichstes Argument ist, dass die japanischen Wachstumsprobleme strukturell und nicht zyklisch sind. Daher werden zyklische Maßnahmen wie das Drucken von Geld nicht funktionieren. Er sieht keine Chance, dass die Inflation in Japan die Zielmarke von 2 Prozent erreichen wird.

Sakakibaras Einsichten, dass monetäre Heilmittel keine strukturellen Probleme lösen werden und dass reales Wachstum wichtiger ist als nominales Wachstum, werden von den Zentralbanken in den USA und Japan ignoriert. Die Federal Reserve und die Bank of Japan werden das Pseudo-Heilmittel des Gelddruckens so lange wie möglich betreiben, bis die Investoren schließlich das Vertrauen in ihre Währungen, ihre Anleihen oder in beide verlieren. Japan wird wahrscheinlich das erste Land sein, das diese Krise erleidet.

Die Unterstützer der Fed fragen: »Was hätte die Fed denn sonst tun sollen?« Hätte die Fed nicht seit 2008 außergewöhnlich viel neues Geld gedruckt, scheint es wahrscheinlich, dass die Asset-Preise weiter gefallen wären, die Arbeitslosigkeit signifikant höher und das BIP-Wachstum deutlich niedriger gewesen wären. Eine scharfe Kontraktion mit steigenden Insolvenzzahlen und einer kollabierenden Industrieproduktion, ähnlich der Depression 1920, hätte das Resultat sein können. Kurz gesagt: Die Verteidiger der Fed argumentieren, dass es keine andere Wahl gab, als in bisher unbekanntem Ausmaß neues Geld zu drucken.

So gesehen kann man die Probleme der Durchführung einer Ausstiegsstrategie aus einer monetären Expansion leichter managen als die Probleme einer ökonomischen Depression. Die Verteidiger versichern, dass die Fed 2008 den richtigen Weg gewählt und ihn mit großem Geschick weiterverfolgt hat. Das ist die Meinung der Mehrheit, die zur Verehrung Bernankes als Held geführt hat, was nun auf Janet Yellen übertragen wurde.

Die Geschichte der Depressionen in den USA seit 1837 stützt eine andere Sichtweise auf die Aktionen der Fed. Sie besagt, die Fed hätte nur genug Liquidität zur Verfügung stellen müssen, um die schlimmste Phase der

Finanzpanik Ende 2008 abzumildern. Danach hätte die Fed die überschüssigen Reserven kürzen und die Leitzinsen auf 1 bis 2 Prozent normalisieren sollen. Die meisten großen Banken – darunter Citibank, Morgan Stanley und Goldman Sachs – hätten vorübergehend verstaatlicht, ihre Aktionäre enteignet und die Eigentümer ihrer Anleihen einem Schuldenschnitt unterzogen werden sollen, um die Kapitalausstattung wiederherzustellen. Assets ohne gute Entwicklung hätte man den Banken entziehen und in einen langfristigen staatlichen Fonds einbringen können, um sie, sobald es die Umstände erlaubt hätten, zum Vorteil der Steuerzahler zu liquidieren. Man hätte die Manager der Banken feuern und, sofern die Fakten dafür gesprochen hätten, strafrechtliche Maßnahmen gegen sie einleiten sollen. Und schließlich hätte man zulassen sollen, dass die Asset-Preise, vor allem die von Aktien und Häusern, auf viel tiefere Niveaus gefallen wären, als es 2009 der Fall war.

In diesem Szenario hätte es 2009 und 2010 viel mehr Insolvenzen und höhere Arbeitslosigkeit gegeben und die Asset-Preise wären deutlich tiefer gesunken, als es dann geschah. Was die Schwere der Depression betrifft, hätte das Jahr 2009 dem Jahr 1920 geähnelt, mit massiv steigender Arbeitslosigkeit, kollabierender Industrieproduktion und etlichen Unternehmenspleiten. Aber man hätte einen Wendepunkt erreicht. Man hätte die verstaatlichten Banken mit sauberen Bilanzen wieder an die Börse bringen und eine neue Bereitwilligkeit zur Kreditvergabe demonstrieren können. Private Aktienfonds hätten produktive Assets zu Schnäppchenpreisen gefunden und zu investieren begonnen. Ein Überangebot an Arbeitskräften mit niedrigeren Produktionskosten je Einheit hätte man mobilisieren können, um die Produktivität zu steigern, und statt einer leblosen hätte eine robuste Erholung begonnen. Die Depression wäre 2010 vorbei gewesen, das reale Wachstum hätte 2011 und 2012 4 bis 5 Prozent betragen.

Der Vorteil einer schweren Depression 2009 ist nicht diese Härte um ihrer selbst willen. Niemand wünscht sich ein moralisches Märchen, in dem gierige Banker ihre gerechte Strafe erhalten. Der entscheidende Punkt einer schweren Depression 2009 ist, dass sie die strukturellen Anpassungen ausgelöst hätte, die in der US-Wirtschaft erforderlich sind. Zudem hätte sie Assets von parasitären Bestrebungen im Bankwesen zu produktiven Zwecken in der Technologie und in der Industrie umgeleitet. Sie hätte die Arbeitskosten je Einheit auf ein neues, niedrigeres Niveau gedrückt, das global wettbewerbsfähig gewesen wäre, wenn man die höhere Produktivität in den USA berücksichtigt. Normalisierte Zinsen hätten Sparer belohnt und zur Stärkung des Dollar beigetragen. Dadurch wären die USA zu einem Magnet für Kapitalzuflüsse aus der ganzen Welt geworden. Die Wirtschaft wäre durch Investitionen und Exporte angetrieben worden, statt sich auf das Paradigma von Krediten und Konsumausgaben zu stützen. Die Zusammensetzung des Wachstums wäre ähnlich gewesen wie in den 1950er-Jahren, als der Konsum etwa 60 Prozent des BIP ausmachte, nicht wie in den vergangenen Jahrzehnten, in denen es etwa 70 Prozent waren. Diese gesunden, langfristigen strukturellen Anpassungen wären der US-Wirtschaft durch eine einmalige Liquidation der Schulden- und Hebelexzesse sowie der grotesken Überexpansion der Finanzbranche aufgezwungen worden.

Es ist nicht korrekt, zu sagen, dass die Fed bei ihrem Umgang mit der Wirtschaft am Beginn der Depression keine andere Wahl hatte. Es ist korrekt, zu sagen, dass, wie Tom Friedman es ausgedrückt hätte, die Vorstellungskraft fehlte, um zu sehen, dass die ökonomischen Probleme nicht zyklischer, sondern struktureller Art waren. Die Fed wendete überholte allgemeine Gleichgewichtsmodelle an und erkannte die strukturelle Herausforderung nicht. Die Politiker in der Fed und im Finanzministerium wendeten 2009 eine scharfe Depression ab, schufen damit aber eine mildere Depression, die bis heute andauert und unendlich lange dauern wird. Die Offiziellen der Fed und des Finanzministeriums sagten 2009 immer wieder, sie wollten die Fehler Japans in den 1990er-Jahren vermeiden. Aber sie wiederholten jeden einzelnen der Fehler Japans, indem sie es versäumten, strukturelle Veränderungen an den Arbeitsmärkten durchzuführen, Zombie-Banken zu eliminieren, die Steuern zu senken und die Regulierung des nicht finanziellen Sektors zurückzuführen. Die USA sind Japan in einem größeren Ausmaß, mit den gleichen hohen Steuern, niedrigen Zinsen, die Sparer bestraften, rigiden Arbeitsmärkten und Banken, die zu groß sind, um zu scheitern.

Die Abenomics und das Gelddrucken der Federal Reserve konzentrieren sich eifrig darauf, Deflation zu vermeiden, aber die zugrunde liegende Deflation in Japan und den USA ist nicht anormal. Sie ist ein valides Signal, dass das System vor dem Crash zu hohe Schulden hatte und zu viele verschwendete Investitionen aufwies. Japan war in Infrastruktur überinvestiert, die USA im Immobilienbereich. In beiden Fällen erreichte das fehlgeleitete Kapital den Punkt, an dem es abgeschrieben werden musste, um die Bankbilanzen davon zu befreien und neue, produktive Kredite zu ermöglichen. Aber das geschah nicht.

Infolge politischer Korruption und Günstlingswirtschaft retteten die Regulierer in beiden Ländern die kränkelnden Bilanzen und die Jobsicherheit der Banker. Die deflationären Preissignale wurden durch Gelddrucken verdeckt, so wie Athleten Schmerzen mit Steroiden maskieren. Aber die Deflation verschwand nicht und wird nie verschwinden, bis die strukturellen Anpassungen vollzogen werden.

Die USA könnten durch Japans offensichtliche Erfolge fälschlicherweise ermutigt werden und dessen Modell zur Auswertung ihrer eigenen QE-Politik verwenden. Aber die Zeichen in Japan sind nicht zuverlässig, weil sie auf weiterer Geldillusion und neuen Asset-Blasen beruhen. Japan kam zuerst am Scheideweg an und entschied sich für die Abenomics. Die Fed muss einen kritischeren Blick auf Japans mutmaßlichen Ausbruch aus der Depression werfen. Wenn sie dem Weg Japans folgt, stehen beide Länder vor einer akuten Schuldenkrise. Der einzige Unterschied könnte sein, dass sie zuerst Japan erreicht.

Kapitel 11: Der Strudel

Niemand versteht die Goldpreise und ich behaupte auch nicht, sie zu verstehen.
Ben Bernanke, früherer Chairman der Federal Reserve, 18. Juli 2013

Ich denke, dass die globale Zivilisation diesmal über ihre Grenzen hinausgegangen ist ... weil sie einen derartigen Kult um Geld geschaffen hat.
Papst Franziskus, 26. Juli 2013

Die Schneeflocke und die Lawine

Die Lawine ist eine passende Metapher für einen finanziellen Zusammenbruch. Sie ist sogar mehr als eine Metapher, denn die Systemanalyse einer

Lawine ist identisch mit der Analyse, wie ein Bankkollaps einen anderen auslöst.

Eine Lawine beginnt mit einer Schneeflocke, die andere Schneeflocken durcheinanderbringt. Dann gerät die Sache in Schwung und die Schneeflocken geraten außer Kontrolle. Die Schneeflocke entspricht der Pleite einer einzelnen Bank, worauf sich Panik entwickelt. Es endet damit, dass man entlassene Banker dazu zwingt, die Gebäude ihrer ruinierten Firmen zu verlassen – mit ihren gerahmten Fotos und ihren Kaffeetassen im Gepäck. Die Lawine und die Bankenpanik sind Beispiele für das, was Physiker als Phasenübergang bezeichnen: eine schnelle, unerwartete Transformation von einem stabilen Zustand zur Auflösung, die schließlich zu einem neuen Zustand führt, der sich vom ursprünglichen völlig unterscheidet. Die Dynamik ist die gleiche, so wie die rekursiven mathematischen Prozesse, die zur Modellbildung solcher Prozesse eingesetzt werden. Wichtig ist dabei: Die Relation zwischen der Häufigkeit und der Schwere der Ereignisse als Funktion einer systemischen Skala ist ebenfalls die gleiche.

Bei der Einschätzung des Risikos eines finanziellen Zusammenbruchs sollte man sich eine Lawine nicht nur vorstellen, sondern sie auch studieren. Die Komplexitätstheorie, die erstmals Anfang der 1960er-Jahre aufkam, ist im Rahmen der Wissenschaftsgeschichte neu, aber sie liefert erstaunliche Hinweise darauf, wie sich komplexe Systeme verhalten.

Viele Analysten verwenden die Worte *komplex* und *kompliziert* als Synonyme, aber das ist nicht korrekt. Ein *komplizierter* Mechanismus, wie die Uhr auf dem Markusplatz in Venedig, hat vielleicht viele bewegliche Teile, diese kann man aber auf logische Weise zusammenbauen oder zerlegen. Die Teile passen sich einander nicht an und die Uhr kann sich nicht plötzlich in einen Spatz verwandeln und davonfliegen. Im Gegensatz dazu verwandeln sich *komplexe* Systeme manchmal tatsächlich und fliegen davon, rutschen Berge hinunter oder ruinieren Nationen. Auch komplexe Systeme enthalten bewegliche Teile, aber sie bewegen sich nicht nur. Sie sind divers, miteinander verbunden, interaktiv und passen sich einander an. Die Diversität und die Verbindungen kann man in Modellen abbilden, aber die Interaktion und die Anpassung münden in eine scheinbar unendliche Vielzahl von Ergebnissen. In der Theorie kann man Modelle aufstellen, in der Praxis nicht. Anders ausgedrückt: Man kann wissen, dass schlimme Dinge geschehen werden, aber man weiß nie genau, warum.

Turmuhren, Armbanduhren und Motoren sind Beispiele für eingeschränkte Systeme, die kompliziert, aber nicht komplex sind. Im Gegensatz dazu stehen die bekannten komplexen Systeme wie Erdbeben, Wirbelstürme, Tornados – und die Kapitalmärkte. Ein einzelner Mensch ist ein komplexes System. Eine Milliarde Menschen, die Aktien, Anleihen und Derivate handeln, sind ein immens komplexes System, das sich dem Verständnis entzieht, von der Berechnung ganz zu schweigen. Dieses Berechnungsproblem bedeutet nicht, dass Politiker und Risikomanager die Waffen strecken oder fadenscheinige Modelle wie »Value at Risk« anwenden sollten. Mit der richtigen Kombination aus Komplexitätsinstrumenten und einer anderen wichtigen Zutat ist Risikomanagement möglich: Demut gegenüber dem, was man wissen kann.

Denken Sie an die Lawine. Die Bergsteiger und Skifahrer können niemals wissen, wann eine Lawine abgehen oder welche Schneeflocke sie auslösen wird. Sie wissen aber, dass bestimmte Bedingungen gefährlicher sind als andere und dass Vorsichtsmaßnahmen möglich sind. Die Feuchtigkeit oder Trockenheit des Schnees wird sorgfältig beobachtet, ebenso wie die Lufttemperatur und die Windgeschwindigkeit. Am wichtigsten ist aber, dass die Alpinisten die Höhe der Schneedecke beobachten oder das, was Physiker als systemische Skala bezeichnen. Diejenigen, die sich in Gefahr begeben, wissen, dass eine hohe Schneedecke nicht nur eine große, sondern eine *exponentiell größere* Lawine auslösen kann. Vernünftige Anpassungsmaßnahmen sind der Bau von Dörfern abseits gefährdeter Gebiete, Skifahren außerhalb von Gefahrenzonen und Bergsteigen auf Felsgraten oberhalb der Schneedecke. Man kann die Schneedecke auch mit Dynamit zum Schrumpfen bringen. Man kann Lawinen nicht vorhersagen, aber man kann versuchen, sich abzusichern.

An den Kapitalmärkten sorgen die Regulierer nur zu oft nicht für Sicherheit. Im Gegenteil, sie erhöhen die Gefahren. Wenn man Banken erlaubt, große Mengen von Derivaten zu emittieren, ist das so, wie wenn man die Ansammlung von Schnee ignoriert. Wenn man JP Morgan erlaubt, zu wachsen, ist das so, als baue man ein Dorf mitten in der Lawinenzone. Die Anwendung von Value at Risk zur Messung der Marktgefahren ist wie der Bau eines Skilifts zur unsteten Schneedecke mit kostenlosen Liftfahrkarten für alle. Die derzeitige Finanzregulierungspolitik liegt falsch, weil die Modelle des Risikomanagements nicht angemessen sind. Noch beängstigender ist, dass die Wall-Street-Manager wissen, dass die Modelle unpassend sind, sie aber dennoch anwenden, weil diese Modelle eine höhere Hebelwirkung, höhere Profite und höhere Boni ermöglichen. Die Regulierer ahnen das, aber sie spielen mit, oft in der Hoffnung, einen Job bei einer der Banken zu ergattern, die sie regulieren. Metaphorisch gesprochen stehen die Villen der Banker hoch auf einem Berg, weit oberhalb des Dorfes, dessen Bürger, normale Amerikaner und Bürger auf der ganzen Welt, mitten in der Falllinie der Lawine leben.

Finanzlawinen werden durch Gier ausgelöst, aber Gier ist keine vollständige Erklärung. Das parasitäre Verhalten der Banker, das Resultat eines kulturellen Phasenübergangs, ist absolut charakteristisch für eine Gesellschaft, die sich dem Zusammenbruch nähert. Wohlstand wird nicht mehr geschaffen, sondern anderen abgenommen. Das parasitäre Verhalten beschränkt sich nicht auf die Banker; es infiziert auch hohe Regierungsbeamte, Unternehmensmanager und die Elite der Gesellschaft.

Der Schlüssel zur Bewahrung von Wohlstand ist, die komplexen Prozesse zu verstehen und sich vor der Lawine in Sicherheit zu bringen. Investoren sind angesichts der Dekadenz der Elite nicht schutzlos.

Risiko, Unsicherheit und Kritikalität

Die prototypische Erklärung finanzieller Risiken stammt aus Frank H. Knights 1921 erschienener bahnbrechender Arbeit *Risk, Uncertainty and Profit*. Knight unterscheidet zwischen *Risiko* und *Unsicherheit*. Unter *Risiko* versteht er ein unbekanntes Ergebnis, das man aber mit einem gewissen Maß an Erwartung oder Wahrscheinlichkeit nachbilden kann. *Unsicherheit* ist ein unbekanntes Ergebnis, das man überhaupt nicht nachbilden kann. Das Pokerspiel Texas Hold'em ist ein Beispiel für Risiko im Sinne Knights. Wenn eine Karte umgedreht wird, weiß ein Spieler nicht, welche es sein wird, aber er weiß mit *Sicherheit*, dass es eine von 52 möglichen in einer von vier Folgen sein wird. Wenn immer mehr Karten aufgedeckt werden, steigt die Sicherheit, weil durch den vorherigen Verlauf bestimmte Ergebnisse ausgeschlossen sind. Der Spieler geht Risiken ein, aber er hat es nicht mit völliger Unsicherheit zu tun.

Nun stellen Sie sich dieses Spiel vor, wenn ein Spieler darauf besteht, »Wild Cards« zu verwenden. In einem solchen Spiel kann jeder Spieler jede Karte zu irgendeiner anderen Karte machen, um ein hohes Blatt wie ein Full House oder einen Straight Flush zu erhalten. Technisch gesehen ist das keine vollständige Unsicherheit im Sinne Knights, aber es kommt ihr nahe. Selbst die besten Pokerspieler mit hervorragenden Rechenfähigkeiten können die Wahrscheinlichkeit nicht berechnen, mit Wild Cards zu einem guten Blatt zu kommen. Daher verabscheuen professionelle Pokerspieler Spiele mit Wild Cards, während Amateure sie genießen. Die Wild Card ist auch eine gute Annäherung an die Komplexität. Die Kreuz-Zwei nach Lust und Laune zum Pik-As machen zu können ist wie ein Phasenübergang – unvorhersehbar, augenblicklich und möglicherweise katastrophal, wenn man der Verlierer dieser Wette ist.

Knights Arbeit erschien 40 Jahre vor der Entwicklung der Komplexitätstheorie, bevor der Computer fortgeschrittene Forschung auf den Gebieten der Zufallsverteilung und der stochastischen Systeme ermöglichte. Seine Aufteilung der Finanzlandschaft in die Schwarz-Weiß-Welt von Risiko und Unsicherheit war damals nützlich, aber heute gibt es mehr Grautöne.

Zufallszahlen kann man nicht vorhersagen, aber man kann ihnen auf Basis ihrer Auftretenswahrscheinlichkeit im Lauf der Zeit oder in einer langen Reihe einen Wert zuordnen. Münzwurf und Kartenspiele sind vertraute Beispiele. Man kann unmöglich wissen, ob der nächste Münzwurf auf Kopf oder Zahl landen wird, und man weiß auch nicht, ob die nächste Karte das Pik-As sein wird, aber man kann die Wahrscheinlichkeit berechnen. Stochastische Modelle beschreiben Systeme auf Basis eines Inputs von Zufallszahlen. Solche Systeme sind nicht deterministisch, sondern probabilistisch, und wenn man sie auf die Finanzmärkte anwendet, kann man den Preisen aufgrund ihrer Wahrscheinlichkeiten Werte zuordnen. Das war Knights Definition von *Risiko*. Stochastische Systeme können nichtlineare Funktionen oder Exponenten enthalten, die dazu führen, dass kleine Veränderungen des Inputs massive Veränderungen der Ergebnisse verursachen.

Stochastische Modelle werden durch die Integralrechnung ergänzt, die die Quantität misst, und durch die Differentialrechnung, die Veränderungen misst. Regressionen, die rückblickende Zuordnungen einer Variablen zu einer anderen sind, ermöglichen den Forschern, Korrelationen zwischen bestimmten Ereignissen herzustellen. Diese Taxonomie von Zufallszahlen, stochastischen Systemen, nichtlinearen Funktionen, Integral- und Differentialrechnung sowie Regression bildet das Instrumentarium des modernen Finanzwesens. Die Anwendung dieses Instrumentariums auf die Preisbildung von Derivaten, Value at Risk, Geldpolitik und ökonomische Prognosen führt die Anwender an die vorderste Front der Wirtschaftstheorie.

Jenseits dieser Front steht die Komplexitätstheorie. Von den meisten Ökonomen wurde diese Theorie nicht mit offenen Armen empfangen, teilweise weil sie aufdeckt, dass ein großer Teil der wirtschaftswissenschaftlichen Forschung im letzten halben Jahrhundert irrelevant oder zutiefst fehlerhaft ist. Komplexität ist ein Musterbeispiel für eine neue Wissenschaft, die alte wissenschaftliche Paradigmen ablöst. Dass die Ökonomen die neue Komplexitätstheorie nicht begrüßten, erklärt in gewisser Weise, warum die Marktzusammenbrüche 1987, 1998, 2000 und 2008 unerwartet und heftiger waren, als die Experten es für möglich gehalten hatten.

Die Komplexität bietet eine Möglichkeit, die Dynamik von Feedback-Zyklen durch rekursive Funktionen zu verstehen. Diese haben so augenblickliche Iterationen, dass winzige Ursachen, *die zu klein sind, um erkannt zu werden*, zu explosiven Ergebnissen führen können. Ein Beispiel ist die Atombombe. Physiker wissen, dass, wenn man hoch angereichertes Uran in einen *kritischen Zustand* versetzt und einen Neutronengenerator anwendet, eine katastrophale Explosion folgt, die eine ganze Stadt dem Erdboden gleichmachen kann, aber sie *wissen nicht* genau, welches subatomare Teilchen die Kettenreaktion auslöst. Moderne Ökonomen verbringen ihre Zeit damit, nach dem subatomaren Teilchen zu suchen, während sie den kritischen Zustand des Systems ignorieren. Sie suchen nach Schneeflocken und ignorieren die Lawine.

Eine andere formale Eigenschaft komplexer Systeme ist, dass das Ausmaß des schlimmsten möglichen Ereignisses eine Exponentialfunktion der Systemskala ist. Das bedeutet: Wenn man die Größe eines komplexen Systems verdoppelt, verdoppelt sich das Risiko nicht. Es kann um den Faktor zehn oder noch stärker steigen. Deshalb ist jeder finanzielle Kollaps eine »Überraschung« für Banker und Regulierer. Eine systemische Skala wird durch Derivate vergrößert, systemisches Risiko wächst exponentiell.

Kritikalität in einem System bedeutet, dass es auf der Messerklinge des Zusammenbruchs steht. Nicht jedes komplexe System befindet sich in einem kritischen Zustand, manche sind durchaus stabil. Eine Herausforderung für Ökonomen ist, dass komplexe Systeme, die sich *nicht* in einem kritischen Zustand befinden, sich oft wie nicht komplexe Systeme verhalten. Ihre stochastischen Eigenschaften können stabil und vorhersagbar aussehen – bis zu dem Zeitpunkt, wenn der kritische Zustand beginnt. Dann manifestieren sich ihre wahren Eigenschaften, eine Katastrophe entfaltet sich und es ist zu spät, um sie noch aufhalten zu können. Auch hier kann angereichertes Uran als Illustration dienen. Ein Uranwürfel im Gewicht von 35 Pfund ist keine Gefahr. Er ist ein komplexes System – die subatomaren Teilchen interagieren, passen sich einander an und zerfallen –, aber es droht keine Katastrophe. Wenn der Block aber aus zwei Hälften besteht, eine von der Größe einer Grapefruit, die andere in der Form eines Baseballschlägers, und die Teile mit hochexplosivem Material zusammengepresst werden, kommt es zu einer Atomexplosion. Das System wird vom subkritischen in den kritischen Zustand gezwungen.

Auch komplexe Systeme können diesen Übergang spontan vollziehen. Sie verändern sich so, wie sich eine Raupe in einen Schmetterling verwandelt. Physiker nennen das selbstorganisierte Kritikalität. Soziale Systeme einschließlich der Kapitalmärkte zeichnen sich durch diese selbstorganisierte Kritikalität aus. An einem Tag verhält sich der Aktienmarkt gut, am nächsten Tag bricht er unerwartet zusammen.

Der Aktiencrash um 22,6 Prozent am Schwarzen Montag, dem 19. Oktober 1987, und der 15-minütige »Blitzcrash« um 7 Prozent am 6. Mai 2010 sind Beispiele für den Übergang des Finanzsystems in den kritischen Zustand. An diesem Punkt ist nur eine Schneeflocke oder eine Verkaufsorder erforderlich, um den Zusammenbruch zu starten. Natürlich kann man hinterher eine bestimmte Verkaufsorder finden, die angeblich den Crash ausgelöst hat (ein Beispiel für die Jagd nach Schneeflocken). Aber diese Verkaufsorder ist irrelevant. Was zählt, ist der Zustand des Systems.

Goldspiele

Die Goldmanipulation durch die Zentralbanken ist ein Beispiel des Geschehens in einem komplexen System, das dieses System in den kritischen Zustand versetzen kann.

Dass Zentralbanken an den Goldmärkten intervenieren, ist weder neu noch überraschend. Weil Gold Geld ist und die Zentralbanken das Geld kontrollieren, müssen sie auch das Gold kontrollieren. Vor der teilweisen Demonetarisierung des Goldes Mitte der 1970er-Jahre war das Engagement der Zentralbanken an den Goldmärkten wohl nicht manipulativ, sondern Teil ihrer Politik, obwohl diese Politik nicht auf transparente Weise durchgeführt wurde.

In der Ära nach Bretton Woods gab es zahlreiche gut dokumentierte Goldmanipulationen der Zentralbanken. 1975 schrieb Fed-Chef Arthur Burns ein geheimes Memorandum an Präsident Gerald Ford, in dem stand:

> Die allgemeine Frage lautet, ob Zentralbanken und Regierungen die Freiheit haben sollten ... Gold zu Marktpreisen zu kaufen . ... Die Federal Reserve ist dagegen. ...

> Eine frühe Abschaffung der aktuellen Beschränkungen ... offizieller Käufe am privaten Markt könnte Kräfte freisetzen und zu Handlungen führen, die die relative Bedeutung von Gold im Finanzsystem erhöhen würden. ...

> Eine solche Freiheit würde Regierungen einen Anreiz bieten, ihre offiziellen Goldreserven zu Marktpreisen zu bewerten. ... Die Schaffung von Liquidität in derart außerordentlichem Umfang würde unsere Anstrengungen ... die Inflation unter Kontrolle zu halten ... ernsthaft gefährden, vielleicht sogar zunichte machen. ...

> Ich habe eine geheime schriftliche Vereinbarung mit der Bundesbank, ... dass Deutschland kein Gold kaufen wird, weder am Markt noch von einer anderen Regierung, wenn der Preis über dem offiziellen Preis von 42,22 Dollar liegt.[212]

Nur drei Tage nach Burns' Memorandum schrieb Präsident Ford einen Brief an den deutschen Kanzler Helmut Schmidt, der den Kern von Burns' Rat enthielt:

Das Weiße Haus
Washington, 6. Juni 1975

Sehr geehrter Herr Bundeskanzler,

... Wir ... sind der festen Überzeugung, dass Sicherungsmaßnahmen erforderlich sind, um die Tendenz zu verhindern, dass Gold wieder ins Zentrum des Systems rückt. Wir müssen sicherstellen, dass es für Regierungen keine Möglichkeit gibt, untereinander aktiv Goldhandel zu betreiben mit dem Zweck, einen Goldblock zu schaffen oder Gold wieder zum wichtigsten internationalen monetären Medium zu machen. Angesichts des weltweiten Inflationsproblems müssen wir zudem jeden weiteren starken Anstieg der internationalen Liquidität abwenden. Wären die Regierungen völlig frei, untereinander zu Marktpreisen zu handeln, würde dies unser gemeinsames Inflationsproblem verschärfen. ...

Hochachtungsvoll
Gerald R. Ford[213]

Die Goldmanipulation durch die Zentralbanken beschränkte sich nicht auf die 1970er-Jahre, sondern setzte sich in den folgenden Jahrzehnten fort. Ein »Freedom of Information Act (FOIA)«-Prozess, der von einer Gruppe von Anwälten gegen die Federal Reserve angestrengt wurde, deckte Konferenznotizen des geheimen Gold- und Devisenkomitees der Bankgouverneure der G10 auf.[214] Die Konferenz fand am 7. April 1997 bei der Bank für internationalen Zahlungsausgleich statt. Dieses Komitee ist der Nachfolger des berüchtigten Preisfixierungsprojekts von 1960, das als London Gold-Pool bekannt wurde. Die Notizen, aufgezeichnet von Dino Kos von der Federal Reserve Bank of New York, beinhalten Folgendes:

Im Mai 1996 wurde am Markt täglich Gold im Gegenwert von 3 Milliarden Dollar gehandelt. Auf Swaps entfielen 75 Prozent dieses Volumens. ... Gold war traditionell ein verschlossener Markt. ...

Auch Goldleasing war ein wichtiger Teil des Markts, zu dessen Wachstum die Zentralbanken stark beitrugen. Die Zentralbanken hatten wiederum auf Druck reagiert, ein renditeloses Asset in ein anderes zu tauschen, das zumindest eine gewisse positive Rendite bringt. ... Meist verliehen die Zentralbanken Gold auf Sicht von drei bis sechs Monaten. ... Die Zentralbanken trugen eine gewisse Verantwortung für den Leasingmarkt, weil es ihre Aktivitäten waren, die diesen Markt erst möglich machten. ... Gold spielt eine Rolle als Kriegskasse und im internationalen Währungssystem. ...

Die BIS hatte seit Jahren kein Gold verkauft, aber in gewissem Ausmaß Leasinggeschäfte durchgeführt.

[Peter] Fisher (USA) ... bemerkte, dass der Goldpreis ... historisch nicht zu den Produktionskosten tendiert hat. Das schien ein dauerhaftes Ungleichgewicht zwischen Angebot und Nachfrage nahezulegen. ... Er vertrat die Ansicht, der Goldleasingmarkt sei ein wichtiger Teil dieses Puzzles. ...

Mainert (Deutschland) fragte, wie groß ein Verkauf sein müsse, um den Markt zu beeinflussen. Was würde passieren, sollten die Zentralbanken, sagen wir, 2500 Tonnen Gold verkaufen, was einer Jahresproduktion entspricht?. ... Niemand ging auf Mainerts Herausforderung ein. ...

[Peter] Fisher erklärte, dass das amerikanische Gold dem Finanzministerium gehört. Das Finanzministerium hatte allerdings Goldzertifikate an die Reservebanken ausgegeben ... daher taucht Gold auch in der Bilanz der Federal Reserve auf. Käme es zu einer Neubewertung von Gold, würden auch die Zertifikate neu und höher bewertet; [um eine Ausweitung der Fed-Bilanz zu verhindern], würde dies aber zu Verkäufen von Staatsanleihen führen.[215]

Im September 2009 schickte der frühere Fed-Gouverneur Kevin Warsh einen Brief an eine Anwaltsfirma in Virginia, in dem er die Bitte um die Dokumentation von Gold-Swaps der Fed abwies, weil die Fed davon befreit war, »Informationen über Swap-Arrangements mit ausländischen Banken im Namen der Federal Reserve«[216] herauszugeben. Die Anfrage wurde zwar zurückgewiesen, aber zumindest erkannte Warsh in seinem Brief an, dass Swaps zwischen Zentralbanken existieren.

Am 31. Mai 2013 erinnerte Eisuke Sakikabara, der frühere stellvertretende Finanzminister Japans, fröhlich daran, dass die japanische Regierung Mitte der 1980er-Jahre heimlich 300 Tonnen Gold gekauft hatte. Dieser Kauf erscheint nicht in den Reserven der Bank of Japan, die vom World Gold Council veröffentlicht werden, weil er nicht von der Zentralbank, sondern vom Finanzministerium durchgeführt wurde.

Wir haben in den 1980er-Jahren 300 Tonnen Gold gekauft, um eine Münze zum 60-jährigen Regierungsjubiläum von Kaiser Hirohito zu prägen. Das war eine sehr schwierige Operation. Wir arbeiteten mit JP Morgan und Citibank zusammen. Wir konnten unsere Aktionen nicht offenlegen, weil es sich um eine sehr große Menge handelte, und wir wollten den Preis nicht allzu sehr in die Höhe treiben. Daher kauften wir Goldfutures, die sehr liquide sind, und dann überraschten wir den Markt, als wir die Lieferung verlangten! Einige der gelieferten Barren hatten eine Reinheit von 99,90 Prozent, aber wir schmolzen sie auf 99,99 Prozent um, weil wir für unseren Kaiser nur das beste Geld verwenden konnten.[217]

Das Gold wurde mit zwei Boeing-747-Frachtmaschinen nach Japan transportiert. Nicht wegen des Gewichts, sondern um das Risiko zu vermindern. Bei jedem Flug gab es zwei Kuriere, damit das Gold jederzeit bewacht werden konnte, auch wenn einer von ihnen schlief.[218]

Das alles ist nur die Spitze des Eisbergs, was offizielle Manipulationen des Goldmarkts durch Zentralbanken, Finanzministerien und ihre jeweiligen Agenten bei den Banken betrifft. Dennoch zeigt es ohne Zweifel, dass die Regierungen eine Kombination aus Goldkäufen, Verkäufen, Leasing, Swaps, Futures und politischem Druck zur Manipulation der Goldpreise anwenden, um politische Ziele zu erreichen. Sie tun dies schon seit Jahrzehnten, seit dem Ende von Bretton Woods. Offizielle Goldverkäufe, die die Goldpreise drückten, wurden von 1975 bis 2009 von westlichen Zentralbanken massiv eingesetzt, fanden aber 2010 ein abruptes Ende, weil die Goldpreise nach oben schossen und die Bürger kritisch hinterfragten, ob es sinnvoll sei, ein derart wertvolles Asset zu verkaufen.

Der notorischste und am stärksten kritisierte Fall betraf den Verkauf von 395 Tonnen britischem Gold durch Schatzkanzler Gordon Brown in einer Reihe von Auktionen von Juli 1999 bis März 2002. Der durchschnittliche Verkaufspreis betrug 275 Dollar je Unze. Wenn man 1500 Dollar als Referenzpreis verwendet, kostete Browns Schnitzer die Bürger des Vereinigten Königreichs mehr als 17 Milliarden Dollar. Noch schädlicher als der verlorene Wohlstand war der geringere Rang des Vereinigten Königreichs unter den weltweit führenden Goldmächten. Seit einiger Zeit haben Goldverkäufe durch die Zentralbanken als Form der Preismanipulation an Reiz verloren, weil die Goldreserven geschwunden und die Preise gestiegen sind und weil sich die USA auf auffällige Weise weigern, Gold zu verkaufen.[219] Zu den wirkungsvolleren Preismanipulationstechniken der Zentralbanken und ihrer Agenten bei den Privatbanken zählen Swaps, Forward-Geschäfte, Futures und Leasing. Diese »Papiergold«-Transaktionen erlauben massiven Hebeleinsatz und üben Druck auf die Goldpreise aus, während physisches Gold nur selten die Gewölbe der Zentralbank verlässt.

Ein Gold-*Swap* wird typischerweise zwischen zwei Zentralbanken als Tausch von Gold gegen Devisen durchgeführt mit dem Versprechen, den Tausch zu einem späteren Zeitpunkt rückgängig zu machen. In der Zwischenzeit kann die Partei, die Devisen erhält, sie renditebringend investieren, solange der Swap läuft.

Forward- und *Future*-Transaktionen werden entweder zwischen Privatbanken und deren Kontrahenten oder an Börsen durchgeführt. Es handelt sich um Kontrakte, die die Lieferung von Gold zu einem späteren Zeitpunkt versprechen. Der Unterschied zwischen einem Forward und einem Future ist, dass der Forward mit einem bekannten Partner gehandelt wird, der Future dagegen anonym an einer Börse. Die Parteien verzeichnen Gewinne oder Verluste, wenn der Goldpreis zwischen dem Kontraktdatum und dem zukünftigen Lieferdatum steigt oder fällt.

In einer *Leasing*-Vereinbarung leiht eine Zentralbank ihr Gold einer Privatbank, die es auf Forward-Basis verkauft. Die Zentralbank erhält dafür eine Gebühr, ähnlich einer Mietzahlung. Wenn eine Zentralbank Gold verleiht, gibt sie der Privatbank die Vollmacht, Forward-Verkäufe durchzuführen. Der Forward-Markt wird dann durch die Praxis vergrößert, *nicht zugeteiltes* Gold zu verkaufen. Wenn eine Bank einem Kunden nicht zugeteiltes Gold verkauft, besitzt dieser keine bestimmten Goldbarren. Das ermöglicht es der Bank, unter Verwendung *desselben* Goldes Kontrakte an mehrere Parteien zu verkaufen. Bei zugewiesenen Transaktionen hat der Kunde direkten Zugriff auf bestimmte nummerierte Barren im Banktresor.

Diese Arrangements haben eines gemeinsam: Physisches Gold wird selten bewegt und dasselbe Gold kann mehrmals für Kontrakte verwendet werden. Wenn die Federal Reserve Bank of New York JP Morgan in London 100 Tonnen Gold leiht, ist JP Morgan zwar der rechtmäßige Besitzer, aber das Gold bleibt in New York. Mit der rechtmäßigen Genehmigung in der Hand kann JP Morgan auf nicht zugeteilter Basis dann dasselbe Gold zehn Mal an verschiedene Kunden verkaufen.

Auf ähnliche Weise kann eine Bank wie HSBC in den Futures-Markt einsteigen und 100 Tonnen Gold mit Lieferdatum in drei Monaten verkaufen und benötigt dazu kein physisches Gold. Der Verkäufer muss nur die Margin-Anforderungen in Bargeld erfüllen, die einen kleinen Bruchteil des Goldwerts ausmachen. Diese gehebelten Papiergoldtransaktionen sind bei der Manipulation der Marktpreise weit effektiver als tatsächliche Verkäufe, weil das Gold im Tresor bleiben kann. Daher ist die Verkaufskraft um ein Vielfaches höher als mit physischem Gold.

Die einfachste Art, wie Zentralbanken ihre Aktionen an den Goldmärkten verbergen können, ist die Zusammenarbeit mit Vermittlerbanken wie JP Morgan. Der Großvater dieser Vermittler ist die Bank für Internationalen Zahlungsausgleich (BIS) mit Sitz in Basel, Schweiz. Dass die BIS für Zentralbankkunden an den Goldmärkten agiert, ist keine Überraschung. Schließlich war das einer der Zwecke, für die man die BIS 1930 gegründet hatte. Ebenso wie der IWF bilanziert die BIS in SDRs. Auf der BIS-Website steht ganz offen: »Etwa 90 Prozent der Kundeneinlagen sind in Währungen denominiert, der Rest in Gold. ... Goldeinlagen betrugen am 31. März 2013 17,6 Milliarden SDR (etwa 27 Milliarden Dollar). An diesem Datum besaß die Bank 115 Tonnen Feingold.«[220]

Im 83. Jahresbericht der BIS für den Zeitraum bis zum 31. März 2013 steht:

> Die Bank handelt ... Gold im Namen ihrer Kunden, was den Zugriff auf eine große Liquiditätsbasis ermöglicht, zum Beispiel im Zusammenhang mit regelmäßigem Ausgleich von Reserveportfolios oder großen Veränderungen in der Zusammensetzung von Reservewährungen. ... Zudem bietet die Bank Golddienstleistungen wie Kauf und Verkauf, Sichtkonten, zeitlich fixierte Einlagen, markierte Konten, Verarbeitung und Veränderungen des Aufbewahrungsorts.[221]

Sichtkonten in Gold sind nicht zugewiesen, *markierte* Konten sind zugewiesen. *Sicht* ist eine alte Rechtsbezeichnung im Finanzwesen und bedeutet »zahlbar auf Verlangen«, obwohl es keine Verpflichtung gibt, das Gold bereitzuhalten, bis die Herausgabe tatsächlich verlangt wird. Die BIS erreicht die gleiche Hebelwirkung wie die Privatbanken, indem sie mit Leasing, Forwards und Futures arbeitet. Bemerkenswerterweise steht in Fußnote 15 der Bilanzpolitik im Jahresbericht der BIS von 2010: »Goldleihen umfassen zeitlich fixierte Goldleihen an *Geschäftsbanken*.«[222] Im Bericht 2013 lautet dieselbe Fußnote: »Goldleihen umfassen zeitlich fixierte Goldleihen.«[223] 2013 hielt es die BIS offenbar für klug, die Tatsache zu verbergen, dass die BIS mit privaten Geschäftsbanken Handel treibt. Diese Weglassung ist sinnvoll, weil die BIS einer der wichtigsten Transmissionskanäle der Manipulation an den Goldmärkten ist. Zentralbanken deponieren Gold bei der BIS, die es dann an Geschäftsbanken verleiht. Diese verkaufen das Gold auf nicht zugewiesener Basis, was Verkäufe von zehn Dollar oder mehr für jeden Dollar an Gold ermöglicht, das bei der BIS deponiert wurde. Auf den Goldpreis wird massiver Druck ausgeübt, aber kein physisches Gold wechselt je den Eigentümer. Das ist ein ausgefeiltes System zur Unterdrückung des Goldpreises.

Obwohl an der Präsenz der Zentralbanken an den Goldmärkten nicht zu zweifeln ist, werden die exakten Zeitpunkte und Orte ihrer Manipulationen nicht bekannt gegeben. Aber es gibt faszinierende Schlussfolgerungen. Zum Beispiel autorisierte der IWF am 18. September 2009 den Verkauf von 403,3 Tonnen Gold. Von dieser Menge wurden im Oktober und im November 212 Tonnen an die Zentralbanken von Indien, Mauritius und Sri Lanka verkauft. Weitere 10 Tonnen wurden im September 2010 an die Zentralbank von Bangladesh verkauft. Diese Verkäufe waren zuvor arrangiert worden, um die Märkte nicht zu erschüttern. Der Verkauf der restlichen 181,3 Tonnen begann am 17. Februar 2010, aber die Käufer blieben unbekannt. Der IWF betonte, die anderen Käufe hätten zu Marktpreisen stattgefunden, sagte aber auch, dass »die Verkäufe keine weiteren Verkäufe außerhalb des Markts an interessierte Zentralbanken und andere offizielle Goldeigentümer ausschlossen.« Mit anderen Worten: Die 181,3 Tonnen konnten problemlos an China oder an die BIS gehen.[224]

Zur selben Zeit, als die IWF-Goldverkäufe angekündigt und durchgeführt wurden, berichtete die BIS über einen starken Anstieg ihrer eigenen

Goldbestände. Sie stiegen von 154 Tonnen Ende 2009 auf über 500 Tonnen Ende 2010. Es ist möglich, dass der IWF einen Teil der besagten 181,3 Tonnen an die BIS transferiert hat und das BIS Banking Department, damals kontrolliert von Günter Pleines, einem früheren Zentralbanker aus Deutschland, das Gold an China verkauft hat. Es ist auch möglich, dass der große Goldzufluss auf Gold-Swaps notleidender europäischer Banken zurückzuführen war, die versuchten, an Bargeld zu gelangen, um ihre Verpflichtungen zu erfüllen, weil ihre Asset-Werte während der Schuldenkrise implodierten. Die Antwort ist unbekannt, aber jedenfalls stand die BIS bereit, solche intransparenten Goldmarktaktivitäten zu erleichtern, wie sie es für die Nazis und andere seit 1930 getan hatte.

Einige der überzeugendsten Beweise für die Manipulation der Goldmärkte stammen aus einer Studie, die von einem der größten Global-Macro-Hedgefonds der Welt durchgeführt wurde. Diese Studie beinhaltete zwei hypothetische Investmentprogramme über einen Zeitraum von zehn Jahren zwischen 2003 und 2013. Ein Programm kaufte jeden Tag Gold-Futures zum Eröffnungskurs an der New Yorker COMEX und verkaufte sie zum Schlusskurs. Das andere Programm kaufte Gold am Beginn des nachbörslichen Handels und verkaufte am folgenden Tag kurz vor Handelsbeginn an der COMEX. In einem nicht manipulierten Markt sollten beide Programme im Lauf der Zeit fast identische Ergebnisse bringen, wenn auch mit täglichen Schwankungen. In Wirklichkeit brachte das COMEX-Programm katastrophale Verluste, das nachbörsliche Programm erzielte spektakuläre Gewinne, weit höher als der Goldpreisanstieg in diesem Zeitraum. Die unausweichliche Schlussfolgerung lautet, dass Manipulatoren den New Yorker Schlusskurs gedrückt haben, was den Tradern im nachbörslichen Handel exzessive Gewinnchancen ermöglichte. Da der New Yorker Schlusskurs der bekannteste »Goldpreis« ist, ist die Motivation ebenfalls klar.

Die Motivation der Zentralbanken, den Goldmarkt zu manipulieren, ist so subtil wie die angewendeten Methoden. Die Zentralbanken wollen, dass Inflation den realen Wert der Staatsverschuldung senkt, und Wohlstand von den Sparern zu den Banken umleiten. Aber die Zentralbanken arbeiten auch daran, den Goldpreis zu drücken. Es scheint schwierig, beide Ziele miteinander zu vereinbaren. Wenn die Zentralbanken Inflation wollen und ein steigender Goldpreis inflationär wirkt, warum sollten sie den Goldpreis dann nach unten drücken?

Die Antwort: Die Zentralbanken, vor allem die Federal Reserve, *wollen* Inflation, aber sie wollen auch, dass sie sich *geordnet* und nicht ungeordnet entwickelt. Sie wollen Inflation in kleinen Dosierungen, damit sie unbemerkt verläuft. Gold ist höchst volatil, und wenn der Preis scharf ansteigt, weckt dies Inflationserwartungen. Die Federal Reserve und die BIS drücken den Goldpreis nicht, um ihn für alle Zeiten niedrig zu halten, sondern um den Anstieg geordnet ablaufen zu lassen, damit die Sparer die Inflation nicht bemerken. Die Zentralbanken verhalten sich wie ein neunjähriger Junge, der in der Geldbörse seiner Mutter 50 Dollar bemerkt und einen Dollar stiehlt, damit sie es nicht bemerkt. Der Junge weiß, dass die Mutter es bemerken und ihn bestrafen wird, wenn er 20 Dollar nimmt. Eine Inflation von 3 Prozent jährlich wird kaum bemerkt, aber wenn sie über 20 Jahre anhält, wird der Wert der Staatsverschuldung fast um die Hälfte reduziert. Diese langsame, beständige Inflation ist das Ziel der Zentralbank. Das Management der Inflationserwartungen durch Manipulation der Goldpreise war die Begründung, die Fed-Chairman Arthur Burns 1975 in seinem geheimen Memo Präsident Gerald Ford vermittelt hat. Daran hat sich nichts geändert.

Seither hat sich allerdings ein noch bedrohlicheres Motiv für die Goldpreismanipulationen durch die Zentralbank entwickelt. Der Goldpreis muss niedrig gehalten werden, bis die Goldreserven der führenden Wirtschaftsmächte ein neues Gleichgewicht gefunden haben. Und dieser Prozess muss vor dem Zusammenbruch des internationalen Währungssystems abgeschlossen sein. Wenn die Welt zu einem Goldstandard zurückkehrt, entweder um Inflation zu schaffen oder wegen der Notwendigkeit, das Vertrauen wiederherzustellen, wird es entscheidend sein, die Unterstützung aller bedeutenden Wirtschaftszentren der Welt zu haben. Eine bedeutende Volkswirtschaft, die nicht genug Gold hat, wird in die Peripherie jeder Konferenz nach dem Vorbild von Bretton Woods verwiesen werden oder sie wird die Teilnahme verweigern, weil sie von der Neubewertung des Goldes nicht profitiert. Wie in einer Pokerpartie hatten die USA in Bretton Woods sämtliche Chips in der Hand und verwendeten sie aggressiv, um das Ergebnis zu diktieren. Bei einer Neuauflage von Bretton Woods würden Nationen wie Russland und China den USA nicht erlauben, ihren Willen durchzusetzen. Sie würden eher ihren eigenen Weg gehen, als sich einer finanziellen Hegemonie der USA unterzuordnen. Man bräuchte also Ausgangsbedingungen auf Augenhöhe, um das System durch einen gemeinsamen Prozess zu reformieren.

Gibt es einen bevorzugten Maßstab für die Ausbalancierung der Reserven? Viele Analysten betrachten die Statistiken von Gold als Prozentsatz der Reserven. Die USA halten 73,3 Prozent ihrer Reserven in Gold, bei China sind es 1,3 Prozent. Aber dieser Maßstab ist irreführend. Die meisten Länder haben Reserven, die sich aus Gold und harten Devisen zusammensetzen. Da aber die USA Dollars drucken können, brauchen sie keine großen Währungsreserven und folglich werden die US-Reserven von Gold dominiert. Andererseits hat China nicht viel Gold, aber Hartwährungsreserven von ungefähr 3 Billionen Dollar. Diese Reserven sind kurzfristig wertvoll, auch wenn sie anfällig für zukünftige Inflation sind. Aus diesen Gründen stellt die 73-Prozent-Relation der USA das Land zu stark dar und die 1,3-Prozent-Relation stellt China zu schwach dar.

Ein besserer Maßstab für die Rolle des Goldes als monetäre Reserve ist die Division des nominalen Marktwerts von Gold durch das nominale GDP (Gold/BIP-Relation). Das nominale BIP ist der Gesamtwert aller Güter und Dienstleistungen, die eine Volkswirtschaft produziert. Gold ist die wahre monetäre Basis, das implizite Reserve-Asset hinter der Geldbasis namens M0. Gold ist M unter 0. Die Gold/BIP-Relation zeigt die wahre Geldmenge, die zur Stützung der Wirtschaft zur Verfügung steht, und enthüllt die wahre Macht einer Nation, wenn es wieder zu einem Goldstandard kommt. Hier sind die jüngsten Daten einer ausgewählten Gruppe von Volkswirtschaften, die insgesamt über 75 Prozent des globalen BIP repräsentieren:

Land	Gold (metrische Tonnen)	Marktwert bei einem Goldpreis von 1500 Dollar je Unze	BIP	Gold/BIP-Relation
Eurozone	10.783,4	569 Mrd.	12,3 Billionen	4,6 %
USA	8.133,5	429 Mrd.	15,7 Billionen	2,7 %
China	1.054,1	56 Mrd.	8,2 Billionen	0,7 %
Russland	996,1	53 Mrd.	2 Billionen	2,7 %
Japan	765,2	40 Mrd.	6 Billionen	0,7 %
Indien	557,7	29 Mrd.	1,8 Billionen	1,6 %
Vereinigtes Königreich	310,3	16 Mrd.	2,4 Billionen	0,7 %
Australien	79,9	4 Mrd.	1,5 Billionen	0,3 %
Brasilien	67,2	3,5 Mrd.	2,4 Billionen	0,1 %
Kanada	3,2	0,2 Mrd.	1,8 Billionen	0,01 %
Gesamt	22.750,6	1.199,7 Mrd.	54,1 Billionen	2,2 %

Tabelle 2: Gold/BIP-Relation ausgewählter Volkswirtschaften

Die globale Gold/BIP-Relation von 2,2 Prozent zeigt, dass die Weltwirtschaft gegenüber realem Geld einen Hebel von 45 : 1 aufweist, wenn auch mit signifikant positiven Ausnahmen wie USA, Eurozone und Russland. Diese drei Volkswirtschaften weisen Relationen oberhalb des globalen Durchschnitts auf. Die Relation in der Eurozone liegt mit 4,6 Prozent mehr als doppelt so hoch wie der weltweite Durchschnitt. Die USA und Russland befinden sich in einer strategischen Goldparität, das Resultat des Anstiegs der russischen Goldreserven um 65 Prozent seit 2009. Diese Dynamik ist ein unheimliches Echo des »Missile Gap« der frühen 1960er-Jahre, aus einer Zeit, als Russland und die USA um die Vorherrschaft auf dem Gebiet der Nuklearwaffen kämpften. Dieser Wettlauf war instabil und führte in den 1970er-Jahren zu Vereinbarungen über die Beschränkung strategischer Waffen, die in den vergangenen 40 Jahren die nukleare Stabilität gewahrt haben. Russland hat jetzt die »Goldlücke« geschlossen und steht gleichauf mit den USA.

Die vermutlichen Schwachpunkte sind China, das Vereinigte Königreich und Japan, die alle eine Relation von 0,7 Prozent aufweisen; weniger als ein Drittel der Relation in den USA und Russland und weit geringer als die Relation in der Eurozone. Andere bedeutende Volkswirtschaften wie Brasilien und Australien stehen sogar noch niedriger und Kanadas Goldreserven sind im Verhältnis zur Größe der Volkswirtschaft trivial.

Wenn Gold kein Geld ist, sind diese Relationen unwichtig. Wenn es aber zu einem Kollaps des Vertrauens in Papiergeld und zu einer Rückkehr zum goldgedeckten Geld kommt, entweder geplant oder gezwungenermaßen, würden diese Relationen bestimmen, wer im IWF oder in G20-Verhandlungen zur Reform des internationalen Währungswesens den größten Einfluss hat. Derzeit würden Russland, Deutschland und die USA diese Diskussionen dominieren.

Chinas Irreführung in Sachen Gold

Und wieder einmal blicken wir nach China. Die Annahme scheint absurd, dass man das internationale Währungssystem reformieren könnte ohne wesentliche Beteiligung Chinas, der zweitgrößten Volkswirtschaft der Welt (der drittgrößten, wenn man die Eurozone als Einheit sieht). Es ist bekannt, aber nicht veröffentlicht, dass China weit größere Goldreserven besitzt, als es offiziell bekannt gegeben hat. Wenn man Tabelle 2 unter Zugrundelegung von geschätzten – aber wohl eher zutreffenden – 4200 Tonnen Gold für China darstellen würde, verändern sich die Relationen dramatisch.

In dieser revidierten Fassung steigen die globalen Relationen leicht von 2,2 auf 2,5 Prozent, der globale Goldhebel sinkt auf 40 : 1. Noch wichtiger: China würde dann dem »Goldclub« beitreten, mit einer Relation von 2,7, gleichauf mit Russland und den USA und deutlich über dem globalen Durchschnitt.

Land	Gold (metrische Tonnen)	Marktwert bei einem Goldpreis von 1500 Dollar je Unze	BIP	Gold/BIP-Relation
Eurozone	10.783,4	569 Mrd.	12,3 Billionen	4,6 %
USA	8.133,5	429 Mrd.	15,7 Billionen	2,7 %
China	**4.200,0**	**222 Mrd.**	**8,2 Billionen**	**2,7 %**
Russland	996,1	53 Mrd.	2 Billionen	2,7 %
Japan	765,2	40 Mrd.	6 Billionen	0,7 %
Indien	557,7	29 Mrd.	1,8 Billionen	1,6 %
Vereinigtes Königreich	310,3	16 Mrd.	2,4 Billionen	0,7 %
Australien	79,9	4 Mrd.	1,5 Billionen	0,3 %
Brasilien	67,2	3,5 Mrd.	2,4 Billionen	0,1 %
Kanada	3,2	0,2 Mrd.	1,8 Billionen	0,01 %
Gesamt	25.896,5	1.365,7 Mrd.	54,1 Billionen	2,5 %

Tabelle 3: Auswirkungen der heimlichen Käufe Chinas auf die Gold/BIP-Relation

Obwohl dies von den Geldeliten selten öffentlich diskutiert wird, hat sich der Anstieg von Chinas Goldrelation von 0,7 auf 2,7 Prozent, gezeigt im Vergleich der Tabellen 2 und 3, in den vergangenen Jahren tatsächlich vollzogen. Wenn dieses neue Goldgleichgewicht vollständig ist, könnte das internationale Währungssystem einen neuen Gleichgewichts-Goldpreis finden, ohne China mit Papiergeld zurückzulassen. Als sich Deutschland und Japan aus den Ruinen des Zweiten Weltkriegs erhoben, konnten sie gegen ihre Handelsüberschüsse in Dollar Gold kaufen, weil der Dollar zu einem fixierten Umtauschkurs frei konvertierbar war. Von 1950 bis 1970 sanken die US-Goldreserven um 11 000 Tonnen, weil Europa und Japan ihre Dollars gegen Gold tauschten. 30 Jahre später war China die dominierende Handelsnation und erzielte hohe Dollarüberschüsse. Aber das Goldfenster wurde 1971 geschlossen, und China konnte seine Dollars nicht zu einem fixen Kurs gegen Gold tauschen. Folglich war

China gezwungen, seine Goldreserven am offenen Markt zu kaufen und in eigenen Minen zu produzieren.

Die Goldkäufe am Markt beinhalteten drei Gefahren für China und die Welt. Die erste war, dass die Marktauswirkungen derart riesiger Käufe den Goldpreis extrem steigen lassen konnte, ehe China ein neues Gleichgewicht erreicht hatte. Die zweite war, dass Chinas Wirtschaft so schnell wuchs, dass auch die benötigte Goldmenge für das Erreichen der strategischen Parität immer weiter stieg. Die dritte war, dass China seine Dollarreserven nicht auf den Markt werfen konnte, um Gold zu kaufen, weil das die USA mit höheren Zinsen belastet hätte, was wiederum Chinas Wirtschaft geschadet hätte, weil die amerikanischen Verbraucher dann weniger chinesische Güter gekauft hätten.

Das größte Risiko für China in der absehbaren Zukunft ist, dass sich in den USA Inflation entwickelt, bevor China all das Gold angesammelt hat, das es braucht. In diesem Fall wird die Kombination aus Chinas schnellerem Wachstum und höheren Goldpreisen die Aufrechterhaltung seiner Gold/BIP-Relation kostspielig machen. Sobald China allerdings das nötige Gold besitzt, wird es eine abgesicherte Position haben, denn was es durch Inflation verliert, gewinnt es durch höhere Goldpreise. An diesem Punkt kann China der US-Inflation grünes Licht geben. Diese Bewegung hin zu gleichmäßig verteilten Goldreserven erklärt auch die Preismanipulationen der Zentralbank, weil die USA und China beide daran interessiert sind, dass der Goldpreis niedrig bleibt, bis China sein Gold erworben hat. Für beide Länder besteht die Lösung darin, durch Swaps, Leasing und Futures auf koordinierte Weise den Goldpreis nach unten zu drücken. Sobald die Ausbalancierung abgeschlossen ist, wahrscheinlich 2015, wird es weniger Gründe geben, den Goldpreis zu drücken, weil China durch einen starken Preisanstieg keinen Nachteil mehr hätte.

Man findet leicht Hinweise darauf, dass die USA den chinesischen Goldkäufen entgegenkommen. Der interessanteste Kommentar stammt von Min Zhu, dem stellvertretenden Direktor des IWF. Auf eine Frage nach Chinas Goldkäufen antwortete er: »Chinas Goldkäufe sind sinnvoll, weil die meisten globalen Reserven gewisse Krediteigenschaften aufweisen; sie sind Papiergeld. Es ist eine gute Idee, einen Teil seiner Reserven in etwas Realem zu halten.«[225] Die Verwendung der Bezeichnung *Kredit* zur Beschreibung der

Reserven deckt sich mit der Realität, dass jedes Papiergeld die Verpflichtung einer Zentralbank und daher eine Form von Schulden ist. Auch mit Papiergeld gekaufte Staatsanleihen sind eine Form von Schulden. Min Zhus Unterscheidung zwischen *Kredit*reserven und *realen* Reserven betont präzise die Rolle des Goldes als wahres Basisgeld.

Die US-Sicherheitsbehörden reagieren mit Nonchalance auf Chinas Goldkäufe. Als er danach gefragt wurde, zuckte einer der höchsten Geheimdienstbeamten der USA mit den Schultern und sagte: »Irgendjemand muss es ja haben«, so als wären Goldreserven Teil eines globalen Garagenverkaufs. Ein hoher Beamter im Verteidigungsministerium zeigte sich besorgt über die strategischen Folgen von Chinas Goldkäufen, sagte dann aber: »Das Finanzministerium schätzt es wirklich nicht, wenn wir über den Dollar sprechen.«[226]

Das Pentagon und die CIA fügen sich regelmäßig der Fed und dem Finanzministerium, wenn es um Gold oder Dollars geht, während der Kongress kaum etwas darüber weiß. Der Kongressabgeordnete James Hines, eine von nur vier Personen aus beiden Parteien, die sowohl im Finanzdienstleistungskomitee als auch im Geheimdienstkomitee des Abgeordnetenhauses sitzen, sagte: »Ich höre nie Diskussionen über den Erwerb von Goldreserven.«[227] Weil das Militär, die Geheimdienste und der Kongress sich nicht um Chinas Goldkäufe kümmern oder nichts darüber wissen, haben das Finanzministerium und die Fed freie Hand, den Chinesen zu helfen, bis die neue Balance erreicht ist.

Trotz der diskreten und delikaten Handhabung der neuen globalen Ausbalancierung der Goldreserven gibt es zunehmend Anzeichen dafür, dass das internationale Währungssystem zusammenbrechen könnte, ehe der Übergang zu SDRs oder Gold abgeschlossen ist. In der Sprache der Chaostheoretiker ausgedrückt wird das System wackelig. Fast jeder »Papiergeld«-Kontrakt kann in physische Lieferung umgewandelt werden. Die große Mehrheit aller Futures-Kontrakte wird in länger laufende Vereinbarungen umgewandelt oder glattgestellt. Aber die Käufer von Gold-Futureskontrakten haben das Recht, die physische Lieferung des Metalls zu verlangen, indem sie dem Kontrahenten dies mitteilen und den Empfang der Lieferung aus bestimmten Lagerhäusern arrangieren. Eine Goldleihe kann der Verleiher am Ende der Laufzeit kündigen. Sogenanntes nicht zugewiesenes Gold kann in zugewiesene Barren umgewandelt werden, wobei in der Regel zusätzliche Gebühren fällig werden, und das zugewiesene Gold kann dem Eigentümer dann auf Verlangen geliefert werden. Bestimmte bedeutende Eigentümer von Gold-ETFs können ihre Anteile gegen physisches Gold tauschen.

Der potenziell destabilisierende Faktor ist, dass die Menge an Gold, die den Papierkontrakten zugrunde liegt, das Hundertfache der Menge an physischem Gold beträgt, mit dem diese Kontrakte abgesichert sind. Solange die Beteiligten bei Papierkontrakten bleiben, ist das System im Gleichgewicht. Wenn viele Beteiligte die physische Auslieferung verlangen, können sie die Schneeflocken auf einem instabilen Berg aus Papiergold sein. Wenn andere Kontraktbesitzer feststellen, dass kein physisches Gold mehr da sein wird, wenn sie ihre Kontrakte gegen Gold tauschen wollen, kann es zu einer Lawine kommen, so etwas wie ein Run auf die Banken, nur dass die Banken in diesem Fall die Goldlagerhäuser der Börsen und der ETFs sind. Das passierte 1969, als die europäischen Handelspartner der USA begannen, ihre Dollars gegen physisches Gold zu tauschen. Präsident Nixon schloss das Fenster dieser Tauschgeschäfte im August 1971. Hätte er das nicht getan, wären die Goldtresore in Fort Knox Ende der 1970er-Jahre leer gewesen.

Eine ähnliche Dynamik begann am 4. Oktober 2012, als Gold einen zwischenzeitlichen Höchstpreis von 1790 Dollar je Unze erreichte. Danach fiel der Preis in sechs Monaten um mehr als 12 Prozent. Später brach er um weitere 23,5 Prozent ein und fiel bis Ende Juni auf 1200 Dollar je Unze. Das schreckte die Käufer nicht ab. Der Preiseinbruch ließ Gold für Millionen private Käufer weltweit billig aussehen. Sie standen in den Banken und bei Goldhändlern Schlange, wodurch die Vorräte schnell erschöpft wurden. Käufer von 400-Unzen- und Ein-Kilo-Barren bemerkten, dass es keine Verkäufer gab. Sie mussten fast 30 Tage warten, bis die Raffinerien neue Barren hergestellt hatten. Die Schweizer Raffinerien Argor-Heraeus und Pamp arbeiteten rund um die Uhr, um die Goldnachfrage zu befriedigen. Bei Gold-ETFs gab es massive Abflüsse; nicht weil die Investoren Gold pessimistisch sahen, sondern weil sie physisches Gold aus den Lagerhäusern der ETFs haben wollten. In den Lagerhäusern der COMEX, wo Gold zur Abwicklung von Futures-Kontrakten aufbewahrt wurde, schmolzen die Bestände bis auf Niveaus, die man zuletzt während der Panik 2008 gesehen hatte. Bei Gold-Futureskontrakten kam es zu *Backwardation*, einer höchst ungewöhnlichen Situation, in der Gold zur sofortigen Lieferung teurer ist als Gold zur Lieferung in der

Zukunft. Normalerweise ist das Gegenteil der Fall, weil der Forward-Verkäufer Aufbewahrung und Versicherung bezahlen muss. Das war ein weiteres Anzeichen eines akuten physischen Mangels und hoher Nachfrage nach sofortigem Zugang zu Gold.

Wenn heute eine Kaufpanik bei Gold ausbricht, gibt es kein einzelnes Goldfenster mehr, das der Präsident schließen könnte. Stattdessen käme eine Vielzahl vertraglicher Vereinbarungen ins Spiel, im Kleingedruckten, das von Goldkäufern nur selten gelesen wird. Goldfutures-Börsen haben die Möglichkeit, die Abwicklung der Kontrakte in bar anzuordnen und die Kanäle der physischen Lieferung zu schließen. Die auf diesen Handel spezialisierten Banken können Gold-Forwardkontrakte auch in Bargeld abwickeln und den Käufern die Möglichkeit vorenthalten, die Kontrakte in zugewiesenes physisches Gold umzuwandeln. Die Klauseln über »vorzeitige Beendigung« und höhere Gewalt, die sich in den Kontrakten verbergen, könnten von den Banken angewendet werden, die mehr Gold verkauft haben, als sie zur Verfügung haben. Als Resultat würden die Investoren bis zum Ende der Kontraktlaufzeit eine Cash-Abwicklung erhalten, aber nicht mehr. Die Investoren bekämen also Bargeld, aber kein physisches Gold, und würden den folgenden sicheren Preisanstieg verpassen.

Physisches Gold wurde Anfang 2014 bei einem knappen Angebot zwar stark nachgefragt, aber das bedeutete nicht, dass ein enormer Preisanstieg unmittelbar bevorstand. Nicht jeder Abgang von Schnee wird zu einer Lawine. Manchmal entsteht eine Lawine nur dann, wenn verschiedene Ausgangsbedingungen gegeben sind. Die Zentralbanken haben immer noch enorme Ressourcen, einschließlich potenzieller physischer Verkäufe, mit denen sie die Goldpreise kurzfristig nach unten drücken können. Dennoch ist eine Alarmglocke ertönt. Die Fähigkeit der Zentralbanken, die Goldpreise zu deckeln, ist infrage gestellt worden und eine neue Bereitschaft von Papiergeldkäufern, physisches Gold zu verlangen, hat sich entwickelt. Da sich die chinesischen Goldkäufe schnell fortsetzen, steht das gesamte internationale Finanzsystem durch Chinas Ehrgeiz und die globale Nachfrage nach physischem Gold auf des Messers Schneide.

Während der Goldpreis zwischen den Kräften der physischen Nachfrage und den Manipulationen durch die Zentralbanken oszilliert, droht eine andere und schlimmere Katastrophe: Die Federal Reserve steht am Rand der Zahlungsunfähigkeit, wenn sie diesen Punkt nicht sogar schon überschritten hat. Dieses Fazit kommt nicht von einem Kritiker der Fed, sondern von Frederic S. Mishkin, einem der herausragendsten monetären Ökonomen der Welt, zudem Mentor von Ben Bernanke und anderer Fed-Gouverneure und Ökonomen. In seiner im Februar 2013 veröffentlichten Studie »Crunch Time: Fiscal Crises and the Role of Monetary Policy«[228], die er mit einigen Kollegen verfasst hat, warnt Mishkin, dass die Fed dem Punkt gefährlich nahe ist, an dem ihre Unabhängigkeit infrage steht und sie nur noch den Zweck erfüllt, die kreditfinanzierten Ausgaben durch steigende Inflation zu finanzieren.

Mishkin und seine Mitautoren wenden die Komplexitätstheorie und rekursive Funktionen in ihren Analysen besser an als irgendjemand ihrer Kollegen. Sie illustrieren den Feedback-Zyklus der Staatsfinanzen in einem Umfeld wachsender Defizite, gefolgt von höheren Kreditkosten, die noch höhere Defizite auslösen, noch höhere Kreditkosten und so weiter, bis eine Todesspirale beginnt. An diesem Punkt sind Länder mit der unangenehmen Wahl konfrontiert, entweder ihre Schulden durch Einsparungen zu reduzieren oder zahlungsunfähig zu werden. Mishkin argumentiert, dass Einsparungen dem nominalen Wachstum schaden, die Relation zwischen Staatsschulden und BIP verschlechtern und möglicherweise einen Staatsbankrott auslösen können – beim Versuch, ihn aufzuhalten.

Aus Mishkins Sicht besteht die Alternative darin, dass die Zentralbanken die Zinsen unter Kontrolle behalten, indem sie eine lockere Geldpolitik betreiben, während die Politiker langfristige Maßnahmen gegen die Staatsdefizite in die Wege leiten. Zwischenzeitlich kann man kurzfristige Defizite tolerieren, um den Fluch der Sparmaßnahmen zu vermeiden. Die kurzfristige monetäre und die fiskalische Lockerung wirken zusammen, um die Wirtschaft wachsen zu lassen, während die langfristigen fiskalischen Reformen der Todesspirale entgegenwirken.

Mishkin sagt, dass diese Methode in der Theorie sehr gut funktioniert, aber er bringt uns zurück in die reale Welt dysfunktionaler politischer Systeme, die sich auf monetäre Lockerungsmaßnahmen verlässt, um auf der fiskalischen Seite harte Entscheidungen zu vermeiden. Mishkin nennt das »fiskalische Dominanz«. Seine Studie beschreibt die daraus resultierende Krise:

Im Extremfall bedeutet eine unhaltbare Fiskalpolitik, dass die zwischenzeitlichen Haushaltsbeschränkungen durch die Emission monetärer Verpflichtungen befriedigt werden müssen. Man kennt dies als *fiskalische Dominanz*. Fiskalische Dominanz zwingt die Zentralbank, eine inflationäre Geldpolitik zu betreiben, selbst wenn es eine starke Verpflichtung gibt, die Inflation zu kontrollieren, zum Beispiel mit einem Inflationsziel. ... An einem bestimmten Punkt in der Zukunft zwingt die fiskalische Dominanz die Zentralbank, die Schulden zu monetarisieren. So steigt die Inflation trotz einer strengen Geldpolitik in der Gegenwart. ...

Letztlich hat die Zentralbank nicht mehr die Macht, die Folgen einer unhaltbaren Fiskalpolitik zu vermeiden. ... Wenn die Zentralbank ihre Käufe langfristiger Staatsanleihen am offenen Markt mit neu geschaffenen Reserven finanziert, ... dann schaffen diese Käufe letztlich nichts anderes, als langfristige Staatsschulden (in der Form der ursprünglichen Schulden des Schatzamts) in sehr kurzfristige Staatsschulden (in der Form von Reserven, die Zinsen bringen) zu tauschen. Es ist allgemein bekannt, ... dass jeder Tausch von langfristigen in kurzfristige Schulden die Regierung anfälliger macht für eine sich selbst erfüllende Flucht aus Staatsanleihen oder, im Fall der USA, aus dem Dollar . ...

Die fiskalische Dominanz bringt die Zentralbank in eine Zwickmühle. Wenn die Zentralbank die Schulden nicht monetarisiert, werden die Zinsen auf die Staatsanleihen deutlich steigen. ... Daher hat die Zentralbank in der Praxis kaum Wahlmöglichkeiten und wird gezwungen sein, die Staatsschulden aufzukaufen und sie zu monetarisieren, was letztlich zu einem Anstieg der Inflation führt.[229]

Mishkin und seine Mitautoren weisen noch auf einen anderen bevorstehenden Zusammenbruch hin, unabhängig von der Inflation und der Monetarisierung der Staatsverschuldung. Wenn die Fed längerfristige Anleihen mit frisch gedrucktem Geld kauft, entstehen starke Bilanzverluste, falls die Zinsen steigen. Die Fed veröffentlicht solche Verluste nicht, bis sie die Anleihen als Teil einer Ausstiegsstrategie tatsächlich verkauft, obwohl unabhängige Analysten anhand öffentlich zugänglicher Informationen die Höhe der Verluste abschätzen können.

Die Monetarisierung von Schulden konfrontiert die Fed mit dem Hobson-Dilemma. Wenn die USA in die Deflation abgleiten, wird sich die Relation zwischen Verschuldung und BIP verschlechtern, weil das nominale Wachstum unzureichend ist. Wenn sie in die Inflation abgleiten, wird sich diese Relation wegen höherer Zinsen auf US-Staatsanleihen verschlechtern. Wenn die Fed die Inflation durch den Verkauf von Assets bekämpft, wird sie mit den Verkäufen von Anleihen Verluste verzeichnen und ihre Insolvenz wird offensichtlich werden. Diese Insolvenz kann Vertrauen untergraben und zu höheren Zinsen führen. Diese Verluste der Fed werden auch die Relation zwischen Verschuldung und BIP verschlechtern, weil die Fed keine Gewinne mehr an das Finanzministerium überweisen kann, was das Defizit erhöht. Es scheint keinen Ausweg aus einer Staatsschuldenkrise der USA zu geben; alle Wege sind blockiert. Die Fed vermied 2009 schmerzhafte Maßnahmen mit ihren monetären Anstrengungen und Marktmanipulationen, aber der Schmerz wurde nur auf einen anderen Tag verschoben. Dieser Tag ist jetzt gekommen.

Die globalen monetären Eliten und die Fed, der IWF und die BIS spielen auf Zeit. Sie müssen Zeit gewinnen, bis die USA eine langfristige fiskalische Reform erreichen. Sie brauchen Zeit, um den globalen SDR-Markt zu schaffen. Sie brauchen Zeit, um Chinas Golderwerb zu erleichtern. Das Problem ist nur, dass keine Zeit mehr bleibt. Ein Run auf Gold hat schon begonnen, ehe China das hat, was es braucht. Der Kollaps des Vertrauens in den Dollar hat schon begonnen, bevor das SDR bereit ist, dessen Platz einzunehmen. Der Fed droht die Insolvenz. Das ganze System sendet rote Warnsignale aus, weil sich der 11. September des Dollar nähert.

Fazit

Im Finanzbereich gibt es keine Kristallkugel zur Prognose eines Ergebnisses und zur Auswahl eines einzigen richtigen Wegs. Allerdings kann man verschiedene Pfade und die dazugehörigen Wegmarkierungen beschreiben. Geheimdienst-Analysten nennen die Wegmarkierungen »Indikationen und Warnungen«. Sobald man diese identifiziert hat, muss man das Geschehen genau beobachten; nicht als Parade oberflächlicher Schlagzeilen, sondern als Teil einer Analyse dynamischer Systeme.

Der Investor Mohamed El-Erian vom Anleihengiganten PIMCO hat die Bezeichnung »neue Normalität« populär gemacht, um die Weltwirtschaft nach der Finanzkrise von 2008 zu beschreiben. Er hat damit teilweise recht. Die alte Normalität ist verschwunden, aber die neue ist noch nicht entstanden. Die Weltwirtschaft ist aus ihrem alten Gleichgewicht gefallen, hat sich aber noch nicht in einem neuen Gleichgewicht stabilisiert. Sie befindet sich in der Übergangsphase von einem Zustand in einen anderen.

Zur Illustration: Man erhitzt einen Topf voll Wasser, bis das Wasser kocht. Wasser und Dampf sind Zustände im Gleichgewicht, wenn auch mit unterschiedlicher Dynamik. Zwischen Wasser und Dampf gibt es ein Stadium, in dem im Wasser Blasen aufsteigen und wieder zurückfallen. Wasser ist die alte, Dampf die neue Normalität. Derzeit ist die Wirtschaft weder das eine noch das andere. Sie ist wie die blubbernde Wasseroberfläche und man weiß nicht, ob sie wieder zu Wasser oder doch zu Dampf werden wird. Bei der Geldpolitik geht es darum, die Hitze zu erhöhen.

Manche Phasenübergänge sind irreversibel. Wenn Holz zu Asche verbrennt, ist dies ein Phasenübergang, aber es ist nicht leicht, die Asche wieder zu Holz zu machen. Die Federal Reserve glaubt, dass sie einen umkehrbaren Prozess managt. Sie glaubt, dass man mit der angemessenen Menge an Geld und Zeit Deflation in Inflation und später zu Disinflation verwandeln kann. In diesem Punkt liegt sie falsch.

Die Federal Reserve versteht nicht, dass Geldschöpfung ein irreversibler Prozess sein kann. Ab einem bestimmten Punkt kann das Vertrauen in das Geld verloren gehen und es gibt keine Möglichkeit, es wiederherzustellen. Ein ganz neues System muss den Platz des Geldes einnehmen. Aus der Asche des alten Dollarsystems wird ein neues internationales Währungssystem hervorgehen, so wie das Dollarsystem 1944 in Bretton Woods aus der Asche des Britischen Commonwealth hervorgegangen ist, noch bevor die Flammen des Zweiten Weltkriegs gelöscht waren. Die Crux des Problems im heutigen internationalen Finanzsystem ist, dass es nicht um Geld, sondern um Schulden geht. Geldschöpfung dient dem Zweck, faule Schulden zu managen. 2005 vergifteten die USA, angeführt von Bankern, deren Eigeninteressen sie blind für jegliche Gefahren machten, die Welt mit exzessiven Schulden in Form von Hypotheken und Kreditlinien für Schuldner, die ihre Kredite nicht zurückzahlen konnten. An sich war das Hypothekenproblem zwar groß, aber man konnte es managen. Nicht zu managen waren die Billionen Dollar an Derivaten, die aus diesen Hypotheken geschaffen wurden, weitere Billionen an Rückkaufsvereinbarungen und Schuldverschreibungen, die man verwendete, um die Bestände an hypothekengesicherten Wertpapieren zu finanzieren, mit denen die Derivate gedeckt waren.

Als der unvermeidliche Crash kam, mussten nicht diejenigen die Verluste tragen, die sie verursacht hatten – die Banken und die Eigentümer der Anleihen –, sondern die Steuerzahler. Von 2009 bis 2012 verzeichnete das US-Schatzamt ein kumuliertes Defizit von 5 Billionen Dollar und die Federal Reserve druckte neues Geld im Wert von 1,2 Billionen Dollar. Ähnliche Defizite und Gelddruckprogramme gab es auf der ganzen Welt, weil die Banken weiterhin Derivate auf den Markt brachten. Nur ein Teil der geplatzten privaten Schulden wurde abgeschrieben.

Die Jobs und die Boni der Banker wurden gerettet, aber zum Wohl der Bürger wurde nichts erreicht. Ein privates Schuldenproblem wurde durch öffentliche Schulden ersetzt, die höher waren als die privaten Schulden jemals gewesen waren. In realem Wert sind diese Schulden unbezahlbar und bald wird es zu Zahlungsausfällen kommen. Die Staatspleiten kleinerer Nationen wie Griechenland, Zypern und Argentinien werden durch die ausbleibende Tilgung von Anleihen und Verluste der Konteninhaber geschehen. Die Pleiten großer Nationen wie der USA werden durch umfassende Inflation entstehen, die Sparer, Kontoinhaber und Anleihenbesitzer gleichermaßen trifft.

Eine weitere Herausforderung sind die Warnungen vor der Rückkehr eines fast vergessenen Phänomens. Deflation, eine Situation, die man in den entwickelten Volkswirtschaften seit den 1930er-Jahren nur selten sah, hat sich festgesetzt und das Inflationsdrehbuch der Zentralbanker erschüttert. Sie hat ihre Wurzeln in einer depressiven psychologischen Stimmung. Die Investoren waren durch die Ereignisse 2008 geschockt und verängstigt. Ihre unmittelbare Reaktion war, Ausgaben einzustellen, Risiken zu vermeiden und in Bargeld zu fliehen. Diese Reaktion brachte die deflationäre Dynamik in Gang. Der Anstieg der Aktienkurse und der Häuserpreise seit 2009 hat viel Aufsehen erregt, aber eine genaue Untersuchung zeigt, dass die Aktienumsätze recht niedrig und die Hebel recht hoch waren. Das sind Anzeichen, dass die steigenden Umsätze in Wirklichkeit Asset-Blasen sind, angetrieben von professionellen Tradern und Spekulanten, vor allem von Hedgefonds, und dass die normalen Bürger sich kaum daran beteiligt haben. In ähnlicher Weise wurden die Häuserpreise nicht durch traditionelle Familiengründungen gestützt, sondern durch den Kauf großer Häuserkomplexe mit Fremdkapital, die Restrukturierung der Verschuldung der Hauseigentümer oder die Umwandlung von Hypotheken in Mietzahlungen. Die Cashflows können diese Pools zu attraktiven Investitionen machen, die Anleihen ähneln, aber niemand sollte dies für einen gesunden, normalen Immobilienmarkt halten. Steigende Asset-Preise sind schön für Schlagzeilen und »Fachleute« im Fernsehen, aber sie tragen nicht dazu bei, die deflationäre Einstellung typischer Investoren und Sparer zu durchbrechen.

Die Tatsache, dass Zentralbanken Inflation anstreben und sie nicht erreichen können, ist ein Anzeichen für die Zähigkeit der zugrunde liegenden Deflation. Gelddrucken zur Bekämpfung der Deflation kann zu einem Verlust des Vertrauens in das Fiat Money-Währungssystem führen. Wenn die deflationäre Einstellung *durchbrochen* wird, könnte die dann ausbrechende Inflation die Fähigkeiten der Zentralbank überfordern. Dann könnte man sie nicht mehr in Schach halten oder umdrehen. Bei dauerhafter Deflation oder galoppierender Inflation riskieren wir, genau das zu verlieren, was Paul Volcker als das Wichtigste bezeichnet hat: Vertrauen. Ein Vertrauensverlust in das monetäre System kann nur selten repariert werden.

Höchstwahrscheinlich wird ein neues System erforderlich sein – auf einer neuen Grundlage, die für neues Vertrauen sorgen kann. Der mit Gold abgesicherte Dollar löste zwischen 1925 und 1944 schrittweise das Pfund Sterling ab. Der Papierdollar löste den goldgedeckten Dollar zwischen 1971 und 1980 schrittweise ab. In beiden Fällen ging das Vertrauen zeitweise verloren, wurde dann aber durch ein neues Medium zur Wertspeicherung wiederhergestellt.

Unabhängig davon, ob der Vertrauensverlust in den Dollar durch Bedrohungen von außen oder Vernachlässigung von innen zustande kommt, sollten sich Investoren zwei Fragen stellen: *Was kommt als Nächstes?* Und: *Wie kann ich während der Übergangsphase meinen Wohlstand wahren?*

Drei Wege

Der Untergang des Dollar wird einen von drei möglichen Wegen nehmen. Der erste ist das SDR als Geld der Welt, der zweite ist ein Goldstandard, der dritte ist soziale Unruhe. Alle drei Resultate sind prognostizierbar und jedes bietet eine Anlagestrategie, die sich am besten eignet, um Wohlstand zu wahren.

Die Ablösung des Dollar durch SDRs als globale Reservewährung ist schon im Gang. Der IWF hat einen zehnjährigen Übergangsplan entworfen, dem die USA informell zugestimmt haben. Dieser Entwurf sieht vor, die umlaufende Menge von SDRs zu erhöhen und eine Infrastruktur mit auf SDRs lautenden Assets mit Investmentqualität, Emittenten, Investoren und Händlern zu schaffen. Im Lauf der Zeit wird sich die Gewichtung des Dollar im SDR-Korb zugunsten des chinesischen Yuan verringern.

Der vom IWF entworfene Plan ist ein Beispiel für George Soros' bevorzugte Vorgehensweise, beschrieben von seinem Lieblingsphilosophen Karl Popper. Soros und Popper nennen das »stückweises Vorgehen« und betrachten es als ihre bevorzugte Form sozialen Vorgehens. Das Ideal von Soros und Popper sind große Veränderungen in kleinen, kaum merklichen Schritten, die man vorantreiben oder verschieben kann, je nachdem, was die Umstände erfordern. Popper schrieb:

Wer stückweise vorgeht, wird folglich die Methode anwenden ... die man auch auf später verschieben kann, wenn die Umstände günstiger sind. ...

Die Grundlagen des stückweisen Vorgehens sind vergleichsweise simpel. Es gibt auch Entwürfe für einzelne Institutionen. ...

Ich behaupte nicht, dass das stückweise Vorgehen nicht kühn sein kann oder dass es sich auf kleine Probleme beschränken muss.[230]

Nach der Methode von Soros und Popper könnte das Ziel des IWF, das SDR zur Weltwährung zu machen, schon 1969 initiiert, erst 2025 oder wann auch immer verwirklicht werden, wenn, wie Popper es ausdrückte, »die Umstände günstiger sind«.

Ironischerweise ist diese graduelle Methode *nicht* das wahrscheinlichste Szenario dafür, dass SDRs den Dollar ersetzen werden. Stattdessen könnte eine Finanzpanik in den kommenden Jahren, ausgelöst durch Derivate und die

Verbindungen unter den Banken, eine schlimmere Liquiditätskrise auslösen als 1998 und 2008. Diesmal wird die Bilanz der Fed, bereits aufgebläht bis an die Grenze der Belastbarkeit, nicht flexibel genug sein, um den Interbankenmarkt zu kontrollieren. Man wird SDRs heranziehen, um das System wie bereits 1979 und 2009 zu stabilisieren. Die daraus entstehenden Umstände bedeuten, dass der Prozess auf Crash-Basis stattfinden wird, ohne Bezug zur sorgfältig konstruierten Infrastruktur, die heute betrachtet wird. Die existierende Infrastruktur von Institutionen wie DTCC und SWIFT werden zwingend dazu verwendet werden, den neuen SDR-Markt zu ermöglichen.

Um SDRs auf diese Weise zu verwenden, wird die Zustimmung der Chinesen erforderlich sein und im Austausch gegen diese Zustimmung werden die Chinesen darauf bestehen, dass SDRs nicht dazu verwendet werden, um wie in der Vergangenheit den Dollar zu *retten*, sondern um den Dollar so schnell wie möglich zu *ersetzen*. Dieser Prozess wird sich innerhalb weniger Monate abspielen, sozusagen in Lichtgeschwindigkeit, gemessen an den Standards des internationalen Währungssystems. Auf Dollarbasis wird dieser Übergang inflationär sein, nicht wegen des Druckens neuer Dollars, sondern weil der Dollar gegenüber dem SDR abgewertet werden wird. Ab diesem Zeitpunkt wird die US-Volkswirtschaft schwierigen strukturellen Anpassungen ausgesetzt sein, weil sie ihre SDRs im internationalen Wettbewerb verdienen muss und nicht durch beliebiges Drucken von Banknoten.

In diesem Szenario werden Ersparnisse in Form von Bankeinlagen, Versicherungspolicen, Annuitäten und Ruhestandszahlungen größtenteils ausgelöscht werden.

Eine Rückkehr zum Goldstandard ist ein weiterer Weg aus dem Labyrinth des unaufhörlichen Gelddruckens. Das könnte durch extreme Inflation entstehen, wenn Gold benötigt wird, um das Vertrauen wiederherzustellen, oder durch Deflation, wenn Gold von den Regierungen neu bewertet wird, um das allgemeine Preisniveau anzuheben. Der Goldstandard wird sicher kein Wunschprojekt sein, sondern eine notwendige Lösung, wenn das Vertrauen kollabiert. Als erste Annäherung an ein Gleichgewicht läge ein nicht deflationärer Goldpreis von 9000 Dollar je Unze nahe, obwohl man sich, je nach Ausgestaltung des Goldstandards, auch höhere oder tiefere Preise vorstellen kann. Die Umlaufwährung werden keine Goldmünzen sein, sondern eher

Dollars (falls die USA die Führungsposition einnehmen) oder SDRs (wenn der IWF die vermittelnde Institution ist). Dieses goldgedeckte SDR würde sich vom Papier-SDR stark unterscheiden, aber die Folgen für den Dollar wären gleich. Jede Bewegung hin zu Gold-Dollars oder Gold-SDRs wäre inflationär, weil man Gold wesentlich höher bewerten müsste, um den Welthandel zu stützen und mit den existierenden Goldbeständen zu finanzieren. So wie beim Szenario mit den Papier-SDRs würde die durch die Abwertung des Dollar ausgelöste Inflation jede Art von Ersparnissen auslöschen.

Der dritte Weg ist der Verlust der sozialen Ordnung. Dazu gehören Unruhen, Streiks, Sabotage und andere Dysfunktionen. Dies unterscheidet sich von sozialen Protesten, weil der Verlust der Ordnung Illegalität, Gewalt und die Zerstörung von Eigentum beinhaltet. Der Ordnungsverlust kann eine Reaktion auf extreme Hyperinflation sein, die allgemein und mit Recht als staatlich sanktionierter Diebstahl gesehen wird. Soziale Unordnung könnte auch eine Reaktion auf extreme Deflation sein, die wahrscheinlich von Insolvenzen, Arbeitslosigkeit und Abschlägen sozialer Wohlfahrtszahlungen begleitet wird. Unordnung kann auch nach finanzieller Kriegsführung oder einem systemischen Zusammenbruch auftreten, wenn die Bürger bemerken, dass ihr Wohlstand in einem Nebel von Manipulation und Konfiszierung verschwunden ist.

Soziale Unruhen lassen sich unmöglich vorhersagen, weil sie aus einem komplexen System heraus entstehen. Sie erwachsen spontan aus dem komplexesten aller Systeme – der Gesellschaft –, also aus einem System, das größer und komplexer ist als die darin enthaltenen finanziellen und digitalen Komponenten. Die Unruhen wegen des Geldes werden die Regierung überraschend treffen. Sobald die soziale Auflösung beginnt, wird sie kaum noch aufzuhalten sein.

Soziale Desintegration ist zwar nicht prognostizierbar, die offizielle Reaktion darauf allerdings schon. Sie wird die Form eines Neofaschismus annehmen, Staatsmacht wird an die Stelle der Freiheit treten. Dieser Prozess ist auch jetzt, in recht ruhigen Zeiten, schon weit fortgeschritten und wird sich beschleunigen, wenn es zu Gewaltausbrüchen kommt. Wie der Autor Radley Balko in *Rise of the Warrior Cop* dokumentiert hat, ist der Staat gut ausgerüstet mit SWAT-Teams, bewaffneten Personentransportern, digitaler Überwachung, Tränengas, Blendgranaten und dergleichen. Zu spät werden die

Bürger bemerken, dass sich jede Mautstation in den USA schnell in eine Grenzstation verwandeln lässt und dass jede Verkehrsüberwachungskamera auch als Scanner für Autokennzeichen verwendet werden kann. Die Skandale um den IRS und die NSA zeigen, wie schnell Regierungseinrichtungen, denen man vertraut hat, für illegale Überwachung und selektive, politisch motivierte Unterdrückung missbraucht werden können.[231]

Republikaner und Demokraten wirken gleichermaßen am Aufstieg des Neofaschismus mit. Der Autor Jonah Goldberg hat die Geschichte des Faschismus dokumentiert und gezeigt, dass dessen Ursprünge im frühen 20. Jahrhundert im Prinzip sozialistisch waren. Der ursprüngliche Exponent des Faschismus, Benito Mussolini, wurde zu seiner Zeit als Vertreter der Linken gesehen. Heute ist die Unterscheidung zwischen rechts und links als Gesicht des Faschismus weniger wichtig als die Unterscheidung zwischen denen, die auf die Staatsmacht setzen, und denen, die auf Freiheit setzen.[232] Michael Bloomberg, der frühere Bürgermeister von New York City, ist in dieser Hinsicht typisch. Manchmal war er Republikaner, manchmal Demokrat und manchmal ein Unabhängiger. Während seiner gesamten Amtszeit zeigte er etwas, das man als Temperament eines »freundlichen Faschisten« bezeichnen könnte. Sein Versuch, in New York große Becher mit gesüßten Erfrischungsgetränken zu verbieten, war ein typischer Angriff auf die Freiheit, mit dem er sich lächerlich machte. Bedrohlicher war seine Bemerkung: »Mit der New Yorker Polizei habe ich meine eigene Armee – die siebtgrößte der Welt.«[233]

Die Anwendung neofaschistischer Taktiken zur Unterdrückung politischer Unruhen wegen Geld erfordert keine neuen Gesetze. Die verbriefte staatliche Autorität gibt es schon seit dem Trading with the Enemy Act von 1917, der durch den International Emergency Economic Powers Act (IEEPA) von 1977 erweitert und erneuert wurde. Präsident Franklin Roosevelt verwendete den Trading with the Enemy Act 1933 dazu, das Gold amerikanischer Bürger zu konfiszieren. Er erklärte nicht, wer der »Feind« war. Wahrscheinlich waren es diejenigen, die Gold besaßen. Jeder Präsident seit Jimmy Carter hat den IEEPA verwendet, um Assets in den US-Banken einzufrieren und zu vereinnahmen. In einer kritischeren Lage in der Zukunft könnten Gold konfisziert, Bankkonten eingefroren, Kapitalkontrollen eingeführt und die Börsen geschlossen werden. Lohn- und Preiskontrollen könnten angewendet werden, um Inflation zu unterdrücken, moderne digitale Überwachung könnte man dazu einsetzen, Schwarzmärkte zu verhindern und Schwarzhändler ins Gefängnis zu stecken. Die Unruhen wegen des Geldes würden schnell niedergeschlagen werden.

Was die Staatsmacht betrifft, kommt Ordnung vor Freiheit oder Gerechtigkeit.

Sieben Zeichen

Investoren müssen aufmerksam auf Anzeichen und Warnungen achten, welchen Weg die Wirtschaft einschlagen wird. Es gibt sieben entscheidende Signale.

Das erste Anzeichen ist *der Goldpreis*. Obwohl er von den Zentralbanken manipuliert wird, sind *ungeordnete* Preisentwicklungen ein Signal, dass sich das Schema der Manipulation auflöst, trotz aller Anstrengungen beim Leasing, bei nicht zugewiesenen Verkäufen und Futures-Verkäufen. Ein rapider Preisanstieg von 1500 Dollar auf 2500 Dollar wäre keine Blase, sondern ein Signal, dass eine Kaufpanik bei physischem Gold begonnen hat und dass offizielle Leerverkaufsoperationen nicht den erwünschten dämpfenden Effekt haben. Andererseits: Wenn der Goldpreis auf ein Niveau von 800 Dollar oder weniger sinkt, ist das ein zuverlässiges Zeichen schwerer Deflation und kann sich zerstörerisch auf Investoren in allen Asset-Klassen auswirken, die mit Fremdkapital arbeiten.

Kontinuierliche Goldkäufe der Zentralbanken. Vor allem die Käufe Chinas sind ein zweites Signal für den Niedergang des Dollar. Die Meldung Chinas, Ende 2014 oder Anfang 2015, dass China nun über 4000 Tonnen Gold erworben hat, wird eine wichtige Marke in diesem langfristigen Trend und ein Vorbote der Inflation sein.

Reformen in der Führung des IWF. Dieses dritte Signal bedeutet höhere Stimmrechte für China und die USA werden ihre Kreditlinien beim IWF in sogenannte Quoten umtauschen müssen. Jegliche Veränderung in der Zusammensetzung des SDR-Währungskorbs, die die Rolle des Dollar vermindert, wird ein frühes Warnzeichen für eine Dollarinflation sein. Dasselbe gilt für konkrete Schritte, was die SDR-Infrastruktur betrifft. Wenn globale

Unternehmensgiganten wie Caterpillar und General Electric auf SDRs lautende Anleihen emittieren, die von Staatsfonds oder regionalen Entwicklungsbanken gekauft werden, wird dies die Beschleunigung des Programms bedeuten, das SDR zur Weltwährung zu machen.

Das Scheitern regulatorischer Reformen. Ein viertes Zeichen wird das Scheitern der Bemühungen der US-Regulierer und des Kongresses sein, das Volumen der Großbanken zu limitieren, die Asset-Konzentration der Banken zu reduzieren oder die Aktivitäten der Investmentbanken zu beschränken. Die Abschaffung des Glass-Steagall Act 1999 war die grundlegende Sünde, die direkt zum Zusammenbruch des Häusermarkts 2007 und zur Panik von 2008 führte. Im Kongress gibt es Bestrebungen, die wichtigsten Vorschriften des Glass Seagall Act wieder in Kraft zu setzen. Die Banken mobilisieren ihre Lobbyisten, um solche Reformen aufzuhalten und die Regulierung von Derivaten, höhere Kapitalanforderungen und eine Begrenzung der Boni für Banker zu blockieren. Banklobbyisten dominieren den Kongress und es gibt keinen Grund für die Annahme, dass die Reformbemühungen zu mehr führen werden als zu einem oberflächlichen Erfolg. Ohne Reformen werden das Ausmaß und die gegenseitige Verbindung der Bankpositionen weiterhin wachsen, von einem hohen Niveau aus und viel schneller als die Realwirtschaft. Das Resultat wird ein weiteres unerwartetes Scheitern sein, in einem Ausmaß, das die Fed nicht kontrollieren kann. Die unmittelbaren Auswirkungen dieser Panik werden höchst deflationär sein, weil Assets, einschließlich Gold, auf den Markt geworfen werden, um sie zu Geld zu machen. Diese Deflation wird schnell von Inflation abgelöst werden, weil der IWF SDRs in den Markt pumpt, um das System zu beruhigen.

Systemzusammenbrüche. Ein fünftes Zeichen wird ein gehäuftes Auftreten von Episoden wie dem »Flash Crash« vom 6. Mai 2010 sein, als der Dow Jones innerhalb von Minuten um 1000 Punkte fiel. Ein anderes Beispiel ist das Computerdebakel vom 1. August 2012, das das Kapital von Knight Trading auslöschte. Oder die Schließung der NASDAQ am 22. August 2013. Aus der Perspektive der Systemanalyse lassen sich diese Ereignisse am besten als Auswirkungen der Eigenschaften komplexer Systeme interpretieren. Solche Debakel sind nicht das direkte Ergebnis der Gier der Banker, sondern der böse Geist in der extrem automatisierten und mit hohen Umsätzen agierenden Hochgeschwindigkeitsmaschinerie des Handels. Man sollte solche

Geschehnisse nicht als Anomalien betrachten, sondern mit ihnen rechnen. Ein gehäuftes Auftreten solcher Ereignisse könnte anzeigen, dass Handelssysteme instabil werden, sich auf ein Ungleichgewicht zubewegen, oder dass vielleicht chinesische oder iranische Armee-Einheiten ihre Fähigkeiten auf dem Gebiet der Cyber-Attacken perfektionieren. Irgendwann wird eine technische Störung zur Schließung der Märkte führen. Ähnlich wie im Szenario des systemischen Risikos wird das Ergebnis zunächst Deflation infolge von Asset-Verkäufen sein, gefolgt von Inflation, weil die Feuerwehrtruppen der Fed und des IWF die Flammen mit einer Flut frischen Geldes löschen.

Das Ende von QE und Abenomics. Das sechste Anzeichen wird eine dauerhafte Reduzierung der Asset-Käufe der USA und Japans sein. Das wird der Deflation Aufwind geben, Asset-Preise und Wachstum nach unten drücken. In den USA geschah das, als QE1 und QE2 endeten, und dann noch einmal 2012, als die Bank of Japan eine versprochene Lockerung nicht vollzog. Wenn die Asset-Käufe eingeschränkt werden, könnte man innerhalb eines Jahres einen neuen Anstieg erwarten, weil sich deflationäre Effekte entwickeln. Das wäre eine Fortsetzung der Stop-and-go-Politik, die von der Fed seit 2008 und von der Bank of Japan seit 1998 durchgeführt wird. Der beständige Flirt mit der Deflation erschwert es, Inflation zu erreichen. Ein wahrscheinlicheres Szenario ist, dass sich das Gelddrucken in beiden Nationen fortsetzen wird, noch lange nachdem 2 Prozent Inflation erreicht sind. An diesem Punkt beziehen sich alle Risiken auf eine viel höhere Inflation, weil es schwierig ist, Erwartungen wieder zu revidieren, vor allem in den USA.

Ein Zusammenbruch Chinas. Das siebte Anzeichen wird die finanzielle Desintegration Chinas sein, wenn dort das Schneeballsystem des Wohlstandsmanagements kollabiert. Das Ausmaß der finanziellen Verbindung Chinas mit dem Rest der Welt ist geringer als das der großen amerikanischen und europäischen Banken. Daher wäre ein Kollaps in China in erster Linie eine lokale Angelegenheit, wobei die Kommunistische Partei die Reserven der staatlichen Fonds verwenden wird, die Sparer zu beruhigen und die Banken zu rekapitalisieren. Danach wird China allerdings weiterhin Anstrengungen unternehmen, den Yuan an den Devisenmärkten zu deckeln oder sogar abzuwerten, um Exporte zu fördern, Jobs zu schaffen und den Wohlstand wiederherzustellen, der beim Zusammenbruch verloren gegangen ist. Kurzfristig wird sich das deflationär auswirken, weil wieder künstlich verbilligte chinesische Produkte in die Versorgungskanäle fließen werden. Auf längere Sicht wird Deflation in China auf Inflation in den USA und Japan treffen, weil beide Länder Geld drucken, um jeglicher Aufwertung von Yen und Dollar vorzubeugen. An diesem Punkt werden die Währungskriege wieder aufflammen, die nie wirklich aufgehört haben.

Vielleicht treten nicht alle diese sieben Anzeichen auf. Das Auftreten einiger Anzeichen könnte andere verschieben oder verhindern. Sie werden sich nicht in einer bestimmten Reihenfolge ereignen. Wenn aber eines dieser Anzeichen auftaucht, sollten sich Investoren auf die erwähnten Folgen und deren Implikationen, was Investitionen betrifft, vorbereiten.

Fünf Investitionen

Welches Investmentportfolio wird mit der höchsten Wahrscheinlichkeit robust bleiben angesichts extremer Inflation, extremer Deflation oder sozialer Unruhen? Die folgenden Assets haben sich in inflationären und deflationären Phasen als stabil erwiesen, haben den Test der Zeit in Zeiträumen sozialer Unruhen vom 30-jährigen Krieg bis zum Dritten Reich bestanden.

Gold. Ein Depotanteil von 10 bis 20 Prozent ist empfehlenswert. Und zwar physisches Gold in Form von Münzen oder Barren, um den Turbulenzen aus dem Weg zu gehen, die in Zukunft wahrscheinlich auf die Goldmärkte zukommen werden. Man sollte eine sichere Logistik beachten, die der Investor leicht erreichen kann, die Aufbewahrung bei Banken aber meiden, denn sonst hat man genau dann keinen Zugriff auf das Gold, wenn man es am dringendsten braucht. Ein Depotanteil von mehr als 20 Prozent ist nicht zu empfehlen, weil Gold höchst volatil und anfällig für Manipulationen ist. Es gibt andere Assets mit Investmentqualität, die ebenfalls die Funktionen der Wohlstandsbewahrung erfüllen. Ein nützlicher Blick auf die Versicherungsfunktion von Gold: Eine Performance von 500 Prozent eines Depotanteils von 20 Prozent bedeutet eine 100-prozentige Absicherung des Depots. Bei Inflation schneidet Gold gut ab, bis die Zinsen über die Inflationsrate steigen. In einer Deflation verliert Gold zunächst nominal an Wert, obwohl es vielleicht besser abschneidet als andere Asset-Klassen. Wenn die Deflation anhält, werden die Goldpreise stark ansteigen, weil die Regierungen die Papierwährungen abwerten, um die Inflation zu fördern. Gold bietet, was sein Gewicht betrifft, einen hohen Gegenwert und ist zudem transportabel, wenn man vor sozialen Unruhen fliehen muss.

Land. Dieses Investment beinhaltet unerschlossenes Land in erstklassiger Lage oder Land mit agrarischem Potenzial, nicht aber strukturierte Immobilien. Ebenso wie Gold wird sich Land in einem inflationären Umfeld gut entwickeln, bis die Nominalzinsen die Inflationsrate übersteigen. Der Nominalwert von Land kann in einer Deflation sinken, aber die Entwicklungskosten sinken noch schneller. Das bedeutet, dass man Land am Tief einer deflationären Phase billig entwickeln kann, was während der folgenden Inflation für hohe Renditen sorgt. Das Empire State Building und das Rockefeller Center, beide in New York, wurden während der großen Depression gebaut und profitierten damals von niedrigen Arbeits- und Materialkosten. Beide Projekte haben sich im Lauf der Zeit als ausgezeichnete Investitionen erwiesen.

Kunst. Dies umfasst Gemälde und Zeichnungen von Museumsqualität, nicht aber andere Sammlerobjekte wie Autos, Wein oder Memorabilia. Kunstwerke bieten sowohl bei Inflation als auch bei Deflation das Renditeprofil von Gold, aber ohne die Manipulationen am Goldmarkt. Die Zentralbanken kümmern sich nicht um die ungeordneten Preisanstiege am Kunstmarkt und intervenieren auch nicht, um sie zu stoppen. Anleger sollten sich auf etablierte Künstler konzentrieren und Modeerscheinungen meiden, die vielleicht an Interesse verlieren. Auch Gemälde sind transportabel und bieten einen extrem hohen Gegenwert je Gewichtseinheit. Ein Gemälde im Wert von 10 Millionen Dollar, das zwei Pfund wiegt, ist pro Unze 312 000 Dollar wert. In Gewichtseinheiten gemessen ist das mehr als das 200-Fache des Werts von Gold. Außerdem reagieren Metalldetektoren nicht auf Leinwand. Hochklassige Kunstwerke kann man auch für weniger als 10 Millionen Dollar kaufen durch spezialisierte Investmentvehikel, die hervorragende Renditen bringen, obwohl man damit nicht die Liquidität und Portabilität hat, die persönliches Eigentum bietet.

Alternative Fonds. Dazu zählen Hedgefonds und Private-Equity-Fonds mit speziellen Strategien. Es gibt Hedgefonds-Strategien, die sich in Zeiten von Inflation, Deflation und sozialer Unruhen als robust erweisen. Dazu zählen Long-Short-Equity, Global Macro und Strategien mit harten Assets, die auf

Rohstoffe, Edelmetalle, Wasser oder Energie abzielen. Fonds, die sich auf Finanzaktien, Emerging Markets, Staatsanleihen und Kreditinstrumente konzentrieren, weisen, was die Zukunft betrifft, unangemessene Risiken auf. Hedgefonds und Private-Equity-Fonds bieten Liquidität in unterschiedlichem Ausmaß, obwohl bestimmte Fonds für fünf oder sieben Jahre überhaupt nicht liquide sind. Die Auswahl der richtigen Manager ist entscheidend, aber das ist leichter gesagt als getan. Alles in allem sollten diese Fonds ihren Platz im Depot finden, weil die Vorteile der Diversifizierung und des talentierten Managements wichtiger sind als der Mangel an Liquidität.

Cash. Das scheint eine seltsame Wahl zu sein in einer Welt, die von entfesselter Inflation und kollabierenden Währungen bedroht ist. Aber Bargeld hat seine Berechtigung, zumindest zwischenzeitlich, weil es ein ausgezeichneter Schutz vor Deflation ist und die Option bietet, sofort zu einem anderen Investment zu wechseln. Zudem reduziert eine Cash-Komponente die Volatilität eines Depots, was das Gegenteil von Hebeleinsatz ist. Wer nach einer idealen Währung sucht, sollte den Singapur-Dollar, den kanadischen Dollar, den US-Dollar und den Euro in Erwägung ziehen. Bargeld ist vielleicht nicht das ideale Investment *nach* einer Katastrophe, aber *bis* die Katastrophe passiert, kann es dem Investor gute Dienste leisten. Die Herausforderung besteht natürlich darin, auf die Anzeichen und Warnsignale zu achten und rechtzeitig den Übergang zu einer der erwähnten Alternativen zu vollziehen.

Alles in allem sollte ein Portfolio aus 20 Prozent Gold, 20 Prozent Land, 10 Prozent Kunst, 20 Prozent alternativen Fonds und 30 Prozent Cash unter den Bedingungen von Inflation, Deflation und sozialen Unruhen eine optimale Kombination der Wohlstandswahrung bieten und zudem hohe risikoadjustierte Renditen und angemessene Liquidität gewährleisten. Aber kein solches Depot wird funktionieren, wenn man es einfach kauft und hält. Dieses Depot muss aktiv gemanagt werden. Wenn die Anzeichen und die Warnsignale deutlicher und bestimmte Ergebnisse sichtbarer werden, muss man das Portfolio vernünftig modifizieren. Wenn der Goldpreis auf 9000 Euro steigt, könnte der Zeitpunkt kommen, an dem man Gold verkaufen und mehr Land kaufen sollte. Wenn sich die Inflation schneller als erwartet entwickelt, könnte es sinnvoll sein, Bargeld in Gold zu tauschen. Ein Aktienfonds, der fünf Jahre lang gut abschneidet, könnte ohne Reinvestitionen aufgelöst werden, weil das Umfeld gefährlicher wird. Präzise Ergebnisse und die Performance des Depots lassen sich nicht prognostizieren, daher muss man ständig auf die sieben Anzeichen achten und eine gewisse Flexibilität einplanen.

Obwohl die in diesem Buch beschriebenen Szenarien verheerend sind, werden sie nicht unbedingt die Schlagzeilen von morgen sein. Viel hängt von den Regierungen und den Zentralbanken ab und diese Institutionen haben selbst dann ein enormes Durchhaltevermögen, wenn sie eine letztlich ruinöse Politik betreiben. Die Welt hat schlimmere Krisen überlebt als einen Kollaps des Finanzwesens. Aber wenn der Crash kommt, wird es besser sein, zu denen zu gehören, die sich auf den Sturm vorbereitet haben. Wir sind nicht hilflos. Wir können jetzt damit anfangen, uns auf die unvermeidliche Folgen der Hybris der Zentralbanken vorzubereiten.

Nachwort

Als ich 2011 *Currency Wars* schrieb, diagnostizierte ich verschiedene Gefahren im Finanzsystem und beschrieb konkrete Maßnahmen, die Politiker ergreifen könnten, um diese Gefahren abzumildern. Ich identifizierte Möglichkeiten, weltweit die Schnitzer der Geld- und Fiskalpolitik zu revidieren, vor allem in den USA. Mein Tonfall war vorsichtig, aber hoffnungsvoll. Ich sagte, es sei zwar schon spät, aber nicht zu spät, um den von Bankern angerichteten Schaden zu beheben und dem Finanzsystem wieder eine gesunde Grundlage zu verschaffen, die den Handel stützen würde, statt ihn auszutrocknen.

In den zweieinhalb Jahren seit der Fertigstellung von *Currency Wars* hat sich die Lage in der Tat verändert – aber nicht gebessert. Eliten, die früher zur Selbstaufopferung neigten, sind zur Selbstbedienung übergegangen. Die Welt hat den Punkt überschritten, an dem es gute Aussichten auf eine sanfte Landung gab. Es gibt keinen einfachen Ausstieg aus den politischen Fehlern, die begangen wurden. Es bleiben nur harte Entscheidungen übrig.

Die erhoffte milde, mittelmäßige Inflation, die sich selbst trägt und mit einer Geldillusion alle Boote anzuheben scheint, ist nicht mehr möglich. Das verbliebene Angebot besteht nur noch aus hoher Inflation, Deflation, Unruhen, Zahlungsausfällen und Repression. Die exakten Wege und Ergebnisse kann man nicht prognostizieren, aber schwerwiegende Konsequenzen sind vorhersehbar. Diese Folgen können sich über beachtliche Zeiträume dehnen, aber die grundlegenden Prozesse haben schon begonnen.

Der Kollaps des Dollar und des internationalen Währungssystems sind ein und dasselbe. Bedrohungen des Dollar sind allgegenwärtig – verlorenes Vertrauen, Finanzkriege, regionale Hegemonien, Hyperinflation und so weiter. Diese Bedrohungen werden größer und können sogar gleichzeitig auftreten, wenn Inflation das Vertrauen zerstört und die Feinde ermutigt, in einer Feedbackschleife, die an Energie gewinnt wie ein Hurrikan über warmem Wasser. Die Ersparnisse der normalen Bürger liegen im Weg des Sturms.

Die Politiker sind vielleicht nicht auf die Gefahren rund um den Dollar vorbereitet, aber Sparer und Investoren haben ein besseres Gespür. Eine Verschiebung hin zu harten Assets ist spürbar und wird stärker.

Vielleicht ist es schon zu spät, den Dollar zu retten, aber es ist nicht zu spät, den Wohlstand zu bewahren. Wir leben in einem Ersatzwährungssystem, das sein Endstadium erreicht hat. In unserer Zeit ist der Heiligenschein verblasst – aus dem Gold ist Messing geworden. Eine Rückkehr zu wahren Werten auf der Basis von Vertrauen ist längst überfällig.

Danksagung

Mein aufrichtiger Dank gilt Melissa Flashman und Adrian Zackheim dafür, dass sie mich vor einigen Jahren zum Schreiben über das herausfordernde Thema internationale Ökonomie ermutigt und mich seitdem stets unterstützt haben. Ohne ihre Hilfe und Führung würde dieses Buch nicht existieren.

Es gibt kaum ein Manuskript, das von guten Lektoren nicht verbessert werden kann, und ich hatte das Glück, eines der besten Lektorenteams an meiner Seite zu haben, die mir bei diesem Buch halfen. Will Rickards meisterte mit Bravour die schwere Last, den ersten Entwurf zu lektorieren. Hugh Howard hat als Lektor eine gute Arbeit geleistet, weil er den didaktischen Strukturen Leben eingehaucht hat. Janet Biehls Aufmerksamkeit als Korrektorin ähnelte der eines Sherlock Holmes, mit einem glücklichen Resultat. Niki Papadopoulos war eine inspirierende Muse und begleitete den gesamten Prozess. Die

Qualität dieses Buches ist weitgehend ihnen allen geschuldet. Eventuell verbliebene Fehler liegen allein in meiner Verantwortung.

Ich habe das Glück, gute Freunde unter den Ökonomen und Börsenprofis zu haben, die mich mit Ratschlägen versorgen, wenn ich neue Ideen ausprobieren oder die Ideen anderer untersuchen muss. Ich habe sehr von ihrem Scharfsinn profitiert und danke John Makin, Dave »Davos« Nolan, Peter Moran, Chris Whalen, Bob Rice, Sorin Sorescu, Benn Steil, Steve Cordasco, John Cassarini, Roger Kubarych, Steve Halliwell, Komal Sri-Kumar, Don Young, Richard Duncan und Art Laffer für ihre Zeit und ihre Intelligenz. Sie halfen mir, die undurchsichtige Finanzlandschaft besser zu verstehen.

Speziellen Dank schulde ich Ken Dam, der ein Buch über den IWF, Gold und SDRs geschrieben hat. Sein 1982 erschienener Klassiker *The Rules of the Game* ist eine unverzichtbare Grundlage. Demütig wandle ich auf seinen Spuren.

Die vielen Einladungen, im Fernsehen, im Radio und im Internet über Finanzthemen zu sprechen, haben dazu beigetragen, meine Analysen in einer Weise zu verfeinern, die zu diesem Buch beigetragen hat. Mein aufrichtiger Dank gilt Deirdre Bolton, Lauren Lyster, Adam Johnson, Vielka Todd, Max Keider, Stacy Herbert, Kathleen Hys, Demetri Kofinas, Amanda Lang und Annmarie Hordern dafür, dass sie mich zu ihren Sendungen und zahlreichen Diskussionen über den Euro, Gold, die Fed, China und die neue Depression eingeladen haben.

Ein Buch über Finanzen handelt heute ebenso intensiv von Washington wie von der Wall Street und ich danke meinen Freunden aus der Politik, den Sicherheitsbehörden und den Medien in Washington, dass sie mir Zugang gewährt haben. Danke an Taylor Griffin, Charles Duelfer, Joe Pesce, Mike Allen und Rob Saliterman für ihre Freundschaft und ihre großartigen Ratschläge.

Von den Researchproblemen, mit denen ich es bei der Arbeit an diesem Buch zu tun hatte, betrafen die schwierigsten die mysteriösen inneren Funktionen des weltweiten Goldmarkts. Ich hätte diese Herausforderung nicht bestanden ohne die Hilfe und Anleitung der Goldmarktprofis und Freunde Alex Stanczyk, Philip Judge, Chris Blasi, Ben Davies, John Hathaway, Ronni Stoeferle, Mark Valek und Jan Skoyles. Ich danke ihnen allen.

Mit die wertvollsten Anleitungen kamen von Freunden und meiner Familie, die frühe Entwürfe dieses Buches lasen; nicht als Experten, sondern als normale Bürger, die sich über die Wirtschaft und das Land insgesamt Sorgen machen. Ich danke Glen Rickards, Joan und Erv Hobson, Diane Rickards, Gwendolyn van Paasschen und Bruce Orr für ihre Rückmeldungen und frühen Hinweise auf Passagen, die zu anspruchsvoll waren oder zu viel voraussetzten.

Meine Familie war eine stete Quelle der Unterstützung und Ermutigung. Meine Tochter Ali, mein Sohn Will, mein Sohn Scott, seine Frau Dominique und ihre Kinder Thomas und Samuel erstaunen mich immer wieder, wenn ich sehe, wie sie wachsen und gedeihen und mit eben den wirtschaftlichen Problemen konfrontiert sind, über die ich in diesem Buch schreibe. Sie sind die Zukunft und ihre Generation gibt Anlass zu Hoffnung, trotz der Hürden, die meine Generation errichtet hat. Ich stehe tief in der Schuld meiner Frau Ann, wegen ihrer Liebe, ihres Trosts und ihrer endlosen Ermutigung. Meiner ganzen Familie bin ich dankbar für ihre immense Geduld während der langen Phasen unsozialen Verhaltens, das man auch Schreiben nennt. Ich liebe Euch alle.

Bücher

Acemoglu, Daron; James A. Robinson: Why Nations Fail: The Origins of Power, Prosperity, and Poverty. New York: Crown Business, 2012.

Admati, Anat; Martin Hellwig: Des Bankers neue Kleider. FBV, 2013.

Alperovitz, Gar: America Beyond Capitalism: Reclaiming Our Wealth, Our Liberty, and Our Democracy. Hoboken, N.J.: John Wiley & Sons, 2005.

Anderson, Benjamin M.: Economics and the Public Welfare: A Financial and Economic History of the United States, 1914–1946. Indianapolis: Liberty Press, 1979.

Authers, John: The Fearful Rise of Markets. Upper Saddle River, N.J.: FT Press, 2010.

Babbin, Jed; Edward Timberlake: Showdown: Why China Wants War with the United States. Washington, D.C.: Regnery, 2006.

Bagehot, Walter: Lombard Street: A Description of the Money Market. New York: Scribner, Armstrong, 1873.

Bak, Per: How Nature Works: The Science of Self- Organized Criticality. New York: Copernicus, 1996.

Balko, Radley: Rise of the Warrior Cop: The Militarization of America's Police Forces. New York: Public Affairs, 2013.

Barabasi, Albert- Laszlo: Linked. New York: Plume, 2003.

Barbero, Alessandro: Charlemagne: Father of a Continent. Berkeley: University of California Press, 2004.

Beinhocker, Eric D.: Origin of Wealth: Evolution, Complexity, and the Radical Remaking of Economics. Cambridge, Mass.: Harvard University Press, 2007.

Bell, Stephanie A.; Edward J. Nell, eds: The State, the Market, and the Euro: Metallism versus Chartalism in the Theory of Money. Northampton, Mass.: Edward Elgar, 2003.

Bergman, Ronen: The Secret War with Iran. New York: Free Press, 2008.

Bernanke, Ben S.: Essays on the Great Depression. Princeton, N.J.: Princeton University Press, 2000.

Bernstein, Peter L.: Capital Ideas: The Improbable Origins of Modern Wall Street. Hoboken, N.J.: John Wiley & Sons, 2005.

Bernstein, Peter L.: A Primer on Money, Banking and Gold. New York: John Wiley & Sons, 2008.

Bookstaber, Richard: A Demon of Our Own Design: Markets, Hedge Funds, and the Perils of Financial Innovation. Hoboken, N.J.: John Wiley & Sons, 2007.

Bordo, Michael David: The Classical Gold Standard: Some Lessons for Today. Federal Reserve Bank of St. Louis, May 1981.

Brown, Cynthia Stokes: Big History: From the Big Bang to the Present. New York: New Press, 2007.

Buchanan, Mark: Ubiquity: The Science of History ... or Why the World Is Simpler Than We Think. New York: Crown, 2001.

Casey, Michael J: The Unfair Trade: How Our Broken Global Financial System Destroys the Middle Class. New York: Crown Business, 2012.

Casti, John: X- Events: The Collapse of Everything. New York: William Morrow, 2012.

Chaisson, Eric J.: Cosmic Evolution: The Rise of Complexity in Nature. Cambridge, Mass.: Harvard University Press, 2001.

Chernow, Ron: The House of Morgan: An American Banking Dynasty and the Rise of Modern Finance. New York: Simon und Schuster, 1999.

Christian, David: Maps of Time: An Introduction to Big History. Berkeley: University of California Press, 2004.

Coggen, Philip: Paper Promises: Debt, Money and the New World Order. New York: Public Affairs, 2012.

Conrad, Edward: Unintended Consequences: Why Everything You've Been Told About the Economy Is Wrong. New York: Portfolio/Penguin, 2012.

Courakis, Anthony, ed.: Inflation, Depression, and Economic Policy in the West. Lanham, Md.: Rowman and Littlefield, 1981.

Dam, Kenneth W.: The Rules of the Game: Reform and Evolution in the International Monetary System. Chicago: University of Chicago Press, 1982.

Duncan, Richard: The New Depression: The Breakdown of the Paper Money Economy. Singapore: John Wiley & Sons Singapore Pte., 2012.

Easley, David; Jon Kleinberg: Networks, Crowds and Markets. Cambridge, U.K.: Cambridge University Press, 2010.

Eichengreen, Barry: Golden Fetters: The Gold Standard and the Great Depression, 1919–1939. New York: Oxford University Press, 1995.

Eichengreen, Barry: Global Imbalances and the Lessons of Bretton Woods. Cambridge, Mass.: MIT Press, 2007.

Eichengreen, Barry: Globalizing Capital: A History of the International Monetary System, 2nd ed. Princeton, N.J.: Princeton University Press, 2008.

Eichengreen, Barry: Exorbitant Privilege: The Rise and Fall of the Dollar and the Future of the International Monetary System. Oxford: Oxford University Press, 2011.

Einhard: The Life of Charlemagne. Ninth century; reprint Kessinger Publishing, 2010.

Eisen, Sara, ed.: Currencies After the Crash: The Uncertain Future of the Global Paper- Based Currency System. New York: McGraw- Hill, 2013.

Fenby, Jonathan: Tiger Head, Snake Tails: China Today, How It Got There and Where It Is Heading. New York: Overlook Press, 2012.

Fergusson, Adam: Das Ende des Geldes: Hyperinflation und ihre Folgen für die Menschen am Beispiel der Weimarer Republik, *FBV, 2011.*

Financial Crisis Inquiry Commission: The Financial Crisis Inquiry Report: Final Report on the National Commission on the Causes of the Financial and Economic Crisis in the United States. New York: Public Affairs, 2011.

Fleming, Ian: Goldfinger. New York: Avenel Books, 1988.

Freeland, Chrystia: Plutocrats: The Rise of the New Global Super- Rich and the Fall of Everyone Else. New York: Penguin Press, 2012.

Friedman, Milton: Studies in the Quantity Theory of Money. Chicago: University of Chicago Press, 1967.

Friedman, Milton; Anna Jacobson Schwartz: A Monetary History of the United States, 1867–1960. Princeton, N.J.: Princeton University Press, 1963.

Gallarotti, Giulio M.: The Anatomy of an International Monetary Regime: The Classical Gold Standard, 1880–1914. New York: Oxford University Press, 1995.

Gleick, James: The Information. New York: Pantheon, 2011.

Goldberg, Jonah: Liberal Fascism: The Secret History of the American Left from Mussolini to the Politics of Meaning. New York: Doubleday, 2008.

Goodhart, C. A. E.: The New York Money Market and the Finance of Trade, 1900–1913. Cambridge, Mass.: Harvard University Press, 1969.

Graeber, David: Debt: The First 5,000 Years. Brooklyn, N.Y.: Melville House, 2011.

Guangqian, Peng; Yao Youzhi, eds.: The Science of Military Strategy. Beijing: Military Science Publishing House, 2005.

Guillén, Mauro F.; Emilio Ontiveros: Global Turning Points: Understanding the Challenges for Business in the 21st Century. Cambridge, U.K.: Cambridge University Press, 2012.

Hahn, Frank: Money and Inflation. 1982; reprint Cambridge, Mass.: MIT Press, 1985.

Hahn, Frank; F. P. R. Brechling, eds.: The Theory of Interest Rates. London: Macmillan, 1965.

Hahn, Robert W.;Paul C. Tetlock, eds.: Information Markets: A New Way of Making Decisions. Washington, D.C.: AEI Press, 2006.

Hamilton, Alexander: Writings. New York: Literary Classics of the United States, 2001.

Hapler, Stefan: The Beijing Consensus: How China's Authoritarian Model Will Dominate the Twenty- First Century. New York: Basic Books, 2010.

Hayek, Friedrich A.: The Fortunes of Liberalism: Essays on Austrian Economics and the Ideal of Freedom. Edited by Peter G. Klein. Indianapolis: Liberty Fund, 1992.

Hayek, Friedrich A.: Good Money. Edited by Stephen Kresge. 2 parts. Indianapolis: Liberty Fund, 1999.

Jensen, Henrik Jeldtoft: Self- Organized Critically: Emergent Complex Behavior in Physical and Biological Systems. New York: Cambridge University Press, 1998.

Johnson, Clark H.: Gold, France, and the Great Depression, 1919–1932. New Haven, Conn.: Yale University Press, 1997.

Kahneman, Daniel; Paul Slovic; Amos Tversky, eds.: Judgment Under Uncertainty: Heuristics and Biases. Cambridge, U.K.: Cambridge University Press, 1982.

Kahneman, Daniel; Amos Tversky, eds.: Choices, Values, and Frames. Cambridge, U.K.: Cambridge University Press, 2000.

Keen, Steve. Debunking Economics: The Naked Emperor Dethroned? London: Zed Books, 2011.

Keynes, John Maynard: The Economic Consequences of the Peace. London: Macmillan, 1920.

Keynes, John Maynard: A Tract on Monetary Reform. 1923; reprint LaVergne, Tenn.: BN Publishing, 2008.

Keynes, John Maynard: Treatise on Money. 2 vols. 1930; reprint London: Macmillan, 1950.

Keynes, John Maynard: The General Theory of Employment, Interest, and Money. 1936; reprint San Diego: Harcourt, 1964.

Kindleberger, Charles P.: Die Weltwirtschaftskrise 1929 – 1939, FBV, 2010.

Kindleberger, Charles P.: Maniacs, Panics, and Crashes: A History of Financial Crises, rev. ed. New York: Basic Books, 1989.

Kindleberger, Charles P.; Robert Aliber: Maniacs, Panics, and Crashes: A History of Financial Crises. Hoboken, N.J.: John Wiley & Sons, 2005.

Knapp, Georg Friedrich: The State Theory of Money. First German edition 1924; reprint San Diego: Simon, 2003.

Knight, Frank H.: Risk, Uncertainty and Profit. 1921; reprint Washington, D.C.: Beard Books, 2002.

Krugman, Paul: Pop Internationalism. Cambridge, Mass.: MIT Press, 1997.

Krugman, Paul: The Accidental Theorist and Other Dispatches from the Dismal Science. New York: W. W. Norton, 1998.

Krugman, Paul: End This Depression Now. New York: W. W. Norton, 2012.

Kuhn, Thomas S.: The Structure of Scientific Revolutions. 1962; reprint Chicago: University of Chicago Press, 1996.

Lam, Lui: Nonlinear Physics for Beginners. Singapore: World Scientific, 1998.

Lao- Tze. Tao Te Ching: Translated by Stephen Addis and Stanley Lombardo. Indianapolis: Hackett, 2013.

Lebor, Adam: Tower of Basel: The Shadowy History of the Secret Bank That Runs the World. New York: Public Affairs, 2013fi

Lehrman, Lewis E.: Paper Money or the True Gold Standard: A Monetary Reform Plan Without Official Reserve Currencies. 2nd ed. Greenville, N.Y.: Lehrman Institute, 2012.

Lind, Michael: Land of Promise: An Economic History of the United States. New York: Harper, 2012.

Litan, Robert E.; Benn Steill: Financial Statecraft: The Role of Financial Markets in American Foreign Policy. New Haven, Conn.: Yale University Press, 2006.

Lowenstein, Roger: When Genius Failed: The Rise and Fall of Long- Term Capital Management. New York: Random House, 2000.

Luman, Ronald R., ed.: Unrestricted Warfare Symposium. 3 vols. Laurel, Md.: Johns Hopkins University Applied Physics Laboratory, 2007–9.

McGregor, James: No Ancient Wisdom, No Followers. Westport, Conn.: Prospecta Press, 2012.

Mackay, Charles: Extraordinary Popular Delusions and the Madness of Crowds. New York: Farrar, Straus und Giroux, 1932.

McKinnon, Ronald I.: The Unloved Dollar Standard: From Bretton Woods to the Rise of China. Oxford: Oxford University Press, 2013.

Mandelbrot, Benoit: The Fractal Geometry of Nature. New York: W. H. Freeman, 1983.

Mandelbrot, Benoit; Richard L. Hudson. The (Mis)Behavior of Markets: A Fractal View of Risk, Ruin, and Reward. New York: Basic Books, 2004.

Martines, Lauro: Furies: War in Europe, 1450–1700. New York: Bloomsbury, 2013.

Marx, Karl: Selected Writings. Edited by David McLellan. Oxford: Oxford University Press, 1977.

Mead, Walter Russell: God and Gold: Britain, America, and the Making of the Modern World. New York: Random House, 2007.

Meltzer, Allan H.: A History of the Federal Reserve, vol. 1, 1913–1951. Chicago: University of Chicago Press, 2003.

Meltzer, Allan H.: Why Capitalism? Oxford: Oxford University Press, 2012.

Milgram, Stanley: The Individual in a Social World: Essays and Experiments, 2nd ed. New York: McGraw-Hill, 1992.

Mill, John Stuart: On Liberty. Indianapolis: Hackett, 1978.

Miller, Edward S.: Bankrupting the Enemy: The U.S. Financial Siege of Japan Before Pearl Harbor. Annapolis, Md.: Naval Institute Press, 2007.

Miller, Tom: China's Urban Billion: The Story Behind the Biggest Migration in Human History. London: Zed Books, 2012.

Mills, C. Wright: The Power Elite. Oxford: Oxford University Press, 1956.

Mitchell, Melanie: Complexity: A Guided Tour. New York: Oxford University Press, 2009.

National Commission on Terrorist Attacks upon the United States: The 9/11 Commission Report. New York: W. W. Norton, 2004.

Newman, Mark; Albert- Laszol Barabasi; Duncan J. Watts. The Structure and Dynamics of Networks. Princeton, N.J.: Princeton University Press, 2006.

Noah, Timothy: The Great Divergence, America's Growing Inequality Crisis and What We Can Do About It. New York: Bloomsbury, 2011.

Palley, Thomas, I.: From Financial Crisis to Stagnation: The Destruction of Shared Prosperity and the Role of Economics. Cambridge, U.K.: Cambridge University Press, 2012.

Pettis, Michael: The Great Rebalancing: Trade, Conflict, and the Perilous Road Ahead for the World Economy. Princeton, N.J.: Princeton University Press, 2013.

Phillips, Chester Arthur;Thomas Francis McManus: Banking and the Business Cycle: A Study of the Great Depression in the United States. New York: Macmillan, 1937.

Popper, Karl R.: The Open Society and Its Enemies. Princeton, N.J.: Princeton University Press, 1971.

Qiao Liang, Colonel; Colonel Wang Xiangsui: Unrestricted Warfare. 1999; reprint Panama City: Pan American, 2002.

Ramo, Joshua Cooper: The Beijing Consensus. London: Foreign Policy Centre, 2004.

Ramo, Joshua Cooper: The Age of the Unthinkable: Why the New World Disorder Constantly Surprises Us and What We Can Do About It. New York: Little, Brown, 2009.

Ray, Christina: Extreme Risk Management: Revolutionary Approaches to Evaluating and Measuring Risk. New York: McGraw- Hill, 2010.

Reinhart, Carmen M.; Kenneth S. Rogoff: Dieses Mal ist alles anders, FBV, 2010,

Roett, Riordan; Guadalupe Paz, eds.: China's Expansion into the Western Hemisphere: Implications for Latin America and the United States. Washington, D.C.:

Brookings Institution Press, 2008.

Schelling, Thomas: Micromotives and Macrobehavior. New York: W. W. Norton, 1978.

Schelling, Thomas: The Strategy of Conflict. Cambridge, Mass.: Harvard University Press, 1980.

Schleifer, Andrei: Inefficient Markets: An Introduction to Behavioral Finance. Oxford: Oxford University Press, 2000.

Schumpeter, Joseph A.: Capitalism, Socialism and Democracy. London: George Allen und Unwin, 1976.

Shales, Amity: The Forgotten Man: A New History of the Great Depression. New York: HarperCollins, 2007.

Shilling, A. Gary: Deflation: How to Survive and Thrive in the Coming Wave of Deflation. New York: McGraw- Hill, 1999.

Shilling, A. Gary: The Age of Deleveraging: Investment Strategies for a Decade of Slow Growth and Deflation. Hoboken, N.J.: John Wiley & Sons, 2011.

Silver, Nate: The Signal and the Noise: Why So Many Predictions Fail— But Some Don't. New York: Penguin Press, 2012.

Sims, Jennifer E.; Burton Gerber, eds.: Transforming U.S. Intelligence. Washington, D.C.: Georgetown University Press, 2005.

Smith, Adam: The Theory of Moral Sentiments. Lexington, Ky.: Private Reprint Edition, 2013.

Sorman, Guy: The Empire of Lies: The Truth About China in the Twenty- First Century. New York: Encounter Books, 2008.

Steil, Benn: The Battle of Bretton Woods: John Maynard Keynes, Harry Dexter White, and the Making of New World Order. Princeton, N.J.: Princeton University Press, 2013.

Steil, Benn; Manuel Hinds: Money, Markets and Sovereignty. New Haven, Conn.: Yale University Press, 2009.

Steil, Benn; Robert E. Litan: Financial Statecraft: The Role of Financial Markets in American Policy. New Haven, Conn.: Yale University Press, 2006.

Stewart, Bruce H.; J. M. Thompson: Nonlinear Dynamics and Chaos, 2nd ed. John Wiley & Sons, 2002.

Strogatz, Steven: Sync: The Emerging Science of Spontaneous Order. New York: Hyperion, 2003.

Tainter, Joseph A.: The Collapse of Complex Societies. Cambridge, U.K.: Cambridge University Press, 1988.

Takeyh, Ray: Hidden Iran: Paradox and Power in the Islamic Republic. New York: Henry Holt, 2006.

Taleb, Nassim Nicholas: Fooled by Randomness: The Hidden Role of Chance in the Markets and in Life. New York: Texere, 2001.

Taleb, Nassim Nicholas: The Black Swan: The Impact of the Highly Improbable. New York: Random House, 2007.

Taylor, John B.: Getting Off Track: How Government Actions and Interventions Caused, Prolonged, and Worsened the Financial Crisis. Stanford, Calif.: Hoover Institution Press, 2009.

Thompson, J. M. T.; H. B. Stewart: Nonlinear Dynamics and Chaos, 2nd ed. New York: John Wiley & Sons, 2002.

Tilden, Freeman: A World in Debt. Toronto: Friedberg Commodity Management, 1983.

Von Mises, Ludwig: The Theory of Money and Credit. Indianapolis: Liberty Fund, 1980.

Von Mises, Ludwig, et al.: The Austrian Theory of the Trade Cycle and Other Essays. Compiled by Richard M. Ebeling. Auburn, Ala.: Ludwig von Mises Institute, 1996.

Von Neumann, John; Oskar Morgenstern: The Theory of Games and Economic Behavior. Princeton, N.J.: Princeton University Press, 1944.

Waldrop, Mitchell: Complexity: The Emerging Science at the Edge of Order and Chaos. New York: Simon und Schuster, 1992.

Watts, Duncan J.. Six Degrees: The Science of a Connected Age. New York: W. W. Norton, 2003.

Watts, Duncan J.: Everything Is Obvious, Once You Know the Answer. New York: Crown Business, 2011.

Wolfram, Stephen: A New Kind of Science. Champaign, Ill.: Wolfram Media, 2002.

Woodward, Bob: Maestro: Greenspan's Fed and the American Boom. New York: Simon und Schuster, 2000.

Wriston, Walter B.: The Twilight of Sovereignty: How the Information Revolution Is Transforming Our World. New York: Charles Scribner's Sons, 1992.

Yergen, Daniel; Joseph Stanislaw: The Commanding Heights: The Battle Between Government and the Marketplace That Is Remaking the Modern World. New York: Simon und Schuster, 1998.

Zijlstra, Jelle: Dr. Jelle Zijlstra: Gesprekken en geschriften. Naarden, Netherlands: Strengholt, 1978.

Zijlstra, Jelle: Per slot van rekening, memoires. Den Haag, Netherlands: CIP- Gegevens Koninklijke Biblio-theek, 1992.

Artikel

Akerlof, George A.: »The Market for ›Lemons‹: Quality Uncertainty and the Market Mechanism.« Quarterly Journal of Economics 84, no. 3 (August 1970), S. 488–500.

Alderman, Liz: »Under Chinese, a Greek Port Thrives.« New York Times, October 19, 2012, http://www.nytimes.com/2012/10/11/business/global/chinese-company-sets-new-rhythm-in-port-of-piraeus.html.

Alderman, Liz; Demitris Bounias: »Privatizing Greece, Slowly but Not Surely.« New York Times, November 18, 2012, www.nytimes.com/glogin?URI=http://www.nytimes.com/2012/11/18/business/privatizing- gre-ece- slowly- but- not- surely.html.

Allouni, Tayser: »A Discussion on the New Crusader Wars,« October 21, 2001, http://www.religioscope.com/info/doc/jihad/ubl_int_2.htm.

Ambinder, Marc. »The Day After.« National Journal, April 11, 2011, http://www.nationaljournal.com/maga-zine/government-still-unprepared-for-disaster-20110411.

Åslund, Anders: »Southern Europe Ignores Lessons from Latvia at Its Peril,« Peterson Institute for Internati-onal Economics, Policy Brief no. PB12- 17, June 2012, http://www.iie.com/publications/pb/pb12- 17.pdf.

Åslund, Anders: »Paul Krugman's Baltic Problem,« Foreign Policy, September 13, 2012, http://www.foreign-policy.com/articles/2012/09/13/paul_krugmans_baltic_problem.

Bak, Per: »The Devil's Staircase.« Physics Today 39, no. 12 (1986), S. 38–45.

Bak, Per: »Catastrophes and Self- Organized Criticality.« Computers in Physics, no. 5 (1991), S. 430–33.

Barnett, Lionel; Joseph T. Lizier, Michael Harré, Anil K. Seth und Terry Bossomaier: »Information Flow in a Kinetic Ising Model Peaks in the Disordered Phase.« Physical Review Letters 111, no. 17 (2013), S. 177203-1–177203- 3, http://prl.aps.org/abstract/PRL/v111/i17/e177203.

Barro, Robert J.: »Are Government Bonds Net Wealth?« Journal of Political Economy 82 (1974), S. 1095–117.

Barro, Robert J.; Charles J. Redlick: »Macroeconomic Effects from Government Purchases and Taxes.« National Bureau of Economic Research, Working Paper no. 15369, September 2009, http://www.nber.org/papers/w15369.

Barsky, Robert B.; Lawrence H. Summers: »Gibson's Paradox and the Gold Standard.« Journal of Political Economy 96 (1988), S. 528–50.

Basher, Dr. Syed Abul: »Regional Initiative in the Gulf: Search for a GCC Currency.« Paper presented at the International Institute for Strategic Studies Seminar, Bahrain, September 30, 2012, http://www.iiss.org/en/events/geo-economics%20seminars/geo-economics%20seminars/archive/currencies-of-power-and-the-po-wer-of-currencies-38db.

Benoit, Angeline; Manuel Baigorri; Emma Ross-Thomas: »Rajoy Drives Spanish Revolution with Low-Cost Manufacture.« Bloomberg, December 19, 2012, http://www.bloomberg.com/news/2012-12-19/rajoy-drives-spanish-revolution-with-low-cost-manufacture.html.

Berkmen, S. Pelin: »Bank of Japan's Quantitative and Credit Easing: Are They Now More Effective?« IMF Working Paper no. WP/12/2, January 2012, http://www.imf.org/external/pubs/ft/wp/2012/wp1202.pdf.

Bernanke, Ben S.: »Irreversibility, Uncertainty, and Cyclical Investment.« National Bureau of Economic Research, Working Paper no. 502, July 1980, http://www.nber.org/papers/w502.

Bernanke, Ben S.: »The Macroeconomics of the Great Depression: A Comparative Approach.« Journal of Money, Credit and Banking 27 (1995), S. 1–28.

Bernanke, Ben S.: »De«ation: Making Sure ›It‹ Doesn't Happen Here.« Address to the National Economists Club, Washington, D.C., November 21, 2002, http://www.federalreserve.gov/boarddocs/speeches/2002/20021121/default.htm.

Bernanke, Ben S.: »U.S. Monetary Policy and International Implications.« Remarks at IMF–Bank of Japan seminar, Tokyo, October 14, 2012, http://www.federalreserve.gov/newsevents/speech/bernanke20121014a.htm.

Bernanke, Ben S.: »Monetary Policy and the Global Economy.« Speech at the London School of Economics, London, March 25, 2013, http://www.federalreserve.gov/newsevents/speech/bernanke20130325a.htm.

Blanchard, Oliver; Roberto Perotti: »An Empirical Characterization of the Dynamic Effects of Changes in Government Spending and Taxes on Output.« Quarterly Journal of Economics (2002), S. 1329–68.

Bouras, Stelios und Philip Pangalos: »Foreign Money Is Revisiting Greece.« Wall Street Journal, February 25, 2013, S. C1, http://online.wsj.com/news/articles/SB10001424127887323864304578320431435196910.

Bumiller, Elisabeth: »Bin Laden, on Tape, Boasts of Trade Center Attacks; U.S. Says It Proves His Guilt.« New York Times, December 14, 2001, http://www.nytimes.com/2001/12/14/world/nation-challenged-video-bin-laden-tape-boasts-trade-center-attacks-us-says-it.html.

Buttonwood: »The Real Deal— Low Real Interest Rates Are Usually Bad New for Equity Markets.« Economist, October 20, 2012, http://www.economist.com/news/!nance- and- economics/21564845-low-real-interest-rates-are-usually-bad-news-equity-markets.

Buttonwood: »The Euro Zone Crisis: Growth Problem.« Economist, December 17, 2012, http://www.economist.com/blogs/buttonwood/2012/12/euro- zone- crisis.

»Cargo Plane with 1.5 Tons of Gold Held in Istanbul.« Hurriyet Daily News, January 5, 2013, http://www.hurriyetdailynews.com/cargo-plane-with-15-tons- of- gold-held-in-istanbul-.aspx?pageID=238&nid=38427.

Cendrowicz, Leo: »Switzerland Celebrates World's Longest Rail Tunnel.« Time, October 20, 2010, ht tp: //www.time.com/ time/business /article/0,8599,2026369,00.html.

Chesney, Marc; Remo Crameri; Loriano Mancini: »Detecting Informed Trading Activities in the Options Markets.« Swiss Finance Institute Research Paper no. 11-42 (July 2012), http://ssrn.com/abstract=1522157.

»China, Russia Sign Five- Point Joint Statement,« Xinhua, June 18, 2009, http://news.xinhuanet.com/english/2009-06/18/content_11558133.htm.

Christ, Carl F.: »A Short- Run Aggregate- Demand Model of the Interdependence and Effects of Monetary and Fiscal Policies with Keynesian and Classical Interest Elasticities.« American Economic Review 57, no. 2 (May 1967).

Clark, Andrew: »The Guardian Profile: Stephen Schwarzman.« Guardian, June 15, 2007, http://www.theguardian.com/business/2007/jun/15/4.

Cogan, John F.; Tobias Cwik; John B. Taylor; Volker Wieland. »New Keynesian Versus Old Keynesian Government Spending Multipliers.« National Bureau of Economic Research, Working Paper no. 14782, March 2009, http://www.nber.org/papers/w14782.

Cogan, John F.; John B. Taylor: »The Obama Stimulus Impact? Zero.« Wall Street Journal, December 9, 2010, http://online.wsj.com/news/articles/SB10001424052748704679204575646603792267296.

Das, Mitali; Papa N'Diaye: »Chronicle of a Decline Foretold: Has China Reached the Lewis Turning Point?« IMF Working Paper no. WP/13/26, January 2013, http://www.imf.org/external/pubs/cat/longres.aspx?sk=40281.0.

Davis, Bob: »China Tries to Shut Rising Income Gap.« Wall Street Journal, December 11, 2012, p. A14, ht tp: //onl inc.wsj.com/news /articles /SB10001424127887324640104578161493858722884.

Del Negro, Marco; Marc Giannoni; Christina Patterson: »The Forward Guidance Puzzle.« Federal Reserve Bank of New York, Staff Report no. 574, October 2012, http://newyorkfed.org/research/staff_reports/sr574.pdf.

Dell'Ariccia; Giovanni, Luc Laeven; Gustavo Suarez: »Bank Leverage and Monetary Policy's Risk- Taking Channel: Evidence from the United States.« IMF Working Paper no. WP/13/143, June 2013, http://www.imf.org/external/pubs/cat/longres.aspx?sk=40642.0.

Dixon, Hugo: »The Gloom Around Greece Is Dissipating.« New York Times, April 21, 2013, http://www.nytimes.com/2013/04/22/business/global/the- gloom-around-greece-is-dissipating.html.

Eichengreen, Barry: »The Dollar Dilemma: The World's Top Currency Faces Competition.«Foreign Affairs, September–October 2009, S. 53–68.

Eichengreen, Barry und Marc Flandreau: »The Rise and Fall of the Dollar, Or When Did the Dollar Replace Sterling as the Leading Reserve Currency?« National Bureau of Economic Research, Working Paper no. 14154, July 2008, http://www.nber.org/papers/w14154.

Eichengreen, Barry; Douglas A. Irwin: »The Slide to Protectionism in the Great

Depression: Who Succumbed and Why?« National Bureau of Economic Research, Working Paper no. 15142, July 2009, http://www.nber.org/papers/w15142.

eThekwini Declaration. Fifth BRICS Summit, Durban, South Africa, March 27, 2013, http://www.brics5.co.za/assets/eThekwini-Declaration-and-Action-Plan-MASTER-27-MARCH-2013.pdf.

Evans- Pritchard, Ambrose: »Beijing Hints at Bond Attack on Japan.« Telegraph, September 18, 2012, http://www.telegraph.co.uk/finance/china-business/9551727/Beijing-hints-at-bond-attack- on-Japan.html.

Evans-Pritchard, Ambrose: »Japan's Shinzo Abe Prepares to Print Money for the Whole World.« Telegraph, December 17, 2012, http://www.telegraph.co.uk/finance/economics/9751609/Japans- Shinzo- Abe- prepares- to- print- money- for- the- whole- world.html.

Falliere, Nicolas, Liam O. Murchu und Eric Chien: W.32.Stuxnet Dossier Version 1.4,« Symantec, February 2011, http://www.symantec.com/content/en/us/enterprise/media/security_response/whitepapers/w32_stuxnet_dossier.pdf.

Farchy, Jack: »Iran Bought Gold to Cut Dollar Exposure.« Financial Times, March 20, 2011, http://www.ft.com/cms/s/0/cc350008- 5325- 11e0- 86e6- 00144feab49a.html.

Farchy, Jack; Roula Khalaf: »Gold Key to Financing Gadda! Struggle.« Financial Times, March 21, 2011, http://www.ft.com/intl/cms/s/0/588ce75a- 53e4- 11e0-8bd7-00144feab49a.html.

Faucon, Benoît: »U.S. Warns Russia on Iranian Bank.« Wall Street Journal, December11, 2012, http://online.wsj.com/news/articles/SB10001424127887323330604578145071930969966.

Ferguson, Niall: »Complexity and Collapse: Empires on the Edge of Chaos.« Foreign Affairs, March–April 2010, http://www.foreignaffairs.com/articles/65987/niall-ferguson/complexity-and-collapse.

Fisher, Irving: »The Debt- De«ation Theory of Great Depressions.« Econometrica (1933), available from the Federal Reserve Bank of St. Louis, http://fraser.stlouisfed.org/docs/meltzer/!sdeb33.pdf.

Fisher, Max: »Syrian Hackers Claim AP Hack That Tipped Stock Market by $136 Billion. Is It Terrorism?« Washington Post, April 23, 2013, http://www.washingtonpost.com/blogs/worldviews/wp/2013/04/23/syrian- hackers-claim-ap-hack-that-tipped-stock-market-by-136-billion-is-it-terrorism.

Flavelle, Christopher: »Debunking the ›Wealth Effect.‹« Slate, June 10, 2008, http://www.slate.com/articles/news_and_politics/hey_wait_a_minute/2008/06/debunking_the_wealth_effect.html.

Forbes, Kristin: »Why Do Foreigners Invest in the United States?« National Bureau of Economic Research, Working Paper no. 13908, April 2008, http://www.nber.org/papers/w13908.

Gang, Xiao: »Regulating Shadow Banking.« China Daily, October 12, 2012, http://www.chinadaily.com.cn/opinion/2012- 10/12/content_15812305.htm.

Gelb, Leslie H.: »GDP Now Matters More Than Force: A U.S. Policy for the Age of Economic Power.« Foreign Affairs, November–December 2010, http://www.foreignaffairs.com/articles/66858/leslie- h- gelb/gdp- now- matters- more- than- force.

Gill, Indermit; Martin Raiser: »Golden Growth: Restoring the Lustre of the European Economic Model.« International Bank for Reconstruction and Development, 2012, http://issuu.com/world.bank.publications/docs/9780821389652.

»Gold Seized at Istanbul Airport Was Allegedly for Iran.« Voice of Russia, January 6, 2013, http://voiceof-russia.com/2013_01_06/Gold- seized- at- Istanbul-airport-was-allegedly-for-Iran.

Goodhart, Charles: »Central Banks Walk In«ation's Razor Edge.« Financial Times, January 30, 2013, http://www.ft.com/intl/cms/s/0/744e4a96-661c-11e2-b967-00144feab49a.html.

Hanemann, Thilo; Daniel H. Rosen: »China Invests in Europe, Patterns, Impacts and Policy Implications.« Rhodium Group, June 2012, http://download.www.arte.tv/permanent /u1/Quand-la-Chine/RHG_ChinaIn-vestsInEurope_June2012[1].pdf.

Hanke, Steve H.: »The Federal Reserve vs. Small Business.« Cato Institute, June 3, 2013, http://www.cato.org/blog/federal-reserve-vs-small-business-0.

Hanke, Steve H.: »Syria's Annual In«ation Hits 200%.« Cato Institute, July 1, 2013, http://www.cato.org/blog/syrias- annual-in«ation-hits-200.

Hayek, Friedrich: »The Use of Knowledge in Society.« American Economic Review 35, no. 4 (September 1945), S. 519–30, http://www.econlib.org/library/Essays/hykKnw1.html.

»Heirs of Mao's Comrades Rise as New Capitalist Nobility.« Bloomberg News, December 26, 2012, http://www.bloomberg.com/news/2012- 12- 26/immortals-beget-china-capitalism-from-citic-to-godfather-of-golf.html.

Hetzel, Robert L.: »Monetary Policy in the 2008–2009 Recession.« Economic Quarterly 95 (2009), S. 201–33.

Higgins, Andrew: »Used to Hardship, Latvia Accepts Austerity, and Its Pain Eases.« New York Times, January 1, 2013, http://www.nytimes.com/2013/01/02/world/europe/used-to-hardship-latvia-accepts-austerity-and-its-pain-eases.html?pagewanted=all.

Hiro, Dilip: »Shanghai Surprise— The Summit of the Shanghai Cooperation Organisation

Reveals How Power Is Shifting in the World.« Guardian, June 16, 2006, http://www.guardian.co.uk/com-mentisfree/2006/jun/16/shanghaisurprise.

Hunt, Lacy H.: »The Fed's Flawed Model.« Casey Research, May 28, 2013, http://www.caseyresearch.com/articles/the-feds-«awed-model.

International Monetary Fund: »Currency Composition of Official Foreign Exchange Reserves (COFER),« http://www.imf.org/external/np/sta/cofer/eng/index.htm.

International Monetary Fund: »Proposal for a General Allocation of SDRs.« Report, June 9, 2009, http://www.imf.org/external/np/pp/eng/2009/060909.pdf.

International Monetary Fund: »A Framework for the Fund's Issuance of Notes to the Official Sector,« June 17, 2009, http://www.imf.org/external/np/pp/eng/2009/063009.pdf.

International Monetary Fund: »IMF to Begin On-Market Sales of Gold.« Press Release no. 10/44, February 17, 2010, http://www.imf.org/external/np/sec/pr/2010/pr1044.htm.

International Monetary Fund: »Systematic Risk and the Redesign of Financial Regulation.« Global Financial Stability Report, April 2010, http://www.imf.org/external/pubs/ft/gfsr/2010/01/pdf/chap2.pdf.

International Monetary Fund: »The IMF-FSB Early Warning Exercise: Design and Methodological Toolkit.« September 2010, http://www.imf.org/external/np/pp/eng/2010/090110.pdf.

International Monetary Fund: »IMF Determines New Currency Weights for SDR Valuation Basket.« Press Release no. 10/434, November 15, 2010, http://www.imf.org/external/np/sec/pr/2010/pr10434.htm.

Jaffe, Greg: »U.S. Model for a Future War Fans Tensions with China and Inside Pentagon.« Washington Post, August 1, 2012, http://articles.washingtonpost.com/2012-08-01/world/35492126_1_china-tensions-chi-na-threat-pentagon.

Kaminski, Matthew: »Guy Sorman: Why Europe Will Rise Again.« Wall Street Journal, August 18, 2011, p. A11, http://online.wsj.com/news/articles/SB10000872396390444375104577592850332409044.

Kaminski, Matthew: »Trying to Save Europe, ›Step by Step.‹« Wall Street Journal, December 4, 2012, p. A17, http://online.wsj.com/news/articles/SB10001424127887323901604578157282337844170.

Kannan, Prakash; Fritzi Köhler-Geib: »The Uncertainty Channel of Contagion.« IMF Working Paper no. WP/09/219, October 2009, http://www.imf.org/external/pubs/ft/wp/2009/wp09219.pdf.

»Kazakhstan— Two Decades of Global Initiatives.« First Magazine, http://www.firstmagazine.com/DownloadSpecialReportDetail.1225.ashx.

Khalifa, Sherif; Ousmane Seck; Elwin Tobing: »Financial Wealth Effect: Evidence from Threshold Estimation.« Applied Economics Letters 18, no. 13 (2011), http://business.fullerton.edu/economics/skhalifa/publication13.pdf.

King, Mervyn: »Do We Need an International Monetary System?« Speech given at Stanford Institute for Economic Policy Research, March 11, 2011, http://www .bankofengland.co.uk/publications/Documents/speeches/2011/speech480.pdf.

Krugman, Paul: »The Myth of Asia's Miracle.« Foreign Affairs, November–December 1994, S. 62, http://www.pairault.fr/documents/lecture3s2009.pdf.

Krugman, Paul: »Sticky Wages and the Macro Story.« New York Times, July 22, 2012, http://krugman.blogs.nytimes.com/2012/07/22/sticky-wages-and-the-macro-story.

Lagerspetz, Eerik: »Money as a Social Contract.« Theory and Decision 17, no. 1 (July 1984), S. 1–9.

Lee, Il Houng; Murtaza Syed; Liu Xueyan: »Is China Over-Investing and Does It Matter?« IMF Working Paper no. WP/12/277, November 2012, http://www.imf.org/external/pubs/cat/longres.aspx?sk=40121.0.

Lee, Il Houng; Xu Qingjun; Murtaza Syed: »China's Demography and Its Implications.« IMF Working Paper no. WP/13/82, March 28, 2013, http://www.imf.org/external/pubs/cat/longres.aspx?sk=40446.0.

Lie, Eric: »On the Timing of CEO Stock Option Awards.« Management Science 51, no. 5 (May 2005).

Ludvigson, Sydney; Charles Steindel: »How Important Is the Stock Market Effect on Consumption?« FRBNY Economic Policy Review, July 1990, http://ftp.ny.frb.org/research/epr/99v05n2/9907ludv.pdf.

McAfee Roundstone Professional Services and McAfee Labs: »Global Energy Cyberattacks: ›Night Dragon,‹« February 10, 2011, http://www.mcafee.com/us/resources/white-papers/wp-global-energy-cyberattacks-night-dragon.pdf.

McCulley, Paul; Zoltan Pozsar: »Helicopter Money: Or How I Stopped Worrying and Love Fiscal-Monetary Cooperation.« GIC Global Society of Fellows,

January 7, 2013, http://www.interdependence.org/wp-content/uploads/2013/01/Helicopter_Money_Final1.pdf.

Macdonald, Alistair; Paul Vieira; Will Connors: »Chinese Fly Cash West, by the Suitcase.« Wall Street Journal, January 2, 2013, http://online.wsj.com/news/articles/SB10001424127887323635504578213933647167020.

McGregor, James: »China's Drive for ›Indigenous Innovation‹: A Web of Industrial Policies,« July 28, 2010, http://www.uschamber.com/sites/default/files/reports/100728chinareport_0.pdf.

Maclachlan, Fiona: »Max Weber and the State Theory of Money.« Working paper,http://home.manhattan.edu/~fiona.maclachlan/maclachlan26july03.htm.

Makin, John H.: »In«ation Is Better Than De«ation.« American Enterprise Institute, March 2009, http://www.aei.org/article/economics/fiscal-policy/inflation-is-better-than-de«ation.

Makin, John H.: »Trillion-Dollar Deficits Are Sustainable for Now, Unfortunately.« American Enterprise Institute, December 13, 2012, http://www.aei.org/outloook/trillion-dollar-de!cits-are-sustainable-for-now-unfortunately.

Mandiant: »APT1 Exposing One of China's Cyber Espionage Units,« 2013, Mandiant Intelligence Center Report, http://intelresport.mandiant.com.

Martin, Michael F: »China's Sovereign Wealth Fund.« Congressional Research Service, January 22, 2008, http://www.fas.org/sgp/crs/row/RL34337.pdf.

Merton, Robert K.: »The Self-Fulfilling Prophecy.« Antioch Review 8, no. 2 (Summer 1948), S. 193–210.

Milgram, Stanley: »Behavioral Study of Obedience.« Journal of Abnormal Social Psychology (1963).

Minder, Ralph: »Car Factories Offer Hope for Spanish Industry and Workers.« New York Times, December 28, 2012, S. B1, http://www.nytimes.com/2012/12/28/business/global/car-factories-offer-hope-for-spanish-industry-and-workers.html?pagewanted=all.

»Money: DeGaulle v. the Dollar.« Time, February 12, 1965, http://content.time.com/time/magazine/article/0,9171,840572,00.html.

Mundell, Robert A.: »A Theory of Optimum Currency Areas.« American Economic Review 51, no. 4 (September 1961), S. 657–65, esp. 659.

Newman, Mark: »Power Laws, Pareto Distributions and Zipf's Law.« Contemporary Physics 46 (September 2005), S. 323–51.

Nixon, Richard M.: Address to the Nation Outlining a New Economic Policy, August 15, 1971, http://www.presidency.ucsb.edu/ws/index.php?pid=3115#axzz1LXd02JEK.

O'Neill, Jim: »Building Better Global Economic BRICs.« Goldman Sachs, Global Economics Paper no. 66, November 30, 2001, http://www.goldmansachs.com/our-thinking/archive/archive-pdfs/build-better-brics.pdf.

Patterson, Scott; Jenny Strasburg; Jacob Bunge: »Knight Upgrade Triggered Old Trading System, Big Losses.« Wall Street Journal, August 14, 2012, http://online.wsj.com/news/articles/SB10000872396390444318104577589694289838100.

Pei, Minxin: »China's Troubled Bourbons.« Project Syndicate, October 31, 2012, www.project-syndicate.org.

Pettis, Michael: »The IMF on Overinvestment.« EconoMonitor, December 28, 2012, http://www.economonitor.com/blog/2012/12/the-imf-on-overinvestment/.

Poteshman, Allen M.: »Unusual Option Market Activity and the Terrorist Attacks of September 11, 2001.« Journal of Business 79, no. 4 (July 2006), http://econpapers.repec.org/article/ucpjnlbus/v_3a79_3ay_3a2006_3ai_3a4_3ap_3a1703-1726.htm.

Pufeng, Major General Wang: »The Challenge of Information Warfare.« China Military Science, Spring 1995, http://www.fas.org/irp/world/china/docs/iw_mg_wang.htm.

Reinhart, Carmen M.; Kenneth S. Rogoff: »Growth in a Time of Debt.« National Bureau of Economic Research, Working Paper no. 15639, January 2010, http://www.nber.org/papers/w15639.

Reinhart, Carmen M.; M. Belen Sbrancia: »The Liquidation of Government Debt.« National Bureau of Economic Research, Working Paper no. 16893, March 2011, http://www.nber.org/papers/w16893.

Rickards, James G.: »A New Risk Management Model for Wall Street.« Journal of Enterprise Risk Management (March 2009), S. 20–24.

Rickards, James G.: »Keynesianism, Monetarism and Complexity.« Reuters Rolfe Winkler Capital Jungle Blog, January 7, 2010, http://blogs.reuters.com/rolfe-winkler/2010/01/07/keynesianism-monetarism-and-complexity.

Romer, Christina A.: »The Debate That's Muting the Fed's Response.« New York Times, February 26, 2011, http://www.nytimes.com/2011/02/27/business/27view.html.

Romer, Christina A.; Jared Bernstein: »The Job Impact of the American Recovery and Reinvestment Plan.« Council of Economic Advisers, January 9, 2009.

Rosenberg, Matthew: »An Afghan Mystery: Why Are Large Shipments of Gold Leaving the Country?« New York Times, December 15, 2012, http://www.nytimes.com/2012/12/16/world/asia/as-gold-is-spirited-out-of-afghanistan-officials-wonder-why.html.

Scheinkman, José A.; Michael Woodford: »Self-Organized Criticality and Economic Fluctuations.« American Economic Review 84, no. 2 (May 1994), S. 417–21.

Schneider, Howard: »As Chinese Capital Moves Abroad, Europe Offers an Open Door.« Washington Post, February 26, 2013, http://articles.washingtonpost.com/2013-02-26/business/37297545_1_direct-investment-chinese-investors-rhodium-group.

Schneider, Howard: »In a Two-Faced Euro Zone, Financial Conditions Ease and Joblessness Rises.« Washington Post, March 1, 2013, http://articles.washingtonpost.com/2013-03-01/business/37373712_1_euro-zone-holdings-euro-zone-17-nation-currency-zone.

Singh, Manmohan; James Aitken: »The (Sizable) Role of Rehypothecation in the Shadow Banking System.« IMF Working Paper no. WP/10/172, July 2010, http://www.imf.org/external/pubs/ft/wp/2010/wp10172.pdf.

Sornette, Didier: »Critical Market Crashes.« Physics Reports 378 (2003), S. 1–98.

Sornette, Didier: »Dragon-Kings, Black Swans and the Prediction of Crises.« International Journal of Terraspace Science and Engineering (December 2009), http://arxiv.org/pdf/0907.4290.pdf.

Sornette, Didier; Ryan Woodard: »Financial Bubbles, Real Estate Bubbles, Derivative Bubbles, and the Financial and Economic Crisis.« Proceedings of Applications of Physics and Financial Analysis Conference Series, May 2, 2009, http://arxiv.org/pdf/0905.0220.pdf.

Stein, Jeremy C.: »Overheating in Credit Markets: Origins, Measurement, and Policy Responses.« Federal Reserve Bank of St. Louis Research Symposium, February 7, 2013, http://www.federalreserve.gov/newsevents/speech/stein20130207a.htm.

Stevis, Matina: »Euro Zone Closes in on Bank Plans.« Wall Street Journal, June 13, 2013, online.wsj.com/article/SB10001424127887323734304578542941134353614.html.

Stewart, James B.: »The Birthday Party.« New Yorker, February 11, 2008, http://www.newyorker.com/reporting/2008/02/11/080211fa_fact_stewart.

Subbotin, Alexander: »A Multi-Horizon Scale for Volatility.« Centre d'Economie de la Sorbonne, working paper, March 3, 2008.

Swensson, Lars E. O.: »The Zero Bound in an Open Economy: A Foolproof Way of Escaping from a Liquidity Trap.« National Bureau of Economic Research, Working Paper no. 7957, October 2000, http://www.nber.org/papers/w7957.

Swensson, Lars E. O.: »Escaping from a Liquidity Trap and De«ation: The Foolproof Way and Others.« National Bureau of Economic Research, Working Paper no. 10195, December 2003, http://www.nber.org/papers/w10195.

Taylor, Jason E.; Richard K. Vedder: »Stimulus by Spending Cuts: Lessons from 1946.« Cato Institute, Cato Policy Report, May–June 2010, http://www.cato.org/policy-report/mayjune-2010/stimulus-spending-cuts-lessons-1946.

Taylor, John B.: »Discretion Versus Policy Rules in Practice.« Carnegie-Rochester Conference Series on Public Policy (1993), S. 195–214, http://www.stanford.edu/~johntayl/Papers/Discretion.PDF.

Taylor, Jason E.; Richard K. Vedder: »Evaluating the TARP.« Testimony for the Committee on Banking, Housing and Urban Affairs, U.S. Senate, March 17, 2011, http://www.stanford.edu/~johntayl/Taylor%20TARP%20Testimony.pdf.

Tiwari, Dheeraj; Rajeev Jayaswal: »India, Iran Mull over Gold-for-Oil for Now.«Financial Times, January 8, 2011, http://articles.economictimes.indiatimes.com/2011-01-08/news/28433295_1_bilateral-issue-oil-india-imports.

Tsirel, Sergey V. et al: »Log-Periodic Oscillation Analysis and Possible Burst of the ›Gold Bubble‹ in April–June 2011,« http://arxiv.org/pdf/1012.4118.pdf.

Ummelas, Ott: »Why Estonia Loves the Euro.« Bloomberg Businessweek, February 2, 2012, http://www.businessweek.com/magazine/why-estonia-loves-the-euro-02022012.html.

UN Conference on Trade and Development: »Reform of the International Monetary and Financial System.« Chap. 4 in Trade and Development Report, 2009. New York and Geneva: United Nations, 2009, http://unctad.org/en/docs/tdr2009_en.pdf.

UN Department of Economic and Social Affairs: »Reforming the International Financial Architecture.« Chap. 5 in World Economic and Social Survey 2010: Retooling Global Development. New York: United Nations, 2010, http://www.un.org/esa/analysis/wess/wess2010!les/wess2010.pdf.

U.S. Congress: »Housing Wealth and Consumer Spending.« Congressional Budget Office Background Paper, January 2007, http://www.cbo.gov/publication/18279.

U.S. Government Accountability Office: »Iran Sanctions: Impact in Furthering U.S.

Objectives Is Unclear and Should Be Reviewed,« December 2007, http://www.gao.gov/new.items/d0858.pdf.

Walker, Marcus; Alessandra Galloni: »Embattled Economies Cling to the Euro.«Wall Street Journal, February 13, 2013, p. A1, http://online.wsj.com/news/articles/SB10001424127887324761004578284203099970438.

Williamson, John: »What Washington Means by Policy Reform.« Peterson Institute for International Economics, April 1990, http://www.iie.com/publications/papers/paper.cfm?researchid=486.

Williamson, John: »Is the ›Beijing Consensus‹ Now Dominant?« Asia Policy, no. 13 (January 2012), S. 1–16.

Wong, Wing-Keung; Howard E. Thompson; Kweechong The: »Was There Abnormal Trading in the S&P 500 Index Options Prior to the September 11 Attacks?« Social Science Research Network, April 13, 2010, http://ssrn.com/abstract=1588523.

Woodford, Michael: »Convergence in Macroeconomics: Elements of the New Synthesis.« Paper prepared for the annual meeting of the American Economics Association,

New Orleans, January 4, 2008, http://www.columbia.edu/~mw2230/Convergence_AEJ.pdf.

Woodford, Michael: »Simple Analytics of the Government Expenditure Multiplier.« National Bureau of Economic Research, Working Paper no. 15714, January 2010, http://www.nber.org/papers/w15714.

Woodford, Michael: »Methods of Policy Accommodation at the Interest-Rate Lower Bound.« Paper presented at the Federal Reserve Bank of Kansas City Symposium, Jackson Hole, Wyo., August 31, 2012, http://www.kc.frb.org/publicat/sympos/2012/mw.pdf.

World Economic Forum: »More Credit with Fewer Crises: Responsibly Meeting the World's Growing Demand for Credit:« Report in Collaboration with McKinsey, January 2010, http://www3.weforum.org/docs/WEF_NR_More_credit_fewer_crises_2011.pdf.

World Gold Council: »Gold: A Commodity like No Other,« April 2011, http://www.exchangetradedgold.com/media/ETG/!le/Gold_a_commodity_like_no_other.pdf.

World Intellectual Property Organization: WIPO IP Facts and Figures 2012. WIPO Economics and Statistics Series, http://www.wipo.int/export/sites/www/freepublications/en/statistics/943/wipo_pub_943_2012.pdf.

»World Money: A More Equal System.« Time, January 3, 1972.

Yellen, Janet L.: »Improving the International Monetary and Financial System.« Remarks delivered at the Banque de France International Symposium, Paris, March 4, 2011, http://www.federalreserve.gov/newsevents/speech/yellen20110304a.htm.

Anmerkungen

1   Janet Tavakoli, »Who Says Gold Is Money (Part Two)«, Financial Report, Tavakoli Structured Finance, 30 August 2013, http://www.tavakolistructuredfinance.com/2013/08/tavakoli-says-gold-is-money.

2   John Mulheren im Gespräch mit dem Autor, CIA Headquarters, 26. September 2003.

3   John Mulherens Verurteilung von 1990 wurde durch den Second Circuit Court of Appeals 1991 aufgehoben. Diese vollständige Entlastung erlaubte ihm, in die Sicherheitsbranche zurückzukehren.

4   Elisabeth Bumiller, »Bin Laden, on Tape, Boasts of Trade Center Attacks; U.S. Says It Proves His Guilt«, New York Times, 14 Dezember 2001, http://www.nytimes.com/2001/12/14/world/nation-challenged-video-bin-laden-tape-boasts-trade-center-attacks-us-says-it.html. Der Hinweis auf den 5. September bezieht sich auf die Zeitzone von New York, wo die Märkte noch geöffnet waren. Bin Laden machte seine Anmerkungen in Afghanistan am 6. September (Ortszeit), 9,5 Stunden vor der New Yorker Zeit.

5   Tayser Allouni, »A Discussion on the New Crusader Wars«, 21. Oktober 2001, http://www.religioscope.com/info/doc/jihad/ubl_int_2.htm.

6   National Commission on Terrorist Attacks upon the United States, The 9/11 Commission Report (New York: W. W. Norton, 2004), S. 222, S. 237.

7   Für Options-Tradingdaten siehe Allen M. Poteshman, »Unusual Option Market Activity and the Terrorist Attacks of September 11, 2001«, Journal of Business 79, Nr. 4 (Juli 2006), S. 1703–26, http://www.jstor.org/stable/10.1086/503645.

8   National Commission on Terrorist Attacks, 9/11 Commission Report, S. 172.

9   Siehe Poteshman, »Unusual Option Market Activity«; Wing-Keung Wong, Howard E. Thompson und Kweechong Teh, »Was There Abnormal Trading in the S&P 500 Index Options Prior to the September

11 Attacks?« Social Science Research Network, 13. April 2010, http://ssrn.com/abstract=1588523; and Marc Chesney, Remo Crameri und Loriano Mancini, »Detecting Informed Trading Activities in the Options Markets«, Swiss Finance Institute Research Paper Nr. 11–42 (Juli 2012), http://ssrn.com/abstract=1522157.

10 Poteshman, »Unusual Option Market Activity«.

11 Erik Lie, »On the Timing of CEO Stock Option Awards«, Management Science 51, Nr. 5 (Mai 2005), S. 802–812, http://www.biz.uiowa.edu/faculty/elie/Grants-MS.pdf.

12 Poteshman, »Unusual Option Market Activity«, S. 1725.

13 Chesney, Crameri und Mancini, »Detecting«, S. 19.

14 George Tenet zitiert aus 9/11 Commission Report, S. 259.

15 George W. Bush zitiert aus Andrew J. Bacevich, »He Told Us to Go Shopping«, Washington Post, 5. Oktober 2008, http://articles.washingtonpost.com/2008-10-05/opinions/36929207_1_president-bush-american-consumer-congress.

16 Siobhan Gorman, Devlin Barrett und Jennifer Valentino-Devries, »CIA's Financial Spying Bags Data on Americans«, Wall Street Journal, 14. November 2013, http://online.wsj.com/news/articles/SB10001424 05270230355950457919837013163530.

17 Zitiert aus »The Dragon's New Teeth«, Economist, 7. April 2012, http://www.economist.com/node/21552193.

18 Greg Jaffe, »U.S. Model for a Future War Fans Tensions with China and Inside Pentagon«, Washington Post, 1. August 2012, http://articles.washingtonpost.com/2012-08-01/world/35492126_1_china-tensions-china-threat-pentagon.

19 Major General Wang Pufeng, »The Challenge of Information Warfare«, China Military Science, Frühjahr 1995, http://www.fas.org/irp/world/china/docs/iw_mg_wang.htm.

20 Colonel Qiao Liang und Colonel Wang Xiangsui, Unrestricted Warfare (Beijing: People's Liberation Army, 1999).

21 Ebd.

22 Floyd Norris, »Data Shows Less Buying of U.S. Debt by China«, New York Times, 12. Januar 2011, http://www.nytimes.com/2011/01/22/business/economy/22charts.html?_r=0.

23 Andrew Ross Sorkin und David Barboza, »China to Buy $3 Billion Stake in Blackstone«, New York Times, 20. Mai 2007, http://www.nytimes.com/2007/05/20/business/worldbusiness/20cnd-yuan.html?pagewanted=print.

24 James B. Stewart, »The Birthday Party«, New Yorker, 11. Februar 2008, http://www.newyorker.com/reporting/2008/02/11/080211fa_fact_stewart.

25 Zitiert aus Andrew Clark, »The Guardian Profile: Stephen Schwarzman«, Guardian, 15. Juni 2007, http://www.theguardian.com/business/2007/jun/15/4.

26 Sorkin und Barboza »China to Buy.«

27 Ambrose Evans-Pritchard, »Beijing Hints at Bond Attack on Japan«, Telegraph, 18. September 2012, http://www.telegraph.co.uk/finance/china-business/9551727/Beijing-hints-at-bond-attack-on-Japan.html.

28 »Australia: Reserve Bank Networks Hacked«, Stratfor Global Intelligence, 11. März 2013, www.stratfor.com.

29 Um einen detaillierten Bericht über Chinas Bemühungen zu erhalten, der darlegt, dass China mithilfe militärischer Geheimdienste Geheimnisse und geistiges Eigentum zu stehlen versucht, siehe Mandiant, »APT1: Exposing One of China's Cyber Espionage Units«, 2013, Mandiant Intelligence Center Report, http://intelreport.mandiant.com.

30 Matthew M. Aid, »Inside the NSA's Ultra-Secret China Hacking Group«, Foreign Policy, 10. Juni 2013, http://www.foreignpolicy.com/articles/2013/06/10/inside_the_nsa_s_ultra_secret_china_hacking_group.

31 »Fact Sheet: Quantum Dawn 2, 18. Juli 2013«, SIFMA, http://www.sifma.org/uploadedfiles/services/bcp/qd2-fact-sheet.pdf?n=19890.

32 Kasia Klimasinska und Ian Katz, »Useless Rial Is U.S. Goal in New Iran Sanctions, Treasury Says«, Bloomberg, 6. Juni 2013, http://www.bloomberg.com/news/2013-06-06/useless-rial-is-u-s-goal-in-new-iran-sanctions-treasury-says.html.

33 Jack Farchy, »Iran Bought Gold to Cut Dollar Exposure«, Financial Times, 20. März 2011, http://www.ft.com/cms/s/0/cc350008-5325-11e0-86e6-00144feab49a.html.

34 Dheeraj Tiwari und Rajeev Jayaswal, »India, Iran Mull over Gold-for-Oil for Now«, Economic Times, 8. Januar 2011, http://articles.economictimes.indiatimes.com/2011-01-08/news/28433295_1_bilateral-issue-oil-india-imports.

35 »Turkey's Gold Export to Iran Rises Again«, Hurriyet Daily News, 1. Mai 2013, http://www.hurriyetdailynews.com/turkeys-gold-export-to-iran-rises-again-.aspx?pageID=238&nid=46002.

36 »Cargo Plane with 1.5 Tons of Gold Held in Istanbul«, Hurriyet Daily News, 5. Januar 2013, http://www.hurriyetdailynews.com/cargo-plane-with-15-tons-of-gold-held-in-istanbul-.aspx?pageID=238&nid=38427.

37 »Gold Seized at Istanbul Airport Was Allegedly for Iran«, Voice of Russia, 6. Januar 2013, http://voiceofrussia.com/2013_01_06/Gold-seized-at-Istanbul-airport-was-allegedly-for-Iran.

38 Matthew Rosenberg, »An Afghan Mystery: Why Are Large Shipments of Gold Leaving the Country?« New York Times, 15. Dezember 2012, http://www.nytimes.com/2012/12/16/world/asia/as-gold-is-spirited-out-of-afghanistan-officials-wonder-why.html.

39 »U.S. to Block Sale of Gold to Iran in Sanctions Clampdown«, Al Arabiya, 16. Mai 2003, http://english.alarabiya.net/en/business/economy/2013/05/16/U-S-to-block-sales-of-gold-to-Iran-in-sanctions-clampdown.html.

40 Benoît Faucon, »U.S. Warns Russia on Iranian Bank«, Wall Street Journal, 11. Dezember 2012, http://online.wsj.com/news/articles/SB10001424127887323330604578145071930969966.

41 Siobhan Gorman und Danny Yadron, »Iran Hacks Energy Firms, U.S. Says«, Wall Street Journal, 23. Mai 2013, http://online.wsj.com/article/SB10001424127887323336104578501601108021968.html.

42 Steve H. Hanke, »Syria's Annual Inflation Hits 200%«, Cato Institute, 1. Juli 2013, http://www.cato.org/blog/syrias-annual-inflation-hits-200.

43 »Three Nukes for $5 billion«, Debka-Net-Weekly 13, Nr. 588 (24. Mai 2013), http://www.debka.com.

44 Der Autor war Mitwirkender, Moderator oder auch Referent bei den virtuellen Finanzkriegsspielen der Federation of American Scientists in Bahrain, der Boeing Corporation und der National Defense University, die in den vorherigen Absätzen beschrieben wurden.

45 Henry Samuels, »Swiss War Game Envisages Invasion by Bankrupt French«, Telegraph, 30. September 2013, http://www.telegraph.co.uk/news/worldnews/europe/switzerland/10344029/Swiss-war-game-envisages-invasion-by-bankrupt-French.html.

46 Maßgeblich dokumentierte Studien und Abhandlungen über den Umfang und die Verbreitung von Cyberattacken auf U.S. Systeme, inklusive der Finanzsysteme, die von verschiedenen Quellen wie China und den Iran initiiert wurden, sind: »Global Energy Cyberattacks: ›Night Dragon‹«, McAfee Foundstone Professional Services and McAfee Labs White Paper, 10. Februar 2011, http://www.mcafee.com/us/resources/white-papers/wp-global-energy-cyberattacks-night-dragon.pdf; Nicolas Falliere, Liam O. Murchu und Eric Chien, »W.32.Stuxnet Dossier Version 1.4«, Symantec, Februar 2011, http://www.symantec.com/content/en/us/enterprise/media/security_response/whitepapers/w32_stuxnet_dossier.pdf; and Mandiant, »APT1: Exposing One of China's Cyber Espionage Units«, 2013, Mandiant Intelligence Center Report, http://intelreport.mandiant.com.

47 Senior SEC Beamter im Gespräch mit dem Autor, September 2012.

48 Max Fisher, »Syrian Hackers Claim AP Hack That Tipped Stock Market by $136 Billion Is It Terrorism?« Washington Post, 23. April 2013, http://www.washingtonpost.com/blogs/worldviews/wp/2013/04/23/syrian-hackers-claim-ap-hack-that-tipped-stock-market-by-136-billion-is-it-terrorism.

49 Scott Patterson, Jenny Strasburg und Jacob Bunge, »Knight Upgrade Triggered Old Trading System, Big Losses«, Wall Street Journal, 14. August 2012, http://online.wsj.com/news/articles/SB10000872396390444318104577589694289838100.

50 Der Autor war Rechtsberater von Long-Term Capital Management und Hauptunterhändler bei der 1998 von der Federal Reserve Bank of New York arrangierten Rettungsaktion. An den Anleihen- und Derivatemärkten war LTCM ein wohlbekannter Trader, aber das Ausmaß seines Engagements am Aktienmarkt war kaum bekannt. LTCM war der größte Risiko-Arbitrageur der Welt, mit offenen Aktienpositionen im Volumen von mehr als 15 Milliarden Dollar. Nachdem er zusammen mit dem Autor und dem CEO John Meriwether am 20. September 1998 die Bücher und Aufzeichnungen von LTCM durchgesehen hatte, sagte Peter R. Fisher, Leiter der Offenmarktoperationen bei der Federal Bank of New York: »Wir wussten, dass ihr Jungs vielleicht die Anleihenmärkte zu Fall bringen könnt, aber wir hatten keine Ahnung, dass ihr das auch mit dem Aktienmarkt tun könnt.« Die Rettungsaktion der Fed begann am nächsten Vormittag und wurde am 28. September 1998 abgeschlossen.

51 Marc Ambinder, »The Day After«, National Journal, 11. April 2011, http://www.nationaljournal.com/magazine/government-still-unprepared-for-disaster-20110411.

52 Friedrich A. Hayek, »The Use of Knowledge in Society«, American Economic Review 35, Nr. 4 (1935), S. 519–530, http://www.econlib.org/library/Essays/hykKnw1.html.

53 Die Abhandlung wurde in zahlreichen Publikationen abgedruckt. Siehe Charles Goodhart, »Problems of Monetary Management: The U.K. Experience«, in Anthony Courakis, ed., Inflation, Depression, and Economic Policy in the West (Lanham, Md.: Rowman und Littlefield, 1981), S. 111–146.

54 U.S. Congress, »Housing Wealth and Consumer Spending«, Congressional Budget Office Background Paper, Januar 2007, http://www.cbo.gov/publication/18279.

55 Sydney Ludvigson und Charles Steindel, »How Important Is the Stock Market Effect on Consumption?« FRBNY Economic Policy Review, Juli 1990, http://ftp.ny.frb.org/research/epr/99v05n2/9907ludv.pdf.

56 Sherif Khalifa, Ousmane Seck und Elwin Tobing, »Financial Wealth Effect: Evidence from Threshold Estimation«, Applied Economics Letters 18, Nr. 13 (2011), http://business.fullerton.edu/economics/skhalifa/publication13.pdf.

57 Christopher Flavelle, »Debunking the ›Wealth Effect‹«, Slate, 10. Juni 2008, http://www.slate.com/articles/news_and_politics/hey_wait_a_minute/2008/06/debunking_the_wealth_effect.html.

58 U.S. Congress, »Housing Wealth«; sowie Ludvigson und Steindel, »How Important«.

59 Lacy H. Hunt, »The Fed's Flawed Model«, Casey Research, 28. Mai 2013, http://www.caseyresearch.com/articles/the-feds-flawed-model.

60 Ebd.

61 Steve H. Hanke, »The Federal Reserve vs. Small Business«, Cato Institute, 3. Juni 2013, http://www.cato.org/blog/federal-reserve-vs-small-business-0.

62 Giovanni Dell'Ariccia, Luc Laeven und Gustavo Suarez, »Bank Leverage and Monetary Policy's Risk-Taking Channel: Evidence from the United States«, IMF Working Paper Nr. WP/13/143, Juni 2013, http://www.imf.org/external/pubs/cat/longres.aspx?sk=40642.0.

63 Diese Analyse basiert auf Daten und Auswertungen von Buttonwood »The Real Deal – Low Real Interest Rates Are Usually Bad News for Equity Markets«, Economist, 20. Oktober 2012, http://www.economist.com/news/finance-and-economics/21564845-low-real-interest-rates-are-usually-bad-news-equity-markets.

64 George A. Akerlof, »The Market for ›Lemons‹: Quality Uncertainty and the Market Mechanism«, Quarterly Journal of Economics 84, Nr. 3 (August 1970), S. 488–500.

65 Ben S. Bernanke, »Irreversibility, Uncertainty, and Cyclical Investment«, National Bureau of Economic Research, Cambridge, Mass., Juli 1980, http://www.nber.org/papers/w502.

66 Jason E. Taylor und Richard K. Vedder, »Stimulus by Spending Cuts: Lessons from 1946«, Cato Institute, Cato Policy Report, Mai–Juni 2010, http://www.cato.org/policy-report/mayjune-2010/stimulus-spending-cuts-lessons-1946.

67 Frank H. Knight, Risk, Uncertainty and Profit (1921; Nachdruck Washington, D. C.: Beard Books, 2002).

68 Bernanke, »Irreversibility, Uncertainty«.

69 Ebd.

70 Robert E. Hall, »The Routes into and out of the Zero Lower Bound«. Die Abhandlung wurde für die Federal Reserve Bank of Kansas City Symposium, Jackson Hole, Wyo., angefertigt, 13. August 2013, http://www.stanford.edu/~rehall/HallJacksonHole2013.

71 Tao Te Ching, übers. von Stephen Addis und Stanley Lombardo (Indianapolis: Hackett, 1993).

72 David T. C. Lie, ältester Enkel von Zhang Xue Ming, Bürgermeister von Tianjin in den 1930er-Jahren, im Gespräch mit dem Autor, Shanghai, 6. Juni 2012.

73 Paul Krugman, »The Myth of Asia's Miracle«, Foreign Affairs, November–Dezember 1994, S. 62, http://www.pairault.fr/documents/lecture3s2009.pdf.

74 Mitali Das und Papa N'Diaye, »Chronicle of a Decline Foretold: Has China Reached the Lewis Turning Point?« IMF Working Paper Nr. 13/26, Januar 2013, http://www.imf.org/external/pubs/cat/longres.aspx?sk=40281.0.

75 James McGregor, No Ancient Wisdom, No Followers (Westport, Conn.: Prospecta Press, 2012), S. 23.

76 Ebd., S. 34.

77 »Heirs of Mao's Comrades Rise as New Capitalist Nobility«, Bloomberg News, 26. Dezember 2012, http://www.bloomberg.com/news/2012-12-26/immortals-beget-china-capitalism-from-citic-to-god-father-of-golf.html.

78 Xiao Gang, »Regulating Shadow Banking«, China Daily, 12. Oktober 2012, S. 8, http://www.chinadaily.com.cn/opinion/2012-10/12/content_15812305.htm.

79 Alistair Macdonald, Paul Vieira und Will Connors, »Chinese Fly Cash West, by the Suitcase«, Wall Street Journal, 2. Januar 2013, S. A1, http://online.wsj.com/news/articles/SB10001424127887323635504578213933647167020.

80 Bob Davis, »China Tries to Shut Rising Income Gap«, Wall Street Journal, 11. Dezember 2012, S. A14, http://online.wsj.com/news/articles/SB10001424127887324640104578161493858722884.

81 Minxin Pei, »China's Troubled Bourbons«, Project Syndicate, 31. Oktober 2012, www.project-syndicate.org.

82 Il Houng Lee, Murtaza Syed und Liu Xueyan, »Is China Over-Investing and Does It Matter?«, IMF Working Paper Nr. WP/12/277, November 2012, http://www.imf.org/external/pubs/cat/longres.aspx?sk=40121.0.

83 Michael Pettis, »The IMF on Overinvestment«, Michael Pettis' China Financial Markets, 28. Dezember 2012, http://www.economonitor.com/blog/2012/12.

84 Houng Il Lee, Xu Qingjun und Murtaza Syed, »China's Demography and Its Implications«, IMF Working Paper Nr. WP/13/82, 28. März 2013, http://www.imf.org/external/pubs/cat/longres.aspx?sk=40446.0.

85 Einhard, The Life of Charlemagne (19. Jahrhundert; Nachdruck Kessinger, 2010).

86 Lauro Martines, Furies: War in Europe, 1450–1700 (New York: Bloomsbury, 2013), S. 118.

87 John Williamson, »What Washington Means by Policy Reform«, Peterson Institute for International Economics, 1990, http://www.iie.com/publications/papers/paper.cfm?researchid=486.

88 Joshua Cooper Ramo, The Beijing Consensus (London, Foreign Policy Centre, 2004), S. 4.

89 John Williamson, »Is the ›Beijing Consensus‹ Now Dominant?« Asia Policy, Nr. 13 (Januar 2012), S. 1–16.

90 World Intellectual Property Organization, WIPO IP Facts and Figures 2012, WIPO Economics and Statistics Series, http://www.wipo.int /export /sites/www/freepublications/en/statistics/943/wipo_pub_943_2012.pdf.

91 »Corporate Tax Rates Table«, KPMG, http://www.kpmg.com/global/en/services/tax/tax-tools-and-resources/pages/corporate-tax-rates-table.aspx.

92 Leo Cendrowicz, »Switzerland Celebrates World's Longest Rail Tunnel«, Time, 20. Oktober 2010, http://www.time.com/time/business/article/0,8599,2026369,00.html.

93 Paul Krugman, »Sticky Wages and the Macro Story«, New York Times, 22. Juli 2012, http://krugman.blogs.nytimes.com/2012/07/22/sticky-wages-and-the-macro-story.

94 Robert A. Mundell, »A Theory of Optimum Currency Areas«, American Economic Review 51, Nr. 4 (September 1961), S. 657–665, bes. 659.

95 Indermit Gill und Martin Raiser, »Golden Growth, Restoring the Lustre of the European Economic Model«, Internationale Bank für Wiederaufbau und Entwicklung, 2012, http://issuu.com/world.bank.publications/docs/9780821389652.

96 Howard Schneider, »As Chinese Capital Moves Abroad, Europe Offers an Open Door«, Washington Post, 26. Februar 2013, http://articles.washingtonpost.com/2013-02-26/business/37297545_1_direct-investment-chinese-investors-rhodium-group.

97 Lingling Wei und Bob Davis, »China's Zhu Changhong Helps Steer Nation's Currency Reserves«, Wall Street Journal, 16. Juli 2013, S. C1, http://online.wsj.com/article/SB1000142412788732366420457860630173904368.html.

98 Howard Schneider, »In a Two-Faced Euro Zone, Financial Conditions Ease and Joblessness Rises«, Washington Post, 1. März 2013, http://articles.washingtonpost.com/2013-03-01/business/37373712_1_euro-zone-holdings-euro-zone-17-nation-currency-zone.

99 IMF, »Currency Composition of Official Foreign Exchange Reserves (COFER)«, http://www.imf.org/external/np/sta/cofer/eng/index.htm.

100 Barack Obama, »Remarks by the President in State of the Union Address«, 27. Januar 2010, http://www.whitehouse.gov/the-press-office/remarks-president-state-union-address; und Ben Bernanke, »U.S. Monetary Policy and International Implications«, ausgeführt im Seminar der IMF–Bank in Japan, 14. Oktober 2012, http://www.federalreserve.gov/newsevents/speech/bernanke20121014a.htm.

101 »Salaries Drop by over 10 Pct Within a Year«, ekathimerini, 2. Juli 2013, http://www.ekathimerini.com/4dcgi/_w_articles_wsite2_1_02/07/2013_507091.

102 Marcus Walker und Alessandra Galloni, »Embattled Economies Cling to the Euro«, Wall Street Journal, 13. Februar 2013, S. A1, http://online.wsj.com/news/articles/SB1000142412788732476100457828420309970438.

103 Matthew Kaminski, »Guy Sorman: Why Europe Will Rise Again«, Wall Street Journal, 18. August 2011, S. A11, http://online.wsj.com/news/articles/SB10000872396390444375104577592850332409044.

104 Stelios Bouras und Philip Pangalos, »Foreign Money Is Revisiting Greece«, Wall Street Journal, 25. Februar 2013, S. C1, http://online.wsj.com/news/articles/SB1000142412788732386430457832043143516910.

105 Hugo Dixon, »The Gloom Around Greece Is Dissipating«, New York Times, 21. April 2013, http://www.nytimes.com/2013/04/22/business/global/the-gloom-around-greece-is-dissipating.html.

106 Liz Alderman und Demitris Bounias, »Privatizing Greece, Slowly but Not Surely«, New York Times, 18. November 2012, http://www.nytimes.com/glogin?URI=http://www.nytimes.com/2012/11/18/business/privatizing-greece-slowly-but-not-surely.html.

107 Liz Alderman, »Under Chinese, a Greek Port Thrives«, New York Times, 19. Oktober 2012, http://www.nytimes.com/2012/10/11/business/global/chinese-company-sets-new-rhythm-in-port-of-piraeus.html?pagewanted=all.

108 Ralph Minder, »Car Factories Offer Hope for Spanish Industry and Workers«, New York Times, 28. Dezember 2012, S. B1, http://www.nytimes.com/2012/12/28/business/global/car-factories-offer-hope-for-spanish-industry-and-workers.html?pagewanted=all; Angeline Benoit, Manuel Baigorri und Emma Ross-Thomas, »Rajoy Drives Spanish Revolution with Low-Cost Manufacture«, Bloomberg, 19. Dezember 2012, http://www.bloomberg.com/news/2012-12-19/rajoy-drives-spanish-revolution-with-low-cost-manufacture.html.

109 Buttonwood, »The Euro Zone Crisis: Growth Problem«, Economist, 17. Dezember 2012, http://www.economist.com/blogs/buttonwood/2012/12/euro-zone-crisis.

110 Matina Stevis, »Euro Zone Closes In on Bank Plans«, Wall Street Journal, 13. Juni, 2013, http://online.wsj.com/article/SB10001424127887323734304578542941134353614.html.

111 Jim O'Neill, »Building Better Global Economic BRICs«, Goldman Sachs, Global Economics Paper Nr. 66, 30. November 2001, http://www.goldmansachs.com/our-thinking/archive/archive-pdfs/build-better-brics.pdf.

112 Ebd., S. S11.

113 Anders Åslund, »Southern Europe Ignores Lessons from Latvia at Its Peril«, Peterson Institute for International Economics, Policy Brief Nr. PB12-17, Juni 2012, http://www.iie.com/publications/pb/pb12-17.pdf.

114 Ebd.

115 Paul Ames, »Estonia Uses the Euro, and the Economy Is Booming«, CNBC, 5. Juni 2012, http://www.cnbc.com/id/47691090.

116 Ebd.

117 Andrew Higgins, »Used to Hardship, Latvia Accepts Austerity, and Its Pain Eases«, New York Times, 1. Januar 2013, http://www.nytimes.com/2013/01/02/world/europe/used-to-hardship-latvia-accepts-austerity-and-its-pain-eases.html?pagewanted=all.

118 Christine Lagarde, »Latvia and the Baltics – A Story of Recovery«, Rede gehalten in Riga, Lettland, 5. Juni 2013, http://www.imf.org/external/np/speeches/2012/060512.htm.

119 Ott Ummelas, »Why Estonia Loves the Euro«, Bloomberg Businessweek, 2. Februar 2012, http://www.businessweek.com/magazine/why-estonia-loves-the-euro-02022012.html.

120 Jim O'Neill, Interview, CNN Marketplace Africa, 5. April 2011, http://edition.cnn.com/2011/BUSINESS/04/05/jim.oneill.africa.bric/index.html.

121 eThekwini Declaration, Fifth BRICS Summit, Durban, Südafrika, 27. März 2013, http://www.brics5.co.za/assets/eThekwini-Declaration-and-Action-Plan-MASTER-27-MARCH-2013.pdf.

122 Ebd.

123 »Brazil Plans to Go Offline from US-Centric Internet«, Hindu, 17. September 2013, http://www.thehindu.com/news/international/world/brazil-plans-to-go-of«ine-from-uscentric-internet/article5137689.ece.

124 Dilip Hiro, »Shanghai Surprise – The Summit of the Shanghai Cooperation Organisation Reveals How Power Is Shifting in the World«, Guardian, 16. Juni 2006, http://www.guardian.co.uk/commentisfree/2006/jun/16/shanghaisurprise.

125 »The Interbank Consortium of the Shanghai Cooperation Organisation«, Shanghai Cooperation Organisation, 16. März 2009, http://www.sectsco.org/EN123/show.asp?id=51.

126 Rick Rozoff, »The Shanghai Cooperation Organization: Prospects for a Multipolar World«, Centre for Research on Globalisation, Mai 2009, http://www.globalresearch.ca/the-shanghai-cooperation-organization-prospects-for-a-multipolar-world.

127 »China, Russia Sign Five-Point Joint Statement«, Xinhua, 18. Juni 2009, http://news.xinhuanet.com/english/2009-06/18/content_11558133.htm.

128 Siehe Dr. Syed Abul Basher, »Regional Initiative in the Gulf: Search for a GCC Currency«, Abhandlung präsentiert bei dem Seminar des Internationalen Instituts für Strategie Studien in Bahrain, 30. September 2012, http://www.iiss.org/en/events/geo-economics%20seminars/geo-economics%20seminars/archive/currencies-of-power-and-the-power-of-currencies-38db.

129 Der Autor ist Dr. Syed Abul Basher zu Dank verpflichtet für den Vorschlag und die Erklärung der SDR-Methode sowie für den Denkansatz, den Ölpreis in Dollar in den Währungskorb aufzunehmen, ebd.

130 Ben S. Bernanke, »U.S. Monetary Policy and International Implications«, ausgeführt bei einem Seminar der IMF–Bank von Japan, Tokyo, 14. Oktober 2012, http://www.federalreserve.gov/newsevents/speech/bernanke20121014a.htm.

131 Ben S. Bernanke, »Monetary Policy and the Global Economy«, Rede an der London School of Economics, London, 25. März 2013, http://www.federalreserve.gov/newsevents/speech/bernanke20130325a.htm.

132 »Quantitative Easing Explained«, Bank of England, http://www.bankofengland.co.uk/monetarypolicy/Pages/qe/default.aspx.

133 S. Pelin Berkmen, »Bank of Japan's Quantitative and Credit Easing: Are They Now More Effective?« IMF Working Paper Nr. WP/12/2, Januar 2012, http://www.imf.org/external/pubs/ft/wp/2012/wp1202.pdf.

134 Ambrose Evans-Pritchard, »Japan's Shinzo Abe Prepares to Print Money for the Whole World«, Tele-graph, Dezember 2012, http://www.telegraph.co.uk/finance/economics/9751609/Japans-Shinzo-Abe-prepares-to-print-money-for-the-whole-world.html.

135 »Introduction to the ›Quantitative and Qualitative Monetary Easing‹«, Bank of Japan, 4. April 2013, http://www.boj.or.jp/en/announcements/release_2013/k130404a.pdf.

136 Ebd.

137 Siehe Eerik Lagerspetz, »Money as a Social Contract«, Theory and Decision 17, Nr. 1 (Juli 1984), S. 1–9. Die Vertragstheorie des Geldes hat philosophische und rechtliche Wurzeln, die so alt sind wie Aristo-teles und, aus eher jüngeren Jahrhunderten, wie John Locke und Samuel von Pufendorf. Es wird hier in einer aktualisierten Version zur Bestimmung des eher aufschlussreichen inneren als den äußerlichen Wertes von Geld dargestellt.

138 Irving Fisher, »The Debt-Deflation Theory of Great Depressions«, Econometrica (1933), verfügbar auf der Homepage der Federal Reserve Bank von St. Louis, unter: http://fraser.stlouisfed.org/docs/meltzer/fisdeb33.pdf; und Milton Friedman, Studies in the Quantity Theory of Money (Chicago: University of Chicago Press, 1967).

139 Georg Friedrich Knapp, The State Theory of Money (San Diego: Simon, 2003).

140 John Maynard Keynes, Treatise on Money, Vol. 1, The Pure Theory of Money, und Vol. 2, The Applied Theory of Money (London: Macmillan, 1950).

141 Paul McCulley und Zoltan Pozsar, »Helicopter Money: Or How I Stopped Worrying and Love Fiscal-Monetary Cooperation«, GIC Global Society of Fellows, 7. Januar 2013, http://www.interdepen-dence.org/wp-content/uploads/2013/01/Helicopter_Money_Final1.pdf; Stephanie A. Bell und Edward J. Nell, eds., The State, the Market, and the Euro: Metallism versus Chartalism in the Theory of Money (Northampton, Mass.: Edward Elgar, 2003).

142 Richard Duncan, The New Depression: The Breakdown of the Paper Money Economy (Singapur: John Wiley & Sons Singapore Pte., 2012).

143 Fiona Maclachlan, »Max Weber and the State Theory of Money«, Working Paper, http://home.manhat-tan.edu/~fiona.maclachlan/maclachlan26july03.htm.

144 Warren Buffett, interviewt von Becky Quick und Joe Kernan, CNBC, 3. November 2009, http://www.cnbc.com/id/33603477.

145 John F. Cogan, Tobias Cwik, John B. Taylor und Volker Wieland, »New Keynesian Versus Old Keyne-sian Government Spending Multipliers«, National Bureau of Economic Research, Working Paper Nr. 14782, Februar 2009, http://www.nber.org/papers/w14782.pdf?new_window=1.

146 John H. Makin, »Trillion-Dollar Deficits Are Sustainable for Now, Unfortunately«, American Enter-prise Institute, 13. Dezember 2012, http://www.aei.org/outloook/trillion-dollar-deficits-are-sustainab-le-for-now-unfortunately.

147 Carmen M. Reinhart und Kenneth S. Rogoff, »Growth in a Time of Debt«, National Bureau of Econo-mic Research, Working Paper Nr. 15639, Januar 2010, http://www.nber.org/papers/w15639.

148 Carmen M. Reinhart und M. Belen Sbrancia, »The Liquidation of Government Debt«, National Bureau of Economic Research, Working Paper Nr. 16893, März 2011, http://www.nber.org/papers/w16893.

149 Michael Woodford, »Methods of Policy Accommodation at the Interest-Rate Lower Bound«, Abhand-lung präsentiert bei dem Symposium der Federal Reserve Bank von Kansas City, Jackson Hole, Wyo., 31. August 2012, S. 6, Schwerpunkt im Original unter: http://www.kc.frb.org/publicat/sympos/2012/mw.pdf.

150 Federal Reserve, Pressebericht, 12. Dezember 2012, http://www.federalreserve.gov/newsevents/press/monetary/20121212a.htm.

151 Marco Del Negro, Marc Giannoni und Christina Patterson, »The Forward Guidance Puzzle«, Federal Reserve Bank von New York, Beurteilung Nr. 574, Oktober 2012, http://newyorkfed.org/research/staff_reports/sr574.pdf.

152 Charles Goodhart, »Central Banks Walk Inflation's Razor Edge«, Financial Times, 30. Januar 2013, http://www.ft.com/intl/cms/s/0/744e4a96-661c-11e2-b967-00144feab49a.html.

153 Jeremy C. Stein, »Overheating in Credit Markets: Origins, Measurement, and Policy Responses«, Federal Reserve Bank of St. Louis Research Symposium, 7. Februar 2013, http://www.federalreserve.gov/newsevents/speech/stein20130207a.htm.

154 Die Selbstdarstellung in diesem Kapitel basiert auf dem Gespräch des Autors mit Dr. Min Zhu, New York City, 8. November 2012; Dr. Min Zhu, Vortrag am Watson Institute, Brown University, Providence, R. I., 29. März 2013.

155 Riordan Roett und Guadalupe Paz, eds., China's Expansion into the Western Hemisphere: Implications for Latin America and the United States (Washington, D. C.: Brookings Institution Press, 2008).

156 Siehe William D. Cohan, »Rethinking Robert Rubin«, Bloomberg Businessweek, 30. September 2012, http://www.businessweek.com/articles/2012-09-19/rethinking-robert-rubin; sowie Jonathan Stempel und Dan Wilchins, »Robert Rubin Quits Citigroup amid Criticism«, Reuters, 9. Januar 2009, http://www.reuters.com/article/2009/01/09/us-citigroup-rubin-idUSN0930738020090109.

157 Min Zhu im Gespräch mit dem Autor.

158 Ebd.

159 IMF Monetary and Capital Markets Department, »Macrofinancial Stress Testing – Principles and Practices«, 22. August 2012, http://www.imf.org/external/np/pp/eng/2012/082212.pdf.

160 IMF Articles of Agreement, Article V, Section 1, http://www.imf.org/external/pubs/ft/aa/index.htm.

161 »IMF Lending Arrangements as of May 13, 2013«, International Monetary Fund, http://www.imf.org/external/np/fin/tad/extarr11.aspx?memberKey1=ZZZZ&date1key=2020-02-28.

162 Diese Analyse arbeitet mit einem Umrechnungskurs von einem US-Dollar zu 0,667 SDRs. Aktualisierungen zum Umrechnungskurs erhalten Sie unter »Exchange Rate Archives by Month«, International Monetary Fund, http://www.imf.org/external/np/fin/data/param_rms_mth.aspx.

163 »Letters from the President to the Bipartisan Leadership on NAB Fund«, Office of the Press Secretary, Weißes Haus, 20. April 2009, http://www.whitehouse.gov/the-press-office/letters-president-bipartisan-leadership-nab-fund.

164 Ebd.

165 »IMF Managing Director Dominique Strauss-Kahn Welcomes U.S. Congressional Approval of IMF-Related Legislation, Including U.S. Financial Commitment of up to US$ 100 Billion«, International Monetary Fund, Pressebericht Nr. 09/220, 18. Juni 2009, http://www.imf.org/external/np/sec/pr/2009/pr09220.htm.

166 John Gizzi, »Why Is the U.S. Bankrolling IMF's Bailouts in Europe?«, Human Events, 25. April 2011, http://www.humanevents.com/2011/05/02/why-is-the-us-bankrolling-imfs-bailouts-in-europe.

167 Sandrine Rastello und Timothy R. Homan, »Lagarde Boosting China IMF Clout Requires New Allies«, Bloomberg, 10. April 2013, http://www.bloomberg.com/news/2013-04-10/lagarde-boosting-china-imf-clout-requires-new-allies.html.

168 Lesley Wroughton und David Lawder, »Senate Rebuffs Obama Request to Shift Fund for IMF«, Reuters, 12. März 2013, http://www.reuters.com/article/2013/03/12/us-usa-imf-reforms-idUSBRE92B04K20130312.

169 Pan Pylas, »Christine Lagarde at Davos 2012: ›I Am Here with My Little Bag, to Collect a Bit of Money‹«, Huffington Post, 28. Januar 2012, http://www.huffingtonpost.com/2012/01/28/christine-lagarde-davos-2012_n_1239050.html.

170 Howard Schneider, »Q & A with IMF Director Christine Lagarde«, Washington Post, 29. Juni 2013, http://articles.washingtonpost.com/2013-06-29/business/40269400_1_christine-lagarde-imf-former-french-finance-minister.

171 »Easy Money: Consequences of the Global Liquidity Glut«, Milken Institute 2012 Global Conference, 1. Mai 2012, http://www.milkeninstitute.org/events/gcprogram.taf?function=detail&EvID=3353&eventid=GC12.

172 International Monetary Fund, Annual Report 2012, Appendix VI: Financial Statements for FY 2012, Independent Auditors' Report on the Special Drawing Rights Department, 21. Juni 2012, S. 31, http://www.imf.org/external/pubs/ft/ar/2012/eng/pdf/a6.pdf; emphasis added.

173 Kenneth W. Dam, The Rules of the Game: Reform and Evolution in the International Monetary System (Chicago: University of Chicago Press, 1982), S. 151–152.

174 Der Broad Dollar Index ist erhältlich als Teil der statistischen Reihe, die von dem Direktorenausschuss des Federal Reserve Systems veröffentlich wurde, und ist als Teil des Foreign Exchange Rates erhältlich unter: http://www.federalreserve.gov/releases/h10/summary/indexbc_m.htm.

175 IMF Strategy, Policy, and Review Department, »Enhancing International Monetary Stability – A Role for the SDR?«, 7. Januar 2011, http://www.imf.org/external/np/pp/eng/2011/010711.pdf.

176 Ebd. Siehe auch IMF Finance and Strategy, Policy, and Review Departments, »Criteria for Broadening the SDR Currency Basket«, 23. September 2011, http://www.imf.org/external/np/pp/eng/2011/092311. pdf.

177 IMF Strategy, Policy, and Review Department, »Enhancing International Monetary Stability – A Role for the SDR?«

178 IMF Articles of Agreement, Article XVII, Section 3(i), http://www.imf.org/external/pubs/ft/aa/index. htm#a5s1.

179 Adam Lebor, Tower of Basel: The Shadowy History of the Secret Bank That Runs the World (New York: Public Affairs, 2013), Kap. 3.

180 IWF, Jahresbericht 2012, Anhang VI: Finanzbericht für das Fiskaljahr 2012, Bericht unabhängiger Buchprüfer über die SDR-Abteilung, 21. Juni 2012, Punkt 2. http: //www. imf.org/external/pubs/ ft/ar/2012/eng/pgf/a6.pdf. Der IWF zeichnet auch die Positionen derjenigen Mitglieder auf, deren SDR-Bestände geringer sind als ihre Zuteilungen, weil sie SDRs mit anderen Mitgliedern gegen konvertierbare Währungen getauscht haben. Von solchen Mitgliedern wird »Rekonstitution« im Sinne von Artikel XIX, Absatz 6(a) der IWF-Vereinbarungen gefordert. Das bedeutet: Der Mangel an SDRs muss in Zukunft ausgeglichen werden, vermutlich durch Rückkäufe von SDRs gegen konvertierbare Währung, die nach der Liquiditätskrise verdient wurde, die zur Emission führte. Die IWF-Vereinbarungen sind allerdings extrem flexibel, was die Anwendung der Rekonstitutionsanforderungen betrifft, und Artikel XIX, Absatz 6(b) erlaubt, die Regeln jederzeit zu ändern. Was solche Änderungsvorschläge betrifft, haben die USA kein effektives Vetorecht.

181 Min Zhu im Gespräch mit dem Autor.

182 IMF Articles of Agreement, Article XVIII, Section 1(a), http://www.imf.org/external/pubs/ft/aa/index. htm.

183 Nouriel Roubini, »After the Gold Rush«, Project Syndicate, 1. Juni 2013, http://www.project-syndicate. org/commentary/the-end-of-the-gold-bubble-by-nouriel-roubini.

184 Zitiert aus Gary Dorsch, »What's Behind the Global Flight into Gold?«, Financial Sense Observations, 30. Juni 2010, http://www.financialsensearchive.com/Market/dorsch/2010/0630.html.

185 J. P. Morgan, Testimony of J. P. Morgan Before the Bank and Currency Committee of the House of Representatives at Washington, D.C., 18.–19. Dezember 1912, http://memory.loc.gov/service/gdc/ scd0001/2006/20060517001te/20060517001te.pdf.

186 Für eine Besprechung der Arbeit des Committee for Reform of the International Monetary System, des »Committee of 20«, dessen Empfehlungen und die letztendliche Aufnahme in den Einflussbereich der Second Amendment zu den IMF Articles of Agreement von 1978, siehe Kenneth W. Dam, The Rules of the Game: Reform and Evolution in the International Monetary System (Chicago: University of Chicago Press, 1982), S. 211–290.

187 Ebd., S. 273–292.

188 Das Zahlenmaterial wurde der Website des Federal Reserve Systems entnommen, http://www.federal-reserve.gov; der Europäischen Zentralbank, http://www.ecb.int/home/html/index.en.html; der Bank von Japan, http://www.boj.or.jp/en; und der Volksbank von China, http://www.pbc.gov.cn/publish/ english/955/2013/20130313140427964275661/20130313140427964275661_.html, 11. Juli 2013. Der japanische Yen wurde mit dem Kurs 100 zu 1 in US-Dollar umgerechnet, der Euro mit 0,77 zu 1, der Yuan mit 6,1 zu 1.

189 Für eine erweiterete Analyse dieses Themas, siehe Murray N. Rothbard, What Has Government Done to Our Money? Teil 4, »The Monetary Breakdown of the West, 3. Phase III: The Gold Exchange Stan-

dard (Britain and the United States) 1926–1931«, des Ludwig von Mises Instituts, unter: http://mises.org/money/4s3.asp.

190 Siehe hierzu zum Beispiel Paul Krugman, »Golden Instability«, New York Times, 26. August 2012, http://krugman.blogs.nytimes.com/2012/08/26/golden-instability.

191 Die Statistiken zur Goldproduktion, des Goldbedarfs und der Goldnachfrage aus diesem Absatz sind der Website des World Gold Council entnommen, unter: www.gold.org.

192 Die stärkste Ähnlichkeit zu möglichen Vorausvereinbarungen gab es im 4. Quartal 2002, als Chinas veröffentlichte Goldreserven um 99,84 Tonnen stiegen und die der Schweiz gleichzeitig um 70,4 Tonnen sanken (siehe: World Gold Council, www.gold.org). Man fand aber keine Beweise für ein solches Arrangement zwischen der Schweiz und China. Ein solcher Handel wäre wahrscheinlich über die BIZ in Basel abgewickelt worden. Die Schweizer Zentralbank ist schon seit der Gründung der BIZ 1930 deren Mitglied. Siehe Website der Schweizerischen Nationalbank unter http://www.snb.ch/en/iabout/internat und das UN-Vertragsarchiv unter http://treaties.un.org/Pages/schowDetails.aspx?objid=0800000280167c31.

193 Hochrangige Banker und Asset Manager mit Wissen aus erster Hand über Chinas weltweite Goldkäufe im Gespräch mit dem Autor, Hong Kong, September 2012.

194 Chinas Goldeinkauf-Experten im Gespräch mit dem Autor, New York City, 7. August 2013; Perth Mint, per E-Mail an den Autor, datiert auf den 25. September 2013.

195 Siehe U.S. Geological Survey, »Gold«, Mineral Commodity Summaries, Januar 2013, http://minerals.usgs.gov/minerals/pubs/commodity/gold/mcs-2013-gold.pdf.

196 Ebd.

197 Siehe Scott Mayerowitz, »Welcome to the World's Largest Gold Vault«, ABC News, 19. September 2009, http://abcnews.go.com/Business/story?id=5835433&page=1; und Mike Hanlon, »The Big Picture: This Vast Vault of Gold Under the Bank of England Should Weather Credit Crunch«, Daily Mail, 22. Oktober 2008, http://forums.canadiancontent.net/news/78369-vast-vault-gold-under-bank.html.

198 »Deutsche Bundesbank's New Storage Plan for Germany's Gold Reserves«, Deutsche Bundesbank, Pressebericht vom 16. Januar 2013, http://www.bundesbank.de/Redaktion/EN/Pressemitteilungen/BBK/2013/2013_01_16_storage_plan_gold_reserve.htm.

199 Luzi Stamm, »›Gold Initiative‹: A Swiss Initiative to Secure the Swiss National Bank's Gold Reserves«, Volksinitiative Rettet unser Schweizer Gold, Pressebericht vom 20. September 2011, http://www.goldinitiative.ch/downloads/goldinitiative-english.pdf.

200 Katharina Bart und Albert Schmieder, »Swiss Right-Wing Forces Referendum on Banning SNB Gold Sales«, Reuters, 20. März 2013, http://www.reuters.com/article/2013/03/20/us-swiss-gold-idUSBRE-92J0Z320130320.

201 Jaco Schipper, »90% of Dutch Gold Reserve Is Held Abroad«, Market Update, 7. Januar 2012, http://www.marketupdate.nl/nieuws/valutacrisis/90-of-dutch-gold-reserve-is-held-abroad.

202 Für eine wissenschaftlich tief gehende Studie über Aufwendungen des internationalen Geldsystems einschließlich des C-20 und das Second Amendment der IMF Articles of Agreement, siehe Kenneth W. Dam, The Rules of the Game: Reform and Evolution in the International Monetary System (Chicago: University of Chicago Press, 1982).

203 Vortrag von Mario Draghi am John F. Kennedy Jr. Forum am Institut für Politik, Harvard Universität, Cambridge, Mass., 9. Oktober 2013, https://forum.iop.harvard.edu/content/public-address-mario-draghi.

204 John Maynard Keynes, The General Theory of Employment, Interest, and Money (San Diego: Harcourt, 1964), S. 249.

205 John H. Makin, »Third Time Unlucky: Recession in 2014?«, American Enterprise Institute, 30. Juli 2013, http://www.aei.org/outlook/economics/monetary-policy/third-time-unlucky-recession-in-2014.

206 Daniel Alpert, »The New Sick-onomy? Examining the Entrails of the U.S. Employment Situation«, EconoMonitor, 24. Juli 2013, http://www.economonitor.com/danalperts2cents/2013/07/24/the-new-sick-onomy-examining-the-entrails-of-the-u-s-employment-situation.

207 »The Rolling Student Loan Bailout«, Wall Street Journal, 9. August 2013, http://online.wsj.com/article/SB10001424127887323968704578652291680883634.html.

208 F. Scott Fitzgerald, The Crack-Up (1936; Nachdruck New York: New Directions, 2009).

209 Satoshi Nakamoto, »Bitcoin: A Peer-to-Peer Electronic Cash System«, 1. November 2008, http://bitcoin. org/bitcoin.pdf.

210 David Graeber, Debt: The First 5,000 Years (Brooklyn, N.Y.: Melville House, 2011), S. 21–41.

211 Thomas L. Friedman, »A Failure to Imagine«, New York Times, 19. Mai, 2002, http://www.nytimes. com/2002/05/19/opinion/a-failure-to-imagine.html.

212 Arthur F. Burns, Memorandum an Präsident Gerald R. Ford, 3. Juni 1975, U.S. Department of State, Office of the Historian, http://history.state.gov/historicaldocuments/frus1969-76v31/d86.

213 Präsident Gerald R. Ford an den Kanzler Helmut Schmidt, 6. Juni 1975, Gerald R. Ford Library, Ann Arbor, Mich., http://www.fordlibrarymuseum.gov/library/document/0351/1555807.pdf.

214 Adam Lebor, Tower of Basel: The Shadowy History of the Secret Bank That Runs the World (New York: Public Affairs, 2013), S. 189.

215 Dino Kos, Gold and Foreign Exchange Committee Discussion on Gold Market, 7. April 1997, http:// www.gata.org/files/FedMemoG-10Gold&FXCommittee-4-29-1997.pdf.

216 Kevin M. Warsh, Board of Governors of the Federal Reserve System, to William J. Olson, 17. September 2009, http://www.gata.org/files/GATAFedResponse-09-17-2009.pdf.

217 Eisuke Sakakibara im Gespräch mit dem Autor, Seoul, Südkorea, 31. Mai 2013.

218 Pensionierter Beamter von Brinks im Gespräch mit dem Autor, Hickory, N.C., 10. November 2013.

219 Holly Watt und Robert Winnett, »Goldfinger Brown's £2 Billion Blunder in the Bullion Market«, Sunday Times, 15. April 2007, http://www.thesundaytimes.co.uk/sto/Test/politics/article63170.ece.

220 Bank for International Settlements, Financial Statements, aktualisiert am 24. Juni 2013, http://www.bis. org/banking/balsheet.htm (abgerufen am 21. Juli 2013).

221 Bank for International Settlements, 83rd Annual Report, 31. März 2013, S. 110, http://www.bis.org/ publ/arpdf/ar2013e7.pdf#page=44.

222 Bank for International Settlements, 80th Annual Report, 31. März 2010, S. 158n15, http://www.bis.org/ publ/arpdf/ar2010e8.htm; emphasis added.

223 Bank for International Settlements, 83rd Annual Report, 23. Juni 2013, S. 133n15, http://www.bis.org/ publ/arpdf/ar2013e7.pdf.

224 Die Informationen dieser erweiterten Analyse der IMF Goldverkäufe stammen von »Questions and Answers, IMF Gold Sales«, International Monetary Fund, aktualisiert am 16. Mai 2013, http://www. imf.org/external/np/exr/faq/goldfaqs.htm.

225 Dr. Min Zhu im Gespräch mit dem Autor, New York City, 8. November 2012.

226 Hochrangiger Geheimdienstbeamter im Gespräch mit dem Autor, McLean, Va., 13. Dezember 2012.

227 James Himes im Gespräch mit dem Autor, Southport, Conn., 15. Juli 2013.

228 David Greenlaw, James D. Hamilton, Peter Hooper und Frederic S. Mishkin, »Crunch Time: Fiscal Crises and the Role of Monetary Policy«, U.S. Monetray Policy Forum, 22. Februar 2013, rev, 29. Juli 2013, http://dss. Ucsd.edu/~jhamilto/USMPF13_final.pdf.

229 Ebd., S.61–62.

230 Karl Popper, The Open Society and Its Enemies (Princeton, N.J.: Princeton University Press, 1971), S.157–159. Popper zitiert aus George Soros, »How to Save the Euro from the EU Crisis – The Speech in Full«, Guardian, 9. April 2013, http://guardian.co.uk/business/2013/apr/09/george-soros-sa-ve-eu-from-euro-crisis-speech.

231 Radley Balko, Rise of the Warrior Cop: The Militarization of America's Police Forces (New York: Public Affairs, 2013).

232 Jonah Goldberg, Liberal Fascism: The Secret History of the American Left from Mussolini to the Politics of Meaning (New York: Doubleday, 2008).

233 Zitiert aus Balko, Warrior Cop, S. 333.

INDEX

Währungskrieg

James Rickards

An einem regnerischen Tag im Winter 2009 treffen 60
Experten aus Militär und Finanzwelt an einem geheimen
Ort zusammen, um ein gewagtes Experiment durchzuführen: die Simulation einen Krieges! Mit einer Besonder-
heit: ohne Truppen, ohne Kriegsschiff e und ohne Armeen
oder Kampfjets. Stattdessen: mit Währungen, Aktien,
Bonds und Derivaten.

Schlachtfeld sind die internationalen Finanzmärkte, und
das Ziel des unblutig-kriegerischen Experiments ist nichts
Geringeres als die Vernichtung eines Staates durch die
Macht des Geldes.

368 Seiten | Hardcover | 24,99 € (D) | ISBN 978-3-89879-686-6
Mehr Informationen zu Investmentthemen finden Sie unter www.portfoliojournal.de